第七届中古欧亚草原国际学术研讨会

（7th International Conference on Medieval History of the Eurasian Steppe）

突厥学研究丛书

欧亚草原历史研究

陈　浩　主编

商务印书馆
创于1897 The Commercial Press

图书在版编目（CIP）数据

欧亚草原历史研究 / 陈浩主编. — 北京：商务印书馆，2022（2025.8重印）
（突厥学研究丛书）
ISBN 978-7-100-20849-9

Ⅰ.①欧… Ⅱ.①陈… Ⅲ.①游牧民族－民族历史－研究－亚洲－中古 ②游牧民族－民族历史－研究－欧洲－中古 Ⅳ.①K308.2 ②K508.2

中国版本图书馆CIP数据核字（2022）第041424号

欧亚草原历史研究
陈　浩　主编

商　务　印　书　馆　出　版
（北京王府井大街36号　邮政编码 100710）
商　务　印　书　馆　发　行
北京虎彩文化传播有限公司印刷
ISBN 978-7-100-20849-9

2022年7月第1版　　开本 880×1230　1/32
2025年8月第2次印刷　　印张 17

定价：88.00元

总　序

突厥的“祛魅”

商务印书馆编辑提议，由我主编一套以突厥语人群为主题的丛书，我欣然应允。思量再三，我们决定将丛书命名为“突厥学研究丛书”。

对于大多数读者来说，“突厥”是一个含混不清的概念。它犹如远山叠影一般，让人看不清本质。我们有必要廓清“突厥”和“突厥语人群”两个概念之间的差别，从而对“突厥”的认知误区进行澄清。

“突厥”一词最早见于汉文史料记载，是在西魏文帝的大统年间。学者们一般认为，汉文“突厥”的语源是 *Türküt，词尾的 -t 是某种（蒙古语或粟特语的）复数形式。在突厥碑铭中“突厥”有两种写法，分别是𐱅𐰇𐰼𐰜和𐱅𐰇𐰼𐰚，换写成拉丁字母则分别是 $t^{2}\ddot{w}r^{2}k^{\ddot{w}}$ 和 $t^{2}\ddot{w}r^{2}k^{2}$。根据如尼文的拼写规则，理论上它可以转写成 türk、türük 和 türkü 三种形式，其中第一种形式更被学术界所广泛接受。关于“突厥”一词的含义，最早的一种解释出自汉文史料。《周书 · 突厥传》：“（突厥）居金山之阳，为茹茹铁工。金山形似兜鍪，其俗谓兜鍪为‘突厥’，遂因以为号焉。”现代突厥学家一般将 Türk 释为“强有力的”。

公元 552 年，突厥首领土门推翻了柔然人的统治，自称“伊利可汗”，正式肇建了以阿史那氏为核心的突厥汗国。不久，由于内乱，突厥汗国便形成了以西域为中心的西突厥和以漠北为中心的东突厥的东西分治格局。贞观四年（630年），东突厥汗国颉利可汗被唐朝大将李靖俘获，东突厥汗国灭亡。唐廷将东突厥降户安置在河套地区，并在此设立都督府州，以东突厥首领为都督、刺史。显庆三年（658年），唐朝派兵消灭了阿史那贺鲁，标志着西突厥的统治彻底终结。调露元年（679年），突厥降户阿史德温傅和阿史那奉职反唐，未果。永淳元年（682年），骨咄禄率众起义，复兴了东突厥汗国，史家一般称之为“第二突厥汗国”或“东突厥第二汗国”。天宝四载（745年），末任阿史那家族白眉可汗被回鹘击杀，东突厥第二汗国灭亡。突厥汗国的统治阶层几乎都迁到了唐朝境内，作为被统治阶层的草原部落，经过短暂的整顿，形成了新的政治体。

突厥汗国崩溃之后，漠北草原兴起了回鹘汗国。回鹘在北朝时期是高车或铁勒的一支，汉译“袁纥”，属于原生的漠北草原游牧势力，在唐朝是漠北“九姓”之一。中古时期，回鹘的音译除了“袁纥”之外，还有“韦纥”、“回纥”，其中“回纥”较为常用。安史之乱后，回鹘统治者要求唐朝廷把本族的族名从“回纥”改为“回鹘”，取“捷鸷犹鹘”之义。无论是从汉文史料来看，还是从回鹘汗国时期的漠北碑文来看，他们都是把前朝政权称为“突厥”，自称“回鹘”，这一区分是很明确的。

突厥汗国灭亡之后，在汉文史料中“突厥”一词几乎被废弃，历代的中原王朝也都同步地更新了各自时代内西域和漠北民族的称谓。“突厥”作为部族名，在汉文史料中年代最晚的例子是辽代的隗衍突厥和奥衍突厥。由于《辽史》中仅有只言片语，所以很难确定这个隗衍突厥与唐朝的突厥有何关系，可能是袭用了唐朝的旧名，因为《辽史·兵卫志》提到辽属国时，不仅列举了突厥，还提到了乌孙、吐谷浑等，这些显然都是历史上的旧称。宋以后史料中提到突厥的，多为类书从正史中摘录有关北朝、隋唐之际突厥汗国的内容。

虽然“突厥”在汉文史料中成为过时的历史名词，但它在中国以西的不同文化和历史语境中被继续使用着。自6世纪以来，拜占庭史料中就有关于突厥（Τούρκοι）的记载，它指代的对象当然是突厥汗国这一政治实体，具体应该是室点密系的西突厥。同时，“突厥”在东罗马的历史叙事传统中又被赋予了“异族”、“他者”的文化内涵，取代了“斯基泰”成为游牧民族的泛称。因此，随着突厥汗国的灭亡，拜占庭史料中“突厥”的指代对象也发生了变化。在9世纪的拜占庭历史编纂中，Τούρκοι一词一般是指哈扎尔人。10世纪拜占庭皇帝君士坦丁七世在《帝国行政录》中提到Τούρκοι，并且将其与其他突厥语人群诸如哈扎尔人、佩切涅格人和不里阿耳人区分开来。该语境中的“突厥”指的是马扎尔人，也就是匈牙利人。拜占庭关于“突厥”的看法，还影响到了穆斯林史家，10世纪穆斯林文献中的“突厥”概念，也包括马扎尔人。

早期穆斯林文献中的ترك指代的对象并不固定，包括马扎尔、吐蕃甚或基马克，要视具体的语境而定。总的来说，早期穆斯林文献（例如《世界境域志》）中的“突厥”（ترك），泛指欧亚草原上的非穆斯林游牧民，是信仰伊斯兰教的定居人群用以建构自我身份的“他者”。11世纪喀喇汗王朝的麻赫默德·喀什噶里为了让阿拉伯人更好地了解突厥语人群并学习他们的语言，特意用阿拉伯语编纂了一部《突厥语大词典》。喀什噶里在“导论”中列举的“突厥人和突厥诸部落”名单上，有许多不是讲突厥语的人群。这说明，喀什噶里观念中的“突厥”，不单是一个语言学概念，更多的是一个政治文化的概念。

13世纪的漠北草原，兴起了一个以蒙古语人群为主体的帝国。在穆斯林文献中，蒙古只是“突厥”的一部。伊利汗国的宰相拉施特在《史集》中使用的ترك概念，就包括蒙古诸部落，而“蒙古”只是后起的一个族名，它本属于突厥部落。成吉思汗长孙拔都的西征，成为欧洲基督教世界的梦魇。西欧人用与“鞑靼”（Tatar）读音相似的Tartar（“地狱”）来称呼蒙古人。随着拔都在东欧建立金帐汗国，以及成吉思汗后裔在中亚统治，西欧语境中的“鞑靼”一词逐渐成为内陆亚洲民族的泛称，包括漠北的蒙古语人群和东欧、中亚的突厥语人群。东欧和中亚的蒙古统治阶层，在语言上经历了一个突厥语化的过程。例如，17世纪希瓦汗国的统治者阿布尔-哈齐-把阿秃儿汗，在血统上是成吉思汗的直系后裔，说的语言却是突厥语，他撰写的王统世系，也叫《突厥世系》。

近代早期西欧语境中的Turk，特指奥斯曼帝国境内安纳托利亚的突厥语人群。奥斯曼人的自称是“奥斯曼人”（Osmanli），所有臣服于奥斯曼帝国的人，也都被称为“奥斯曼人”。奥斯曼人反感欧洲人称他们为Turk，在奥斯曼人看来，Turk这一称呼只适用于中亚人以及在呼罗珊荒漠里过着单调生活的人。在19世纪以前，奥斯曼帝国没有任何把自己的祖先追溯到突厥汗国的尝试，甚至都不知道后者的存在。近代西欧的Turk概念在指涉对象上有一个延展，主要是因为学者发现了奥斯曼语与内陆亚洲所谓的“鞑靼语言”之间存在着联系。欧洲东方学家们借用比较语言学的方法，逐渐将安纳托利亚、中亚、中国新疆、东欧鞑靼、俄国西伯利亚等地的突厥语人群，归类于“突厥语族”的语言学范畴之下。这一语言学成果，被19世纪后期的突厥民族主义分子所利用，发展出了一套基于语言学概念的“泛突厥主义”政治话语。

19世纪末在蒙古鄂尔浑流域发现了后来命名为《阙特勤碑》和《毗伽可汗碑》的石碑，用汉文和突厥文两种文字镌刻。这种外形酷似北欧如尼文的突厥文字被释读之后，迅速在西欧学术界引起轰动。鄂尔浑碑铭之于突厥学的意义，不亚于罗塞塔碑之于埃及学的意义。在鄂尔浑碑铭释读的推动下，湮没于汉文史料中的“突厥汗国”得以重见天日。一些“泛突厥主义”理论的鼓吹者把突厥汗国视为土耳其人历史上的王朝，并从汉文史料中断章取义，试图重构昔日帝国的辉煌。“泛突厥主义”的理论家还企图建立一个囊括欧亚大陆所有操突厥语人群的政治共同体。

然而，正如上文所指出的，突厥汗国灭亡之后，“突厥”的概念虽然在拜占庭、穆斯林、西欧等语境中继续使用，但在不同历史时期和不同文化语境中它所指涉的对象都不一样，根本不存在一种连续的、统一的所谓“突厥民族”认同。19 世纪以来，欧洲东方学家基于比较语言学发展出一套理论，把历时性和共时性的突厥语人群，都归类于“突厥语族”的范畴之下，我们可以称之为“突厥语人群”或“操突厥语的人群”（Turkic-speaking people），它是一个语言学范畴。汉文中的“突厥”是一个历史名词，专门指公元 6—8 世纪的草原游牧政权。

最后，我们衷心希望这套“突厥学研究丛书”能够普及有关突厥和突厥语人群的知识，从而在一定程度上让突厥“祛魅”（Entzauberung，韦伯语），还其本来面目。

陈浩
2019 年于上海

导读

自“突厥学研究丛书”（Studia Turcologica）第1辑《西方突厥学研究文选》出版以来，得到了不少学界同仁的关注。有朋友提议，希望第2辑将2018年在上海召开的“第七届中古欧亚草原国际学术研讨会”的会议论文集译成中文出版。实际上，这也正是我们想做的。

关于此次会议的缘起和详情，请参考《文汇报》上发表的会议纪要。[①] 英文版会议文集已作为“乌拉尔阿尔泰学研究丛书”（Studia Uralo-Altaica）的第53辑，于2019年由塞格德大学出版。[②] 作为主编，我给英文论文集定的题目是 *Competing Narratives between Nomadic People and their Sedentary Neighbors*，译成中文是《游牧民族与定居人群之间的竞争性叙事》。不过，中文版文集的标题，我们改为“欧亚草原历史研究”。

---

① 陈浩：《在全球史语境中研究内亚史》，载《文汇报·文汇学人》2018年12月14日第371期。

② Chen Hao ed., *Competing Narratives between Nomadic People and their Sedentary Neighbors: Papers of the 7th International Conference on the Medieval History of the Eurasian Steppe, Nov. 9-12, 2018, Shanghai University, China*, Studia Uralo-Altaica 53. 2019, Szeged.

除了书名之外，我们还对全书的结构做了调整。英文版文集共收27篇文章，直接以作者姓氏的首字母为序编排，中文版多收了1篇，全书分成六大板块，分别是考古、历史、文献、地理、宗教和文化，每一板块的篇幅在4—5篇文章之间不等。此外，我们在中文版书末还编制了索引，并对专名标注了原文——除了常见的专名以外。下面我们以板块为单元，对全书的内容做一番介绍。

葛嶷（Bruno Genito）教授是意大利专门从事游牧考古的学者，他的一些成果已为中国学界所熟悉。[①] 在《欧亚草原游牧人群考古学——传统观点与新研究视角》一文中，他批判性地检讨了学界对游牧政治体发育的各种观点，尤其侧重于游牧政治体相较于农耕社会的优势和劣势，并讨论了近年来在游牧考古学中兴起的族群和身份认同等新视角。同样以理论见长的俄罗斯考古学家尼古拉·克拉丁（Nikolay N. Kradin）教授，在游牧起源问题上有深厚的造诣。[②] 在《考古学视野下匈奴历史的若干方面》这篇文章中，他讨论了匈奴帝国的建国神话、游牧生计方式、中心与两翼结构和城市，并点评了近年来学界对匈奴与匈人关系研究的成果。关于匈人考古的新进展，以埃斯特·伊斯特瓦诺维奇（Eszter Istvánovits）和瓦莱里亚·库萨尔（Valéria Kulcsár）为代表的活跃在喀尔巴阡盆地上的一线考古工作者是最有发言权的。[③] 她们二人根据匈牙利官方近几十年来抢救性发掘所获得的考古资料，通过对墓葬规模、相对位置，以及随葬品的

① 葛嶷、齐东方编：《异宝西来——考古发现的丝绸之路舶来品研究》，上海古籍出版社2017年版。

② 他将近年来的相关论文译成英文出版了。Nikolay N. Kradin, *Nomads of Inner Asia in Transition*, Moscow: URSS, 2014.

③ 她们二位用英文撰写了一部关于萨尔马提亚人历史和考古的专著，在德国美因茨出版。Eszter Istvánovits and Valéria Kulcsár, *Sarmatians: History and Archaeology of a Forgotten People*, Mainz: Verlag des Römisch-Germanischen Zentralmuseums, 2017.

分析，探讨了匈人统治时期匈牙利平原上的社会分层。相较于欧亚草原西部匈人考古的日新月异，欧亚草原东部的考古新资料相对稀少，近年来引人注目的是蒙古国境内两座唐代样式墓葬的发现——分别是仆固乙突墓和巴彦诺尔墓。美国汉学家乔纳森·斯加夫（Jonathan Karam Skaff）在收入本书的这篇文章中，从礼仪外交的视角解读了上述两座墓葬中的随葬品，并结合传世文献和墓志铭，揭橥了铁勒与唐朝的关系不是单向的效忠，而是具有互惠和妥协的色彩。在方法论上，他强调要将传世文献、出土墓志和随葬品放在同一语境中进行研究，才能得出更加全面的结论。这种更多考虑相关语境的研究方法，在考古学界越来越受到重视。来自布达佩斯的契丹考古团队，是活跃于蒙古草原的一群学者。他们借助于高科技勘察考古遗址，主张在自然景观的语境中研究契丹时期的遗址，以期了解它们在辽帝国历史和结构中的角色，并探讨它们在辽帝国北部边疆的功能。

我们对欧亚草原的了解，除了考古材料以外，主要还是要借助于自古典时期就开始积累的历史文献。俄国学者亚历山大·波多西诺夫（Alexander V. Podossinov）聚焦于黑海北部的希腊化城市中游牧人群与希腊人的互动和交流，通过对古典文献和考古资料的钩稽，阐明了蛮族的“希腊化”与希腊的“蛮族化”这一复杂的历史进程。古希腊史家的历史叙事具有鲜明的希腊中心论，他们乐于用文明与野蛮的二分法来建构他们观念中的世界。古典时期作家对游牧民族的认知，对中世纪乃至近世有着深远的影响，也正是诸多“刻板印象”的直接来源。在匈牙利顶级医学院——森梅威斯大学从事拉丁语教学和研究的阿克什·泽蒙内（Ákos Zimonyi），以“环境决定论”为中心，通过对中世纪作家约达尼斯《哥特史》中相关内容的条分缕析，并参照古典作家希波克拉底的《论风、水和地方》，为我们提供了一则欧洲知识界对游牧民族认知的继承和发展的生动案例。以治阿兰人历史见长的西班牙学者阿古斯提·阿勒曼尼（Agustí Alemany）从人物志的角度[①]，去梳理自古典时代到中世纪欧亚游牧人群的历史，以期建立一个方便学林的人物传记数据库。克罗地亚科学院的历史学家米尔科·萨德利奇（Mirko Sardelić）近年来致力于跨文化和情感史研究，他强调在研究古典时期和中世纪文献中的欧亚游牧民族的形象时，一定要重视“他者”形象所产生的具体语境，因为所有的形象都经过了处理和调适，以适应感知对象的文化观念和期待。“蛮族”既有残忍和贪婪的一面，也有淳朴和真诚的一面，要视具体的情况来决定何种形象被“选择”和渲染。

除了以希腊语和拉丁语这两种西方古典语言编纂的史料之外，记录欧亚游牧民族的文献还包括用汉语、粟特语等定居民族语言撰写的史料，以及游牧民族自己留下的史料。意大利籍伊朗语学家恩里克·莫朗诺（Enrico Morano）常年在柏林从事科研工作。他充分利用德藏吐鲁番粟特语文书，尤其是与摩尼教相关的内容，用标准的语文学方法进行研究。在收入本集中的这篇文章中，他向学界刊布了若干件柏林藏摩尼教创世纪的文书残片，不少内容系首次发现。正如恩里克·莫朗诺所强调的，粟特语是中世纪商路的通用语，在众多使用粟特语的游牧民族中就包括突厥人。截至目前所发现的属于第一突厥汗国时期的石刻史料，都是用粟特语写成的。自第二突厥汗国起，突厥人才用自己的文字和语言刻写碑铭，即所谓的鄂尔浑碑铭。笔者认为，这是历史上游牧民族首次在历史书写领域对定居民族带来竞争和挑战。通过鄂尔浑碑铭与汉文史料的对照研究，尤其是关于彼此形象

① Agustí Alemany, *Sources on the Alans: A Critical Compilation*, Brill, 2000.

的构建，我们可以清楚地看到双方在叙事上的紧张关系。突厥碑铭为我们研究欧亚草原东部人群提供了丰富的史料。在伊斯坦布尔大学历史系工作的结社率·耶勒德热姆（Kürşat Yıldırım），结合汉文史料，对突厥碑铭中的 Bükli 提出了新解，自成一说。他认为，传统注释家将 Bükli 与高句丽勘同是不妥的，实际上它指的是操通古斯语的靺鞨。对于欧亚草原西部而言，随着伊斯兰势力的崛起，穆斯林文献中对游牧民族的记载逐渐丰富起来。匈牙利塞格德大学的突厥学家伊斯特凡·泽蒙内（István Zimonyi）精通阿拉伯语和波斯语，他从公元 10 世纪的穆斯林文献中辑录了关于早期匈牙利人的史料，并对马扎尔人的东部边疆进行了详尽的考证。① 匈牙利汉学家阿保矶（Ákos Bertalan Apatóczky）近年来关注的课题是元明清三朝汉蒙双璧的所谓“译语”材料，他从语言学的角度探讨部落名称的演变，以此窥探北方草原上政治形势之变迁。

地理学，是与历史学同样重要的学科，它代表了一种更为直观的知识载体。俄罗斯青年学者安德烈·丹尼索夫（Andrei Denisov）梳理了西欧中世纪地图中的地名“斯基泰”。斯基泰本是古典时代欧亚草原上的游牧民族，后来逐渐发展成为一个游牧民族的泛称，在不同历史阶段指代不同的对象，且代表着一种野蛮、残忍的“他者”形象。与之情况相似的另一个地名是希尔卡尼亚。根据匈牙利塞格德大学的著名地图学者理查德·桑托（Richárd Szántó）的研究，② 在古代地理文献中，“希尔卡尼亚”是一个位于里海东南方向的小国，但是在

---

① 伊斯特凡·泽蒙内教授的代表作有：István Zimonyi, *Muslim Sources on the Magyars in the Second Half of the 9th Century, The Magyar Chapter of the Jayhānī Tradition*, Brill, 2016; István Zimonyi, *The Origins of the Volga Bulghars*, Szeged, 1990.

② Richárd Szántó, *Középkori Egyetemes Történelem (Térképvázlatok Gyűjteménye)*, Szeged, 2007.

中世纪意大利拉韦纳佚名氏的《宇宙志》中，“希尔卡尼亚”的疆域囊括整个中亚。这两个案例都说明了一点，即中世纪的地理学家掌握了迄其所处时代为止的全部地理学知识。换句话说，他们的作品中既吸收了古典时期的地理知识，又包含了本人所处时代的信息。地理学中一个重要的要素就是定位系统，它能够反映出人们的思想观念。莫斯科青年突厥学家塔提亚娜·安妮科耶娃（Tatiana A. Anikeeva）是研究突厥民间文学的专家，[①] 她发现古代突厥人的空间定位方式在乌古斯史诗中得以保留，甚至在伊斯兰化色彩浓厚的文本中都有所体现。穆斯林地理学在公元10世纪以后臻于成熟，成为中世纪后期欧亚草原历史研究的重要参考资料。俄罗斯学者伊琳娜·科诺瓦洛夫（Irina Konovalov）根据阿拉伯地理学家伊德里西的地理学著作《云游者的娱乐》，揭示了库曼尼亚的商业城市在12世纪东欧贸易网络中所发挥的独特作用。她在莫斯科的同事玛雅·佩特罗娃（Maya Petrova）关注的则是中世纪基督教世界的交通，准确地说，是公元10世纪从法兰克以及北欧到罗马的路线。这条路线可能也是游牧民族，特别是生活在该地区的日耳曼部落所使用的。

宗教，是游牧民族日常生活中的一项重要活动。我们发现几乎在每一种宗教中“天”都包含了某种超验的特性，但对于游牧民族来说，它所带来的超自然体验可能更为强烈。草原游牧逐水草而居，居无定所，与此形成鲜明对比的是，在草原之上总是有一片永恒的天空存在。匈牙利学者埃迪娜·达洛斯（Edina Dallos）对叙利亚人米海尔的编年史中一条未引起足够重视的史料进行重新解读，并

---

① Т. А. Аникеева, *Турецкая Городская Повесть XIX века*, Москва. 2011; Т. А. Аникеева, *Предания Коркута. Огузский героический эпос как источник по истории тюркских народов Центральной Азии IX-XI вв*, Москва. 2018.

指出“蓝天”（“长生天”）是草原游牧突厥语人群最根本的宗教体验之一。学界一般将此称为“腾格里教”，但是她对这种宗教是国家宗教的观点持怀疑态度。当然，游牧人群并非只是腾格里教的追随者，世界上的主流宗教和小众宗教，几乎都能在游牧世界找到踪迹。譬如，漠北回鹘信仰摩尼教，高昌回鹘信仰佛教、景教（基督教聂斯脱里派），哈扎尔汗国信奉犹太教，中亚众多突厥语人群皈依了伊斯兰教，蒙元时期有不少景教徒，等等。塞格德大学历史系佐尔特·匈雅提（Zsolt Hunyadi）教授讨论的并不是蒙元时代的基督教徒群体，而是在蒙古入侵之际西欧的基督教军事会究竟在捍卫信仰的战场上扮演了何种角色。他的结论是他们所起的作用并没有史料中所记载的那么显著，拉丁语编年史的相关内容是经过后世篡改过的。中亚突厥语人群皈依伊斯兰教的历史进程，可以在突厥语史诗《乌古斯史》中找到痕迹。塞格德大学突厥学家埃娃·肯西斯-纳吉（Éva Kincses-Nagy）就若干主题，在前伊斯兰版本和伊斯兰化版本的乌古斯传说之间做了比较研究，她发现在乌古斯人群迁徙的进程中，史诗的传统处于不断演进、改变和更新之中。史诗是用来强化起源不同的部落和氏族之间的凝聚力和认同感的，它成为政治合法性的一种文学表述。蒙古帝国在东欧的后继者金帐汗国内曾经存在过一个拉比派犹太人群体，但他们所操的语言与后来卡拉派犹太人所谓的“卡拉伊姆语”相似。这个乍看上去颇为吊诡的结论，在以色列学者丹·沙匹拉（Dan Shapira）对一份犹太-突厥语《摩西五经》译本残片的解读面前，让人连连称是。

欧亚草原并非文化沙漠，也有自身独特的文化建树。塞格德大学历史系教授萨博尔茨·费弗尔迪（Szabolcs Felföldi）指出，文献资料中对游牧人群卫生习惯的记载是多元的，固然有些游牧人常年不洗澡，那是因为在他们的心中水是神圣不可侵犯的，但也有游牧民（例如斯基泰人）不仅洗澡，而且有很惬意的蒸汽浴，即使希腊的蒸汽浴都会相形见绌。在中世纪，那些惯于对游牧人群品头论足的基督教经院哲学家，在个人卫生方面上所秉持的原则与游牧民是类似的。游牧民族被称为“马背上的民族”，他们拥有独特的骑射文化。骑射技术在学术界被讨论得比较多，匈牙利学者卡塔林·平特-纳吉（Katalin Pintér-Nagy）在文章中则聚焦了两种具有游牧特质的投射技艺，分别是套索和弹弓。南开大学历史系马晓林教授在《13—14世纪欧亚大陆上的蒙古旗纛》这篇文章中关注的是蒙古旗纛从草原到中亚、波斯、南俄的传播。文章通过对东西方传世文献与图像材料的搜罗，考察了蒙古帝国旗纛的形制演变及其背后的多元文化因素。蒙古人的军事在当时无疑是最先进的，但是在方济各会士鲁布鲁克看来，他们之所以能够征服世界，靠的不是军事，而是诡计。他甚至放出豪言，如果西欧的农民也像蒙古人那样吃苦耐劳地过着居无定所、风餐露宿的生活，他们照样也可以征服世界。塞格德大学西尔维亚·科瓦奇（Szilvia Kovács）从多个角度，分析了鲁布鲁克何以在行纪中没有谈论蒙古的军事文化（包括武器装备、战术等）这一反常现象。同样在塞格德大学工作的萨博尔茨·波尔加尔（Szabolcs J. Polgár）教授，致力于研究欧亚草原游牧民族与定居近邻之间的商品贸易和交换，重点考察了草原帝国（即大规模的游牧联盟）与中世纪大国（例如中国、萨珊波斯，以及后期的哈里发帝国和东罗马帝国）之间交流的特征。

特别需要说明的是，由于技术原因，书中的地图我们一律保留原貌。最后，感谢参与本书翻译的夏婷婷、张崧、宋心悦、许明道、申雅丽、单旭燕、张文婷诸位的辛勤付出。

陈浩

2021 年 2 月于上海

本集作者

（按姓氏首字母排序）

序号	姓名	单位
1	阿古斯提·阿勒曼尼 （Agustí Alemany）	西班牙巴塞罗那自治大学
2	塔提亚娜·安妮科耶娃 （Tatiana A. Anikeeva）	俄罗斯科学院东方学研究所，莫斯科
3	阿保矶 （Ákos Bertalan Apatóczky）	匈牙利布达佩斯卡洛里大学
4	陈浩	上海交通大学
5	埃迪娜·达洛斯 （Edina Dallos）	匈牙利塞格德大学
6	安德烈·丹尼索夫 （Andrei Denisov）	俄罗斯莫斯科国立大学历史研究所
7	萨博尔茨·费弗尔迪 （Szabolcs Felföldi）	匈牙利塞格德大学
8	葛嶷 （Bruno Genito）	意大利那不勒斯东方大学
9	佐尔特·匈雅提 （Zsolt Hunyadi）	匈牙利塞格德大学
10	埃娃·肯西斯-纳吉 （Éva Kincses-Nagy）	匈牙利塞格德大学
11	伊琳娜·科诺瓦洛夫 （Irina Konovalov）	俄罗斯科学院世界历史研究所， 莫斯科
12	西尔维亚·科瓦奇 （Szilvia Kovács）	匈牙利塞格德大学
13	尼古拉·克拉丁 （Nikolay N. Kradin）	俄罗斯科学院远东历史考古和民族学研究所，海参崴
14	埃斯特·伊斯特瓦诺维奇 （Eszter Istvánovits） 瓦莱里亚·库萨尔 （Valéria Kulcsár）	匈牙利塞格德大学 匈牙利尼赖吉哈佐市约萨·安德拉斯博物馆
15	马晓林	南开大学
16	恩里克·莫朗诺 （Enrico Morano）	意大利都灵 / 德国柏林

续表

序号	姓名	单位
17	玛雅·佩特罗娃 （Maya Petrova）	俄罗斯科学院世界历史研究所， 莫斯科
18	卡塔林·平特–纳吉 （Katalin Pintér-Nagy）	匈牙利塞格德大学
19	亚历山大·波多西诺夫 （Alexander V. Podossinov）	俄罗斯莫斯科国立大学历史研究所
20	萨博尔茨·波尔加尔 （Szabolcs J. Polgár）	匈牙利塞格德大学
21	米尔科·萨德利奇 （Mirko Sardelić）	克罗地亚人文与科学院
22	丹·沙匹拉 （Dan Shapira）	以色列巴伊兰大学
23	乔纳森·斯加夫 （Jonathan Karam Skaff）	美国宾州西盆斯贝格大学
24	理查德·桑托 （Richárd Szántó）	匈牙利塞格德大学
25	卡塔林·托尔奈 （Katalin Tolnai） 佐尔特·斯拉吉 （Zsolt Szilágyi） 安德拉斯·哈玛特 （András Harmath）	匈牙利“契丹景观研究项目组”
26	结社率·耶勒德热姆 （Kürşat Yıldırım）	土耳其伊斯坦布尔大学
27	阿克什·泽蒙内 （Ákos Zimonyi）	匈牙利森梅威斯大学
28	伊斯特凡·泽蒙内 （István Zimonyi）	匈牙利塞格德大学

目录

考古篇

Archaeology

历史篇
Historiography

文献篇
Philology

地理篇
Geography

宗教篇

Religions

文化篇

Cultures

考古篇

Archaeology

欧亚草原游牧人群考古学
——传统观点与新研究视角

〔意〕葛嶷（Bruno Genito）撰

导论

众所周知，欧亚游牧民族包括众多不同族属（最多的是操伊朗语的，其次是操突厥语的人群）和跨越不同时段（本文聚焦于青铜时代到中世纪早期）的人群。在强大的定居政治体或帝国（例如罗马、拜占庭、波斯和中国）所编修的历史文献中，他们往往被描绘成对欧洲、近东和中国的入侵者。不过，关于他们的考古学遗存和文献记载，相当难以解读和明确界定，特别是涉及相关物质文化的“民族”特性时，更是如此。

事实上，在许多情况下，归类于某一欧亚游牧族群的物质文化，会在形态、类型和功能特征等方面与另一个族群有相似之处。首先，可以想见，这个问题涉及关于古代欧亚“游牧”之定义的理论探讨和争鸣，以及界定“游牧”之本质和复杂性的困难。最初，传统的苏联学派和新进化论学派关于早期国家和酋邦的解读，占据了本研究领域内的主流。（Service 1962; Fried 1967; Claessen & Skalnik 1980）后来，其他思想流派则强调游牧社会起源和演变过程中“依附”与“自主”

因素所起的作用，深刻拓宽了“游牧”概念的参照体系。（Khazanov 1978a; 1978b; 1984; Barfield 1993; Kradin 2002; 2014; Di Cosmo 2002; 2009; Honeychurch 2010; 2013; 2014）

另一批学者针对酋邦这一政治构造［在游牧国家起源中］起了关键作用的观点提出尖锐批判（Yoffee 2005; Pauketat 2007; Sneath 2007），进一步促进了学术讨论的推进。最终，取代酋邦理论的是等级观念（定居点、墓葬，以及来自远方的贵重随葬品在贵族墓葬中密集出现，及其在思想意识中的反映）和平权观念（体现在建筑中的标准化居住样式、葬礼上的人人平等、来自远方的贵重随葬品的分布、统一的宇宙观和宗教信仰）（Crumley 1995; Kradin Bondarenko Barfield 2003[eds.]; Honeychurch, Amartuvshin 2006; Hanks Linduff 2009; Houle 2010; Golden 2011; Legrand 2011; Frachetti 2012），它们在过去几十年中将这一漫长的考古学和社会人类学争鸣进一步往前推进了。

历史梗概

一般意义上的草原游牧民族或半游牧民族，指的是不同历史时期生活在中亚、蒙古、西域和俄罗斯草原上的不同人群。很可能是他们最早驯化了马。马的驯化，极大地增加了他们特定游牧生活方式的可能性，并强化了马的饲养、马的骑乘和游牧的生计方式。在这个过程中，他们要与草原沿线和邻近的定居民族进行贸易。他们发展出了新的创举，包括使用战车、马车、骑乘和骑射，还引入了马衔、马勒和很晚才出现的马镫。这些技术革新，以极快的速度在草原上传播，并最终被定居民族所模仿。关于这些技术革新年代的最早的宏观考古学证据，来自俄罗斯南部的辛塔什塔（Sintašta）考古遗迹——位于现在的车里雅宾斯克（Chelyabinsk）附近，其库尔干、马和随葬品可追溯到公元前第二千纪中期。因此，对于这样的游牧民来说，“骑马民族”是一个太泛且过时的术语，因为这个术语有时也用来描述北美草原和南美潘帕斯草原的狩猎—采集人群，而他们是在欧洲人把马带到美洲以后才开始使用马匹的。

在草原西部，最著名的早期游牧民来自“斯基泰”，这是从黑海延伸到蒙古高原东部的一片界定不清的区域，也是一个松散的政治国家构造，或者称之为囊括大部分草原民族的联盟，最早可追溯至公元前8世纪，且主要是操伊朗语的人群。这些不同的“斯基泰”人群，向邻近的文明，例如波斯、希腊和美索不达米亚发动战争。

在公元前6世纪，阿契美尼德王朝的政治-帝国国家构造，以及后来的亚历山大大帝，扩张到了西部草原的边缘，其结果是带来了游牧和定居文化的交融。罗马军队曾雇用萨尔马提亚人作为精骑兵，于是欧洲在历史上遭受了几波“骑马民族”的迁入，从公元前9世纪的辛梅里安人（Cimmerian）到中世纪早期的民族大迁徙，再到中世纪晚期的蒙古人和塞尔柱人，以及现代的卡尔梅克人、吉尔吉斯人和后期的哈萨克人。

关于“骑马民族”迁徙的最早例子，可能是原始印欧人自己，发生在公元前第四千纪马被驯化以后，辛梅里安人可能是最早见于史料记载的骑马民族，很可能是他们完成了将马从一种牵引动物向骑乘动物的角色转变。因此，他们的军事实力，始终是以骑兵为底色，通常是以作为马背弓箭手的高超技艺为标志。

与这种游牧民族相关联的，是特殊的“坟冢”——库尔干。这个术语指代的是那些偶尔出土高级随葬品的墓葬。“骑马民族”的概念在19世纪的学术界，具有一定的重要性，它与浪漫主义者对日耳曼民族的非基督教文化的重新发现有关系，他们尤其将哥特人理想化为某种英勇的骑马民族。尽管现代国家普遍对游牧生计方式持负面态度，并经常以不同程度的强制措施对其设置障碍，但游牧生计方式始终存在于草原上。

游牧生计方式

中亚草原的游牧生计方式，代表了人类有史以来最伟大的经济专业化和文化适应的形式之一。（Hazanov 1975; Tosi 1989）这一非凡的社会-经济现象，只有在具备特定的生态条件时才会出现，而生态条件反过来又取决于其他的因素。自古以来就被视为适宜放牧和谷物种植的草原，始终存在某种混合的经济模式，其中牧业与农业以不同的方式、在不同的历史时期，并用不同的技术手段交融在一起。因此，且不管人们一般是怎么想的，农业实际上是牧业的先决条件，在此背景下，农业似乎是由特定历史阶段和经济发展的一般规律所决定的一种选择。因此，可以想见，草原上存在着一个活跃的社会，游牧生计方式在其内部代表了半游牧者或半农耕者所能采取的一种选择，指的是一种能够适应新的地理、历史和其他条件的生存方式。（Weissleder 1978）

这是一种典型的适应性生计方式。它在动物畜养方面的专业化，代表了农-牧业人群对农业生产力低下的边远地区所潜藏的经济不确定性的一种反应。（Tosi 未刊稿 :23）这种混合经济的高度专业化，逐渐为草原这一最肥沃的地区之一进行转型奠定了基础，即转变成一个更加适合放牧的地方 —— 草原上的牧业虽然增长势头强劲，但从未变得不可逆转。（Tosi 1989）这一趋势被其他学者认为是受中亚气候变化的影响，即从第二千纪开始，曾经湿润的环境变得愈加干燥。对现代不同类型游牧社会的比较，使得研究和分析古代游牧生计方式的重要性得以凸显。对比中亚后期的环境条件（在那里，一种高度发达的游牧生计方式直到最近都一直存在），是为了确定哪些必要因素可以用来证明古代游牧生计方式和现代游牧生计方式之间的相似性。

尤其需要指出，引起众多学者注意的，是如何用人类学和民族志的方法来分析这些前提条件的社会结构。在历史文献的辅助下，学者们已经试图寻找能够印证早期游牧生计方式考古学解读的史料。18世纪的旅行家和地理学家收集的民族志材料，例如关于卡尔梅克游牧部落的资料（Pallas 1771），为后世的研究者提供了重要参考，并且丰富了围绕游牧生计方式的社会政治组织形式的历史层面和文化层面的讨论。根据文化生态学的方法，研究者们总是在两种观念之间徘徊，一种是绝对的［地理］决定论，即简单地认为游牧生计方式是由草原环境所决定的；另一种是对族属考古学的盲从，其结果就是他们认为早期游牧生计方式的环境与现代游牧生计方式的环境没有什么差别。

拉铁摩尔（Lattimore 1951; 1962）提出的广泛而精辟的观点，尽管是基于"边疆"的概念以及边疆在中华帝国内的重要意义，却开辟了新的解读空间，且对所有中亚游牧生计方式的研究产生了影响。他是第一个指出草原游牧世界与广大文明地区的农耕世界之间具有紧密联系的人，在此之前这两个区域被认为是截然相对的，并且在社会层面和政治层面是没有关联的。在"边疆"的概念中——"边疆"不再被视为农牧分界线，而是作为一个文化互动的广泛区域——拉铁摩尔试图用他所界定的从边缘农业状态向真正意义上的游牧生计方式过渡的五个阶段，为游牧社会的起源提供一种"功能主义"的解释：

（1）放弃灌溉农业，从农村向草原类型转变；

（2）因缺乏谷物储存设施，导致对畜牧业产品的依赖性增加；

（3）为了能够游牧，使得对长途行走的需求增大；

（4）在处理马群方面的技能提升；

（5）骑乘技术的提高。

克拉德（Krader 1955a; 1955b; 1978）的研究，实际上也颠覆了关于游牧生计方式的传统观念，至今仍然代表着一种不可替代的方法论参照。这位美国学者对草原游牧民族的社会结构进行了细致的分析，为界定其中所包含的演化要素提供了一个基础（Tosi 未刊稿 : 11）。克拉德明确强调社会结构的血缘关系和政治因素，指出了父系制如何体现出家庭结构和宗族组织之基本原则的。对游牧民族社会结构的这些分析，已经清楚地表明，当代所有欧亚游牧社会中包括“［一夫一妻制］核心家庭”“一夫多妻制家庭”和“联合家庭”。小家庭的普及，当然是由游牧经济的特殊性质所决定的——鉴于畜牧业在时间和空间上的特性，使得它强烈倾向于劳动力的碎片化。一夫一妻制当然是原则，但一夫多妻制在“婚姻”规则中也是存在的，即便这种做法在现实中几乎不能被容忍。

严格基于“直系化”和“本土化”（即基于某一本土的直系后裔）的游牧家庭制度，缺乏所有氏族和部落组织所具有的灵活性。不过，随着时间的推移，该制度变得越来越灵活，且随着基于某种朝贡型依附关系的建立，它变得向外延伸。社会根基的扩展，允许被征服人群可以通过提供一些他们的生产资料，并履行各种义务，从而避免了真正意义上向游牧民族社会经济结构的融入。此种极具特色的朝贡型依附形式，逐渐成为激活阶级关系根本制度的因素，导致了一种外向型的剥削，而不是社会结构内部的剥削。在大多数情况下，精英阶层是由一批（基于血缘关系的某种内部差序化的）氏族内贵族成员构成，还包括一些祭司或巫觋。尽管在具体情况下，并不总是那么容易确定这些社会关系的实际机制，但可以想见，早期的游牧制也大致如此。

位于社会阶层金字塔塔尖的，是所谓“真正的”氏族，氏族的子嗣无一例外地由父子间的血缘关系认定，而最高权力则由占主导地位的氏族牢牢把握。统治家族可能会指派每个氏族成员去治理某个特定人群，并为他分配一片放牧区域，通过这种方式来实现权力分享。综合的社会-经济因素，包括有限的生产力、某种不稳定性、缺乏精耕细作，以及缺乏耕地和牧场私有权，在历史上阻碍了一个真正占主导地位的社会-经济阶层在游牧社会中的兴起。某种形式的互助和合作，仍然是必要的，尤其是在政治-军事组织中，后者也是完全基于氏族和部落结构的。在游牧民族的社会组织问题上，学者们从未达成过一致。这些民族从未能够建立一种真正意义上的政治领导权，却逐渐建起了基于原始核心家庭的不断扩展的社会单元。通过这种方式，他们成功创立了一套很难界定的社会政治制度，因为在不同历史时期它可能是后部落阶段、前国家阶段，甚或是帝国阶段的制度。

考虑到把社会进化作为一种衡量手段所涉及的诸多复杂问题（Service 1962），或许可以声称，在政治-社会组织的底层（即游群和部落阶段），社会凝聚系统是由彼此地位相当的不同世系、氏族、年龄层和部落联盟构成的。随着某个部落出现社会分层的迹象，并向早期社会迈进，于是世系成了社会组织中一个最重要的因素，当然其实现的具体程度、力度和方式或许各有不同。这种社会单元赖以维系的基础，是对结盟的需求。结盟的目的，既是为了攻击，也是为了防御。结盟的前提，是共同的民族性或共同的历史。（Sahlins 1961; 1963; Rappaport 1967）

在“部落”社会中，领导人是世袭的，而且是从具有治理经验的重要人物中选拔的。在必要时，候选人会被召集到具有竞争性质的众多宴会和议事场中展示他们的实力，这些场合他们从小就耳濡目染了。这些盛宴和竞赛，代表了最高级别的社交场合，其特点是现场摆满了远超内部需求的食物和物品。生产这些多余的食品，是为了用于诸多仪式和（或）贸易活动中。这是人们具备了某种原始“规划”能力的阶段，尤其是在游牧社会中。在这个阶段，依赖于某种相对稳定的决策机制的这一事实，在某种程度上使得人们有可能规划一些以前无法规划的事情。这种社会复杂性，可能就是最广泛的生存适应体系，不同程度的游牧制和农牧制得以在其中孕育。在游牧社会经济体系内，这种“规划”行为存在的标志，可以在节庆性竞赛中准确地观察到 —— 在此期间会堆积和储存大量的食物。（译按：作者指大量剩余食物的出现，是一种社会“规划”行为。）“部落”这一社会发展阶段的其他典型特征，例如不平等的牲畜借贷机制，或者男性拥有妻子数量的不均，或者用于祭祀的牲畜数量的不均，等等，是保证“规划”行之有效的几项基本前提。

比“部落”层次更高的社会组织是“酋邦”，酋邦理论最近又被重新提起。（Carneiro 1982; Earle 1987）酋邦，是由这样的政治体系构成的，即一定数量的世系通过共同的祖先记忆聚集在一起。根据与某始祖的直系［或号称］后裔的亲疏关系，来确定谁是占支配地位的世系。这一制度，把所有的职位等级与各自在谱系中的位置相挂钩，确保了一种平稳领导权的实现。复杂程度更高的酋邦的建立，即统治阶层有更细化的等级分层制度，导致其他的附属社会制度的兴起，因为基本的家庭单元都是几世同堂的，而亲属称谓一般都是能区别辈分的。

家庭基础的扩展，进一步产生了更为复杂的体系，在这一体系中，统治家族的祖先近乎被神化，且成为血缘崇拜的对象。与之相应，统治者的指令系统在现实中被认为是神圣的，他们掌握着和（或）索求越来越多的权力，包括超自然的力量，例如那些时或在仪式性节日和婚礼进行期间所产生的力量。酋邦阶段的社会政治制度，也可以被视为一种再分配机制，表现为统治者能够定期地从其政治体制内的成员身上以及他们的藩属身上，以货物和食物供给的形式收缴赋税。同时，他们再灵活地分配［征收上来的］货物和人工制品。（Service 1962: 144）这种再分配机制，用于在经济上保障酋长以及与之相关的精英阶层的奢侈生活。至高无上的地位，是经由议事场、宴会和仪式等制度来保证的，这些为富余生产资料的“象征性”再分配提供了场所。

复杂酋邦制度区别于简单酋邦制度的地方在于，当权者内部存在着丰富的等级分层，以及酋邦领袖行使权力的能力。亲属制的原则（社会群体通过它仍能感觉自己与酋邦体制是绑在一起的），在早期国家形态中消失得无影无踪——正是因为这一原则本身就是人为的产物。早期国家或许仍然以亲属关系为标志，但后者的政治意义，基本上已经被一套直接建立在领地和君权原则基础上的制度所取代。与此前的统治形式相比，君权拥有更加明晰和更加牢固的继承规则。这是因为，一种永久官僚制的雏形开始出现，它由公职人员、勤务人员和行政人员构成，他们协助保障现有的社会秩序。军事防御体系的稳定性，是通过强制性服兵役并建立军队来保障的，食物生产逐渐由专业人员直接管控。不过，在农牧政权中，后者（译按：即专业人员管控食物生产）永远不会成为一种绝对的原则。

早期国家主要在两方面与酋邦政治形态有着根本的不同，这两方面也可以通过考古学来界定：

(1) 通过建立若干（以储存为目的的）集聚中心，来实现基本生产资料财政管理（类似于一种融资制度）的官僚制度化。（Polanyi 1968: 186-188, 324）

（2）建立若干中间群体，以巩固区域霸权和规范工艺生产和贸易。

实体商埠或专门贸易中心的建立（它们位于领土疆域内的边远位置），一般出现在定居社会中，当然这种现象同样也会存在于游牧社会中。这一点不一定是国家构造存在的标志，但它肯定反映了（作为贵族的货物和财富来源的）长程和中程贸易的重要性。（Hodges 1982）社会-政治制度从复杂酋邦转变为早期国家的最直接影响是，居民点规模的扩大、城市以外社群的出现、供专门化手工业使用的场所的出现、纪念性建筑（例如庙宇）建造中所需劳动力的增加、随葬品的奢侈性，以及一种牢靠的长距离贸易。所有这些特征，在简单酋邦向复杂酋邦的过渡阶段都已经初现雏形。（Gibson &Geselowitz 1988）基于这些证据，尚不足以界定欧亚游牧民族所处的社会发展阶段。不过，至少可以有把握地说，他们几乎没能像定居民族那样建立起一种类似“国家”的政治组织。

从这方面来看，匈牙利学者埃塞迪（Ecsedy 1972; 1977）对公元6—8世纪突厥汗国国家形成的观察，就显得非常重要了。埃塞迪根据汉文史料中的术语，在政治位阶与血缘关系之间成功建立了联系。她认为，突厥汗国国家的形成，是冲突和矛盾爆发之后沉淀的一个过程，某个统治家族从中脱颖而出。不过，即便游牧人群具备了某种类似“国家”的政治组织，它也是很短命的，以至于它后续的发展受到了严重的限制。此外，更高级的社会阶段，只有在游牧民族征服某种“城市”农耕社会的过程中才能实现。在这种情况下建立起来的国家实体，只是代表了作为征服者的游牧社会与作为被征服者的农业社会之间发生冲突的政治后果。学者们将此类“国家”分为两种主要类型（Hazanov 1975）：第一种是基于某种朝贡关系，游牧民族与农业人口之间的整合，深刻地发生在政治层面；第二种的特点是，游牧民族充分融合入定居社会经济结构的基本框架内。第一种类型的国家，被套用于“第二斯基泰王国”、匈人帝国和金帐汗国。[第二种国家类型]进一步被细分为两种变体：第一种变体是，游牧民族在真正占领了农耕地区之后，政治体的发育过程便中断了，征服行动实际上让游牧民族在社会发展阶段上倒退了，例如欧洲的匈人，以及年代较晚的“第三斯基泰王国”和西迁的回鹘。还有一种国家［变体］尚未被正式提出，学者认为应归类于第一种变体，它与征服者和被征服者之间某种社会关系的建立相关。这种关系使得游牧人群迅速转变为定居人口中的统治阶层，或者与定居人口迅速融合。在这种情况下，余下的游牧人口则保留了向军队提供兵源的特殊角色，即便这种特殊地位不久便消失了。虽然此类国家的存在主要归因于游牧民族的出现，但是它的主要社会经济关系，则取决于高度农耕化地区所达到的社会政治水平（例如帕提亚［Parthia］帝国、贵霜帝国、塞尔柱帝国、奥斯曼帝国和伊利汗国）。

游牧民族拥有的主要是牲畜。牲畜所特有的“移动”属性，并没有妨碍它们代表游牧民族的个体和私有家庭财产。应该指出的是，土地私有制不仅出现在游牧之前，而且在某种意义上是游牧出现的前提条件之一。人与领地主权挂钩，最初并非与游牧生计方式的形态有关，而是先出现在最早的定居聚落内——在定居聚落中人与领地之间的关系经历了深刻的变化。游牧社会组织是以氏族和部落关系为基础的，或许还能进一步细分。与人们习惯认为的不同，游牧社会并不一定是基于严格的军事组织，反而是依靠一种强有力的世系血统原则，尽管在不止一个例子中这一原则仅仅是一种手段性的表象（见下文）。迄今为止，在中亚草原上被界定的以及被哈扎诺夫提炼过的若干种游牧形式（Khazanov 1978a: 119-125），分为以下五组：

（1）全部人口的深度流动，没有固定的迁徙路线（例如公元前9世纪和前8世纪的斯基泰人、公元4世纪和5世纪的匈人、公元6世纪的阿瓦尔人、公元8世纪和9世纪的匈牙利人、公元10世纪的突厥语人群［即南俄的乌古斯人］）；

（2）全部人口的流动，有相对不固定的迁徙路线，有不固定的冬营地（例如当代哈萨克斯坦、土库曼斯坦和蒙古等地最干旱地区的游牧民族）；

（3）全部人口的流动，具有固定的迁徙路线，有固定冬牧场，没有农业（例如萨尔马提亚人、现代卡尔梅克人和部分哈萨克人）；

（4）春季、夏季和秋季全体人口的流动，冬营地是永久性聚落（一种以畜牧业为主、以农业为辅的游牧形式）；

（5）一年中只在特定时间内有人口流动，其余时间为定居生活（即半游牧制）。

大多数欧亚草原的游牧民族，似乎都属于后两种类型，而不是纯粹的游牧民族，当然畜牧的成分还是要高于农业的。中亚地区游牧经济的发展，就考古资料和历史文献所能重构的程度而言，从起源到中世纪晚期之间可以分为若干重要阶段：

（1）一种专业经济的出现（指的是在某种混合经济下的畜牧业）；

（2）使用马科动物作为役用动物；

（3）使用带轮子的车（Piggot 1983, 57-63）；

（4）发展出两轮马拉战车；

（5）完全流动的游牧和用于军事的骑马者（骑马游牧制）；

（6）公元4世纪起，（中国和朝鲜）用于军事的重骑兵和马镫的引入。

车、战车和马匹的逐渐普及，为新精英层的发育和成长提供了无法想象的政治机遇。这种更深层的社会专业化，在混合社会经济条件下（农业和/或畜牧业），发育于更加肥沃的草原边缘，也就是那些农耕文化曾经更加蓬勃发展的地区。很难确定这些政治现象究竟发生在何处——虽然有人基于现有的考古学知识，已经提出了若干可能的区域。一些学者（Renfrew 1987）提议以下几处地区，分别是：南部森林草原带的边缘位置、乌克兰境内的西部欧亚草原（新石器库库泰尼-特利波耶［Cucuteni-Tripolye］文化）、位于黑海和里海之间的高加索北部地区、土库曼斯坦的农耕区（中亚克尔捷米纳尔［Kelteminar］文化沿线地区），或者东方任何具有悠久农耕传统的地区，例如中国的仰韶文化。其他学者（Silov 1959; Merpert 1977）则强调了斯鲁布纳亚［Srubnaja］、卡塔孔巴［Katakomba］、颜那亚［Jamnaja］、斯勒得尼斯托格［Srednij Stog］或安德罗诺沃［Andronovo］等考古学文化所在地的重要性，这些地方更近草原地区。

族群和身份认同

就当前的状态而言，学界对欧亚游牧民族的物质文化特征，尤其是他们所使用器物的种类和形制的讨论，仍然是百家争鸣的状态。所有的阐释都存在一个问题，那就是［从文化上］界定某个单一游牧民族时，遇到了不可逾越的障碍。同时，一定数量的器物在墓葬中普遍出土，包括著名的类似于“丘冢”的墓——“库尔干”。[①]

---

① 这些纪念性墓葬（Jakobson 1987）成为逐水草而居人群的地标，并构成了该人群具有象征意义和神圣意义的空间。它们也作为一个社会调节因素，来强调和保证直系继承，［当然］也允许世系的重建。与此同时，这些土制或石制的建筑，使得其所在周边地区变得神圣化，并起到族群凝聚的作用。这些纪念碑，尤其经常用于定期举行的典礼中。

当然，游牧社会的社会复杂性，总是建立在家庭（往往是核心家庭或小家庭）与亲属、群落、世系、氏族、部落和酋邦之间的密切关系之上。群落、世系和氏族得以维系，靠的是真实的抑或虚构的亲属关系，以及季节性的劳动协作（例如修复水井和修剪羊毛）、保卫部落成员的必要、参与共同的仪式。他们还会出于其他共同的原因聚合在一起，例如挖井、组织盛典（譬如婚礼和登基）、葬礼、仪式和争端。所有的这些社会互动，都促成了族群身份的形成。

身份认同，也是通过不断重复的仪式和典礼来形成的。这种集体的活动，是社会融合的有效手段。于是，一道社会景观被塑造了出来，提醒着后代要铭记他们共同的祖先，并强化他们的身份认同。游牧政治体，以不同的方式分成若干部，他们之间的关系是由真实抑或虚构的世系来支配。下至小型共同体或单个家庭，都存在着若干层级。[游牧] 政治体是流动的、不稳定的。它们被以和平的或强制的手段不断地分化、重建和重构。

或许有人认为，“民族性”或“族属”是个体出生时的一种原生的、永久的特征，且固定于文化规范上（例如语言、传统、起源和领土），甚至反映在考古学遗存上。或许还有人认为，民族性不是天生的，而是个体在社会化过程中的一种建构。某个族群的形象，存在于每个人的心中，“族属”具有适应性，它可以随着处境的不同而变化。总之，族群的身份认同，是一个不断建构、重构和竞争的产物。

族群，是在文化、政治和宗教领袖以及 [社会] 精英对普通民众施加影响的过程中建立的。这一影响有助于政治动员和建立民族和政治实体。民族身份认同，靠的是民众对首领和氏族的献身——他们正是以首领和氏族的名义去战斗。在那个时代，“为民族献身”的说法，似乎听上去很突兀。或许有人会说，那时的人们可能会对首领或家族有效忠之心，但还谈不上对民族或国家的献身。古代游牧民族的特征，在民族学和政治学术语的使用上有所混乱。总之，族群的符号，主要是政治性的。

考古学的相关方面

最后，笔者想就许多被归类为草原游牧民和半游牧民人群所达到的技术风格、构图能力和视觉能力的两种主要表现形式，即所谓的“动物纹饰”和“岩画艺术”，说几句总结性的话。

动物纹饰在考古学层面上被广泛使用，并在不同时期和地区传播（从南俄草原到西伯利亚甚至更远，从青铜器时代到中世纪）——尽管［不同地区和不同时代的］文化生活方式和生存手段时或有异。不过，它们在某些方面却是统一的，即都反映了游牧的生计方式，而这一点也标志着［游牧社会］与定居人群文化世界之间的差异。

动物纹饰在精神层面、宗教层面，甚至是巫术层面具有广泛的背景，且倾向于表现猫科动物，以及鹿和其他猎物，细节之处既有写实又有想象的成分，尤其是表现在动物的身姿上，例如“奔驰的骏马”“扭曲的风格”“舞蹈”和“人兽一体”等。这些形象糅合了动物身体的自然要素，并对这些要素进行了重组、拣选、变形和重复。这套动物表征的内涵，据说与图腾和萨满，以及护身和辟邪的功用有关。其中，写实和想象的表现手法以非同寻常的方式结合，让人联想起现代“超现实主义”的艺术流派。

岩画艺术具有周期性和仪式性的特点，代表了一种晚期的史前欧亚文化现象，主要发现于中亚、蒙古和中国，通常表现在露天、巨石和石墙上。岩画艺术是通过一套复杂的雕刻技艺，以及自青铜时代和铁器时代以来存在于上述地区的生活和生计手段来呈现的，并且有不同的年代风格、特定的类型和样式。岩画艺术凭借其图像学意义（包括动物纹饰），广泛流行于相关区域，表达的往往是一种仪式。在这套仪式中，水资源、游牧营地和岩画艺术构成了一道现实与想象相结合的风景线。

将岩画艺术、仪式和景观放置于同一语境中进行研究，有助于人们从长时段的视角来理解古代遗址，因为古代遗址在季节性的牧场中还涉及游牧民的周期性转场、重复创作、仪式性和［作画载体的］岩壁。

当地的居民把山地景观内一套复杂而有意识的生存方式，通过在岩壁上作画的方式表现出来，从中我们可以发现，随着时间的推移，刻画行为会重复发生，这或许反映了游牧民族在山区牧场的季节性往返。

（张崧 译　陈浩 校）

参考文献

Barfield, T. 1993. *The Nomadic Alternative*. Englewood Cliffs.

Carneiro, R. 1982. The Chiefdom as Precursor of the State, Jones, G.and Krautz, R.(eds.) *The Transition to Statehood in the New World,* 37-79.Cambridge.

Claessen, H. J. M. and P. Skalnik 1978. *The Early State*. The Hague.

Crumley, C. L. 1995. Heterarchy and the Analysis of Complex Societies, *Archaeological Papers of the American Anthropological Association*, January, 1-6, Arlington.

Di Cosmo, N. 2002. *Ancient China and Its Enemies: The Rise of Nomadic Powers in East Asian History.*

Di Cosmo, N. 2009. *The Cambridge History of Inner Asia.*

Earle, T. K. 1987. Chiefdoms in Archaeological and Ethnographical Perspective, *Annual Review of Anthropology*, 16, 279-308.

Ecsedy, I. 1972. Tribe and Tribal Society in the 6th Century Turk Empire, *Acta Orientalia*, 25, 245-262. Budapest.

Ecsedy, I. 1977. Tribe and Empire, Tribe and Society in the Turk Age, *Acta Orientalia*, 31, 1, 3-15. Budapest.

Frachetti, M. D. 2012. Multiregional Emergence of Mobile Pastoralism and Nonuniform Institutional Complexity across Eurasia, *Current Anthropology*, Vol. 53, No. 1 (February 2012), 2-38. Chicago.

Fried, Morton H. 1967. *The Evolution of Political Society an Essay in Political Anthropology.* Random House studies in anthropology, AS 7. New York: Random House.

Gibson, D. B. and Geselowitz, M. N. 1988. *Tribe and Polity in Late Prehistoric Europe.* New York-London.

Golden, P. B. 2011. Studies on the Peoples and Cultures of the Eurasian Steppes. Bucarest.

Hanks, B., Linduff, K. (eds.) 2009. *Social Complexity in Prehistoric Eurasia: Monuments, Metals and Mobility*. Cambridge.

Hazanov, A. M. 1975. *Socialnaja Istorija Skifov.* Moskva.

Hodges, R. 1982. Dark Ages Economics: *The Origins of Towns and Trade AD.600-1000.* London.

Honeychurch, W. 2010. Pastoral Nomadic Voices: A Mongolian Archaeology for the Future, *World Archaeology* 42: 3: 405-417.

Honeychurch, W. 2013. The Nomad as State Builder: Historical

Theory and Material Evidence from Mongolia, *Journal of World Prehistory* 26:4:283-321.

Honeychurch, W. 2014. Alternative Complexities: The Archaeology of Pastoral Nomadic States, *Journal of Archaeological Research* 22:4:277-326.

Honeychurch, W., Amartuvshin, Ch. 2006. States on Horseback: the Rise of Inner Asian Confederations and Empires, M.T. Stark (ed.) *Archaeology of Asia*, 255-278, London.

Houle, J.-L. 2010. Emergent Complexity on the Mongolian Steppes: Mobility, Territoriality, and the Development of Early Nomadic Polities. Unpublished PHD Thesis. Pittsburg.

Jakobson, E. 1987. Burial Ritual, Gender and Status in South Siberia in the Late Bronze-Early Iron Age, *Papers on Inner Asia*, 7, 1-26, Bloomington.

Khazanov, A. M. 1978a. Characteristic Features of Nomadic Communities in the Eurasian Steppes,Weissleder,W.(ed.) *The Nomadic Alternative. Modes and Models of Interaction in the African-Asia Deserts and Steppes*, 119-126. The Hague-Paris.

Khazanov, A. M. 1978b. The Early State among the Scythians, Claessen, H. J. M. and Skalnik, P.(eds.) *The Early State*, 425-440.The Hague.

Khazanov, A. M.(ed.) 1984. *Nomads and the Outside World.* Cambridge.

Krader, L. 1955a. Principies and Structures in the Organization of the Asiatic Steppe-Pastoralist, *Southw estern Journal of Anthropology*, 11, 2, 67-92. Abuquerque.

Krader, L. 1955b. Ecology of Central Asian Pastoralism, *Southwestern Journal of Anthropology*, 11, 4, 302-326. Abuquerque.

Krader, L. 1978. The Origin of the State among the Nomads of As-ia, Claessen, H. J. M. and Skalnik, P.(eds.) *The Early State*, 93-107. The Hague.

Kradin, N. N. 2002. Nomadism, Evolution, and World-Systems: Pastoral Societies in Theories of Historical Development, *Journal of World-System Research* 8: 368-388.

Kradin, N. N. 2014. Nomadic Empires in Inner Asia. *Complexity of Interaction along the Eurasian Steppe Zone in the First Millennium CE*, Ed. by J. Bemmann, and M. Schmauder. Bonn: Rheinische Friedrich-Wilhelms-Universitat Bonn, 2015: 11-48 (Bonn Contributions to Asian Archaeology, Vol. 5).

Kradin, N. N., Bondarenko, D. M., and T. Barfield (eds.) 2003. *Nomadic Pathways in Social Evolution.* Moscow.

Lattimore, O. 1951. The Steppes of Mongolia and the Characteristics of Steppe Nomadism, *The Bobbs-Merril Reprint Series in the Social Sciences*, A-139, 53-102. Indianapolis.

Lattimore, O. 1962. *Studies in Frontiers History.* Paris-LaHaye.

Legrand, J. 2011. Mongoles et Nomades: Sociéte, Histoire, Culture, Textes, Communications, articles 1973-2011. Ulaanbaatar.

Merpert, N. J. 1977. Comments on "The chronology of the Early Kurgan Tradition", *Journal of Indo-European Studies*, 5, 361-392.

Pallas, P. S. 1771. *Reise durch verschiedene Provinzen des Russischen Reiches,* 6 Vols. Sankt-Peterburg.

Pauketat, T. 2007. *Chiefdom and Other Archaeological Delusions.*

New York-Walnut-Canyon-California: AltaMira Press.

Polanyi, K. 1968. Dalton, G. (ed.) *Primitive, Archaic and Modern Economies: Essays of Karl Polanyi.* Garden City.

Rappaport, R. 1967. *Pigs for the Ancestors: Ritual in the Ecology of a New Guinea People.* New Haven.

Renfrew, C. 1987. *Archaeology and Language*, New York.

Sahlins, M. 1961. The Segmentary Lineage: an Organization of Predatory Expansion, *American Anthropologist*, 63, 322-345.

Sahlins, M. 1963. Poor Man, Rich Man, Big-man, Chief: Political Types in Melanesia and Polynesia, *Comparative Studies in Society and History*, 5, 285-303.

Service, E. 1962. *Primitive Social Organization.* New York.

Silov, V. P. 1959. *Kalinovskij kurgannyj mogil'nik, Materialy i Issledovanija po Arheologija*, 60. Moskva.

Sneath, D. 2007. *The Headless State: Aristocratic Orders, Kinship Society and Misrepresentations of Nomadic Inner Asia.* New York. Columbia University Press.

Tosi, M. 1989. Theoretical Considerations on the Origin of Pastoral Nomadism, *Foundations of Empire: Archaeology and Art History of the Eurasian Steppe Cultures.* Los Angeles.

Tosi, M.(未刊稿). The Egalitarian Foundation of Steppes Empires: Facing the Bush of Evolutionary Pathways, *Critical Approaches in Archaeology: Material Life, Meaning and Power,* Wenner-Gren Foundation for Anthropological Research, March 17-25, 1989. Cascais.

Yoffee, N. 2005. *Myth of the Archaic State: Evolution of the Earliest*

Cities, States and Civilizations. Cambridge.

Weissleder, W.(ed.) 1978.*The Nomadic Alternative.Modes and Models of Interaction in the African-Asia Deserts and Steppes*, XIII-XVIII. The Hague/Paris.

考古学视野下匈奴历史的若干方面

〔俄〕尼古拉·克拉丁（Nikolay N. Kradin）撰

引言

定居文明享有高级的文化和文字，在事实上垄断了对历史的认知。用现代学术话语来说，那就是“他们建构了过去”。古典时代的西方编年史家留下了关于邻近民族的记载，这些民族尚处于史前阶段，现代学者将这些文字视作研究史前民族文化的可靠资料。（Schmidt & Mrozowski 2013）

城市定居者往往将这些邻近民族描述为野蛮人，指责他们不崇尚礼仪和道德，以及不讲卫生。他们的文化一般被认为是有缺陷的。我们可以举出许多这方面的例子：尤利乌斯·恺撒和塔西佗（Tacitus）对凯尔特人的描述；希罗多德叙事中的斯基泰人；司马迁著作中的匈奴人；拜占庭皇帝君士坦丁七世笔下的斯拉夫人。可以毫不夸张地说，游牧民族在同时代史家笔下的形象特别糟糕。游牧民族确实好战。他们能发动快速突袭，且能迅速撤退。他们的生活方式和文化是完全不同的、异质的，他们确实给定居农耕文明的人群带来了恐惧。既然如此，那么希腊人虚构出来的半人半马形象，也就不足为奇了。

真实的情况要复杂得多。野蛮人并没有定居历史学家所描述的那么可怕。定居民族自己也有许多可怕的行径，只不过因为这些暴行没有被记录下来，所以无人知晓。很长一段时间以来，考古学只是历史学的一项辅助学科。一般情况下，历史学家扮演着主要的角色，而考古学家的工作则是寻找亮眼的实物来“装点”历史学著作。然而，随着时代的进步，考古学的价值发生了变化。考古学不仅是我们了解史前时期的基本和唯一的信息来源，而且随着方法论和工具的进步，考古学家开始对历史学家的结论提出一些澄清、补充，甚至是商榷——历史学家只是从尘封的档案手稿中得出他们的结论而已。

本文要讨论的，是匈奴这一大型政治体的历史。匈奴是内陆亚洲的第一个游牧帝国。匈奴人是居住在中国北方的游牧民族。匈奴人的历史，是古典时代晚期欧亚民族历史上最有趣的篇章之一。匈奴人没有自己的文字。因此，严格地说，我们应该将匈奴归为史前社会。

匈奴的历史，见于不同语言写成的史书。（Egami 1948; Bernschtam 1951; Gumilev 1960; Davydova 1985; Suhbaatar 1980; Di Cosmo 2002）尽管学者们对匈奴考古学和精美的出土文物抱有很高的热情（Brosse-der, Miller 2011），但仍然存在众多有争议的问题悬而未决。本文旨在说明，考古学资料是如何改变我们基于文献资料所形成的对匈奴社会的认知的。此外，我将从一个重要的话题开始，它表明我们必须要对与匈奴有关的文献进行史料批判。在汉文文献中，史家吸收并裁剪了不同来源的史料。除了官方报告、信件和公文之外，还包括被当作真实事件而记录在案的民间传说。

历史语境

匈奴帝国建立于公元前 209 年，当时冒顿单于（匈奴统治者的名号）夺取了政权。冒顿杀死了他的父亲，并篡夺了王位。在北方，匈奴帝国的边界到达了贝加尔湖，南方的边界则紧邻中原的长城。在西方，匈奴帝国与西域相连，包括［今］哈卡斯、图瓦和阿尔泰地区。在东方，它的边界到达了大兴安岭和辽河。

此后，匈奴与西汉之间展开了激烈的拉锯战。尽管当时西汉的人口约为6000万，而游牧民族的人口总数还不到150万，但是匈奴的实力却与秦、汉两个王朝难分伯仲。匈奴还强迫汉人以“赏赐”的名义缴纳大额的丝绸、手工制品和农产品。（Barfield 1981; Di Cosmo 2002; Kradin 2002）

匈奴政治体存在的最初几十年中，汉人不得不承认游牧民族的强大，并与之缔结了国与国之间的条约。公元前129—前58年，汉武帝向匈奴发动了战争，结果双方的力量都受到了削弱。在此之后，匈奴帝国因为继位之争，导致公元前60—前36年间爆发了内战。（Kradin 2002: 216-224; 2011: 93-93）内战的胜利者，是呼韩邪单于。由于呼韩邪在内战中得到了汉朝的援助，所以他被迫承认中国的宗主地位，并与之建立了和平的关系。这种和平关系，一直持续到西汉的灭亡。在东汉（公元25—220年）时期，匈奴又与他们重新建立起了一种复杂的边疆关系：匈奴要么劫掠东汉的领地，要么以突袭为威胁来勒索东汉的财物。

关于匈奴的情况，大部分都可以从汉文史料中找到，例如司马迁的《史记》卷110，班固的《汉书》卷94上和卷94下，以及范晔的《后汉书》卷89。［西方］学者已经将这些材料译成了不同的语言。（Bichurin 1851/1950; Groot 1921; Watson 1961; 1993; Taskin 1968; 1973; Viatkin 2002）特别需要注意的是弗塞沃洛·塔斯肯（Vsevolod Taskin）的研究。作为一位政治移民的儿子，他在哈尔滨度过了他的前半生，他的中文熟练程度几乎可以比肩母语。他不仅将中国史料中涉及匈奴的所有段落都摘译成了俄语，并且对它们做了详细的注释。（Taskin 1968; 1973）

汉代人将中原视为“中央之国”，它是一个被野蛮人包围的宇宙中心。（Kroll 1996: 77）并以为，与高贵的中原人不同，游牧民族没有道德，他们是暗黑势力。中国古代的星象家把游牧民族对应于水星，与北方、冬季和战争有关。（Viatkin 1975: 284 注 132）一位官员曾提醒汉武帝，匈奴“怀鸟兽心”。（Taskin 1968: 73. 译按：语出《汉书·韩安国传》）在中国古代史家的笔下，匈奴是贪婪的野蛮人，所谓“人面兽心”。（Viatkin 1992: 277）

从中原史家的角度来看，游牧民族展现了人类所有的邪恶。他们既没有定居的生活方式，也没有房屋、文字和历法（没有历法，意味着没有历史！），更没有农业和手工业。他们吃生肉，且不尊重老人。他们有着不同的发式，掩衽的方向也是错误的。游牧民族甚至与他们的母亲（！）和兄弟的遗孀结婚。（译按：指匈奴的收继婚俗，一般不是亲生母亲）怎么可以尊重这样的野蛮人！

有趣的是，对欧亚游牧民族的这种态度，在很大程度上是普遍的。孔子将游牧民族视为“野兽”，与亚里士多德建议亚历山大大帝将野蛮人视为动物的做法非常相似。（普鲁塔克［Plutarch］《亚历山大大帝传》1,6）阿米安努斯·马赛林努斯（Ammianus Marcellinus）在《罗马史》（XXXI. 2, 10）中，把匈人描述为一群居无定所的匪徒，“他们当中没有任何人耕过地，甚至都没有摸过犁柄，因为他们没有固定的居所，没有家、没有法，永远与他们的车一起游荡”。不过，如果仔细阅读马赛林努斯和其他史料的话，我们会发现匈人的社会实际上是由三个阶层构成的帝国。匈人拥有一支强大的、装备精良的军队。

他们知道如何围攻和冲破［敌方］的防御工事。他们的统治者与邻国保持着外交关系。匈人采用了定期袭击和勒索贡品的诡诈手段，与匈奴在亚洲使用的策略如出一辙。匈人的政治中心，是一个真正意义上的城镇。（Vernadsky 1943: 138-143; Maenchen-Helfen 1973: 190-199, 270-274）

帝国创建的神话

在《史记》卷 110 中，司马迁讲述了一段关于冒顿夺权的扣人心弦的故事。（《历代》1958: 16; Watson 1993: 134-135）冒顿是匈奴头曼单于（公元前 3 世纪末在位）的长子和继承人。不过，头曼当时打算把权力交给少子。为此，头曼决定施计废黜冒顿，把他送给月氏当人质。但是，头曼随后暗中袭击了月氏的领土。冒顿展现出了强悍的个人能力。在骗过守卫之后，他偷了一匹马，骑回了家。头曼极不情愿地赞扬了长子的谋略。他赐给冒顿一个“土万”，即一万名骑兵，供其指挥。

冒顿非常清楚，他的地位有多么不稳。他开始延揽可靠的追随者。司马迁记述，冒顿开始了练兵。冒顿说，在他［鸣镝］放箭后，如果有人没照做，就会被斩首。一段时间后，冒顿拉弓射向了他的良马，他的一些战士不敢射。于是，冒顿下令斩首他们。又过了一段时间，他把箭射向了他的爱妻，他的一些追随者不敢效仿。他们同样也遭到了斩首。再下一次，冒顿把箭射向了他父亲的马，所有的战士都照做了。这说明他们已经死心塌地追随冒顿了。之后不久，在一次狩猎中，冒顿拉弓射向了他的父亲，他所有的战士都照做了。冒顿在杀死他的父亲之后，占领了［单于］牙帐，杀掉了他的兄弟及其母亲，并处决了所有的对手。

匈奴在东方的邻国——东胡，在听到匈奴国内政变的消息后，认为这是攻击匈奴的一次绝佳机会。为了制造战争口实，东胡向匈奴派遣了一位使者，向单于索要他的千里马。冒顿的所有谋士，都建议他拒绝该请求。然而，冒顿明智地决定，不与邻国因为一匹马而引起纠纷。在那之后，东胡统治者又向匈奴索要单于的妻子。冒顿再一次决定不能因为一个女人而与邻国发生冲突。随后，东胡再一次向匈奴索要边境地区的“弃地”。这一次，冒顿大怒。他说：“土者，国之本也！”他处决了所有主张割让土地的人，然后集结军队一举击败了东胡。大量的战利品，足以与所有参与战役的人分享。

这些事件听起来更像是虚构，而不是历史事实。这则故事中，有太多的问题和矛盾之处。我首先要提醒大家的是，政治阴谋都是秘密策划的。但是，冒顿的一切预谋，都牵涉了太多人。残忍杀妻的行为，不可能不引起他人的注意。冒顿是如何向他的父亲和亲属解释他的杀妻之举的？冒顿更不可能敢于杀掉他父亲最喜欢的马。对于游牧民来说，攻击某人的马，意味着对主人的侮辱。杀死单于最喜欢的马，更是一种极端的侮辱！在司马迁的作品中，冒顿有多位“爱妻”。冒顿射杀了其中一位，并给东胡统治者送了一位。司马迁《史记》中提到的冒顿第三位妻子，曾劝说冒顿在白登山放走了汉高祖刘邦。（《历代》1958: 18; Watson 1993: 138）冒顿在他的国境内制造如此难以想象的恐怖，几乎是不可能的。如果每一个游牧共同体的领导者都像司马迁笔下的冒顿那样，如此草率地把战士和追随者斩首的话，那么他很快将不可避免地失去所有的追随者。[除了上文讨论的问题之外，《史记》的这段记载] 还有其他的疑点。（Kradin 2002: 47-55）

总的来说，冒顿上位的整段叙事，让我们想起某种神话故事或英雄史诗。其情节显示出一种严格的创作架构，分成两部分。第一部分讲述了冒顿是如何获得权力的。第二部分讲述了冒顿与东胡统治者之间的关系和战争，其结局正如虚构故事中经常发生的那样，是好的。两部分中的所有事件，都是徐徐展开的，悬念逐步升级，直至高潮。弗拉基米尔·普罗普（Propp 1984: 25）将这种情节创作称之为“递进手法”，该手法在各种形式的民间传说中广为流传。

在冒顿的事迹与民间传说之间，另一个显著的相似之处是“三段式”原理（同上）。每一连串的事件，都会重复三次（就像俄罗斯童话西夫卡-布尔卡一样），但每次重复时，悬念都会递进。冒顿先射杀他自己的马，接着是他的妻子，然后是他父亲的马。只有第三次尝试（他赢得了战士的一致支持），才是成功的。在第二部分，他先是舍弃了爱马，随后舍弃了爱妻，但在东胡第三次提出要求之后，他跨上了马背去征讨东胡。冒顿事迹与民间传说的第三个相似之处，是故事中出现了马和妻子［的形象］。这些是民间传说中的传统元素。［在民间传说中，］敌人往往威胁要从主人公那里夺走他的马和妻子。第四个相似之处，是弑父行为。这也是一个典型的民间故事情节。除此之外，作为一名真实历史人物的单于之父——头曼，他的名号也引起了质疑。一个多世纪以前，夏德（F. Hirth）和白鸟库吉（Shiratori Kurakichi）都注意到，“头曼”这个名号与“土万”（意思是一万）的读音是可以勘同的。（Hirth 1900; Shiratori 1902）

司马迁笔下的冒顿故事，很可能是从关于冒顿的某部史诗传说中抄录而来的。司马迁的生年，距离故事中所发生的事件有半个多世纪。他于公元前104年开始《史记》的创作，距离故事中事件发生的时间，已经过了一个世纪。游牧民族没有文字，对于他们来说，历史记忆的主要来源是史诗。当冒顿在草原上获得权力时，中原的汉朝取代了秦朝。在改朝换代之际，当时的中原人几乎不可能去关注漠北发生的事情。司马迁（或者他的“线人”）极有可能是从某些匈奴人的口中听到了一些故事。在《史记》中，真实历史事件的元素与史诗文学的元素混在一起。在这里，很难在事实和虚构之间做出区分。同样的情况，也出现在其他的游牧帝国身上，例如突厥汗国［碑铭中的叙事］。（Golden 2018）

从民间文学的研究中推导出关于具体历史事件的结论，是不恰当的。在神话传说和史诗故事中，或许有些人物的原型分属于不同的历史时期。（Propp 1984）就杂糅了真实事件和民间传说的冒顿的事迹而言，这个结论在一定程度上是站得住脚的。冒顿通过废除合法统治者（也许真的就是他的父亲）来夺取权力，这是完全真实的。从故事的第二部分可知，在政变后他确实击败并征服了东胡。但是，那些与马、妻子和射箭有关的情节，都属于民俗传说的点缀。总而言之，我们可以肯定，公元前209年之前的阶段属于匈奴的史前时期。［匈奴］真正意义上的历史，始于公元前209年，因为此时中原的历史学家开始关注他们的北方近邻了。

生计方式

司马迁提到，匈奴“咸食畜肉”。（《历代》1958: 3; Watson 1993: 129）但同时，我们都知道，乳制品是游牧民族的主食。大多数的游牧人只有在节日里，或者秋季屠宰牲畜时，或者牲畜死亡了，或者是有客人来访时，才会吃肉。任何一位远道而来的客人到访，都是一件非同寻常的事情，特别是汉人的到访。传统的待客之道，严格规定要用羊肉来招待外国客人。因此，中原人所形成的游牧民族“咸食畜肉”的印象，也就不足为奇了。

匈奴政治体内农业的发展程度，是最有争议的问题之一。早在苏联时期，［匈奴境内］什么人从事农业的问题，就引起了争论：究竟是匈奴人自己，还是来自中原的俘虏和移民。（Davydova 1978）现代的采集数据和分析方法表明，农作物不仅存在于定居社会，也存在于［游牧］营地。（Wright et al. 2009）与此同时，［匈奴］经济生活的情况更为复杂。

对当时人体骨骼的同位素探测表明，一些遗址的人主要食用乳制品和肉制品，另一些地方的饮食则是混杂的，包含素菜和狩猎动物。（Nelson et al. 2009; Machicek 2011）一些遗址即便进行了仔细的实地勘察，依旧没有发现任何农业迹象。（Houle, Broderick 2011）匈奴人群中龋齿疾病的流行，或许间接说明了农作物在匈奴个体的营养结构中占据很重要的地位（Erdene 2011），并且人体骨骼中富含磷元素，也揭示了鱼类的重要性。（Brosseder, Marsadolov 2010; Brosseder et al. 2011）

匈奴本土的考古学研究，亦开辟了新的前景。通过绘制哈努因河（Khanuin-Gol）河谷（位于东霍布苏古尔［East Höbsugul］地区）附近的考古遗址（自青铜时代始），我们发现大多数遗址可以分为两类区域："夏［牧场］"遗址位于河谷附近，而"冬［牧场］"遗址则位于山麓的高处，稍微远离河谷。两类遗址之间距离约为 5 公里。吊诡之处在于，这一格局与今天的［游牧民］迁移路线完全吻合（Houle 2009; Houle, Broderick 2011），并且与该地区的传统游牧方式相关。（Simukov 2007: 272-273, 501, 718）也就是说，匈奴时期的地理环境，与今天的地理环境大致相同。通过测算在哈努因河河谷地区收集的动物遗骸，我们发现其中 54% 为小型反刍动物的骨骼，25% 为马骨，

16%为牛骨。(Houle, Broderick 2011: 145) 这一数据，与欧亚草原游牧民族传统的牲畜比例大致相符。(Kradin 2002: 71) 野生动物骨骼的数量很少。在一些遗址中，还发现了土拨鼠的遗骸。

对季节性营地的考察，可以为社会结构的研究提供一些新的视角。一般情况下，季节性营地只会出土陶片，但如果问题处理得当，陶片会成为重要的[研究]资料。有一种方法认为，[社会]不平等可以从器皿的尺寸、形制和纹饰上反映出来。相较于其他家族，高级别的家族会更频繁地组织节日和封赏庆典。侯勒(J.-L. Houle)和布罗德里克(L. G. Broderick)发现，14处遗址中的2处遗址出土的陶片，在尺寸和纹饰上与其他陶片有显著的不同。这些遗址还出土了冶金制品的废弃物，表明金属器物具有本土的特征。这2处遗址的位置相对，一处遗址离河边不远，另一处遗址位于山麓。我们有理由推测，这是同一个家族沿着相同的路线在两处遗址间季节性地转场。由于没有发现其他贵重物品，研究者认为，有理由推测，在本项研究中社会差异并不显著。(Houle, Broderick 2011: 148-150)

两翼与中心

在《史记》卷110中，司马迁对匈奴国家的行政制度做了详细描述。(《历代》1958: 17; Watson 1993: 136-137) 冒顿统治下的政治体，包括三个部分：中心、左翼和右翼。左右两翼下还进一步细分为若干子翼。级别最高的大臣是“二十四长”，号为“万骑”，从属于单于。行政级别最低的官员，是“当户、且渠之属”。严格地讲，他们隶属于中心的二十四长。在匈奴帝国联盟内，究竟有多少这类部落群体，尚未可知。

对考古遗址的地理信息进行系统性研究，开辟了新的［研究］前景。通过对空间关系的考察，人们可以更好地理解政治权力的分配。霍洛托娃-辛乃科（J. Holotova-Szinek）根据出土的匈奴考古资料，确定了十个区。不过，只有其中的三个区存在高密度分布的考古遗址。第一个区包括色楞格省（Selenge Aimag）和布里亚特。第二个重点区是中央省（Tuv Aimag）。第三个区是后杭爱省。（Holotova-Szinek 2011a; 2011b）在她看来，这一情形体现了匈奴政治体具有“帝国联盟”的特点，其中地方性政治势力的地盘，错落分布在广袤的空间内。霍洛托娃-辛乃科试图去理解，为什么汉文文献没有反映出这类政治构造，以及为什么她所识别的区域不见于汉文文献。（Holotova-Szinek 2011b: 436）不过，要想掌握更全面的情况，还需要从毗邻区域内采集更详细的样本。这样，极有可能会加深我们对［匈奴］权力空间分布的理解。

布莱恩·米勒（Bryan Miller）试图根据考古资料，来重建匈奴帝国内中心与边缘之间的关系。（Miller 2011）在东方，匈奴与东胡相邻，在匈奴帝国的时代，所谓的“东胡”是指乌桓和鲜卑。米勒认为，有一些涉及贸易和其他联系的证据，甚至在丧葬仪式上都有共同点。不过，地方游牧民族的多数文化特征，与中心区域不同，说明了政治融合的不充分。蒙古草原南部靠近长城的疆域，分布了具有早期匈奴文化特征的重要遗址。在［匈奴］帝国时代，尽管战争频仍，但双方的边界并非密不透风。这一点可以从不同时期的诸多史料中得到证实，文献中提到游牧民族与定居民族之间的贸易关系，包括走私、逃兵，等等。在匈奴帝国的西北边缘区域，人们发现在杂居墓地中的匈奴墓葬具有其他传统的迹象。这一事实表明，中心与边缘之间存在着一种流动的、可穿透的边界，以及深度的经济和政治融合。

“毋城郭”的帝国

在中国史料中，匈奴人通常被描述为在寒冷无垠的北方荒漠内为寻找食物而无序移动的牧民，所谓“逐水草迁徙，毋城郭常处耕田之业”。（《历代》1958: 3; Watson 1993: 129）从这段描述中，人们可以感受到［汉人］对荒蛮和未开化野蛮人的一种典型的轻视态度。不过，如果仔细检视有关匈奴的史料，人们可以找到匈奴政权内有人给农耕聚落筑造围墙的记载。（《历代》1958: 191, 204, 208; Taskin 1968: 91; 1973: 22 24, 30, 103）

考古学资料印证了这一事实。目前，已经有超过20个匈奴时期的要塞和聚落被发现。（Hayashi 1984; Danilov 2011, etc.）许多匈奴要塞的具体功能，尚未弄清。尤其是，他们不具备严格的防御功能。它们的规模不算大，不能容纳庞大的军队。此外，匈奴人自己对于处在围困之下是否还能够被动防御，都是持怀疑态度的。（《历代》1958: 204）游牧民族主要强调的是部队和家族的机动性。他们将此视为他们在军事上所向披靡的根本原因之一。

人们可以区分出几种不同形制的匈奴遗址。考古学家考察了都仁尼（Dureny）聚落和博洛（Boroo）聚落，这里的居民从事农业。（Davydova, Minyaev 2003; Ramseyer, Pousaz, Törbat 2009）另一处知名的要塞是巴彦-乌恩德（Bayan-Under），里面有一个大型的聚落。学界将其解读为一处军事指挥官的宅邸。（Danilov 2011）还有许多要塞（例如谷阿多夫［Guadov］、乌恩都多夫［Undurdov］，特勒吉［Tereljii］等），尚无法确定其功能。被研究得最多的是谷阿多夫遗址，这里出土了装饰繁缛的门、有檐的木墙，以及一座位于某处平台上的带瓦片的建筑物。（Eregzen 2017）还有一座真正意义上的城镇，那是一处坚固且有围墙的农业和手工业中心（即伊沃尔加要塞[Ivolga]）。

伊沃尔加坐落于乌兰乌德市的南部。该聚落呈不规则方形，边长约 200 米 × 300 米。聚落的三面有防御工事（防御工事之间有四面墙和护城河），另一侧紧邻色楞格河的旧河床。

在伊沃尔加遗址内，[考古学家] 考察了 54 处有“炕”这种取暖装置的住所。遗址中出土了数量众多且形制不同的文物，表明这里的城镇居民从事着农业、畜牧业、手工业和渔业。家畜主要以牛、小型反刍动物、猪和狗为主。出土的文物中，有不少是采用中国的技术制造的。其中一些还有文字符号。对同一时期的墓地（216 座墓葬）的研究表明，伊沃尔加的人口中有相当多的中国人。（Davydova 1985; 1995; 1996）城镇居民的总人数，在 2500 至 3000 到几千人之间不等。伊沃尔加是一个真正意义上的城镇。可惜的是，它是目前为止考古学家所发现的唯一一座匈奴帝国的城镇。（Kradin 2005）

历史年代学

匈奴遗址的历史年代学，对于理解匈奴历史与匈奴史前史之间的界限来说，是一个关键的问题。在匈奴考古学的早期阶段，研究者并没有特别关注这个问题。早期学者的解读，一般都是将其与某一政治史事件联系起来。[要解决这个问题,] 一段时间的材料积累是很有必要的。现在这个阶段已经结束了，进入了资料整合的阶段。潘玲（潘玲 2007; 2011）就匈奴考古的年代学问题，提供了一份最为彻底的研究。潘玲明确提出了苏吉（Sudzha）和德列斯图（Dyrestui）两个阶段，并指出米尼亚耶夫（S. S. Minyaev 1998: 74-75）将伊沃尔加要塞遗址的年代定在公元前123年以后，是错误的。通过讨论不同类型的考古学资料，潘玲认为，倒墩子墓地是中国境内年代最早的匈奴考古文化。它与伊沃尔加要塞和外贝加尔的墓地属于同一时期。所有这些遗址的年代，差不多都在公元前2世纪至前1世纪之间，即西汉时期。外贝加尔的其他遗址，被认为是与伊沃尔加遗址属于同一时期的，但它们可能早在东汉之前就已经存在了。中国的补洞沟墓地，属于同一时期的考古学文化。

应当指出的是，在蒙古和外贝加尔（诺因乌拉［Noyon Uul］、格尔莫德［Gol Mod］、都灵纳尔斯［Durlig Nars］、察拉姆［Tsaram］和伊里莫瓦帕德［Ilmovaya Pad］）发掘的所有台地墓葬（属于贵族），以及众多平民墓葬，都属于这一阶段。在此历史时期，丧葬仪式变得标准化。与此同时，丧葬仪式中的社会差异也表现了出来。匈奴文化的最后一个阶段，与东汉统治的年代吻合，潘玲将其与中国境内的西沟畔墓地和李家套子墓地等匈奴遗址联系起来。她认为这些遗址属于南匈奴，并指出它们受汉朝的影响很大。（潘玲 2011）

然而，随着碳14年代测定法的进步，在当下开始出现了一些较为棘手的问题。对所谓台地墓葬的测年研究表明，它们都属于前后相差不久的一段历史时期，即公元前1世纪至公元1世纪之间。与此同时，至今尚无法确定任何一座属于匈奴帝国早期的墓葬。那些被认为是匈奴墓葬的，都是晚期的。（Brosseder 2009; Brosseder, Marsadolov 2010; Brosseder et al. 2011; Brosseder, Miller 2011）

总而言之，所有的匈奴贵族墓葬都属于匈奴政权出现危机的历史时期，甚至是在公元48年分裂为北匈奴和南匈奴之后的阶段。单于和其他贵族首领的埋葬地点，仍然不得而知。它们肯定隐匿于某个不为人知的地方。成吉思汗和其他蒙古汗的陵墓，亦是如此。

代结论：匈奴与匈人

在过去的二十年内，［学界］涌现出了许多有关游牧匈奴帝国的新动向。有一点是可以肯定的，即汉文史料严重扭曲了真实的情况。如今，我们知道匈奴的政治体是松散的、无组织的。

当代西方学术界积极批判“东方主义”，这是西方人对亚洲文化所形成的扭曲观念。爱德华·萨义德在他的著作中创造了“东方主义”这个术语。对于中国古代和中古的史家而言，“东方主义”也是适用的。他们把游牧民族描绘成野蛮人，没有自己的经济，靠劫掠安稳的农民为生。考古学材料为人们观察草原世界提供了不同的视角。

不幸的是，考古发掘所带来的资料极为碎片化，无法重构［匈奴］考古文化的全貌。我们对于匈奴早期单于的贵族墓葬，几乎一无所知。匈奴的起源，仍然是一个备受争议的课题。在中国北方，只有少量的匈奴遗址。蒙古境内匈奴要塞的功能，至今仍然是个谜。更为棘手的是，很难在年代学上把匈奴在公元 48 年分裂前、后的考古学文化明确区分开来。

亚洲匈奴与欧洲匈人之间的关系问题，仍然牵动着学者们的神经。近年来，这个议题再次成为热烈讨论的对象。（Vovin 2000; de la Vaissiere 2005）可惜的是，尽管学界发表了许多涉及该主题的论文，但还没有出现通盘比较匈奴和匈人考古遗址和文物的研究。一般的研究，都是以铁炉从东向西传播的详细路线图，来论证两者间的关系。伯克文科（N.A. Bokovenko）和扎塞茨卡娅（I.P. Zasetskaia）的作品，认为他们之间有连续性。在书中的一幅地图上，铁炉沿着若干条路线从东向西传播。在他们看来，这是游牧民族迁徙的证据。（Bokovenko, Zasetskaia 1993; Zasetskaia, Bokovenko 1994）这一观点，在匈牙利学者那里得到了积极的响应。（Erdy 1995; 2009）

不过，究竟是人还是器物在移动的问题，一直困扰着欧亚考古学界。（Frachetti 2011）很难否定这样一种观点，即认为欧亚草原文化中形制相似（并非完全相同！）的铁炉的广泛分布，可以有不同的解读。一个反诘的问题是："为什么匈奴的骑马游牧战士需要如此长的时间［来完成迁徙］？"（Brosseder 2011:415）这个问题无法用历史学或民族学上的先例来回答。人类已知的所有东西向迁徙，都是迅速完成的。

即便如此，仍有许多考古学家支持匈奴西迁的观点。近年来，波塔洛夫（S. G. Botalov）建构了一幅匈奴依次向乌拉尔山和欧洲迁徙的宏伟画卷。（Botalov 2009）波杜什金（A. N. Podushkin）在哈萨克斯坦境内的雅利斯卡娅文化（Arysskaya culture）中，发现其有一段时期受到匈奴文化的影响。（Podushkin 2009）俄罗斯的考古学家也在积极地研究高加索地区的匈人遗址。（Gmyrya 1993; 1995）

与此同时，目前还没有任何一项具体的考古学工作，可以显示出匈奴与匈人的考古遗址之间存在真正意义上的相似之处。如果这项工作是那么简单的话，那么很早以前就应该有人做了。对带钩饰牌在欧亚大陆疆域内分布的详细研究表明，它们或多或少都与本地存在着一些联系，而它们在公元前后的广泛出现，则可归因于丝绸之路的开辟。从其他器物的分布中，也可以得出类似的结论。（Brosseder 2011; 2018）

（张崧 译　陈浩 校）

参考文献

原始史料

Ammianus Marcellinus. 1911.*The Roman History*. Transl. C. D. Yonge. London: G. Bell and Sons, Ltd.

Bichurin, N. Yu. 1950/1851. *Sobranie svedenii o narodakh, obitavshikh v Srednei Asii v drevnie vremena* [Collected Information about the Peoples inhabiting Middle Asia in Ancient Times]. Vol. 1. Moscow-Leningrad: Academy of Sciences of the USSR Press.

Groot, J. M. de 1921 (ubrsz.). *Chinesische Urkunden zur Geschichte Asiens. Die Hunnen der vorchristlichen Zeit*. Bd. I. Berlin – Leipzig: de Gruyter.

HHS: *Hou Han shu* 后汉书 [History of the Later Han Dynasty] by Fan Ye 范晔，北京：中华书局，1965。

《历代》1958: 中央民族学院研究部，历代各族传记会编。[Collected Data about the Peoples of Different Historical Periods]. Vol. 1. 北京：中华书局。

Plutarch. 1919. *Plutarch's Lives*. Transl. B. Perrin. Vol. VII. Cambridge: Harvard University Press.

SJ: *Shiji* 史记 [Records of the Grand Historian], by Sima Qian 司马迁，北京：中华书局 , 1972。

Taskin, V. S. 1968 (transl.). *Materialy po istorii siunnu* [Materials on the History of the Xiongnu]. Vol. 1. Moscow: Nauka.

Taskin, V. S. 1973 (transl.). *Materialy po istorii siunnu* [Materials on the History of the Xiongnu]. Vol. 2 Moscow: Nauka.

Viatkin, R. V. 1975 (transl.). *Syma Qian. Istoricheskie zapiski* [Sima Qian. Historical Records]. Vol. 2 Moskow: Nauka.

Viatkin, R. V. 1992 (transl.). *Syma Qian. Istoricheskie zapiski* [Sima Qian. Historical Records]. Vol. 7. Moskow: Nauka.

Viatkin, R. V. 2002 (transl.). *Syma Qian. Istoricheskie zapiski* [Sima Qian. Historical Records]. Vol. 8. Moskow: Nauka.

Watson, B. 1961 (trans.). *Records of the Grand Historian of China from the Shih Chi of Ssu-ma Ch'en*. Vols. 1-2. New York: Columbia Univ. Press.

Watson, B. 1993 (transl.). *Records of the Grand Historian: Han Dynasty by Sima Qian*. Revised version. Vol. 2. New York and Hong Kong: Columbia Univ. Press books.

研究文献

Barfield, T. 1981. The Hsiung-nu Imperial Confederacy: Organization and Foreign Policy. *Journal of Asian Studies* 41 (1): 45-61.

Bernshtam, A. N. 1951. *Ocherk istorii gunnov* [Essay on Xiongnu History]. Leningrad: Leningrad State University Press.

Bokovenko, N. A. Zasetskaia, I. P. 1993. "Proizkhozhdenie kotlov 'gunnskogo tipa' vostochnoi Evropy v svete problemy khunno-gunnskikh sviazei." [The Formation of the "Hun-type" Caldrons in Eastern Europe in the Context of Xiongnu - Hun relations] *Peterburgskii Arkheologicheskii Vestnik* 3: 73-88.

Botalov, S. G. 2009. *Gunny i tiurki* [Huns and Turks]. Chelyabinsk:

OOO "Rifey".

Brosseder, U. 2009. "Xiongnu Terrace Tombs and their Interpretation as Elite Burials." In *Current Archaeological Research in Mongolia. Papers from the First International Conference on „Archaeological Resesarch in Mongolia" held in Ulaanbaatar, August 19th-23rd 2007*: Edited by J. Bemmann, H. Parzinger, E. Pohl, D. Tseveendorzh, 247-280. Bonn: Rheinische Friedrich-Wilhelms-Universität Bonn (Bonn Contributions to Asian Archaeology 4).

Brosseder, U. 2011. "Belt Plaques as an Indicator of East-West Relations in the Eurasian Steppe at the Turn of the Millennia." In *Xiongnu Archaeology: Multidisciplinary Perspectives of the First Steppe Empire in Inner Asia*: Edited by U. Brosseder and B. Miller, 349-424. Bonn: Rheinische Friedrich-Wilhelms-Universität Bonn (Bonn Contributions to Asian Archaeology, Vol. 5).

Brosseder, U. 2018. "Xiongnu and Huns." In *Empires and Exchanges in Eurasian Late Antiquity: Rome, China, Iran, and the Steppe, ca. 250-750*: Edited by N. Di Cosmo & M. Maas, 176-188. Cambridge: Cambridge University Press.

Brosseder, U., Marsadolov, L. S. 2010. "Novye radiouglerodnye daty dlia Ivolgonskogo arkheologicheskogo kompleksa ob'ektov v Zabaikalye." [New Radiocarbon Dates for the Ivolga Archaeological Complex Site in the Trans-Baykal area] In *Drevnie kultury Mongolii i Baikalskoy Sibiri*: Edited by A.D. Tsybiktarov et al., 183-186. Ulan-Ude: Buryatian State University Press.

Brosseder, U., Miller, B. K. 2011. "State of Research and Future

Directions of Xiongnu Studies." In *Xiongnu Archaeology. Multidisciplinary Perspectives of the First Steppe Empire in Inner Asia*: Edited by U. Brosseder, and B. K. Miller, 19-33. Bonn: Rheinische Friedrich-Wilhelms-Universität Bonn (Bonn Contributions to Asian Archaeology 5).

Brosseder, U., Yeruul-Erdene, Ch. with Tseveendorj, D., Amartuvshin, Ch., Turbat, Ts., Amgalantugs, Ts.and a contribution by Machicek, M. L. 2011. "Twelve AMS-Radiocarbon Dates from Xiongnu Period Sites in Mongolia and the Problem of Chronology." *Arkheologiin Sudlal* XXXI: 53-70.

Danilov, S. V. 2011. "Typology of Ancient Settlement Complexes of the Xiongnu in Mongolia and Transbaikalia." In *Xiongnu Archaeology: Multidisciplinary Perspectives of the First Steppe Empire in Inner Asia*: Edited by U. Brosseder and B. Miller, 129-136. Bonn: Rheinische Friedrich-Wilhelms-Universität Bonn (Bonn Contributions to Asian Archaeology, Vol. 5).

Davydova, A. V. 1978. "K voprosu o roli osedlykh poseleniy v kochevom obshchestve xsiungnu." [On the Question of the Role of Settled Sites in Xiongnu society] *Kratkie soobshcheniia instituta arkheologii* 154 (Moscow): 55-59.

Davydova, A. V. 1985. *Ivolginsky komplex (gorodischche i mogilnik) - pamiatnik hunnu v Zabaikalye*[The Ivolga Complex (Fortress Settlement and Cemetery) - the Site of the Xiongnu in the Transbaikal area]. Leningrad: The Leningrad University Press.

Davydova, A. V. 1995. *Ivolginsky arheologicheskiy komplex. Tom 1. Ivolginskoe gorodishche* [The Ivolga Archaeological Complex.

Part 1. The Ivolga Fortress Settlement]. Sankt-Petersburg: Peterburgskoe vostokovedenie.

Davydova, A. V. 1996. *Ivolginsky arheologicheskiy komplex. Tom 2. Ivolginsky mogilnik* [The Ivolga Archaeological Complex. Part 2. The Ivolga Cemetery]. Sankt-Petersburg: Peterburgskoe vostokovedenie.

Davydova, A. V., Minyaev, S. S. 2003. *Komplex arkheologicheskikh pamiatnikov u sela Dureny* [The Archaeological Sites Complex in the Dureny Village Area]. Sankt-Peterburg: Asiatica.

Di Cosmo, N. 2002. *Ancient China and its Enemies: The Rise of Nomadic Power in East Asian History*. Cambridge: Cambridge University Press.

Egami, Namio. 1948. *Yūrashia kodai hoppō bunka. Kyōdo bunka ronkō* [The Northern Culture in Ancient Eurasia (Essay on Xiongnu Culture)]. Kyoto: Yamakawa Shuppansha.

Erdene, M. 2011. "Paleopatologiia hunnu Centralnoy Mongolii." [Paleopathology of the Xiongnu of Central Mongolia] In *Ancient Cultures of Mongolia and Baikalian Siberia. Proceedings of the International Conference*; Edited by A. V. Kharinsky, 398-403. Irkutsk: Irkutsk State Technical University Press.

Erdy, M. 1995. "Xiongnu Type Cauldron Finds throughout Eurasia." *Eurasian Studies Yearbook* 65: 5-94.

Erdy, M. 2009. "Xiongnu and Huns One and the Same: Analyzing Eight Archaeological Links and Data from Ancient Written Sources." *Eurasian Studies Yearbook* 81: 5-36.

Eregzen, G. 2017. "Novye gipotezy o naznachrnii I konstruktivnykh osobennostiakh hunnskogo gorodishcha Guadov." [New Hypothesis on the Function and Construction Features of the Guadov Fortress of the Xiongnu]. In *Actual Problems of Archaeology and Ethnology of Central Asia.* Materials of II International Conference: edited by B. V. Bazarov and N. N. Kradin, 245-255. Ulan-Ude: Buryat Scientific Center of the Siberian Branch of the Russian Academy of Sciences.

Frachetti, M. 2011. "Migration Concepts in Central Eurasian Archaeology." *Annual Review of Anthropology* 40: 195-212.

Gmyrya, L. B. 1993. *Prikaspiiskiy Dagestan v epokhu velikogo pereseleniia narodov. Mogilniki* [Caspian Dagestan in the Period of the Great Migration of the Peoples. Burial Places]. Mahachkala: Dagestan Scientific Center, RAS Press.

Gmyrya, L. B. 1995. *Strana gunnov z Kaspiyskikh vorot* [Country of the Huns on the Caspian gate]. Mahachkala: Dagestan Scientific center, RAS Press.

Golden, P. B. 2018. "The Ethnogonic Tales of the Türks." *The Mediaeval History Journal* 21 (2): 1-37.

Gumilev, L. N. 1960 *Khunnu: Sredinnaia Aziia v drevnie vremena* [Xiongnu. Central Asia in Ancient Times]. Moscow: Izvatelstbo vostochnoi literatury.

Hayashi, T. 1984. "Agriculture and Settlements in the Hsiung-nu." *Bulletin of the Ancient Orient Museum* 6 (Tokyo): 51-92.

Hirth, F. 1900. "Sinologische Beiträge zur Geschichte der Türk-Völker. 1. Die Ahnentafel Attila's nach Johannes von Thurocz." *Bulletin de l'Académie Impériale des Sciences de St.-Pétersbourg* XIII (2): 221-261.

Holotova-Szinek, J. 2011a. "Horde Nomade ou Empire des Steppes Face à la Chine des Han? Quelques Remarques sur l'étude du Système Politique des Xiongnu Selon les Sources Ecrites Chinoises et les Nouvelles Données Archéologiques." *Asian and African Studies* 20 (2): 238-266.

Holotova-Szinek, J. 2011b. *Les Xiongnu de Mongolie: Organisation territoriale et économie selon les découvertes archéologiques récentes et les sources historiques*. Paris: Editions universitaires européennes.

Houle, J.-L. 2009. "Socially Integrative Facilities' and the Emergence of Societal Complexity on the Mongolian Steppe." In *Social Complexity in Prehistoric Eurasia: Monuments, Metals, and Mobility*: Edited by B. Hanks and K. Linduff, 358-377. Cambridge: Cambridge University Press.

Houle, J.-L., Broderick, L.G. 2011. "Settlement Patterns and Domestic Economy of the Xiongnu in Khanui Valley, Mongolia." In *Xiongnu Archaeology: Multidisciplinary Perspectives of the First Steppe Empire in Inner Asia*: Edited by U. Brosseder and B. Miller, 137-152. Bonn: Rheinische Friedrich-Wilhelms-Universität Bonn (Bonn Contributions to Asian Archaeology, Vol. 5).

Kradin, N. N. 2002. *Imperiia Hunnu* [The Xiongnu Empire]. 2nd. ed. Moscow: Logos.

Kradin, N. N. 2005. "Social and Economic Structure of the Xiongnu of the Trans-Baikal Region." *Archaeology, Ethnology & Anthropology of Eurasia* 1: 79-86.

Kroll J. L. 1996. "The Jimi Foreign Policy under the Han." *The Stockholm Journal of East Asian Studies* 7: 72-88.

马长寿 1962. 北狄与匈奴［The Northern Di and Xiongnu］，北京：

生活·读书·新知三联书店。

Machicek, M. L. 2011. "Reconstructing Life Histories of the Xiongnu. An Overview of Bioarchaeological Applications." In *Xiongnu Archaeology: Multidisciplinary Perspectives of the First Steppe Empire in Inner Asia*: Edited by U. Brosseder and B. Miller, 170-183. Bonn: Rheinische Friedrich-Wilhelms-Universität Bonn (Bonn Contributions to Asian Archaeology, Vol. 5).

Maenchen-Helfen, O. 1973. *The World of the Huns: Studies in Their History and Culture*. Berkeley: University of California Press.

Miller, B. K. 2011. "Permutations of Peripheries in the Xiongnu Empire." In *Xiongnu Archaeology: Multidisciplinary Perspectives of the First Steppe Empire in Inner Asia*: Edited by U. Brosseder and B. Miller, 559-578. Bonn: Rheinische Friedrich-Wilhelms-Universität Bonn (Bonn Contributions to Asian Archaeology, Vol. 5).

Minyaev, S. S. 1998. *Dyrestuiskii mogil'nik* [Dyrestui burial ground]. Saint-Petersburg: Aziatika.

Nelson, A., Amartuvshin, Ch., Honeychurch, W. 2009. "A Gobi Mortuary Site Through Time: Bioarchaeology at Baga Mongol, Baga Gazaryn Chuluu." In *Current Archaeological Research in Mongolia. Papers from the First International Conference on „Archaeological Resesarch in Mongolia" held in Ulaanbaatar, August 19th-23rd 2007*: Edited by J. Bemmann, H. Parzinger, E. Pohl, D. Tseveendorzh, 565-578. Bonn: Rheinische Friedrich-Wilhelms-Universität Bonn (Bonn Contributions to Asian Archaeology).

潘玲 2007. 伊沃尔加城址和墓地及相关匈奴考古问题研究［Study

of Ivolga Town and Cemetery, and the Related Xiongnu Archaeological Issues]，北京：科学出版社。

潘玲 2011. "A Summary of Xiongnu Sites within the Northern Periphery of China." In *Xiongnu Archaeology: Multidisciplinary Perspectives of the First Steppe Empire in Inner Asia*: Edited by U. Brosseder and B. Miller, 463-474. Bonn: Rheinische Friedrich-Wilhelms-Universität Bonn (Bonn Contributions to Asian Archaeology, Vol. 5).

Podushkin, A. A. 2009. Xiongnu v Yuznom Kazakhstane. In *Nomady kazakhstanskikh stepey: etnosociokulturnye protsessy i kontakty v Evrazii skifo-sakskoy epokhi*: Edited by Z. Samashev, 147-154. Astana: Ministry of Culture and Information of the Kazakhstan Republic.

Propp, V. 1984. *Theory and History of Folklore*. Minneapolis: University of Minnesota Press.

Ramseyer, D., Pousaz, N., Törbat, T. 2009. "The Xiongnu Settlement of Boroo Gol, SelengeAimag, Mongolia." In *Current Archaeological Research in Mongolia. Papers from the First International Conference on „Archaeological Resesarch in Mongolia" held in Ulaanbaatar, August 19th-23rd 2007*: Edited by J. Bemmann, H. Parzinger, E. Pohl, D. Tseveendorzh, 231-240. Bonn: Rheinische Friedrich-Wilhelms-Universität Bonn (Bonn Contributions to Asian Archaeology 4).

Schmidt, P., and Mrozowski, S. 2013 (eds.). *The Death of Prehistory*. Oxford: Oxford University Press.

Shiratori K. 1902. "Über die Sprache der Hiungnu und der Tunghu - Stämme." *Bulletin de Académie Impériale des Sciences de St.-Pétersbourg* XVII (2): 1-33.

Simukov, A. D. 2007. *Trudy o Mongolii i dlia Mongolii* [Works about Mongolia and for Mongolia]. Vol. 1. Osaka: National Museum of Ethnology (Senri Ethnological Reports 66).

Suhbaatar, G. 1980. *Hunnu naryn až ahui, niigmiin baiguulal, soyol, ugsaa garal (m.è.e. IV m.e. II zuun)* [The Economy, Social Structure, Culture, and Ethnicity of the Xiongnu], Ulaan-Baatar: Academy of Sciences of the Mongolian Peoples Republic.

Vaissiere, E. de la. 2005. "Huns et Xiongnu." *Central Asiatic Journal* 49: 3-26.

Vernadsky, G. 1943. *Ancient Russia*. New Haven: Yale University Press.

Vovin, A. 2000. "Did the Xiong-nu Speak a Yeniseian Language?" *Central Asiatic Journal* 44 (1): 87-104.

Wright, J., Honeychurch, W. and Amartuvshin, C. 2009. "The Xiongnu Settlements of Egiin Gol, Mongolia." *Antiquity* 83: 372-387.

Zaseckaja, I. P., Bokovenko, N. A. 1994. "The Origin of Hunnish Cauldrons in East-Europe." In *The Archaeology of the Steppes. Methods and Strategies*. Papers from the International Symposium in Naples 9-12 November 1992: edited by B. Genito, 701-724. Napoli: Istituto universitario orientale.

匈人考古新发现
——关于游牧社会分层的几点思考

〔匈〕埃斯特·伊斯特瓦诺维奇（Eszter Istvánovits）
〔匈〕瓦莱里亚·库萨尔（Valéria Kulcsár）撰

在匈人时代以前，喀尔巴阡盆地受到来自不同地区［文化］的影响。多瑙河是欧洲最大的河流之一，也是喀尔巴阡盆地东、西两部分的分界线。匈人扩张前夕亦是如此：右岸属于罗马帝国，左岸则由蛮族占领。正是因为这一分裂，多瑙河的两岸分别于不同的历史时期进入匈人的统治之下。换句话说，无论我们讨论的是匈人政权在匈牙利大平原上萨尔马提亚人疆域内的扩张，还是匈人对多瑙河中游省份的占领，我们都需要用不同的方式来理解“匈人时代”这个概念。［多瑙河］行省的蛮族化是众所周知的事实，但是匈人占领潘诺尼亚（Pannonia）或瓦莱里娅（Valeria）的具体时间和经过，仍然是众说纷纭。很有可能，瓦莱里娅在公元406年或409年被匈人攻陷，罗马人于431年或433年撤离潘诺尼亚。（Tóth 2009: 113- 114, 159-189）一个经常被讨论的话题是，这些变化在考古学材料中是如何体现的。

匈人对匈牙利大平原（即喀尔巴阡盆地中部）的占领，一定发生在他们征服多瑙河中游的省份之前。在奥托·曼辰-海尔芬（O. Maenchen-Helfen）看来，匈人可能早在乌尔丁（Uldin）统治时期就已经渗透到匈牙利平原了，因为在4世纪70年代后期，已经不存在任何力量可以阻止他们了。如果考虑到匈人在多瑙河下游的频繁活动，以及哥特人早已离开了特兰西瓦尼亚，还有阿兰人（与匈牙利平原上的萨尔马提亚人有关）早已与匈人结盟长达三十年之久等历史事实，我们就不得不同意曼辰-海尔芬的观点。他认为，至迟在4世纪80年代，匈牙利平原已经处于匈人及其盟友阿兰人的控制之下了。（Maenchen-Helfen 1973: 43; Thompson 2002: 33）文献资料（公元383—384年的历史编年）中所记载的萨尔马提亚人对潘诺尼亚的最后一次攻击，也指向了这一时期。尽管文献资料中的相关记载稀少，但我们依然可以感受到，在公元4世纪30—60年代，边境上来自萨尔马提亚人的压力突然中止了。

我们认为，在此背景下，匈牙利平原上很可能形成了一个新的权力构造。这是对曼辰-海尔芬假说的一点补注。（Istvánovits, Kulcsár 2017: 379-380）库拉科夫斯基（Yu. A. Kulakovskij）根据奥索尼乌斯（Ausonius）的报告[①]，把东部匈牙利沦陷的时间定在378年以后。（Кулаковский 2000: 83-84）

从4世纪的最后25年开始，匈牙利大平原的考古文化变得非常异质。墓葬的数量明显增加。也就是说，此时经历了一个“人口爆炸”。对于该现象，唯一的解释是，因为持续不断的移民浪潮。

早期的考古学文化依然存在，因为土著居民被卷入了新的[政治]构造中。在匈人入侵之前形成的萨尔马提亚人聚落，一切生活照常，没有发生任何重大的变化，至少到5世纪初一直如此。在墓葬中，也可以看出这种连续性。有人基于早年发表的材料，已经提出

① “流动的匈人部队与萨尔马提亚人结盟了”，“盖塔人与他们的阿兰人盟友曾袭击过多瑙河”。（Auson. precat. cos.VI. 28-35）

过这一观点了。[①] 由于近几十年来大规模的抢救性发掘，我们有了保存较为完好的墓葬考古资料。有些墓葬的年代可以确定不早于5世纪初，判断依据主要是厚边带扣，以及扣边上的齿。从若干特征可以推断，这些墓葬无疑是属于萨尔马提亚人的，例如墓葬周围有沟，衣服上装饰有大量的珠子，等等。我们不妨以下述遗址为例：阿博尼（Abony）49号遗址中的236号墓葬（Gulyás 2011: 170, 176. T. 66: 4）、纳吉卡洛－伊帕利公园（Nagykálló-Ipari park）遗址[②]、尼热吉哈札－罗兹雷佐罗（Nyíregyháza-Rozsrétszőlő）遗址[③]、欧弗迪亚克－约尔默斯（Óföldeák-Ürmös）遗址（Gulyás 2014: 52-53）、约勒（Üllő）5号遗址[④]，等等。这意味着，由于东方移民的涌入，早期萨尔马提亚的人口有所增长。也就是说，如果我们要研究匈人时代蛮族的社会分层，那么我们首先应该分析这一时期内萨尔马提亚社会所经历的变化。

这并不是一件简单的事情，从学界对这一问题的研究乏善可陈就可以看出来。我们的研究，部分是基于古代的文献史料［，部分是基于考古资料］。（Vaday 2011; 2003; 2008）［我们遇到的］主要问题是，萨尔马提亚人的墓葬遭盗掘的程度惊人。实际上，［所谓萨尔马提亚人的］“薄葬”，是有误导性的说法。最近发掘的多座墓葬（伴有金器出土）（Istvánovits-Kulcsár 2013b）表明，这是一个富裕的人群。原有的贵重随葬品，一定是遭到了系统性和蓄意性的盗掘。举个例子，来

---

① 例如申特斯－杰克索尔（Szentes-Jaksor）墓地。（Párducz 1950: 249-250）

② 感谢尼赖吉哈佐（Nyíregyháza）约萨·安德拉斯博物馆（Jósa András Museum）的罗伯特·舒尔茨（Róbert Scholtz）和加博尔·平特耶（Gábor Pintye）慷慨地允许我们使用他们尚未发表的考古发掘材料。

③ 感谢尼赖吉哈佐约萨·安德拉斯博物馆的玛尔塔·纳吉（Márta L. Nagy）、阿提拉·雅加伯（Attila Jakab）和他们的同事慷慨地允许我们使用他们尚未发表的考古发掘材料。

④ 发掘工作由本文作者之一瓦莱里亚·库萨尔和她在采格莱德（Cegléd）科苏特博物馆（Kossuth Museum）的同事负责。

自包姚（Baja）的重达 35.3 克的金手镯，被克赫吉（M. Kőhegyi）鉴定为多瑙河中游地区萨尔马提亚三期文化的文物（公元 3—4 世纪）。（Kőhegyi 1958: 42, no. 10）①

与此同时，我们必须要承认，单纯凭金器的地理分布，还不足以揭示出不同历史时期匈牙利大平原上萨尔马提亚人的中心所在。例如，根据发现的一些公元 1 世纪的罗马钱币，我们推测蒂萨河中游的贾斯扎格（Jászság）至少存在某个萨尔马提亚人的中心。（Fülöp 1976: 255）不过，鉴于出土文物的分布情况，以及没有发现贵族墓葬的事实，我们认为这个推断是可以排除的。我们接下来将要指出，唯一可疑的［萨尔马提亚］帝王陵是在亚绍尔绍森特哲尔吉（Jászalsószentgyörgy）。②

玛吉特·纳吉（Margit Nagy）在她最近的一项研究中，分析了萨尔马提亚的社会分层。（Nagy 2014: 119-124）根据她的意见，就遭到严重盗掘的萨尔马提亚墓葬而言，死者的社会地位可以由墓坑的规模来决定③——我们之前也得出了类似的结论，只是没有那么具体而已。④（Istvánovits-Kulcsár 2014: 442, 443）她通过对两处墓地的分析来支持这一假设，分别是布达佩斯-佩塞丽大街（Budapest-Péceli út）墓地和马达拉斯-哈尔莫克（Madaras-Halmok）墓地。在两处墓地内，都发掘了大小不一的墓葬。在布达佩斯的墓地内，最大的墓穴占地 6.53 平方米，而没有沟壑的墓地一般面积只有 1.96 平方米；在马达

---

① 匈牙利国家博物馆 inv.no. 28.1913。

② 该墓葬被鉴定为很晚期的墓葬，且墓主人的族属问题依然存在争议。

③ 纳吉非常正确地没有把墓穴的深度作为一个衡量标准，因为那是一项非常不可靠的数据。现代地面凹凸不平，导致很难确定古代和现代地层之间的距离。

④ 我们认为，规模最大的墓穴一定出土了木质的埋葬构件，可以与萨尔马提亚社会上层的习俗联系起来。

拉斯，最大的墓穴是 11 平方米，平均面积为 2.38 平方米。[①] 正如纳吉所指出的，墓穴规模的增长与墓葬的数量成反比，也就是说，大型墓穴的数量要远少于小型墓穴。举例来说，我们暂且引用纳吉对马达拉斯墓地的分析数据：

超过 11 平方米 ——1 座墓葬 —— 高级别领导；

9—10 平方米 —— 4 座墓葬 —— 高级别领导及其家庭成员；

8—9 平方米 —— 10 座墓葬 —— 高级别领导及其家庭成员；

7—8 平方米 ——10 座墓葬 —— 高级别领导及其家庭成员；

6—7 平方米 ——18 座墓葬 —— 低级别领导及其家庭成员；

5—6 平方米 ——11 座墓葬 —— 低级别领导及其家庭成员；

4—5 平方米 ——15 座墓葬 —— 贵族、自由身份的战士及其家庭成员的墓地；

3—4 平方米 ——44 座墓葬 —— 贵族、自由身份的战士及其家庭成员的墓地；

2—3 平方米 ——195 座墓葬 —— 贵族、自由身份的战士及其家庭成员的墓地；

1—2 平方米 —— 227 座墓葬 —— 贫穷的平民和 / 或奴隶，部分儿童；

1 平方米或更小 ——75 座墓葬 —— 主要是儿童。

在纳吉看来，这组数据应该与墓主人的年龄和性别做比较。一些被盗墓者遗漏的随葬品（例如武器），偶尔会给既有的结论增添一些新的素材。通过分析尼热吉哈札-费尔索斯玛（Nyíregyháza-Felsősima）墓地（共 156 座墓葬，由本文作者之一的埃斯特·伊斯特

① 那些最小的墓坑要排除在外，因为儿童墓葬的规模显然与常规墓葬的规模不同。在我们看来，这些例子已经足以显示出差异了。

瓦诺维奇发掘）和约勒 5 号遗址（约 100 座墓葬，由本文作者之一的瓦莱里亚·库萨尔和她的同事发掘）的墓葬形制分析，结果支持纳吉的观点。如果这个结论也适用于其他墓地的话，我们就能回答这样一个问题：某些墓地之间是否存在差异，或者不同地区和地层之间是否存在差异。我们通过比较尼热吉哈札遗址（图 1）和约勒遗址（图 2）的数据，来说明这一点。在两处墓地内部，墓穴大小的差异都是很明

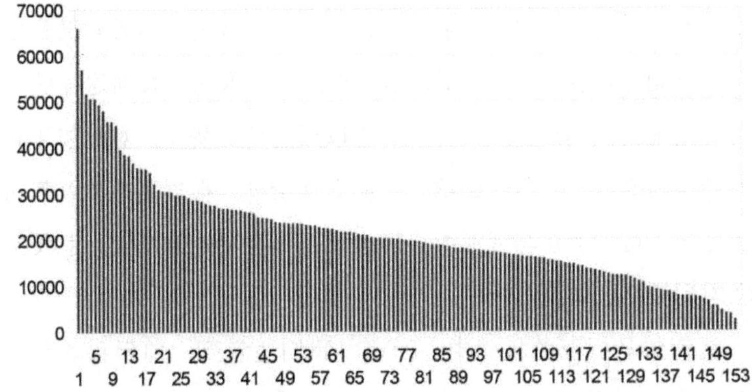

图 1 ［匈牙利］尼热吉哈札-费尔索斯玛萨尔马提亚墓地的墓穴大小（单位：平方厘米）

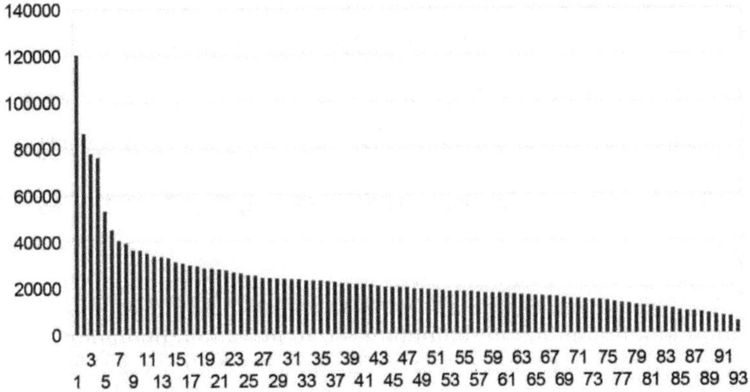

图 2 ［匈牙利］约勒萨尔马提亚墓地的墓穴大小（单位：平方厘米）

显的，但后者更甚。但是就埋葬坑的大小而言，并没有表现出如此大的差异。尼热吉哈札墓地内年代最晚的墓葬，不晚于3世纪末，而约勒墓地是在下一个阶段才开始兴起的，所以我们要考虑，这种差异是否反映了不同时代的社会变迁。

毫无疑问，到了4世纪末5世纪初，匈牙利大平原上的墓葬，例如琼格拉德（Csongrád）、塔佩–马拉朵克（Tápé-Malajdok）、蒂萨多布（Tiszadob）、阿尔坦德（Ártánd）等墓地，都开始表现出［与前期墓葬有］巨大的差异，且属于不同的人群。我们既能看到像桑多法尔瓦（Sándorfalva）这样的小墓地，也能看到像马达拉斯这样的大墓地。本文导论中提到的，公元380年以后的历史变化，对于匈牙利平原的考古学面貌具有重大影响。正如上文所说，根据墓地和聚落的连续性分布，可知萨尔马提亚人口的增长是不容置疑的事实，但我们也要考虑到新移民的因素。

就萨尔马提亚的权力中心而言，我们注意到，匈牙利学界完全忽视了在塞尔维亚巴纳特（Banat）发现的两批萨尔马提亚贵族随葬品。其中一批出土于斯塔尔切沃（Starčevo），另一批出土于瓦丁（Vatin）。前者的年代是公元336—337年之后的一段时期，包括三件蒜头形钮的金胸针、一件金颈环、两件金耳环和一件银盘；后者有大量金手镯，刻有铭文：*D N CONSTANTI*。第一批宝藏被解读为某位罗马公民给萨尔马提亚贵族赠送的礼物，第二批宝藏被认为是罗马皇帝所赐的礼物。（Ivanišević, Bugarski 2008: 40, 42, Fig. 2）当然，这两种解读都只是假设。

实际上，在我们讨论的这段时期内，在匈牙利大平原只发现了一座王陵：亚绍尔绍森特哲尔吉的古墓。（Hild 1901）从这座墓葬的形制特点（土堆高达7米，伴有陪葬坑，大型木制墓室）和盗墓者遗漏的文物（镀金的铁制盾牌、装饰衣物的金配饰和烛台等）来看，死者的身份是上层阶级。出土的一件霍戈姆式（Högöm）玻璃杯的残片，年代是罗马帝国晚期，甚至可能到了匈人时代。（Vaday 1989: 181, 182）由于墓葬被盗，再加上19世纪考古报告的不科学，所以我们很难去解读埋葬礼制中的细节了。其中大多数的随葬品，几乎不能归类为萨尔马提亚或匈人的文化。该墓葬无疑应该与某些新抵草原的伊朗语人群有关，但是我们学识有限，也只能点到为止。

钱币学的研究，为喀尔巴阡盆地上萨尔马提亚社会的研究开辟了新的视角。我们认为，通过搜集匈牙利大平原上发现的公元4世纪的钱币，并按照铸造局来分门别类，我们有可能会得出新的结论。从欧弗迪亚克聚落流散出去的文物被公布后，这一可能性提高了。托尔巴吉（M. Torbágyi）从中鉴定出69枚公元4世纪的罗马钱币。鉴于此，该书的编者索斯库蒂（K. Sóskuti）写道："铸造局发行的罗马帝国晚期钱币序列，与潘诺尼亚的情况完全不同。在潘诺尼亚的钱币中，最常见的是铸造于西斯卡（Siscia）和阿奎莱亚（Aquileia）的钱币；在欧弗迪亚克的藏品中，已确定的钱币残片中有73%来自塞萨洛尼基（Thessalonica）、君士坦丁堡、尼科米底亚（Nicomedia）和其他［帝国］东部城市。"（Sóskuti 2013: 504-505）这种现象，可以用蛮族的新转向（即向东罗马转向）来解释。目前，我们已经清楚这些关联是如何形成的了，尤其是考虑到4世纪切尔尼亚霍夫（Chernyakhov）文化的绝大部分钱币，以及威尔巴赫（Wielbark）文化的部分钱币，也都是在帝国东部铸造的。①（Magomedov 2006: 48-49; Myzgin 2013: 229）

① 帝国东部地区铸造厂的比例是73%，与欧弗迪亚克墓地相似，这完全是一个巧合。研究切尔尼亚霍夫钱币的学者认为，这一现象可以用哥特人作为［罗马帝国的］盟友参与了波斯战争来解释。但是从匈牙利大平原出土的钱币来看，此观点是站不住脚的。

随着研究的深入，我们可以解开一系列疑惑，譬如，匈牙利钱币与切尔尼亚霍夫钱币的成分相似，二者之间是否存在某种联系。甚至可以提出以下问题：萨尔马提亚人何时将注意力转向了帝国的东部？是否是整个匈牙利平原同时在政治和经济上发生了转向？抑或仍然存在区域性的差异？

无论如何，对上引［考古］资料进行深入系统性的研究，很可能会支持这样的观点，即尽管这些墓葬遭到了严重的盗掘，但我们仍然可以根据现有的考古资料，对萨尔马提亚社会结构的变化得出若干结论。就目前所知，可以说我们对匈人时代以及更早时期的萨尔马提亚社会结构，了解得相对较少。很明显，萨尔马提亚社会是一个社会分层严重的农业人群。从考古发现来看，萨尔马提亚人很可能是在没有受到什么特别阻碍的情况下，迅速地融入了匈人时代的社会。在早期［形成］的聚落内，萨尔马提亚人的生活并没有经历特别的变化。总的来说，匈牙利平原上的萨尔马提亚聚落遗址内没有发现［生活节奏］被打破的地层。事实证明，萨尔马提亚人的墓地持续使用到5世纪初。囿于材料的缺乏，很难断定他们是何时废弃这片墓地的。我们不能排除，直到格皮德人（Gepids）到来之前，他们仍在沿用［这片墓地］。晚期的墓葬遭到了盗掘。埋葬坑的大小［也］参差不齐，表明了萨尔马提亚［晚期］社会保留了早期社会的基本特征。

在多瑙河以西的省份（潘诺尼亚I—II、瓦莱里娅、萨维亚［Savia］），就其主要面貌而言，我们发现了类似的情况。在这里，早期的物件和埋葬礼制在5世纪仍然存在，没有表现出［社会出现］危机的迹象。（Ottományi 2001; 2007: 307-314; 2012）不过，考虑到地域性，我们要强调东、西部省份之间的差异，因为西部省份有某种连续性，至少有一定程度的连续性（例如拉布河［Arrabo/Rába River］、普图伊

[Poetovio/Ptuj]、撒剌 [Sala/Zala]、西斯卡 [Siscia/Sisak]，等等），而东部省份则没有这种连续性。（Mócsy 1974: 196）所以，研究区域考古和历史的专家们认为，罗马人后来从瓦莱里娅（译按：即东部省份）撤出了。罗马帝国晚期和匈人时代的人群，使用早期的罗马人墓地，墓葬的历史年代学以及墓葬中出现的“蛮族”文化，使得 [墓葬] 族属问题的探讨变得十分棘手，这一点与匈牙利东部墓葬的情况类似。这里只讨论关于区域考古学的几个问题，例如蛮族的聚落及其与罗马的结盟问题。无论是在匈牙利大平原，还是在外多瑙河区域，我们不仅看到土著人群的早期墓地具有延续性，而且还看到匈人时代的墓地正在形成，其埋葬礼制和随葬品，在所处的环境中是新式的、非常规的。

新的考古发现，一方面，它们往往具有统一化的特征。随葬品和埋葬礼制，与同时期东、西部的墓葬相似，例如死者身体都是朝北和朝西，埋葬坑较为简陋，随葬品中有锥形耳环、梳子、穆尔加（Murga）样式的罐、厚齿带钩、翻足胸针、希米-布里盖提奥（Chmi-Brigetio）样式的镜子。另一方面，墓地之间、个体墓葬之间、墓群之间又有相当的异质性。例如，在一些墓葬中发现了许多畸形的头骨，但在另一些墓葬中却一个都未发现；有些墓地中墓主人的身体朝向是统一的，有些则是不统一的；在墓葬形制和随葬品方面也存在不同，特别表现在器皿方面。在格皮德人到来之前，这种情况未曾改变。后来，我们在匈牙利平原的边缘地区发现了同样的情形，6 世纪格皮德人和伦巴第人的随葬品代表了一种统一的考古学文化。

我们暂且将那些有连续性的墓地搁置一边，先来考察一下公元 4 世纪最后 30 年到 6 世纪前 30 年这段时期的墓地。大致可以分成三种类型：

（1）单体墓或祭祀场所；

（2）小型墓群；

（3）大型墓群。

这些差异很可能反映了社会的分层，因此值得详细研究。在本文中，我们集中讨论前两类墓葬。

学界称之为“单体墓葬”（单独或孤立的墓葬）的墓主，大多数是战士，部分是佩戴双盘胸针的女性。早年已经有人指出，单体妇女墓葬的旁边往往会附有一两座儿童墓葬。关于这些墓葬的孤立性，学者已经提出了多种理论来解释。先是普罗哈斯卡（Prohászka 2003: 78）的论述，其后是拉茨的研究（Rácz 2014: 204-205）。关于单体墓葬最常见的理论，可以总结如下：

（1）这些墓葬属于日耳曼贵族，它们标志着权力的中心。（Bóna 1986: 71,Tejral 1999: 255-274）

（2）这些是家族墓地，时或可能与庄园有关。墓葬反映了当时的聚落结构（农场）。单体埋葬与当时人的生活方式有关。（Nagy 1993: 60; Prohászka 2003: 78）

（3）墓葬孤立地分布，也可能是秘密进行埋葬的——为了免遭盗掘。（Bóna 1986: 71）

在分析上述观点之前，我们先来考察最近出土的一批墓葬。这一点很重要，不仅是因为在早期发掘的墓葬中，随葬品本来所处的位置已经不得而知。而且，在多数情况下，就［随葬品］“丰富”的墓葬而言，它们周遭的环境还没有人调查过，所以我们不知道附近是否还有其他的墓葬存在。在最近几十年的考古发掘中，许多情况下，公元5世纪的墓葬（它们可能属于同一墓群）彼此之间的位置相对较远。例如，在奥尔达塞西-基斯大堤（Ordacsehi-Kis-töltés）墓地的两对墓葬，彼此相距就很远（Kulcsár 2007: 192）；奥尔达塞西-塞热福尔德（Ordacsehi-Csereföld）墓地的 4 座墓葬"彼此相距 50—100 米"（Gallina 2007: 210）；尼热吉哈札-罗兹雷佐罗墓地的两座墓葬之间相隔 480 米（Pintye 2014: Fig. 2）（见图 3）。在约勒 5 号遗址中，我们已知有 4 座墓葬，还有另一座具体年代不详的匈人时代墓葬，墓葬之间的最小距离为 50 米，最大距离为 150—170 米。在约勒 9 号遗址中，有 2 座墓葬，他们之间相距了 30 米（图 4）。[①]

也就是说，［近年来］大规模抢救性发掘所带来的新材料，基本上改变了早年被广泛接受的观念。一方面，很明显这些单体墓葬的主人不再只是佩戴双盘胸针的女性（所谓"马德-蒂萨略克文化"［Mád-Tiszalök horizon］），也有佩带武器下葬的男性。这里加引号的"单体"，是相对的，因为几十米甚至几百米以外的墓葬究竟是否与这类"单体"墓葬属于同一组，还存在疑问。不过，这并非特例。所以我们有理由认为，即使是在那些墓葬之间相隔距离很远的墓地（大致属于同一历史时期的），都不是一个偶然的现象，而是存在着某种制度。这些墓葬的共同特点在于，它们往往位于同一历史时期或稍早时期的墓地或聚落附近。如上文所述，这些不是个案，而且不仅存在于匈人时代。举个例子，我们提到最近在约布巴吉-居里-福尔德克（Jobbágyi-Gyúri-földek）发掘的公元 5—6 世纪的墓地，与一座早年公布的女性墓地（位于约布巴吉-裴多菲-桑铎大街 46 号，Jobbágyi-Petőfi Sándor utca 46），科斯（A. Kiss）将其断代为公元 6 世纪的前 20 年。（Kiss

① 我们不清楚，约勒 5 号遗址和约勒 9 号遗址是否属于同一种考古学文化。彼此最近的两座墓葬相距 1250 米。匈人时代的墓葬由克拉拉·科瓦里（Klára Kővári）、安德里亚·纳吉（Andrea Nagy）和蒂博尔·拉茨（Tibor Rácz）发掘。感谢他们提供资料。约勒 9 号遗址是由本文作者之一的瓦莱里亚·库萨尔发掘，目前只有一座墓葬的材料已经发表。（Kulcsár 2018）

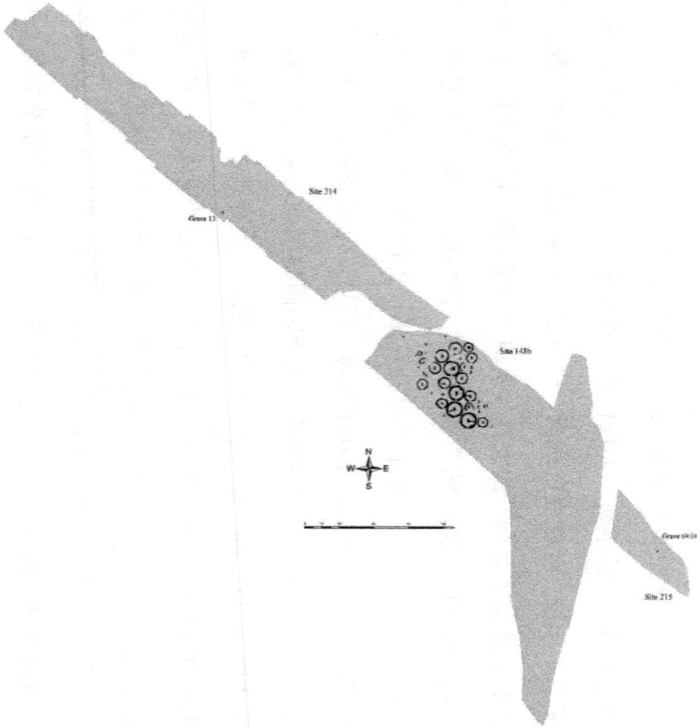

图 3　尼热吉哈札—罗兹雷佐罗（Nyíregyháza-Rozsrétszőlő）墓地平面图

图 4　约勒 5 号和约勒 9 号遗址的平面图（匈人时代的墓葬标注了数字）

1981）这些墓葬彼此相距“不到 1 公里”。（Masek 2014）在科塔伊-韦尔巴农场（Kótaj-Verba-tanya）发掘了一座 5 世纪末 6 世纪初的墓葬。在离它 60 米远的地方，发掘了一座同时代人的单体墓穴。如果是在小范围内的发掘，那么它也会被列为“单体”墓葬。（图 5）[①]

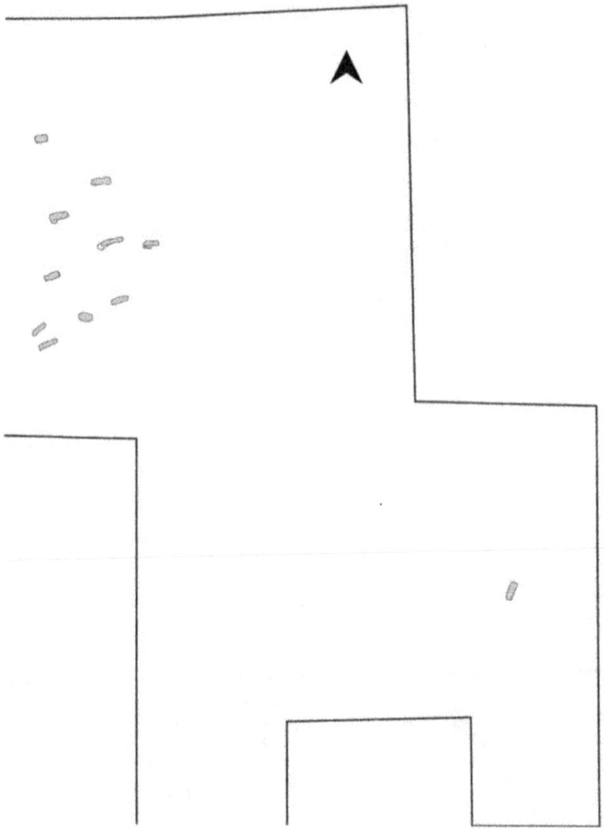

图 5 科塔伊-韦尔巴农场（Kótaj-Verba-tanya）墓葬平面图，属于欧亚民族大迁徙早期的墓葬

① 感谢发掘者阿提拉·雅加伯提供资料。

就“单体”墓葬而言，我们不能忽视的是，在 6 — 7 世纪下半叶的早期阿瓦尔时代和 9 —10 世纪的匈牙利征服时期，也有类似的现象。在这两个时期，有经过科学发掘的单体墓葬，还有所谓的“墓葬领地”。“墓葬领地”的特点是，同一时代的墓葬之间彼此间隔很远。在这些墓葬中（以男性为主，但也有女性），特别是阿瓦尔人时期的墓葬中，有随葬品极为丰富的墓葬，还有所谓“中产阶级”的墓葬。（Lőrinczy 1996: 184-185; Balogh, Wicker 2012: 559; Balogh 2014: 244-245; Lőrinczy, Rácz 2014: 166-171）对这两种现象的解读，还要寄希望于未来。

在喀尔巴阡盆地，佩带武器的男性单体墓葬和“高贵”的女性墓葬，也是匈牙利征服时期墓葬的特点[①]。由于在大范围内进行了抢救性发掘，人们发现了一种墓葬形制，墓主人是战士的墓葬似乎是“单体”的，在大约 100—200 米开外，才有其他墓葬，例如：塞格德-基什孔多罗茨玛-霍斯祖哈特丘陵（Szeged-Kiskundorozsma-Hosszúhát-halom）墓地、塞格德-欧特哈罗姆（Szeged-Öthalom）沙坑 5 号、基什孔多罗茨玛-苏巴萨（Kiskundorozsma-Subasa）墓地、尼热吉哈札-费尔索斯玛墓地、尼热吉哈札-奥罗斯（Nyíregyháza-Oros）墓地。有人指出，在这些墓地随葬品中的贵金属物件，要比［真正意义上的］单体墓葬中的贵金属数量多。[②] 无论如何，研究匈牙利征服时期的学者仍要反思所谓的“单体”。由于缺乏彻底的调查研究（这点与匈人时代的情况类似，即缺乏对墓葬周遭环境的研究），它们只能暂时被

---

① 对这些遗址的最新分析，来自于洛林奇（G. Lőrinczy）和吐尔克（A. Türk）。（Lőrinczy, Türk 2011: 431）

② 在这里，我们要记住，萨尔马提亚人的墓葬遭到了盗掘，很可能是因为贵金属，尤其是金器。也就是说，这些墓葬本来的随葬品要远比佩戴双盘胸针的女性墓主的和佩带武器的男性墓主的更珍贵。

认为是“单体”墓。[①]

与匈人时代遗址的另一个相似之处是，“单体”男性墓主虽然会有武装，但并不特别富裕，而“单体”女性墓主会佩戴有玫瑰纹饰的马具，被认为是“高贵的”，与5世纪佩戴双盘胸针的女性墓主一样。如果考虑所有这些因素，那么认为上述男性墓主和女性墓主属于同一社会阶层的假设，是站不住脚的。同时，如果我们把他们归为同一社会阶层，我们尚需弄清，为何他们被分别埋葬在不同的地方。

综上所述，我们可以推测，从匈人时代到匈牙利征服时期，单体墓葬可能一直存在，尽管数量相对较少。有时候它们表现出来的孤立性，只是表面现象，因为在几百米开外就发现了其他墓葬。[②]

研究匈人时代［考古文化］的学者，应该采纳研究阿瓦尔时代的专家们所使用的“墓葬领地”概念。在方圆几公顷的领地上，分布着彼此相隔很远的墓葬。学者们提出了若干假设来解释这种特殊的埋葬习俗，例如：秘密埋葬的可能；与游牧的生活方式有关，在某个地方做短暂停留；根据草原传统来修建墓地；来源不同的家族组成的聚落内，没有形成一个同质性的共同体；它们是某个小型共同体内临时性墓地上的较早一批墓葬；小型共同体认可某片区域的神圣性（不作其他用途），将其死者分别埋葬，凸显共同体内部每一个体的生平。我们同意洛林奇（G. Lőrinczy）和拉茨（Zs. Rácz）的观点。根据他们的说法，“分开或分散埋葬的原因不止一个。此处，我们需要用多种方法来解读。游牧的生活方式、［外来人群］在某一地区的聚居、贵族的单独埋葬等因素，都需要考虑进来。这些解释的适用性，因年代和

---

① 一份很好的综述，参见 Jakab 2019。

② 就古代匈牙利遗址而言，这是一个既定的事实。至于匈人时代的墓葬与同时代罗马或者萨尔马提亚人墓葬之间的关系，还有待进一步的研究。

地区而异”。（Lőrinczy, Rácz 2014: 171）

如果我们认为上述观点可以解释墓葬、小型墓地或某个“墓葬领地”的“独立”特征，且没有忽视墓地附近的单体墓葬，那么就会出现以下问题：我们能否仅仅依据墓葬习俗中的一项要素，就来判断墓主人的“贵族”身份？换句话说，我们需要一套具体的、相对客观的评判标准，来确定哪一层面适用于某个特定时期的哪座墓葬，以及哪座墓葬的墓主是贵族身份。我们不应该忘记，“贵族”这个词意味着社会金字塔的上层，而只有当金字塔也存在下层时，“贵族”才有意义。

如果我们不是那么激烈地反对某种“综合性”论证的话，那么，部分地依据文献资料，部分地依据考古资料，我们就有可能确定社会金字塔的顶端和底部。前者显然包括匈人的首领和他的小圈子，例如塞格德-纳吉塞克索斯（Szeged-Nagyszéksós）遗址和其他与“真正”匈人有关的遗址。最底层包括萨尔马提亚人墓地中的“平民”阶层，例如位于多瑙河以西的被比尔布劳尔（V. Bierbrauer）称为“萨克瓦尔-札巴德巴特彦-维米纳西乌姆”（Csákvár-Szabadbattyán-Viminacium）的遗址。（Bierbrauer 1989: 76）从考古学的角度来看，我们会面临一个问题：如果大多数萨尔马提亚人的墓葬都遭到了系统性盗掘（这一点我们在文章中已经强调过多次，明显是因为墓葬中有金器），那么，那些处于社会等级制度较高阶梯上的人理当［比我们所看到的情形要］更加富有［，因为多数贵重随葬品已经被盗了］。

如果我们更仔细地考察匈牙利大平原上的“单体”墓葬和小型墓葬群，就会清楚地看到，除了少数特例以外，几乎很少见到金器。既然在阿提拉统治的时代匈牙利平原南部存在某个匈人的中心，那么应该可以勾勒出一个庞大的贵族阶层。然而，我们没有观察到任何迹象。这似乎表明，匈牙利贵族所特有的镶宝石金带扣，事实上不见于匈牙利平原匈人权力中心的物质文化内。[①]（Bóna 1991: 252-254, Abb. 39）也就是说，我们面临着一种矛盾的境况，即在阿提拉的政治中心，只有一些零星的考古遗存，例如，塞格德-纳吉塞克索斯遗址很可能是一个祭祀场所，巴科普斯塔（Bakodpuszta）的墓地，以及锡坎奇（Szikáncs）和希姆莱乌锡尔瓦涅伊（Szilágysomlyó /Şimleul Silvaniei）出土的窖藏（没有必要将后者解读为权力中心，因为宝藏可以掩埋在任何地方）。

在匈牙利大平原上，下西本布伦（Untersiebenbrunn）地区没有发现属于IA类（根据比尔布劳尔的分类）的墓葬（包含"贵重"饰品、金颈圈、金牌饰、酒具，等等）。[②]（Biebrauer 1989: 81-82）从若干特征（特别高大的土墩、木制墓室、有金配饰的衣服、镀金的盾牌）来判断，亚绍尔绍森特哲尔吉的古墓可以称得上是级别最高的墓葬了。不幸的是，由于盗掘严重，加上文献记载的匮乏，我们无法对其进行恰当的分析。

我们的一项重要任务是，确定佩戴双盘胸针的女性墓主们与佩带武器的"单体"男性墓主们在社会阶层中的位置。因为我们需要了解，究竟谁位于金字塔的顶端和底部。换句话说，究竟谁才是蒂萨河河谷地位最高的贵族，谁又是所谓的"平民"。要想了解匈人时期匈牙利大平原上社会分层的全貌，我们就要对这一时期的墓葬资料进行全盘的分析和审读。[③]

（单旭燕 译　陈浩 校）

---

① 这一类型的带扣，最近由特伊拉尔（J. Tejral）搜集并绘图。（Tejral 2011: Abb. 307, Fundliste 1）

② 巴科普斯塔墓地的随葬品是例外，但是根据博纳（I. Bóna）的断代，它们属于匈人统治之后的一个时期。（Bóna 1993）

③ 本文是在NKFI项目（编号：124944）"喀尔巴阡盆地罗马帝国时期和欧亚民族大迁徙早期蛮族墓葬研究"的成果之一。

参考文献

Balogh Cs., 2014. Kora avar sírok Felgyő-Kettőshalmi-dűlőben. In: Anders, A., Balogh, Cs., Türk, A. (szerk.) *Avarok pusztái. Régészeti tanulmányok Lőrinczy Gábor 60. születésnapjára*. Budapest. 243-278.

Balogh, Cs., Wicker, E. 2012. Avar nemzetségfő sírja Petőfiszállás határából. In: Vida, T. (szerk.) *Thesaurus Avarorum. Régészeti tanulmányok Garam Éva tiszteletére*. Budapest 351-582.

Bierbrauer, V. 1989. Ostgermanische Oberschichtgräber der Römischen Kaiserzeit und des frühen Mittelalters. In: *Peregrinatio Gothica*. Lódź. 39-106.

Bóna, I. 1986. Szabolcs-Szatmár megye régészeti emlékei I. In: Dercsényi, D., Entz, G. (szerk.)*Szabolcs-Szatmár megye műemlékei*. 15-91.

Bóna, I. 1991. *Das Hunnenreich*. Budapest.

Bóna, I. 1993. Bakodpuszta. In: Bóna, I., Cseh, J., Nagy, M., Tomka, P., Tóth, Á. *Hunok – gepidák – langobardok*. Szeged. 27-28.

Fülöp, Gy. 1976. Újabb tanulmány a római érmek szarmata kori forgalmáról a mai magyar Alföldön. *Archaeologiai Értesítő* 103. 253-262.

Gallina, Zs. 2007. Kora népvándorlás kori temetőrészlet. In: Belényesy, K., Honti, Sz., Kiss, V. (szerk.) *Gördülő idő. Régészeti feltárások az M7-es autópálya Somogy megyei szakaszán Zamárdi és Ordacsehi között*. Budapest. 209-211.

Gulyás, Gy. 2011. Szarmata temetkezések Abony és Cegléd környékén.*Studia Comitatensia* 31. 125-253.

Gulyás, Gy, 2014. Késő szarmata temetőrészletek Óföldeák–Ürmös II. lelőhelyen (M43-as autópálya 10. lelőhely). *A nyíregyházi Jósa András Múzeum Évkönyve* LVI. 15-107.

Hild, V. 1901. A jász-alsó-szent-györgyi sír. *Archaeologiai Értesítő* 21. 120-138.

Istvánovits, E., Kulcsár, V. 2013. The Upper Class of Sarmatian society in the Carpathian Basin. In: Hardt, M., Heinrich-Tamáska, O. (Hrsg.) *Macht des Goldes, Gold der Macht. Herrschaft- und Jenseitsrepräsentation zwischen Antike und Frühmittelalter im mittleren Donauraum.* Weinstad. 195-209.

Istvánovits, E., Kulcsár, V. 2014. Sarmatian Chamber Graves in the Great Hungarian Plain and their Steppe Antecedents. In: Abegg-Wigg, A., Lau, N. (Hrsg.) *Kammergräber im Barbaricum. Zu Einflüssen und Übergangsphänomenen von der vorrömischen Eisenzeit bis in die Völkerwanderungszeit.* Neumünster, Hamburg. 437-446.

Istvánovits, E., Kulcsár, V. 2017. *Sarmatians. History and Archaeology of a Forgotten People.* Mainz.

Ivanišević, V., Bugarski, I. 2008. Western Banat during the Great Migration Period. In: Niezabitowska-Wiśniewska, B., Juściński, M., Łuczkiewicz, P., Sadowski, S. (ed.) *The Turbulent Epoch II. New Materials from the Late Roman Period and the Migration Period.* Lublin. 39-61.

Jakab, A. 2019. A Nyíregyháza–Oroson feltárt honfoglalás kori temetőről [About the Conquest Period Hungarian Cemetery Excavated in Nyíregyháza–Oros]. *A Nyíregyházi Jósa András Múzeum Évkönyve* LX. 2018. In print.

Kiss, A. 1981. Germanischer Grabfund der Völkerwanderungszeit in Jobbágyi (Zur Siedlungsgeschichte des Karpatenbeckens in den Jahren 454-468). *Alba Regia* 19. 167-185.

Kőhegyi, M. 1958. Adatok a szarmatakor településtörténetéhez [Manuscript]. Szakdolgozat (diplomathesis), Budapest.

Кулаковский, Ю. А. 2000. *Избранные труды по истории аланов и Сарматии*. Санкт-Петербург.

Kulcsár, G. 2007. Ordacsehi-Kis-töltés. In: Belényesy, K., Honti, Sz., Kiss, V. (szerk.) *Gördülő idő. Régészeti feltárások az M7-es autópálya Somogy megyei szakaszán Zamárdi és Ordacsehi között*. Budapest. 185–192.

Lőrinczy, G. 1996. Kora avar kori sír Szentes-Borbásföldről. *A Móra Ferenc Múzeum Évkönyve – Studia Archaeologica* 2. 177-189.

Lőrinczy, G., Rácz, Zs., 2014. Szabolcs-Szatmár-Bereg megye avar sírleletei II. Tiszavasvári–Kashalomdűlő kora avar kori temetkezései. *A nyíregyházi Jósa András Múzeum Évkönyve* LVI. 141-217.

Lőrinczy, G., Türk, A. 2011. 10. századi temető Szeged-Kiskundorozsma, Hosszúhátról. Újabb adatok a Maros-torkolat Duna–Tisza közi oldalának 10. századi településtörténetéhez. *A Móra Ferenc Múzeum Évkönyve – Studia Archaeologica* 12. 419-479.

Maenchen-Helfen, O. 1973. The World of the Huns. Studies in Their History and Culture. London, Los Angeles.

Магомедов, Б. В. 2006. Монети як джерело вивчення історії племен черняхівської культури. *Археологія* 4. 46-51.

Masek, Zs. 2014. Germánok az út szélén [Electronic resource]. In:

Ásónyomon. Az ELTE BTK Régészettudományi Intézetének tudományos-ismeretterjesztő blogja. URL: http://www.asonyomon. hu/germanok-az-ut-szelen/. Date of access: 10.07.2016.

Mócsy, A. 1974. *Pannonia and Upper Moesia. A History of the Middle Danube Provinces of the Roman Empire.* London, Boston.

Мызгин, К. В. 2013. Римские монеты в ареале черняховской культуры: проблема источников поступления. *Stratumplus* 4. *В поисках ойума. «Пути народов».* 217-233.

Nagy, M. 1993. Gepidatemetkezés és vallási élet. In: Bóna, I., Cseh, J., Nagy, M., Tomka, P., Tóth, Á. *Hunok – gepidák – langobardok.* Szeged. 60-61.

Nagy, M. 2014. Megjegyzések a Budapest, XVII. Rákoscsaba-Péceli útmellett és a Madaras-Halmokon (Bács-Kiskun m.) feltárt császár-kori temetők temetkezési szokásaihoz. In: Anders, A., Balogh, Cs., Türk, A. (szerk.) *Avarok pusztái. Régészeti tanulmányok Lőrinczy Gábor 60. születésnapjára.* Budapest 115-160.

Ottományi, K. 2001. Hunkori sírok a pátyi temetőben. *Archaeologiai Értesítő* 126. 35-74.

Ottományi, K. 2007. A római kor emlékei Pest megyében (őslakosság, településszerkezet, temetkezés, vallás, betelepített barbárok). In: Fancsalszky, G. (szerk.) *Pest megye monográfiája I/1. A kezdetektől a honfoglalásig. Pest megye régészeti emlékei.* Budapest 249-341.

Ottományi, K. 2012. Késő római sírcsoportok a pátyi temetőben [Electronic resource] *Archaeologia. Altum Castrum Online.* URL: http://archeologia.hu/keso-romai-sircsoportok-a-patyi-temetoben. Date of access:

10.07.2015.

Párducz, M. 1950. *Denkmäler der Sarmatenzeit Ungarns* III. Budapest.

Pintye, G. 2014. Magányos hunkori temetkezések Nyíregyháza határában. *A Nyíregyházi Jósa András Múzeum Évkönyve* LVI. 109-140.

Prohászka, P. 2003. A perjámosi sír (1885) és helye az 5. századi lemezfibulás női temetkezések között. *Archaeologiai Értesítő* 128. 71-93.

Rácz, Zs. 2014. 5. századi sírok Hajdúnánás-Fürj-halom-járás (M3 41/A) lelőhelyről. In: Anders, A., Balogh, Cs., Türk, A. (szerk.) *Avarok pusztái. Régészeti tanulmányok Lőrinczy Gábor 60. születésnapjára.* Budapest. 203-212.

Sóskuti, K. 2013. Szórvány fémleletek az Óföldeák–Ürmösön (M43, 9-10 lelőhely) feltárt késő szarmata településrészletről. *A Nyíregyházi Jósa András Múzeum Évkönyve* LV. 449-522.

Tejral, J. 1999. Die spätantiken militärischen Eliten beiderseits der norisch-pannonischen Grenze aus der Sicht der Grabfunde. In: Fischer, T. H., Precht, G., Tejral, J. (Hrsg.) *Germanen beiderseits des spätantiken Limes.* Köln, Brno. 217-292.

Tejral, J. 2011. *Einheimische und Fremde. Das norddanubische Gebiet zur Zeit der Völkerwanderung.* Brno.

Thompson, E. A. 2002. *The Huns.* Oxford.

Tóth, E. 2009. *Studia Valeriana. Az alsóhetényi és ságvári késő római erődök kutatásának eredményei.* Dombóvár. 353.

Vaday, A. 1989. *Die sarmatischen Denkmäler des Komitats Szolnok. Antaeus* 17-18. Budapest.

Vaday, A. 2001. Military System of the Sarmatians. In: Istvánovits, E., Kulcsár V. (ed.) *International Connections of the Barbarians of the Carpathian Basin in the 1st–5th Centuries A.D.* Aszód, Nyíregyháza. 171-193.

Vaday, A. 2003. A szarmata barbarikum központjai a Kr.u. 2. században. *Barbarikumi Szemle* I. 9-22.

Vaday, A. 2008. Megjegyzések a szarmata iazygok társadalmához. In: Csabai, Z., Dévényi, A., Fischer, F., Hahner, P., Kiss, G., Vonyó, J. (szerk.) *Pécsi történeti katedra.* 57-70.

蒙古仆固乙突墓所见唐朝与铁勒的外交和礼仪

〔美〕乔纳森·斯加夫（Jonathan Karam Skaff）撰

目前，唐朝与内陆亚洲政权的外交关系史研究，往往聚焦于唐朝与当时强盛的游牧政权之间的敌对或紧张互动上，尤其是漠北的突厥和回鹘政权。本文则另辟蹊径，强调中原与漠北之间的外交交流和文化互鉴。本文写作的契机在于，2009年在蒙古国发掘了一座典型的唐朝样式的墓葬。该墓葬位于乌兰巴托以西约150公里处，在土拉河北岸2.5公里。（Ochir, Danilov et al. 2013: 16-17; Arden-Wong 2014: 12-13; Yatsenko 2014）在随葬品中，有一方汉文墓志。据志文，墓主人是仆固乙突（635—678），系铁勒仆固部的首领，铁勒后来由回鹘人领导。（Ochir, Danilov et al. 2013: 96-126；冯恩学2014；石见清裕2014；罗新2011；杨富学2014）另一座形制类似的墓葬，但没有墓志，位于11公里以西的地方，在土拉河的另一岸，靠近乌兰克热姆（Ulaan Khermiin），属于布尔干省巴彦诺尔县（Bayannuur）。（Ochir, Erdenebold et al. 2013: 14-15; Arden-Wong 2014: 12-13; Yatsenko 2014）为了将上述两座墓葬区分开来，在行文中以“巴彦诺尔墓”来指代没有墓志铭的那座墓葬。[①]

---

① 关于这座墓葬的命名有不少争议。当地人把两座墓都称为Shoroon Bumbagar。俄国的考古人员采用了新的命名方式，把仆固乙突墓称为Shoroon Dov，把巴彦诺尔墓称为Shoroon Bumbagar。（Arden-Wong 2014: 11-13; Yatsenko 2014: 13, 19, 23）

图 1　漠北唐代样式的墓葬——仆固乙突墓和巴彦诺尔墓

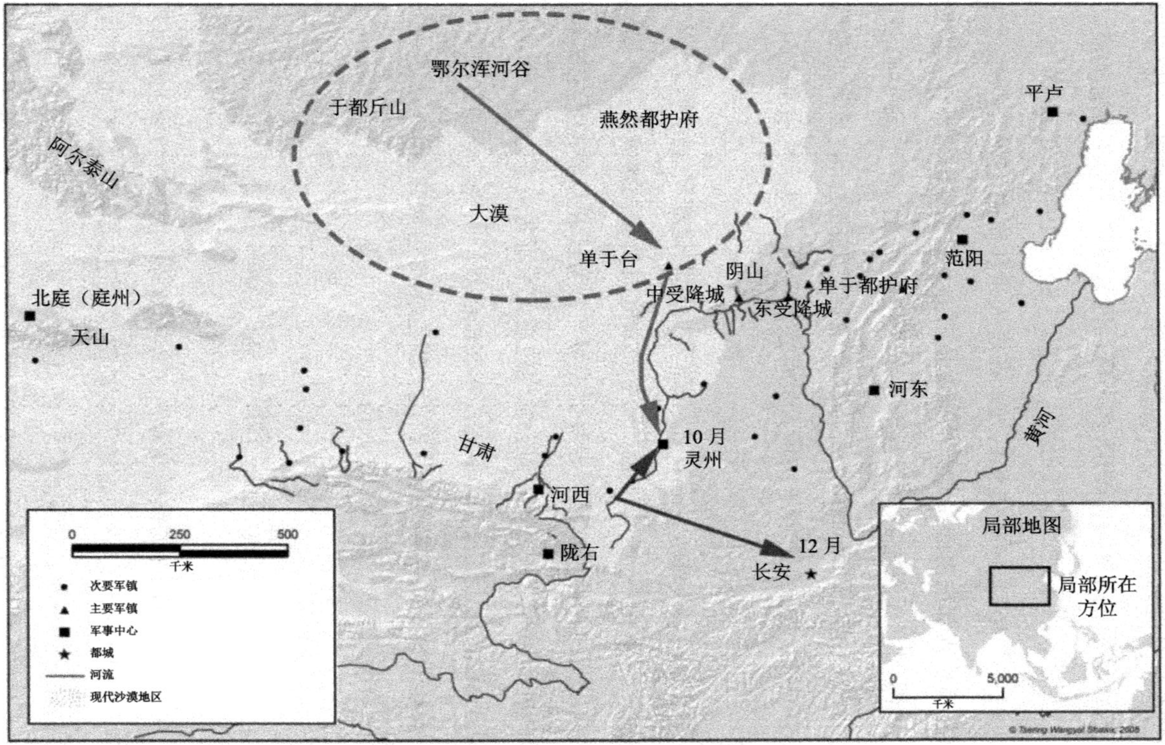

图 2　贞观二十年（646）铁勒首领前往灵州的路线图

墓志的发现，是令人喜出望外的，因为它是迄今漠北发现的唯一一方公元7世纪的墓志，为我们研究第一突厥汗国和第二突厥汗国之间的这段历史带来了新的曙光。现代西方学者对于7世纪的漠北历史，几乎没有了进一步推进的可能性。（Sinor 1990; Litvinsky 1996; Golden 1992: 157）传统史料认为，在唐太宗和唐高宗在位期间，唐朝对包括仆固部在内的漠北部落来说是宗主，只不过语焉不详。据史料，仆固部有3万帐和1万兵。（《新唐书》卷217下，第6140页；《通典》卷199，第5466页）仆固属于铁勒的七部之一，直到贞观四年（630）以前一直隶属于突厥，此后隶属于薛延陀，再后来隶属于回鹘。

墓志的行文是程式化的，把仆固部的族源追溯到“朔野金山人，盖铁勒之别部也”。笔者推测，墓主的家庭成员和氏族成员是不愿意读到这段话的。即便如此，若将此方墓志放置于更广阔的历史文献、墓葬和随葬品等语境之中，就会发现这层关系不是单方面的，而是包含了彼此在文化上的妥协。因此，本文试图从一个更广泛的方法论提出，最好把墓志铭与随葬品放置在一起考察，才能更加深入地理解墓主人及其氏族的身份认同和宗教信仰。

基于战争和礼仪的结盟

包括仆固部在内的铁勒联盟在627年参与一次针对突厥的成功反抗后，崛起于漠北。薛延陀成了铁勒部落联盟的领导者。（《旧唐书》卷195，第5195页；《新唐书》卷217上，第6111页；《资治通鉴》卷192，第6045、6049页）虽然铁勒联盟成功地终结了突厥政权，但是似乎在其内部，早在取代突厥之前，薛延陀与其他铁勒部族之间就出现了裂痕。在唐廷的帮助下，回鹘和仆固部于646年推翻了薛延陀的政权，并向灵州派遣了数千名显贵，太宗于646年的10月抵达灵州。铁勒与唐朝之间的结盟，在唐朝境内的一次持续了数月的会面中，经过协商终于达成。唐太宗在铁勒旧地建立了燕然都护府，直接统治该地。在这群高级别官员中就有仆固乙突的祖父娑匐俟利发歌滥拔延——金微州都督、皇朝右武卫大将军。其中前一个官号认可了他本人在燕然都护府中仆固族的领导地位，后一个官号则是在唐朝体制内给予他的高位。（《旧唐书》卷121，第3477页；《新唐书》卷217下，第6140页；《通典》卷199，第5467页）漠北出土的《仆固乙突墓志》的记载，几乎与传世文献吻合。（罗新2011: 58；石见清裕2014: 16）

这场结盟的后果，是一系列的战事。（参见下表）尽管在史料中并没有明言这些战事与此番结盟有关，但是它们提供了极有说服力的证据，说明这些针对唐朝和铁勒共同敌人的侵扰，是双方在648—657年之间政治关系的基石，断断续续地维持到670年结束。仆固乙突的墓志为我们提供了新的、更加令人兴奋的证据，说明这些战争和外交关系在661年以后仍然存续，而汉文史料在这段时期内没有相关记载。

表1 唐-铁勒联盟的军事征讨

年份	参与方	军队规模	征讨的对象	文献出处
646	唐、回鹘、仆固、同罗	不详	薛延陀	《旧唐书》卷194上，第5165页；《新唐书》卷215上，第6041页；《资治通鉴》卷198，第6236—6238页；《资治通鉴》卷199，第6265—6266页，第6271—6272页

续表

年份	参与方	军队规模	征讨的对象	文献出处
648	铁勒十三部、突厥、吐蕃、吐谷浑	十万余	龟兹	《旧唐书》卷109，第3289页，卷198，第5303页；《新唐书》卷110，第4114页，卷221下，第6231页；《资治通鉴》卷198，第6250—6251页
650	回鹘、仆固	不详	突厥车鼻施可汗	《旧唐书》卷194上，第5165页；《新唐书》卷215上，第6041页；《资治通鉴》卷198，第6236—6238页，卷199，第6165—6266页，第6271—6272页
651	回鹘、唐	回鹘五万，唐三万	高丽	《旧唐书》卷195，第5197页
657	回鹘、唐、仆固乙突	万余	西突厥	仆固乙突墓志；《旧唐书》卷83，第2778页，卷195，第5197页；《新唐书》卷111，第4137页；《资治通鉴》卷200，第6301页
667	仆固乙突	不详	靺鞨	仆固乙突墓志
670	仆固乙突	不详	吐蕃	仆固乙突墓志

仆固乙突墓志带来的新史料

仆固乙突的墓志还为他身前所践行的礼仪外交提供了新的信息。仆固乙突的父亲——思匐，不见于汉文文献，在墓志中也只是一笔带过，即所谓“早归皇化”，可能是发生在高宗时期。思匐去世之际，仆固乙突大约20岁出头。除了参与战争之外，墓志还提供了坚实的证据，说明仆固乙突继承了他父亲的头衔，并且跟他父亲一样也归顺于唐廷。仆固乙突参与了唐高宗在665—666年之际的封禅仪式——或许是7世纪东部欧亚最盛大的典礼了。墓志铭把仆固乙突塑造成一个向唐朝称臣的形象：

麟德二年，銮驾将巡岱岳。既言从塞北，非有滞周南。遂以汗马

之劳，预奉射牛之礼。（罗新 2011: 58, 62；石见清裕 2014: 6, 16）

对于仆固乙突及其追随者而言，泰山的封禅仪式代表了自唐太宗在 647 年会见诸蕃首领以来最高级别的礼仪场合。

随着仆固乙突的军事生涯在 7 世纪 60 年代晚期和 70 年代早期有所进展，他获得了唐廷最高荣誉的头衔，“加上柱国、林中县开国公”。（罗新 2011: 58；石见清裕 2014: 16）仆固乙突官位的进阶，再次更新了他与唐廷之间仪式化的交往，而这种交往使他变成了一位享有特权的帝国精英。

仆固乙突的去世、葬礼和入土

仆固乙突卒于仪凤三年二月廿九日（公元 678 年 3 月 27 日）。他的去世，成为唐廷与其子嗣和部从之间另一场礼仪交往的舞台。墓志称“天子悼惜久之，敕朝散大夫、守都水使者、天山郡开国公麹昭，监护吊祭”。（罗新 2011: 58；石见清裕 2014: 17）高宗下诏，为仆固乙突“凡厥丧葬，并令官给，并为立碑”。麹昭，是末任高昌王的侄子，委任他监护吊祭，恐怕并非偶然。贞观十四年（640）唐朝征服高昌国之后，高昌国的高级官员基本都流亡到长安了。或许正是考虑到麹昭的家族与漠北操突厥语的宗主之间有关联，才选拔他去监护吊祭的 —— 他甚至可能会讲突厥语。

吊祭的目的是为了显示唐朝皇帝的恩宠。墓志铭特地提到，“赙物三百段，锦袍、金装，带弓箭、胡禄、鞍鞯等各一具”。（罗新 2011: 58；石见清裕 2014: 17）这些馈赠显示了对突厥葬礼的熟稔，因为它们都是突厥墓葬中的典型随葬品。（Erdélyi 1966; Erdélyi, Dorjsüren et al. 1967: 347-356; Jisl 1997: 55-56; Kubarev & Kubarev 2003; Bayarkhuu 2015; Törbat & Odbaatar 2012）墓志还提到为其立碑，这也是对高级官员的常规礼遇。可惜，考古学家没有找到任何墓碑和奢侈的随葬品。不过，附近的巴彦诺尔未经盗掘，出土了残存的丝绸和不少金器，包括三套金腰带。（Stark 2018; Ochir, Erdenebold et al. 2013）

仆固乙突墓葬的形制，是典型的唐代贵族墓葬。在墓室上方，地面上有一个 5—6 米高、30 米直径的封土。封土外围还有一道 108 米长、87 米宽的墙。墓室是典型的带斜坡墓道的土穴墓，约 30 米长，有一对龛、三个过洞、三个天井。在墓道尽头，墓志和墓志盖被放置于一条约 2 米长的廊道处。墓室砖门将廊道与墓室隔开，墓室呈梯形，位于地表以下 6 米左右。墓室大约 4.25 米见方。与唐朝标准墓室不同的地方在于，墓室内没有棺椁。木质棺椁的残余，散见于墓志廊道内。（Ochir, Danilov et al. 2013: 18-19, 29, 147-148）斜坡和穴在埋葬之后回填了。

虽然对于仆固乙突这种级别的唐朝官员来说，此墓葬等级是较为常见的，但很可能他不是获得此项礼遇的最高级别的铁勒部帅。仆固乙突墓的规模相对而言要比巴彦诺尔墓小，后者从斜坡至墓室内壁有 47 米长。与仆固乙突墓不同的是，巴彦诺尔墓有典型的唐代壁画，占据了墓道和墓室。（Erdenebold 2013; Ochir, Erdenebold et al. 2013: 20, 33-48; Arden-Wong 2014: 14, n. 20）巴彦诺尔墓内未见墓志，这是仆固乙突墓在规制上高于前者的唯一之处。

仆固乙突墓遭过盗掘，除了墓志之外，只有少量陶俑、木俑，棺椁的木片，以及一些随葬品出土。巴彦诺尔墓未经盗掘，因此出土了不少精美的随葬品。鉴于两座墓葬方位相近，且在墓葬形制和陶俑方面有诸多共同点，巴彦诺尔墓很可能属于另一位 7 世纪中叶受唐廷羁

縻的铁勒部帅。（Arden-Wong 2014: 11-13）

唐高宗下诏为仆固乙突的葬礼做准备，显示了对官员的一种恩宠。据唐制，当皇帝下诏治丧时，甄官署要制作明器。据此可以推断，甄官署应该参与了向漠北派遣工匠、监修墓室和随葬品的制作，因为除了陶器外，甄官署还会制作石器和木器，诸如墓碑及用于葬礼和其他礼仪场合的木俑。（《唐六典》卷23，第18页；《通典》卷86，第2328页；《旧唐书》卷44，第1896页；《新唐书》卷48，第1274页）

仆固乙突墓中至少出土了75件陶俑和40余件木俑残件，都是彩俑。两个壁龛内一共藏有54件站立陶俑和16件骑马陶俑。墓室内还藏有3件站立的陶俑卫士和2件镇墓兽。（Ochir, Danilov et al. 2013: 32-75）由于气候干燥的原因，墓室内也保存了较为完整的彩绘木俑，有人、动物和兽的形象，包括马、骆驼、鸟、鱼、龙和两只鸟人。（Ochir, Danilov et al. 2013: 79-94）墓中出土的木俑数量之多，实属罕见，可能是迄今为止隋唐时期墓葬中出土数量第二的墓。[①] 所有男性和女性陶俑和木俑的服饰和头部皆施彩绘，女性木俑还穿着纺织品的衣服和彩色的头饰。墓中出土的纺织品，其中一些有连珠纹，让人联想起吐鲁番出土的女性俑身上的服饰图案。（新疆维吾尔自治区博物馆1975: 82；姚书文2009: 22）仆固乙突墓和巴彦诺尔墓中出土女性俑的发式，不少是7世纪长安常见的样式。规模较大的巴彦诺尔墓出土130件俑，再次暗示了该墓主人的官阶可能比仆固乙突高。（Ochir, Erdenebold et al. 2013: 52-149, 198-206; Erdenebold 2013）

虽然甄官署参与了制作，但是墓中所出俑的品相，却谈不上是内府级别，更像是唐朝地方上的随葬品。在壁龛中发现的陶俑卫士，工

---

① 中国出土的木俑数量少，主要是因为潮湿。吐鲁番阿斯塔纳墓葬73TAM206出土的七十余件木俑，是迄今发现木俑数量最大的墓葬。（姚书文2009）

艺相对粗糙，低温烧制，施彩。施彩而不是用釉，是长安常见的做法。墓室中施彩的木俑，品相稍好，有更多的细节可辨。例如，一件文官的木俑比其他所有陶俑都更加精致。出土随葬品中工艺最高的是一件施彩的陶制天王，站立在一头约 90 厘米高的俯卧公牛旁，但是仍然没法与内府作坊的作品相媲美。① 虽然仆固乙突墓中的陶俑和木俑还没有进行过化学成分检测，但是巴彦诺尔附近墓葬中的陶俑都是用本地的陶土烧制。② 可以推断，大概是因为派遣了唐朝地方上的工匠去漠北，并且使用了当地的材料，于是限制了随葬品的品相。③ 墓志铭和墓志盖似乎也不能代表唐朝的最高工艺。志盖是 73.7 厘米 × 72 厘米，表面大致规整。虽然志盖上的铭文是用古代的篆书，但是书法水平却一般。墓志盖上的铭文中规中矩，曰：大唐故右骁卫大将军金微州都督上柱国林中县开国公仆固府君墓志铭并序。（石见清裕 2014: 2；罗新 2011: 58；冯恩学 2014: 83；杨富学 2014: 77）墓志的工艺水平并不出众。墓志表面没有抛光或雕饰，四边也只是经过了简单的处理。墓志铭的书法尚可，但说不上高超。④ 尽管如此，相邻不远的未经盗掘的巴彦诺尔墓内金器的数量提醒我们，这些随葬品中有较为出众的方面。

除了决定葬礼的日期之外，在墓志的书写中看不出其他来自当地的努力。墓志铭聚焦于仆固乙突为唐廷效忠的生涯，以及他与唐廷的关系，包括派遣使者去监护吊祭。对于仆固乙突的族人来说，墓志铭似乎仅仅是一件具有象征意义的丧葬品，至于其内容或许并不明晓。

---

① 考古报告中没有提到天王的高度。笔者于 2016 年 6 月 21—23 日在乌兰巴托的扎纳巴扎尔博物馆（Zanabazar Museum）亲自测量了高度。

② 2016 年 6 月 23 日笔者与奥其尔（A. Ochir）的私下交流。

③ 2016 年 4 月 7 日笔者与奥其尔的私下交流。

④ 冯恩学 2014: 97，图 3；陈国灿 1997；Ochir, Danilov et al. 2013: 126, 145。笔者于 2016 年 6 月 21—23 日亲自在乌兰巴托扎纳巴扎尔博物馆测量。石见清裕 2014: 2 文中给出的尺寸，与本人测量的尺寸略有出入。

这件具有异域色彩的丧葬品，是地位的象征，就像后来突厥毗伽可汗和阙特勤去世时的情形一样。唐玄宗向漠北派遣了工匠，协助当地建造祠庙和立碑事宜。史料中提到，毗伽可汗和阙特勤墓室内都有临摹战争之状的壁画。（《旧唐书》卷 8，第 202 页；卷 194 上，第 5176 页。《新唐书》卷 215 下，第 6056 页。《资治通鉴》卷 214，第 6809 页。Pelliot 1929: 234-248）突厥碑铭的突厥语部分提到，唐朝皇帝派人来修建“雄伟”的陵墓，并且装饰了精美的图案和雕塑。（Tekin 1968: 263, 281）可以看出，能够请唐朝皇帝派工匠来，是为了给族人显示他们的影响力。

仆固乙突的葬礼从 8 月 31 日到 9 月 9 日共持续了十天，种种迹象表明，他的葬礼杂糅了中原和漠北的两种传统。中原和漠北葬俗中的共同点，对于仆固乙突的吊唁者们来说，都是熟悉的，包括祭祀、宴会、展示丧葬品，以及选择良辰吉时下葬。从仆固乙突去世的 3 月份到葬礼之间的漫长等待，无论对于中原还是漠北的葬俗来说，都是常见的。要建造一座像样的唐朝墓室，无疑会耽误葬期，仆固乙突卒于春季，却葬在秋季。[①] 根据中原甲子纪年法，葬礼的日期是一个吉时，因此唐朝使者一定主导了葬礼。[②]

无论如何，仆固乙突墓还是在一定程度上表现出了漠北贵族的偏好和口味，而未经盗掘的巴彦诺尔墓更是如此。唐朝史料表明，漠北贵族是与心爱的马一起火葬的，而巴彦诺尔墓似乎第一次证实了这一6—8 世纪的葬俗。[③] 巴彦诺尔墓室中有一具棺材，内置一个用丝绸包

---

① 关于唐帝国的礼仪，参考 McMullen 199；关于突厥的礼仪，参考《北史》99: 3288；《周书》50: 910；隋书 84: 1864；Ecsedy 1984。

② 9 月 9 日是壬寅，在唐都洛阳这是下葬的五个吉日之一。（杨富学 2014）

③ 考古学家在漠北发掘了三十余座突厥墓葬，都是火葬。（2016 年 4 月 26 日与 Jan Bemmann 的私下交流）

裹的盒子。盒子里面是火化后的残骨和金器。（Erdenebold 2013; Ochir, Erdenebold et al. 2013: 24, 330）

另一与众不同之处在于，无论是在仆固乙突墓还是巴彦诺尔墓中都没有发现陶器。多数唐代高级别墓葬中都会随葬一些在葬礼上使用过的陶制器皿。巴彦诺尔墓中出土的唯一一件器皿是棺椁内的金杯。（Ochir, Danilov et al. 2013: 150-151, 264, 287; Erdenebold 2013）金杯让人联想到突厥石人右手所持的杯子，里面盛的是生命之水。（Skaff 2012: 112, 156, fig. 5.3; Stark 2008; 王博、祁小山 1995）

虽然仆固乙突墓中出土的陶俑绝大多数都是唐朝样式的，但是其中的一件镇墓兽可能是根据当地风格来定制的。一般而言，镇墓兽是成对出现，一件是狮面，一件是人面。仆固乙突墓中的人面镇墓兽，有一张长满胡须的脸，浓郁的眉毛，张口，有凸出的嘴唇和獠牙，眼珠凸出，鼻子上扬。（Ochir, Danilov et al. 2013: 76, 157, no. 74, fig. 72）眼睛、鼻子、张开的嘴和长满胡须的脸，让人联想起在回鹘和突厥墓葬中发现的形象。[①] 巴彦诺尔墓中出土的品相较好的镇墓兽，有“人”面，但是有一张罕见的蓝脸和鸟喙一般的嘴，也有上扬的鼻子和凸出的眼睛。（Ochir, Erdenebold et al. 2013: 149, 256）

至于木俑的形象究竟是否是中原常见的样式，这很难判断，因为隋唐时期木俑出土的数量并不多。女性俑和文官俑的形象，似乎是基于唐朝的样式，但其他的几件却较为罕见。其中有一对木制鸟人，头部都已经不见了，是由人身和鸟的翅膀组成，下身有长长的尾巴。（Ochir, Danilov et al. 2013: 78, 83-84, 86-87, 150, nos. 99, 112, figs. 94, 107）这些可以与佛教的神——迦楼罗（Garuda，即“大鹏金翅鸟”）联系起来。迦

---

① Jisl 在书中举了来自阙特勤墓（图 52）和暾欲谷墓（图 85）的例子，将其解读为萨满教的面具，具有驱邪的功效。（Jisl 1997: 51）

楼罗起源于印度，在亚洲传播的过程中有不同的形象，其中包括人身鸟翅和鸟首或人头的形象。（Bunce 1994: 168）

仆固乙突的历史地位被唐廷认可

如果唐高宗的“吊丧外交”是为了接续与仆固部落的结盟关系，并让新一代仆固领袖受唐廷的羁縻，在某种程度上可以说，他的目的没有达到。679—682年发生的一系列气候灾害，唤起了突厥降户的复国运动。他们于682年建立了第二突厥汗国，在690年左右重新主导了漠北草原。（《旧唐书》卷194上，第5166—5167页；《新唐书》卷215上，第6043—6045页；Sinor & Klyashtorny 1996: 335-336）不过，对仆固乙突的记忆，在唐廷至少存续了几十年。之所以这么说，是因为他的形象出现在了乾陵的64尊无头蕃臣石像之列。乾陵是高宗与武后的陵墓。石像现存61尊，但是只有36尊的身份可以识别，主要是依靠传世文献，而仆固乙突的名字赫然在列，写作“仆固乞突”，“金徽州都督，左威卫大将军”。（陈国灿 1980: 189—191；杨富学 2012: 72；杨富学 2014: 80）仆固乙突之所以名列其中，很可能是因为高宗拔擢他，并考虑到他对唐廷的效力。蕃臣石像谦卑的姿态，传达了一种可视化的讯息，即这些蕃臣石像不仅是高宗和武后的臣民，而且也代表了帝国的重要支持者，在生前和身后都效忠于他们的主人。

结论

仆固乙突的一生，以及铁勒部与唐廷的更为广泛的关系，为我们形象地展示了礼仪性外交是如何有益于唐帝国势力的外溢及其与欧亚大陆的文化交流的。在唐廷与漠北之间往来的政治精英，参与了那些旨在加强对于帝国来说十分重要的高层往来的礼仪性场合。仆固乙突就是参加了唐高宗封禅仪式的漠北精英之一，而这种仪式在中国历史上只举办过六次。作为回报，唐朝外交官员参加了在漠北举办的相对小规模的仪式，譬如仆固乙突的葬礼。在唐廷操持下持续十天的葬礼，肯定是震撼了仆固乙突子嗣和国人的一场盛典。

此外，本文还指出了跨学科研究的重要性，即从不同学科的角度来对墓葬进行全方位的研究。仆固乙突的墓葬和墓志为我们了解唐廷与漠北铁勒部族之间的关系，提供了新的线索。在双方关系的持续时间上，墓志能补传世文献之不足。虽然墓志铭是以唐朝为中心的叙事，强调仆固乙突对唐廷的忠心，但是如果仔细比较仆固乙突墓和巴彦诺尔墓中的随葬品，还是可以看出这层关系具有互惠和妥协的一面。一方面，两座墓葬中都表现出了典型的唐代随葬品。另一方面，两座墓葬都表现出了当地的习俗和风格，例如巴彦诺尔墓中的火葬痕迹和金器，以及仆固乙突墓中的独特的镇墓兽和鸟人。如果仅关注墓志的内容，就会忽视了那些关乎死者的文化认同的重要线索。同样，如果考古学家和艺术史家只专注于物质文化和葬俗，则不能弄清楚死者所处的社会和政治语境。

（陈浩 译）

参考文献

史料

刘昫：《旧唐书》，中华书局点校本，1975 年。

杜佑：《通典》，中华书局点校本，1988 年。

李隆基撰，李林甫等注：《大唐六典》，〔日〕广池千九郎训点、内田智雄补订，三秦出版社影印，1991年。

欧阳修：《新唐书》，中华书局点校本，1975年。

司马光：《资治通鉴》，中华书局点校本，1956年。

研究文献

Arden-Wong, L. 2014. Tang governance and administration in the Turkic period. *Journal of Eurasian Studies (The Hague)* 4, 9-20.

Bayarkhuu, N. 2015. Les tombes des anciens Turk accompagnés de chevaux. In: *France-mongolie, découvertes archéologiques: Vingt ans de partenariat*, Giscard, P.-H. & Turbat, T. (eds.) Ulaanbaatar.

Bunce, F. W. (ed.) 1994. *An encyclopaedia of Buddhist deities, demigods, godlings, saints, and demons with special focus on iconographic attributes*. New Delhi.

陈国灿 1980：《唐乾陵石人像及其衔名的研究》，载《文物集刊》第2集，文物出版社，1980年，第189—203页。

陈庆隆 1997：《突厥系族的兵器》，载《大陆杂志》第68期，第40—49页。

Ecsedy, I. 1984. Ancient Turk (T'u-chüeh) burial customs. *Acta Orientalia Academiae Scientiarum Hungaricae* 38, 263-287.

Erdélyi, I. 1966. A tomb of the Turkic period in northern Mongolia. *Belleten* 30, 197-204.

Erdélyi, I., Dorjsüren, C., et al. 1967. *Results of the Mongolian-Hungarian archaelogical expeditions 1961-1964*. Budapest.

Erdenebold, L. 2013. Preliminary excavation findings from Shoroon

Bumbagar, Ulaan Kherem, Mongolia. [Paper given at Interaction in the Himalayas and Central Asia: Process of Transfer, Translation and Transformation in Art, Archaeology, Religion and Polity Colloquium, Vienna].

Erdenebold, L., Park, A., et al. 2016. A tomb in Bayannuur, northern Mongolia. *Orientations* 47, 84-91.

冯恩学 2014:《蒙古国出土金微州都督仆固墓志考研》,载《文物》2014 年第 5 期,第 83—88 页。

Golden, P. B. 1992. *An introduction to the history of the Turkic peoples: Ethnogenesis and state formation in medieval and early modern Eurasia and the Middle East*. Wiesbaden.

石见清裕(Iwami Kiyohiro)2014. Kibi shihai ki no Tō to Teshiroku Bokuko bu: Shin shutsu "Bokuko Otsutotsu boshi" kara mite. *Tohogaku* 127, 1-17.

Jisl, L. 1997. *The Orkhon Türks and problems of the archaeology of the second Eastern Türk Kaghanate*. Prague.

Kubarev, G. V. & Kubarev, V. D. 2003. Noble Turk grave in Balyk-Sook (central Altai). *Archaeology, Ethnology & Anthropology of Eurasia* 4, 64-82.

Litvinsky, B. A. (ed.) 1996. *History of civilizations of Central Asia, volume III, the crossroads of civilizations A.D. 250 to 750*. Paris.

罗新 2011:《蒙古国出土的唐代仆固乙突墓志》,载《中原与域外:庆祝张广达教授八十颂寿研讨会论文集》,台北,2011 年。

McMullen, D. 1999. The death rites of Tang Daizong. In: *State and court ritual in China*, McDermott, J. P. (ed.) Cambridge, U.K.

Ochir, A., Danilov, S. V., et al. 2013. *Ertnii nüüdelchdiin bunkhant bulshny maltlaga sudalgaa: Töv Aimgiin Zaamarsumyn Shoroon Bumbagaryn maltlagyn tailan (Excavation report on an ancient nomadic underground tomb: Shoroon Bumbagar, Zaamar Sum, Töv Aimag)*. Ulaanbaatar.

Ochir, A., Erdenebold, L., et al. 2013. *Ertnii nüüdelchdiin bunkhant bulshny maltlaga sudalgaa: Bulgan Aimgiin Baiannuur Sumyn Ulaan Khermiin Shoroon Bumbagaryn maltlagyn tailan (Excavation report on an ancient nomadic underground tomb: Shoroon Bumbagar, Ulaan Khermiin, Baiannuur Sum, Bulgan Aimag)*. Ulaanbaatar.

Pelliot, P. 1929. Neuf notes sur des questions d'Asie Centrale. *T'oung Pao* 26, 201-266.

Sinor, D. (ed.) 1990. *The Cambridge history of early Inner Asia*. Cambridge, U.K.

Sinor, D. & Klyashtorny, S. G. 1996. The Türk empire. In: *History of civilizations of Central Asia, volume III, the crossroads of civilizations A.D. 250 to 750*, Litvinsky, B. A. (ed.) Paris.

Skaff, J. K. 2012. *Sui-Tang China and its Turko-Mongol neighbors: Culture, power and connections, 580-800*. New York.

Stark, S. 2008. *Die Alttürkenzeit in Mittel- und Zentralasien: Archäologische und historische studien*. Wiesbaden.

——. 2018. Aspects of elite representation among the sixth to seventh-century Turks. In: *Empires and exchanges in Eurasian late antiquity: Rome, China, Iran, and the steppe, ca. 250-750*, Di Cosmo, N. & Maas, M. (eds.) New York.

Tekin, T. 1968. *A grammar of Orkhon Turkic*. Bloomington.

Törbat, C. & Odbaatar, C. 2012. Alttürkische bestattungen mit pferdebeigaben in der Mongolei. In: *Steppenkrieger: Reiternomaden des 7.-14. Jahrhunderts aus der Mongolei*, Bemmann, J. (ed.) Darmstadt.

王博、祁小山 1995：《丝绸之路草原石人研究》，乌鲁木齐，1995 年。

新疆维吾尔自治区博物馆 1975：《新疆出土文物》，北京，1975 年。

Yang, C. Y. 2014. Death ritual in Tang China (618-907): A study of the integration and transformation of elite culture. [Paper given at Association for Asian Studies Annual Meeting, Philadelphia].

杨富学 2012：《唐代仆固部世系考——以蒙古国新出仆固氏墓志铭为中心》，载《西域研究》2012 年第 1 期，第 69—76 页。

——2014：《蒙古国新出土仆固墓志研究》，载《文物》2014 年第 5 期，第 77—82、88、97 页。

姚书文 2009：《吐鲁番阿斯塔那出土的木雕艺术》，载《新疆艺术学院学报》2009 年第 2 期，第 20—24 页。

Yatsenko, S. A. 2014. Images of the early Turks in Chinese murals and figurines from the recently-discovered tomb in Mongolia. *The Silk Road* 12, 13-24.

新视野下的契丹景观
——蒙古高原的景观考古学研究

〔匈〕卡塔林·托尔奈（Katalin Tolnai）
〔匈〕佐尔特·斯拉吉（Zsolt Szilágyi）
〔匈〕安德拉斯·哈玛特（András Harmath）撰

“蒙古高原契丹景观项目（2017—2023 年）”，旨在对蒙古高原上 10—12 世纪的契丹遗址进行景观考古学研究，重点关注蒙古中部布尔干省（Bulgan）的防御性聚落，尤其是达欣其楞县（Dashinchilen）的哈尔布哈古城（Khar Bukh Balgas）遗址。该项目的主要目的，是了解契丹聚落的内部结构，以及游牧生活方式与辽帝国城镇之间的关系。辽帝国曾经占据了中国的一部分地区和今蒙古国的一大片地区。关于辽帝国的简史以及本项目的前期成果，刊于《匈牙利考古电子期刊》（*Hungarian Archaeology e-journal*）等出版物。

契丹景观项目的研究基础和前期成果

匈牙利科学院的研究人员自 20 世纪 50 年代以来，就已经涉足内陆亚洲和蒙古学研究。这项工作是由李盖提（Louis Ligeti）发起的。作为一名语言学家，他也研究契丹的语言。李盖提的工作由捷尔吉·卡拉（Görgy Kara）和罗纳-塔什（András Róna-Tas）继承，后者至今仍致力于契丹文的研究。[①] 在匈牙利的考古学家中，伊斯特凡·埃尔德利伊（István Erdélyi）曾于1961—1990年在蒙古进行过考古调查。他研究了蒙古高原青铜时代到中世纪的所有重要历史阶段，并深入分析了匈奴和突厥时期。本项目的另一个目标是，沿着先贤的脚步，与匈牙利研究人员一起去蒙古国境内进行考古调查。

哈尔布哈古城遗址（图1），最早由俄国学者研究。1870年，俄国地理学会的一名探险家帕德林（A. Paderin），研究了蒙古中部鄂尔浑河流域的历史和文化。正是由他及其随行的研究人员发现了哈尔布哈古城遗址，并发表了报告。1890年，由雅德林采夫（N. M. Jadrincev）领导的研究小组，绘制了一份该遗址的平面图，1909年格拉诺（J. G. Granö）的研究小组公布了该遗址的图片。1833—1834年，蒙古科学院的布基尼奇（D. D. Bukinich）也公布了该防御性聚落的平面图。1948—1949年，著名的俄国考古学家基谢廖夫（S. V. Kiselev）也对聚落和契丹时期的库尔干进行了研究。20世纪70年代，蒙古考古学家佩利（Kh. Perlee）考察了哈尔布哈古城遗址，并绘制了遗址平面图。他进一步指出，该遗址可以断代为契丹时期。当时，在佩利与萨夫库诺夫（E. V. Savkunov）的率领下，还对路口东北方向的建筑进行了小规模的发掘工作。在土拉河河谷中，奥其尔（A. Ochir）与埃尔德内博尔德（Lkh. Erdenebold）分别于2002—2003年和2011—2012年进行了发掘工作，也研究了晚期的遗址。

① 塞格德大学阿尔泰学系的研究人员自发地组成了一个团队。他们将成果发布在网络上：http://khitan.bibl.u-szeged.hu/ 。

图 1　哈尔布哈古城遗址

虽然学界对蒙古境内契丹时期防御性聚落遗址的考古工作已经展开，但是遗址的地理环境及其与同时期其他聚落之间的关系尚有待深入研究。我们项目的宗旨，是在周遭景观中研究契丹遗址，以期了解契丹遗址在辽帝国（947—1125 年）历史和结构中的角色，并探讨它们在辽帝国北部边疆的功能。

契丹景观项目是基于匈牙利科学院人文研究中心民族学研究所与蒙古科学院历史与考古研究所之间的合作协议：《蒙古与匈牙利联合考察 ——2017—2023 年蒙古境内的契丹景观项目》。

研究方法

在研究中，我们遵循景观考古学的方法，即我们会将考古遗址放置于其所处的自然环境中进行研究。我们特别关注这些地区的水资源管理系统，并通过微观地形的深入观察，来探索景观考古学的其他特征（例如聚落遗迹、可见的坟冢，或不同历史时期的石刻）。除了田野考察之外，我们还动用了无人机（UAV）航拍照片。此次考察，我们使用了一款“大疆”无人机（型号：DJI Mavic Pro Platinum UAV）。①（图 2）在考察之前，我们使用“大疆荔枝”软件制订了飞行计划。在现场，我们设定了地面控制点（GCP-s），这是在 GPS 测量初始坐标后，再用全站仪测量的。②这种方法可以帮助我们确定所有的坐标，并准确地调整飞行器。③

图 2　“大疆”无人机（型号　DJI Mavic Pro Platinum UAV）

① 无人机是由拉兹罗·卡达尔蒙古学研究基金会（László Kádár Research Fund for Mongolian Studies）给本文作者之一卡塔林·托尔奈捐赠的。

② 感谢哈兹江尼斯·康斯坦尼诺兹（Hadzijanisz Konsztantinosz）为航拍和数据处理所做的准备。

③ 本次调研所需的工具，由 Tahiméter Kft 公司提供。

在野外，我们尤为尊重蒙古人的传统，因为它们决定了游牧民族的日常生活。了解日常生活中的传统和禁忌，并遵守规矩，例如在蒙古包内的行止、座次，白色食物的重要性，都是非常必要的。日常行为也有一些禁忌，例如禁止踩门槛、禁止向火中扔垃圾、禁止向地面插刀。这些传统也会约束研究人员的工作，因为在研究过程中我们也要遵守这些传统。不过，如果不把钉子钉进地面，我们在地面上做标记（例如地面控制点）就成问题了。（Bartha 2016）

除了搜集航拍数据外，我们还进行了考古田野调查。（图 3）在此，我们既关注防御性聚落的内部结构，也关注防御城墙以外的特征。我们根据建筑的材料、形状、尺寸和位置，来分析内部特征的类型学。此外，我们识别出陶片的聚集地，并用佳明 GPS（Garmin GPS）沿着勘测路线来确定它们的位置。搜集的数据，将通过 GIS 进一步处理。（图 4—图 5）

图 3 考古田野调查

图 4 佳明 GPS

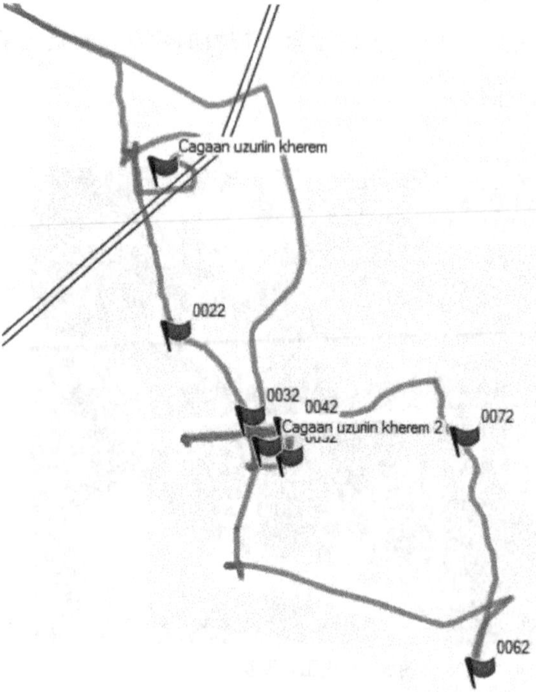

图 5 勘测路线

哈尔布哈古城遗址

本项目所研究的哈尔布哈古城，是一座较大型的防御性聚落。该遗址的海拔高1015米，坐落于北纬47° 52'249"和东经103° 53'051"处。古城由夯土城墙筑造，朝向较正，呈方形。不过，东墙和北墙的长度并不相同。目前，剩余墙体的宽度为3—4米，高度为2—2.5米。在每一面沉降墙的中间部位，都发现了一扇外部结构呈L形的土门。拐角处用角楼进一步加强防御。在角楼与中门之间，还竖有3座或4座方形塔楼。在城墙内，四扇门与道路连在一起，分别呈南北走向和东西走向。这些大约30米宽的道路，将聚落的内部区域划为4个部分。这些街道两旁曾经矗立着许多建筑物。外墙由护城河环绕，内有较窄的沟。主沟的水，来自哈尔布哈河。

自19世纪以来，俄国和蒙古的研究人员一直在研究哈尔布哈古城遗址。最近，奥其尔和埃尔德内博尔德分别于2002—2003年和2011—2012年进行了发掘，还研究了晚期的遗址。在该遗址及其附近，可以找到大量的文物。哈尔布哈古城遗址位于哈尔布哈河东岸，在其西北方向35米处发现了一座疑似陶窑的遗址。在该遗址的城墙四周，还可以观察到以小沟渠和石磨等形式存在的农业活动的遗迹。

在16—17世纪，城墙之间建了一座佛教寺院。寺庙建筑用方石堆建造，有2—3米高。寺庙包含了几栋建筑物。在中央佛殿内的考古发掘，出土了大量与宗教活动有关的文物，例如佛像、纺织品和金属残片。出土文物的一大特色在于，在遗址中还发现了保存完善的写本。

2017年的田野调查[①]

2017 年 5 月，我们在野外进行了较长时间的调查。在第二次访问期间，我们拍摄了比前一年更清晰的航空照片，并在古城内、外进行了实地调查。蒙古国的地球物理学家甘巴特（L. Ganbaatar）进行了地质测量。（图 6）在 2017 年的田野工作中，我们在古城的内部、城墙以北的一处城址上方，以及在谷歌地球卫星图像上能够观察到有环状物的两个区域，分别进行了航拍。此外，我们还在古城的南侧、北侧和东侧，以及哈尔布哈河岸附近的疑似窑址处，拍摄了航空照片。

图 6　蒙古国地球物理学家甘巴特在进行地质测量

① 参加 2016—2017 年田野调查的成员有：格尔格里 · 斯基（Gergely Csiky）、阿敏娜 · 詹巴彦特桑（Amina D. Jambajantsan）、安德拉斯 · 哈玛特和卡塔林 · 托尔奈。

我们一共拍摄了4000多张航拍照片。在飞行过程中，我们保证了图像之间的重合率在80%以上，结果是至少90%的区域有5帧甚至更多的图像。这也意味着，对于某个点的测量而言，我们使用了5帧不同的图像，这为我们提供了非常高的精度。

这些图像，是用Pix4D和DroneDeploy软件处理的，它们适用于点云和正射影像的创建。生成的点云，让我们能够更详细地绘制物体表面。数字表面模型采用WGS84坐标系统，因为GPS坐标已经记录在这些图片的exif格式文件中了。在现有模型的帮助下，我们能够在测量区域内的任意位置获取等高线或者生成横截面。

我们基于2016年航拍照片所创建的第一个表面模型，已经对古城内的建筑遗址深度覆盖了。2017年，我们就前期绘制的遗迹（包括契丹时期和16—17世纪的石建筑），完成了一份详细的图片和文字报告。

我们在古城外也进行了实地调查，是为了确定早期聚落的规模，并识别出不同的经济活动区。很可能，契丹人的聚落延伸到了城墙以外的区域。于是，我们在南侧和东侧分别以20米或50米的探方［为单位］进行考察，一直到距离南墙约500米处。从两片区域地表的陶片和瓦片来看，该聚落很可能一直延伸到城墙以外的几百米处（离南墙200—300米，离东墙400—500米）。我们还对哈尔布哈河岸附近的疑似窑址进行了调查，那是一个10米×20米的椭圆形区域，里面的陶片分布非常密集。不过，在疑似窑址和城墙之间有一块空旷区域。

我们用GIS系统对收集到的资料进行处理，该系统使我们能够对不同时间、以不同方式（例如无人机、测量站、GPS、照片）获得的信息进行分析。我们的系统是基于经由无人机图像转化而来的正射影像和三维模型。通过呈像物体的矢量图，可以对古城内部区域绘制精确的平面图。

在野外采集的数据，仍在处理之中。不过，针对哈尔布哈古城遗址及其周围的环境，我们还可以进一步提出几个问题。例如，我们能否将这些防御性聚落视为城市化进程的结果？这些居民活动的确切边界在何处？该聚落在当地的聚落网络中到底扮演了何种角色？为什么该聚落会遭到废弃？要想回答这些问题，还需要许多年的研究。

2018年田野调查中勘察的考古遗址[①]

2015 年，奥其尔等人公布了哈尔布哈古城附近的几处契丹时期遗址。根据该项研究，我们在谷歌地球卫星图像上观察了这些遗址，并且我们也在实地勘察和航拍的遗址中识别了极有可能是同一时期的遗址。（Ochir et al. 2015: 84-95）在田野调查期间，我们勘察了以下遗址：

查干乌祖林要塞（Tsagaan uzuriin kherem）

在哈尔布哈古城以南 30 公里处，有两片方形的封闭区域。这两座要塞之间相距 1 公里，北侧的要塞已见于此前的研究。它的大小是 201 米 × 220 米，四周的城墙不太显眼。我们无法确定，在墙面或墙角处是否有防御性的塔楼。（Tsagaan uzuriin kherem 1，译按：蒙古语 tsagaan/цагаан 的意思是“白色的”；kherem/хэрэм 的意思是“城墙；要塞、壁垒”）

① 参加 2018 年田野调查的成员有：安德拉斯·哈玛特、卡塔林·托尔奈、拉兹罗·拉兹罗斯基（László Laszlovszky）、茨拉·斯克罗迪（Csilla Siklódi）和佐尔特·斯拉吉（Zsolt Szilágyi）。

在第一座要塞的南面，还有另一座此前未知的要塞。它的围墙不高，呈菱形。要塞的面积为 114 米 × 116 米。我们在墙角和墙面都没有发现任何防御性的塔楼。在要塞内部区域，也没有观察到任何特征。在这两座要塞之间，我们发现了陶片集中点。根据我们的判断，这里值得做更详细研究。除了要塞，我们还勘察了附近的另一处区域。在那里，我们在卫星图像上观察到某种壁垒的迹象。不过，在实地考察期间，我们发现这些都是沟渠的遗迹。我们在这里还发现了一些陶片，埃尔德内博尔德鉴定为契丹时期。（Tsagaan uzuriin kherem 2）

清托尔盖（Chin tolgoi）附近的聚落

契丹时期的聚落清托尔盖（Chin tolgoi，译按：蒙古语 tolgoi/ 的意思是“头”，也有“小山头、小山包”的意思。见《新蒙汉词典》，商务印书馆 1999 年版，第 1064—1065 页），位于哈尔布哈古城以南 26 公里处。依据先前的研究，这个聚落是该地区曾经的首都。（Kradin 2011）在该聚落内部曾经有过考古发掘，但是并没有调查周围的环境。在野外调查中，我们从埃尔德内博尔德早年发现大量契丹时期陶片的聚落向西，进行了短暂的实地考察。这个遗址对清托尔盖的历史来说非常重要，因为在此之前，在其附近没有发现其他同时代的遗址。这个遗址也佐证了在封闭聚落附近存在小型聚落遗址的假设。

乌兰要塞 1-2（Ulaan kherem 1-2）

乌兰要塞（译按：蒙古语 ulann/улаан 的意思是“红色的”；直译“红要塞”）位于哈尔布哈古城以东 50 公里（图 7），我们于 2017 年从这里收集了航拍图。今年（译按：2018 年）我们对其内部进行了更为系统的实地勘察，并采集了周遭环境的照片。这个面积为 470

米 × 530 米的大型防御性聚落保存完好。建筑遗址的高度要高出地面 1—1.5 米。防御性城墙上有 3 扇门，内部有 2 条路。在城墙角，有防御性塔楼，在北侧城墙竖了 3 座塔楼。在聚落的北侧墙上，没有门，但是有 5 座塔楼防御。北侧缺少大门 —— 从该聚落的内部结构中也可以看出来，因为聚落的北侧没有隔断。

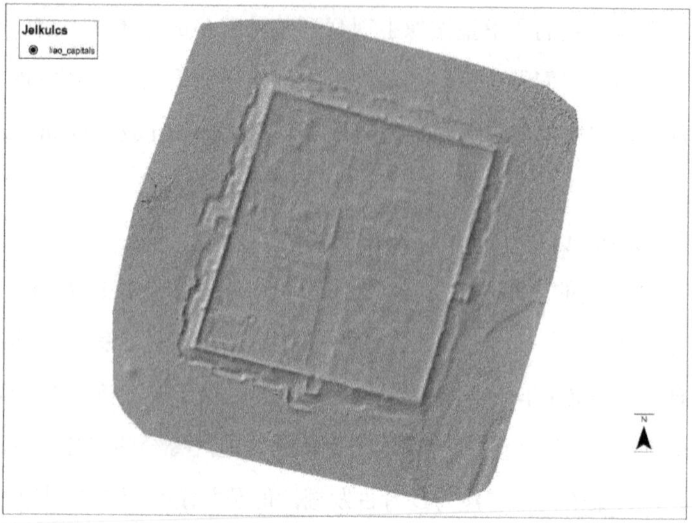

图 7 位于哈尔布哈古城以东 50 公里的乌兰要塞

根据谷歌地球卫星的数据，沿着该防御性聚落南侧的河流，我们发现了更多的封闭区域。我们对其中一座 350 米 × 400 米的要塞进行了航拍，结果只在中心位置发现了一个疑似墓冢的痕迹。在乌兰要塞与后者之间，我们还发现了一个疑似墓冢的痕迹，很可能是人造的。我们在这里发现了契丹时期的瓦片，因此我们认为它与要塞是同一时期的。

赫尔门岗（Khermen denj）和查干岗（Tsagaan denj）

这一时期遗留下来的最复杂的遗迹之一是赫尔门岗（Khermen

denj，译按：蒙古语 denj/дэнж 的意思是“高岗、小山丘”；直译“要塞岗”），以及位于河对岸的查干岗（Tsagaan denj，译按：直译“白岗子”）。在田野调查中，我们意识到后一遗址在诸多方面都不同于其他的防御性聚落。查干岗的面积 200 米 × 165 米，呈东北—西南向分布，只有南侧有一个入口。在其内部有三处较高的遗迹，城墙上没有防御性塔楼。我们本计划在这里航拍，但由于大风和沙尘暴逼近，最终作罢。

田野调查的结果显示，有许多不同类型的契丹遗址，它们很可能具有不同的功能。其中最壮观的是防御性聚落（哈尔布哈古城、清托尔盖、赫尔门岗和乌兰要塞），其内部区域都可以用航拍来研究。除了这些遗址之外，还有一些规模稍小的方形遗址，可能是埋葬场所，但我们还没有对其内部进行研究。与之相似，还有一些封闭的方形区域，但其内部没有发现任何类似墓冢的痕迹。它们或许是为牲畜提供的封闭空间，或者是作为某种临时性居住的保护性封闭区（例如查干岗）。

在田野调查中，我们在封闭区域之间发现分布较密的陶片，表明在目前已知的遗址之间，曾经也存在居住区。这一现象应该在不久的将来得到揭示，因为文献史料告诉我们，契丹的贵族并不居住在聚落内，而是在聚落附近过着游牧的生活。不过，这些临时性的居住地，尚未被考古学研究所确定。

民族学研究——文化遗产保护

除了本项目规划好的考古调查外，我们还有机会为民族学研究搜集材料。这项工作与文化遗产和考古遗址的保护问题密切相关。例如，在某处遗址中，家族的头领也有保护遗产的责任。近年来，蒙古国政府更加重视文化遗产的保存和保护工作。[①]以前，修复古迹的费用，由国际机构资助。但是在过去的几年里，当地家族也开始承担起这份责任。这些都是由蒙古国家遗产保护中心（Soyoliin Öviin Töv）居中协调的。我们所考察的布尔干，是文化遗产最丰富的地区之一，保护的工作十分重要。例如，有一处清托尔盖敖包（Chin tolgoi ovoo）（译按：ovoo 在蒙古语里的意思是“突起，堆状物”，音译“敖包”），是一处祭祀场所，至今仍然供人们日常使用，还有一群人看守着。在田野考察中，我们也感受到了这种态度，因为当地的家族会因为我们的工作而彼此通气，甚至向当地警局报告了我们的行踪。不过，当地家族对待文化遗产的态度也有矛盾之处，因为他们也在文化遗产地建造蒙古包。

（单旭燕 译　陈浩 校）

参考文献

Bartha, Zsolt: *A mongol tűzkultusz.* Napkút Kiadó, Budapest 2016. [Mongolian fire-cult].

Bukinich D. D.: Obshij otchet po arheologicheskim rabotam za 1933–1934. gg. (Archive material)

Chuluun, S. (ed.): *Mongolchuud XVII-XX zuunii ekhen üye.* Monsudar, Ulaanbaatar 2014.

① 关于考古文化遗产的保护现状，参考：http://montsame.mn/en/read/ 14657。关于文化遗产保护的一项国际项目：https://www.academia.edu/3006617/The_Oyu_Tolgoi_Cultural_Heritage_Program。

Csiky, Gergely – Lkhagvasuren, Erdenebold, – Harmath, András - Jambajantsan D. Amina – Szilágyi, Zsolt – Tolnai, Katalin: KHI-LAND PROJECT: An Archaeological Programme and Research in the Area of Khar Bukh Balgas, Mongolia. *Hungarian Archaeology E-journal*. 2017. Summer. http://files.archaeolingua.hu/2017NY/Csiky-Tolnai%20E17NY.pdf.

Lkhagvasuren, Erdenebold – Tolnai, Katalin – Harmath, András – Siklódi, Csilla – Szilágyi, Zsolt – Laszlovszky, József: Research on Landscape Archaeology in the Context of Nomad Towns: Results of the Third Field Season of the KHI-LAND Project, 2018. *Hungarian Archaeology E-journal*, 2018 Summer. http://files.archaeolingua.hu/2018NY/Upload/Khiland_E18NY.pdf.

Eregzen G.: Small tombs of the Xiongnu period. In: Eregzen G. (ed.) *Ancient Funeral Monuments in Mongolia*. Vol. III. Ulaanbaatar, 2017, 166-181.

Harmath, András – Laszlovszky, József – Siklódi, Csilla – Szilágyi, Zsolt – Tolnai, Katalin: *Under the Eternal Blue Sky. Landscape Archaeology in Mongolia*. Institute of Ethnology, Research Centre for the Humanities, Hungarian Academy of Sciences, Budapest 2019.

Kradin, N. N. (ed.): *Kidan'skij gorod Chintolgoj-balgas*. Rossijskaya Akademiya Nauk, Moskva 2011.

Szilágyi, Zsolt – Tolnai, Katalin - Csiky, Gergely – Lkhagvasuren, Erdenebold, – Harmath, András - Jambajantsan D. Amina: *Khi-Land project. Hungarian-Mongolian Archaeological Research*. Research Centre for the Humanities, Hungarian Academy of Sciences, Budapest 2017.

Turbat Ts., Khirgisüür. In: Eregzen G. (ed.) *Ancient Funeral Monuments in Mongolia*. Vol. III. Ulaanbaatar, 2017, 88-111.

А. Очир - Л. Эрдэнэболд - А. Энхтур: Исслєдованя Киданьских городов, городищ и других сооружєний в Монголии [Research on Khitan towns, fortresses and other constructions in Mongolia.] In: *Multidisciplinary Studies in ArchaeologyVol. 2. Fortified towns and settlement sites*. Vladivostok: Institute of History, Archaeology and Ethnography of the Peoples of the Far East. FEBRAS, 2015, 84-95.

历史篇

Historiography

古代和中世纪早期两大文明的相遇
——以欧亚草原游牧民族与黑海北部希腊人为例

〔俄〕亚历山大·波多西诺夫（Alexander V. Podossinov）撰

黑海北部和东欧，两千年来对人类的民族、移民、政治、经济、宗教和文化的发展，起到了重要的作用。因为，这一地区实际上是“从中国到希腊”商路的最后一站，一如“从瓦兰吉（Varangian）到希腊”这条从斯堪的纳维亚穿过东欧到达黑海地区的著名道路，以及“从日耳曼到希腊”这条哥特人迁徙到黑海北部地区的路线一样。正是在这一地区，古代和中世纪的不同文明得以交汇。这些文明都是来自距离遥远的人类栖息地，在古典史家笔下被称为“普世”（oikumene）。

希腊在黑海北部地区的殖民

我们知道，从公元前 7 世纪开始，希腊殖民者开始在黑海北部定居，他们在那里建了许多殖民地、城市和定居点。[①] 从多瑙河到高加索，整条黑海海岸线密集分布了许多希腊城市。其中规模最大

---

① 详见：Tsetskhladze 1998; Petropulos 2005; Fornasier 2016。

的城市是提拉斯（Tyras）、尼科尼亚（Nikonion）（两座位于德涅斯特河下游的城市）、奥比亚（Olbia）（一座位于南布格河［Southern Bug River］和第聂伯河河口的城市）、克森尼索（Chersonesos）（一座位于今克里米亚塞瓦斯托波尔［Sevastopol］附近的城市），还有西奥多西亚（Theodosia）、尼姆法伊翁（Nymphaeum）、潘提卡彭（Panticapaeum）（即今刻赤市，位于刻赤海峡西岸）以及位于海峡东岸的法纳戈里亚（Phanagoria），赫尔莫那萨（Hermonassa）和戈尔吉皮亚（Gorgippia）。（图 1）

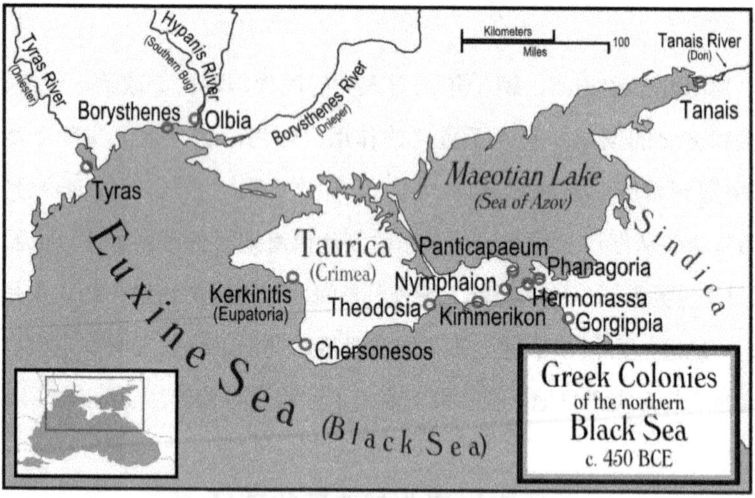

图 1　黑海北部海岸的希腊殖民地（公元前 450 年）

Borysthenes River (Dnieper) 玻里斯提尼斯河（第聂伯河）
Borysthenes 玻里斯提尼斯
Chersonesos 克森尼索
Euxines Sea (Black Sea) 攸克辛海（黑海）
Gorgippia 戈尔吉皮亚
Hermonassa 赫尔莫那萨
Hypanis River (Southern Bug) 希潘尼斯河
Kerkinits (Eupatoria) 克尔基尼茨（叶夫帕托里亚）
Kimmerikon 辛梅里孔
Maeotian Lake (Sea of Azov) 迈俄提斯湖（亚述海）
Nymphaion 尼姆法伊翁
Olbia 奥比亚
Panticapaeum 潘提卡彭

Phanagoria 法纳戈里亚
Sindica 辛迪卡
Tanais River (Don) 塔内斯河（顿河）
Tanais 塔内斯
Taurica (Crimea) 陶里卡（克里米亚）
Theodosia 西奥多西亚
Tyras River (Dniester) 提拉斯河（德涅斯特河）
Tyras 提拉斯

黑海北部海岸的绝大部分希腊殖民地，都建于公元前 6 世纪。正是在这一时期，他们在这里遇到了斯基泰人。这是伟大的希腊文明与沿着欧亚草原带从东向西迁徙的游牧民族第一次相遇，也是欧亚大陆历史上最重要的事件。

亚洲游牧民族抵达黑海北部地区

在五百多年内不断从内陆亚洲来到黑海北部地区的游牧民族，数量是惊人的，他们包括：辛梅里安人（Cimmerians）、斯基泰人（Scythians）、萨乌洛马泰人（Sauromatians，译按：一般认为与萨尔马提亚人是同一群人）、萨尔马提亚人（Sarmatians）、亚兹格斯人（Jazyges）、奥斡斯人（Aorsi，译按：一般认为是汉文史料中的奄蔡）、阿兰人（Alans）、匈人（Huns）、阿瓦尔人（Avars）、哈扎尔人（Khazars）、匈牙利人（Hungarians）、不里阿耳人（Bulgarians）、佩切涅格人（Pechenegs）、波罗维茨人（Polovtsy）、鞑靼人（Tatars，译按：一般认为是指蒙古人）、蒙古人（Mongols），等等。①

在公元前第一千纪和公元初的几个世纪内，东南欧和中欧的本土居民面临着中亚人群向西的迁徙和扩张。一些土著部落开始往后方撤，又导致了其他民族的迁徙，而另外一些部落则与新的移民融合，产生了新的混合文化。伊朗语人群对古代欧洲文化的贡献，体现在许

① 参考：Seaman 1989; Kljashtorny, Savinov 1994; Kradin 2007。

多方面，包括日耳曼人的宗教、凯尔特人的民间诗歌，以及早期斯拉夫人的文明。操伊朗语的草原民族涌入欧洲，与中亚的部落迁徙有关。这是一种连锁反应。有证据表明，在公元前一千纪和公元后一千纪，有若干次大规模的民族迁徙。①

生活在公元前5世纪的希罗多德，早已观察到了这一历史进程："除了希柏里尔人（Hyperboreans）之外，所有这些国家（尤其是阿里马斯皮人［Arimaspians，译按：传说中的独眼族］）总是与他们的邻国交战；伊赛顿人（Issedones）被阿里马斯皮人赶出了故土，斯基泰人被伊赛顿人赶出了故土，住在南海的辛梅里安人被斯基泰人逼得离开了故土。"②

操伊朗语的阿兰人在［公元1］世纪之初来到了黑海北部沿岸，他们的命运，在文献中有所记载。据古希腊、古罗马和汉文史料③，最早的一批阿兰人，来自他们所居住的外里海地区，大致相当于锡尔河（Syr Darya）和阿姆河（Amu Darya）之间。

阿兰人生活的东部，处在西汉的影响范围之内。据《后汉书》卷88④（于公元5世纪编纂），草原国家奄蔡已成为康居国的附庸国，被称为"阿兰聊"。

自19世纪末起，学者们就开始将［汉文史料中的］"奄蔡"或"阿兰聊"与欧洲的"阿兰"联系起来。关于奄蔡或阿兰人的地理位置，尚存争议。司马迁在《史记》（24:36; 32: 36）中提到，奄蔡"临大泽，无涯，盖乃北海云"。（译按：语出《史记・大宛列传》）

汉文史料每记载一处草原世界的变化，都反映了新的动向，即某

---

① Olbrycht 1998: 101-140.

② Herod. 4.13; trans. by A. D. Godley.

③ 关于阿兰人的历史资料，搜集最全的是 Alemany 2000。

④ 关于此文献，参考 Hill 2009。

个人群取得了对中亚西部其他部落的主导地位。直接的导火索似乎是康居，这是一支见于汉文史料的强大游牧民族，他们生活在锡尔河流域，从大宛（费尔干纳）一直到咸海。①

众所周知，在公元4世纪，部分阿兰人加入了民族大迁徙的浪潮，并最终在西欧（高卢）甚至在北非定居。在那里，他们与汪达尔人（Vandals）一起组成了一个国家，一直存在到6世纪中叶。

黑海北部地区希腊定居人群，具有高度发展的政治、经济和文化水平，面对的是社会发展水平较低的游牧民族。这些人往往对希腊人怀有敌意，并渴望获得战利品，而希腊人不得不在外交、军事、政治和经济上付出沉重代价，来与“野蛮人”建立关系——希腊人如此称呼他们。这些关系的范围非常广泛，从军事对抗（往往是以希腊人的失败收场），到复杂的朝贡关系（缓解了双方对抗的紧张程度），再到游牧民族融入希腊国家（导致游牧民族的精英希腊化，以及“野蛮人”进入古代文明世界）。

在本文中，笔者将尝试思考黑海北部地区两种文明相遇的若干方面。

两种文明的相遇

学界已经下了很大功夫来阐明游牧社群的本质、他们的政治和经济组织，以及他们在与农耕社会接触方面的需求。②如果没有定居人群的农产品和手工制品，游牧民是无法生存的。出于这个原因，他们成功地以非经济和暴力手段（例如抢劫、战争、捐赠、勒索礼物、非

① Olbrycht 1998: 221.

② Sellnow 1968; Khazanov 1994; Khazanov, Wink 2001; Kradin 2007.

等价贸易、贡品等）来榨取邻近的农耕地区。

至于游牧民族的军事优势，“历史之父”希罗多德有一段关于斯基泰人的名言（IV，46）：“但是，斯基泰人种，在我们所知的人类事务中最重要的方面……他们做出了最智慧的发明……他们做到了：任何攻击他们的人，都无法逃脱，如果他们不想被发现，任何人都无法抓住他们。因为，他们没有固定的城市或要塞，都是游牧民族和骑马民族，他们的生活方式不是耕种土地，而是养牲畜，住所随着马车游走，他们当然是无法战胜和无法接近的了。”

黑海北部地区的希腊城邦，对于游牧民族来说非常具有吸引力，是他们劫掠的对象，也是潜在的贡赋来源，更是众多商品的来源，例如武器、衣服、奢侈品、食物，还有葡萄酒，等等。

黑海北部地区的希腊人，一次又一次地遭遇新的亚洲游牧民族[①]，他们利用一切手段来阻断好战的游牧民族。

古典史家经常提到游牧民族与希腊城邦之间的军事对抗。希腊史家迪奥·克里索斯托姆（Dio Chrysostom）在公元1世纪末拜访了黑海北部城市奥比亚（或称玻里斯提尼斯［Borysthenes］），写道（Or. Boryst.XXXVI, 1-6）：“玻里斯提尼斯城，就其规模而言，是名不副实的，大概是它不断被占领和爆发战争的缘故。由于这座城市迄今已在野蛮人手中很长时间了，而野蛮人实际上是最好战的，于是它始终处于战争状态，且常常沦陷。”迪奥·克里索斯托姆提到了当地一名青年卡利斯特拉托斯（Callistratos）的事迹，“他在战争中表现勇敢，杀死或俘获了不少萨乌洛马泰人”，即便就在前一天“斯基泰人才发动了袭击，不少哨兵被杀，其他人可能被俘虏”。（15-16）斯基泰人的

① Vinogradov 2008: 13-27.

袭击，可能是因公元前5世纪博斯普鲁斯王国（Bosporan kingdom，译按：又称辛梅里安人的博斯普鲁斯王国［Kingdom of the Cimmerian Bosporus］，位于克里米亚东海岸，扼守黑海与亚速海之间的刻赤海峡）城市内的大火和筑造防御工事而被人知晓的，考古学家已经发现了这些证据。①

我们还知道，游牧民族可能在希腊人占领的黑海北部城市内建立了保护领地。② 证据是，公元前5世纪30—60年代发行的奥比亚银币，上面有斯基泰统治者艾米纳科斯（Eminakes）的名字以及斯基泰人拉弓的形象。（图2）

图2 有斯基泰统治者艾米纳科斯名字的银币

① Vinogradov 2005: 239-244.
② Marchenko 2005: 107-113.

这种保护领地，应该存在于斯基泰国王司库列斯（Scyles）在位期间。根据希罗多德（IV, 78）的说法，他经常率领军队来到奥比亚，在该城“拜访”几个月，而他的部队则在城外获得了“补给”。除了补给军队之外，可能还征收了一定的税，或许是以赠予国王及其随从的形式来实现的。难怪考古学家在斯基泰贵族的墓葬内，发现了许多出于希腊工匠之手的奢侈品。[①]（见图 3 和图 4）

于是，希腊史家斯特拉波在公元前 1 世纪末写道：“现在，尽管游牧民族是战士而非盗匪，但是他们作战的动机仍然只是为了得到贡品。因为，他们会把土地交给任何想耕种的人。如果以出让土地来换取应得的贡品，他们就会感到很满意，要求也不算高。他们的态度是只要满足日常生活所需即可，不贪多。但是，如果佃户拒绝支付，那么游牧民族就会与他们开战……但是，那些自忖有足够能力能轻易

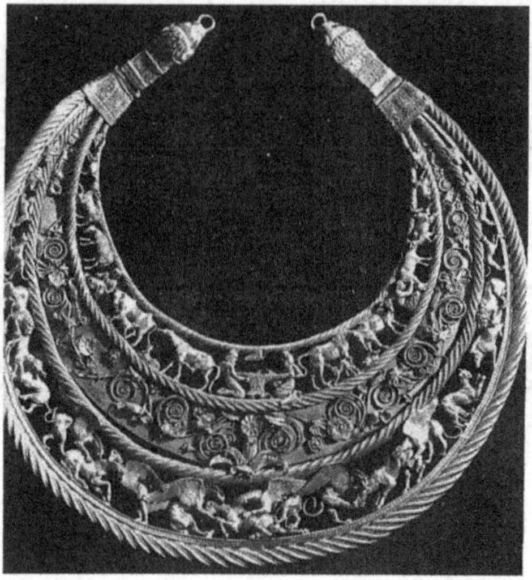

图 3 托尔斯塔娅·莫吉拉（Tolstaja Mogila）中出土的金项圈（公元前 4 世纪）

① Rolle 1991; Jacobson 1995.

图 4 刻赤附近库尔奥巴（*Kul'-Oba*）库尔干内出土的罐子（公元前 4 世纪）

抵御［游牧民族］进攻并阻止他们入侵的人，就不会定期交贡。博斯普鲁斯国王阿桑德（Asander）就是如此。他……把靠近迈俄提斯湖（Lake Maeotis，译按：即亚速海）的克森尼索地峡砌墙隔开，方圆有 360 个竞技场那么大，在每座竞技场大小的空间内都建有 10 座塔楼。”[①] 根据斯特拉波（VII, 4,4）的说法，最后一名博斯普鲁斯国王派瑞萨德斯（Pairysades），“无法抵抗野蛮人，野蛮人无度地索要比以前更多的贡品，于是他将主权交给了本都国王（译按：“本都”的本意是海）米特里达梯六世（Mithridates Eupator）”。

与游牧民族为邻，使得希腊城市的居民在政治、经济和文化领域与他们紧密合作。[②] 这种互动的最有说服力的例子之一，就是在顿河（Don）河口建了塔内斯城（Tanais）。

① VII, 4, 6; trans. by H.L. Jones.

② 关于希腊人与蛮族之间互动的史料，参见 Marchenko (ed.) 2005。

塔内斯：一座希腊和蛮族共处的城市

塔内斯城，是由博斯普鲁斯统治者作为一个贸易中心而建立的，大约是在公元前 280— 前 275 年间建成，并成为亚速海北部地区最大的城市，其内部是希腊人与野蛮人混居，成为希腊人与游牧民族贸易的一个中心。[①] 斯特拉波如此描绘道（XI, 2, 3）：“这是一个共享的贸易中心，其中有亚洲和欧洲的游牧民族，也有从博斯普鲁斯走水路来的人，前者携带奴隶、兽皮，以及其他的游牧民族物产，后者以服饰、酒，和其他属于文明生活的产品，来进行贸易。”

在这座可视作两种文明共生之典范的城市内，有统治着希腊人的当局（即希腊君主［Hellenarchs］）和统治着当地人的当局（即塔内斯人的执政官［Archons］）。游牧民族感兴趣的是，希腊人城市的存在为他们组织贸易关系。迪奥·克里索斯托姆写道，当希腊人受到野蛮人的一次进攻之后，正准备离开自己的城市奥比亚或玻里斯提尼斯，但是［最后］希腊居民又留了下来，“得到了斯基泰人的允许，因为斯基泰人需要利用与希腊人的交通，后者或许会使用那座港口……斯基泰人本身既没有野心，也没有足够的知识以希腊人的方式来装备他们自己的交易中心”[②]。

为希腊统治者效力的游牧人群

博斯普鲁斯国王经常招募游牧民族的军队，来对付他们的敌

① Knipovich 1949; Shelov 1970; Shelov 1972; Bötger et al. 2002: 65-85.

② Dio Chrys. XXXVI (Borysth.), 5.

人，例如其他的游牧人群、政治对手和篡权者。这些都是古代史书中有记载的。例如，西西里的狄奥多罗斯（Diodorus），讲述了博斯普鲁斯王国王室内的冲突。他提到（XX, 22），在公元前310年“在博斯普鲁斯的辛梅里安国王派瑞萨德斯死后，他的儿子们欧墨路斯（Eumelus）、萨提洛斯（Satyrus）和普里坦尼斯（Prytanis），为了争夺王位展开斗争……欧墨路斯在与邻近的一些蛮族签订了条约之后，集结了一支强大的军队，便开始竞逐王位……萨提洛斯军队中招募的希腊雇佣兵不到两千人，还有相同数量的色雷斯人，其余的都是斯基泰盟友，共计步兵两万多人，战马一万多匹”。

萨尔马提亚人和阿兰人，与黑海北部地区的希腊国家缔结了联盟协定，尽管并不总是平等的条约。根据对斯特拉波记载（XI, 4, 5）和一些碑铭的分析，这些条约基本都是由定居社会所倡议的。

值得注意的是，为了与不讲希腊语的游牧民族保持联系，博斯普鲁斯王国内成立了若干翻译机构。[①] 例如，在黑海北部地区发现的铭文中，有一处就提到“格拉卡斯（Gerakas），庞蒂克（Pontic）之子，是阿兰人的主要翻译（*archermeneus Alanon*）”，即阿兰某个翻译机构的头领。（CIRB, 1053）还有一段来自罗马的铭文，提到“阿斯普古斯（Aspurgus），比奥玛苏斯（Biomassus）之子，是萨尔马提亚人的翻译（*hermeneus Sarmaton*）”。（CIL VI, 5207）

游牧民族的贵族，醉心于希腊文明的成就，逐渐习惯了希腊文明。这点反映在一个事实中，即游牧贵族的代表，可以逐步成为希腊城市统治者中的一员。这可以从博斯普鲁斯王国首都潘提卡彭附近的墓葬看出来，其中既埋葬着博斯普鲁斯的贵族，也埋葬着游牧野蛮

---

① Kazanskij 2014: 188-199; Podossinov 2016: 230-235.

人。[①]（图 5）

希腊和蛮族在博斯普鲁斯王国的统治集团内共存的事实，有一个令人印象深刻的例子。博斯普鲁斯王国末代君主派瑞萨德斯于公元前109年被其门徒杀害，后者是斯基泰王子萨乌玛克斯（Saumakes）——斯基泰人在他的领导下发动了起义。

图 5　潘提卡彭附近墓葬的墓室

① Vinogradov 2005: 245-258.

定居的、高度文明的希腊和罗马文明与在他们看来是“野蛮”的游牧文明二者的相遇，对双方都大有裨益。我们看到，相互作用的结果就是，蛮族的“希腊化”和希腊的“蛮族化”。[①]

蛮族的“希腊化”与希腊的“蛮族化”

蛮族的“希腊化”表现在斯基泰国王司库列斯访问希腊城市奥比亚时发生的经典一幕。该故事上文已经提到过。希罗多德是这样说的（IV, 78）：“司库列斯是斯基泰人的国王，但他并不满足于斯基泰人的生活方式，而是更倾心于希腊人的生活方式……所以他会这样做：他率领斯基泰部队进入玻里斯提尼斯城……当他抵达时，他会让他的部队留在城外，自己独自一人进入城内，关上大门，脱去他身上的斯基泰装束，换上希腊服装……处处模仿希腊人的生活方式，甚至按照希腊人的习俗去崇拜众神……他经常这样做。他还在玻里斯提尼斯城内建造房屋，娶了本地的媳妇，并把她带到建造的房屋里。”

反向的过程，即希腊人的“蛮族化”，也在这次文明相遇的历史性时刻发生了。游牧帝国的皇权专制制度，无论是斯基泰、萨尔马提亚、阿兰或任何其他国家，与希腊传统的民主化城邦（甚至在城邦内部都是民主的）并存，不可避免地会影响希腊统治制度的性质。

早在公元前 4 世纪末，博斯普鲁斯城邦的希腊统治者，在他们的名号中就已经出现“博斯普鲁斯的‘掌权者’（archons）”和“本地诸部落的‘王’（*basileuon*）”等成分，他们都是博斯普鲁斯当地的执政者。[②] 一段时间以后，大约在公元前 3 世纪，他们开始自称“博斯

① Podossinov 1996: 415-425.

② CIRB 6, 6a, 7, 8, 9, 10, 11, 25, 971, 972, 1014, 1015, 1037, 1038, 1039, 1040, 1042.

普鲁斯国王”，完全将希腊这个国家变成了一个典型的王朝政体。[1]在笔者看来，在这一进程中，我们有可能也有必要看到外围的蛮族势力，对希腊国家政治制度的影响，促使希腊从传统的城邦民主模式向王朝君主政体的转变。

希腊城市的蛮族化，表现在生活中的诸多方面。我们可以举例：著名的希腊-斯基泰艺术风格，表现的是希腊工匠手下的斯基泰纹饰（即著名的“斯基泰动物纹饰”）；[2]博斯普鲁斯国家大城市里的斯基泰人库尔干——那里埋葬着斯基泰的统治者；为博斯普鲁斯统治者效力的斯基泰雇佣兵；本地部落的军事事务对博斯普鲁斯人的影响；跨族婚姻；希腊铭文中的伊朗语名字；王室称号的斯基泰语词源；博斯普鲁斯群岛的萨尔马提亚化——发生在公元初的几个世纪内。

游牧文明与希腊文明相遇的结果——博斯普鲁斯王国的“萨尔马提亚化”

关于“萨尔马提亚化”，笔者还想多说几句。据推测，在公元初的几个世纪内，有大量的萨尔马提亚部落涌入博斯普鲁斯王国的疆域内，导致了萨尔马提亚人开始占博斯普鲁斯王国人口的大多数，而萨尔马提亚人的文化也开始流行于希腊。这一假设，是由俄国著名历史学家米海伊·罗斯托夫瑟夫（Michail Rostovtseff）在20世纪初提出来的。[3]他认为，在罗马时期，博斯普鲁斯人吸收了萨尔马提亚人的军事战术、武器、服装、文化、艺术风格，并且萨尔马提亚语取代了

---

① CIRB 19, 20, 21, 23, 24, 26, 974, 1043, 1044, 1046.

② Rostovtzeff 1929.

③ Rostovtzeff 1922: 156-180.

希腊语成为该国许多居民的母语，希腊语只作为教学和国家的官方语言。尽管近几十年来，学者们对博斯普鲁斯的彻底“萨尔马提亚化”说法提出了诸多质疑[①]，但是我们无法否认的事实是，游牧生活方式对他们产生了巨大的影响。

例如，这一点可以在博斯普鲁斯王国墓室的壁画上看出来，其描绘的是伊朗骑士的作战技术，（由步兵环伺的）两名骑手之间的决斗。（图 6）

图 6 潘提卡彭的安特斯特利亚斯（Anthesterias）密室内的壁画，公元前 1 世纪末—公元 1 世纪初

博斯普鲁斯人的武器已经发生了变化，壁画中表现的是斯基泰-萨尔马提亚式带鳞状或环状的铁甲、伊朗式锥形头盔、圆形或椭圆形盾牌、斯基泰式弓箭、一种大型攻击矛。由此可见，以上都是全副武装的斯基泰人和萨尔马提亚人的弓箭手和长矛武士。

笔者在本文中不止一次地引用史家迪奥·克里索斯托姆的话，他亲眼见证了一名年轻奥比亚人的装束：“他有一把大马刀，挂在腰带上，他穿着裤子以及所有斯基泰人的衣服，在肩上挂着一件黑色的薄斗篷——也是玻里斯提尼斯人的惯常装束。事实上，他们其他的衣服通

① Maslennikov 1990: 9-15.

常都是黑色的，是受到某个斯基泰部落的影响。希腊人称之为‘黑斗篷’的东西，毫无疑问就是这个。”[①] 黑海北部地区墓碑上的浮雕，也显示了游牧民族服饰在希腊人中的传播，包括像波斯裤子这样的裤装。[②] 显然，这一装束是骑兵使用的，他们是在向当地骑乘技术更加先进的游牧部落学习战术和武器的同时，顺带学来的。（图 7）

图 7　身着萨尔马提亚服装的特里丰（Tryphon）形象，塔内斯浮雕（公元 2 世纪）

奥比亚和黑海北部其他城市的铭文，包含了大量的伊朗语名号——这些人物都在政府中担任重要职务。例如，以下一段铭文来自公元 1 世纪末至 2 世纪初奥比亚的一条法令：“美好的时刻！阿纳克西梅内斯（Anaximenes）之子阿纳克西梅内斯领导的战略家们，分

① Dio Chrys. XXXVI (Borysth.), 7.
② Kreuz 2012: 235-238.

别是：索玛乔司（Somachos）之子普尔发克斯（Purfakes）、阿普鲁托斯（Apollutos）之子撒贝诺斯（Sabeinos）、苏苏隆（Susulon）之子阿布洛阿格斯（Abroagos）、泽托斯（Zethos）之子法尔纳格斯（Farnagos）、卡萨格斯（Kasagos）之子卡斯柯诺思（Kaskenos），用银胎镀金的胜利女神像献祭给阿波罗，为了这座城市的居民和他们自己的健康［祈福］！”①

在这段铭文中，有超过一半以上的战略家，即军事领袖，都有伊朗语的名字！不仅如此，甚至博斯普鲁斯国王的名字（从公元1世纪起）都具有本土的、“蛮族”的词源（例如阿斯普格斯［Aspurgos］、雷思库珀里斯［Rhescuporis］、格派佩里斯［Gepaiperis］、萨乌洛马特斯［Sauromates］、罗伊梅塔克斯［Rhoimetalkes］、伊宁提马伊奥斯［Ininthimaios］、法尔桑泽斯［Pharsanzes］、切都斯比奥斯［Chedosbios］、忒拉诺斯［Teiranos］、托托尔索斯［Thothorsos］），没有一个希腊语名字！

最后，我想强调，古代和中世纪早期两大文明的交汇，并非无迹可循。相反，在欧亚交汇点上，两大文明分享着彼此的成就，美美与共。

（夏婷婷 译　陈浩 校）

参考文献

Alemany, A. 2000. *Sources on the Alans: A Critical Compilation.* Leiden.

Bötger, B., Fornasier, J., Arsen'eva, T. 2002.Tanais am Don.

① Knipovoch, Levi 1968: 71-72.

Emporion, Polis und Bosporanisches Tauschhandelszentrum. In: Fornasier, J., Böttger, B. (eds.) 2002. *Das Bosporanische Reich. Der Nordosten des Schwarzen Meeres in der Antike.* Mainz am Rhein: 69- 85.

CIL = *Corpus inscriptionum Latinarum.* Berlin, 1853.

CIRB = *Corpus inscriptionum regni Bosporani.* Moscow; Leningrad. 1965 (In Russian).

Fornasier, J. 2016. *Die griechische Kolonisation im Nordschwarzmeerraum vom 7. bis 5. Jahrhundert v. Chr.* Bonn.

Hill, J. E. 2009. *Through the Jade Gate to Rome: A Study of the Silk Routes during the Later Han Dynasty, 1st to 2nd Centuries CE.* Charleston, South Carolina.

Jacobson, E. 1995. *The Art of the Scythians.* Leiden; New York; Köln.

Kazanskij, N. N. 2014: Socio-linguistic situation in the Bosporan kingdom and features of the language politics of Hellenistic states. In: *The eldest states of the Eastern Europe. 2012: Problems of Hellenism and origin of the Bosporan kingdom.* Moscow: 188- 199 (In Russian).

Khazanov, A. M. 1994. *Nomads and the Outside World.* 2nd ed. Madison.

Khazanov, A. M., Wink, A. 2001. *Nomads in the Sedentary World.* Richmond.

Kljashtorny, S. G., Savinov, D. G. 1994. *The Steppe Empires of Eurasia.* Saint-Petersburg (in Russian).

Knipovich, T. N. 1949. *Tanais.* Moscow (In Russian).

Knipovoch, T. N., Levi, E. I. (eds.) 1968. *Inscriptions of Olbia.* Leningrad. (In Russian).

Kradin, N. N. 2007. *The Nomads of Eurasia*. Almaty (In Russian).

Kreuz, P.-A. 2012. *Die Grabreliefs aus dem Bosporanischen Reich*. Leuven; Paris; Walpole, Ma.

Marchenko, K. K. (ed.) 2005. *Greeks and Barbarians of the Northern Black Sea Region in the Scythian Epoch*. Saint-Petersburg (In Russian).

Maslennikov, A. A. 1990. *Population of the Bosporan state in the first centuries AD*. Moscow.

Olbrycht, M. 1998. *Parthia et ulteriores gentes. Die politischen Beziehungen zwischen dem arsakidischen Iran und den Nomaden der eurasischen Steppen*. München. (Quellen und Forschungen zur antiken Welt. Bd. 30)

Olbrycht, M. J. 1998. Notes on the presence of Iranian peoples in Europe and their Asiatic relations. In: Pstrusińska, J. and Fear, T. (eds.) *Collectanea Celto-Asiatica Cracoviensia*. Kraków: 101-140.

Petropulos, E. K. 2005. *Hellenic Colonization in Euxeinos Pontos. Penetration, early establishment, and the problem of the* "emporion" *revisited*. Oxford (BAR International Series 1394).

Podossinov, A. V. 1996. Barbarisierte Hellenen – hellenisierte Barbaren: Zur Dialektik ethno-kultureller Kontakte in der Region des Mare Ponticum. In: *Hellenismus. Beitrage zur Erforschung von Akkulturation und politischer Ordnung in den Staaten des hellenistischen Zeitalters. Akten des Internationalen Hellenismus-Kolloquiums. 9.-14. Marz 1994 in Berlin*. Tübingen: 415-425.

Podossinov, A. V. 2016. To the question about the linguistic situation in the Greco-barbarian Bosporan kingdom. In: *Eastern Europe in antiquity and Middle Ages*. Moscow: 230-235 (In Russian).

Rolle, R. 1991. *Gold der Steppe, Archäologie der Ukraine*. Wachholtz, Neumünster.

Rostovtzeff, M. I. 1922. *Iranians and Greeks in South Russia*. Oxford.

Rostovtzeff, M. I. 1929. *The Animal Style in South Russia and China*. Princeton.

Seaman, G. (ed.) 1989. *Ecology and Empire. Nomads in he Cultural Evolution of the Old World.* Los Angeles.

Shelov, D. B. 1970. *Tanais and the Lower Don in the 3rd-1st centuries BC.* Moscow (In Russian).

Shelov, D. B. 1972. *Tanais and the Lower Don in the first centuries AD.* Moscow (In Russian).

Tsetskhladze, G. R. (ed.) 1998. *The Greek Colonisation of the Black See Area: Historical Interpretation of Archaeology.* Stuttgart.

Das Verhältnis 1968. *Das Verhältnis von Bodenbauern und Viehzuchtern in historischer Sicht*. Berlin.

Vinogradov, Ju. A. 2005. Cimmerian Bosporus. In: Marchenko, K. K. (ed.) 2005. *Greeks and Barbarians of the Northern Black Sea Region in the Scythian Epoch*. Saint-Petersburg: 236-262 (In Russian).

Vinogradov, Ju. A. 2008. Rhythms of Eurasia and the Main Historical Stages of the Kimmerian Bosporos in Pre-Roman Times. In: *Meeting of Cultures in the Black Sea Region. Between Conflict and Coexistence.* Aarhus: 13-27.

约达尼斯读过希波克拉底的书吗？
——论约达尼斯《哥特史》所见气候因素对游牧民族的影响

〔匈〕阿克什·泽蒙内（Ákos Zimonyi）撰

古典时代对环境的认知模式

“人类的外在环境，对人的体质和健康有不少直接的影响”的说法（Miller 1962: 129），可以看作是人类的一条普遍经验。我们都注意到，天气的变化会影响我们的情绪乃至健康。例如，如果某人到一个气候环境不同的国家或地区旅行，他的身体机能会随之发生变化，并且需要一定的时间来适应新的气候。古希腊和古罗马的人也注意到，世界上的不同地区有着不同的气候条件，冷 / 热和干燥 / 潮湿的天气不仅对居住在那里的人们的风俗习惯有所影响，而且他们相信气候甚至可以决定居民的性格和生理。（Isaac 2004: 55-56）首位深入讨论这一议题的史家，是希罗多德。希罗多德在书中多次把气候与人捆绑在一起。例如，他注意到埃及的气候和水文不同于其他任何地方，当地居民的风俗习惯也与其他地方截然不同。（Hdt. 2: 35）[1] 虽然希罗

---

① 本文中古典作家的缩写，笔者参考了利德勒、斯科特和琼斯（Liddle-Scott-Jones）编纂的《希腊语-英语词典》和《拉丁语语料库》。

多德并没有点明二者之间的因果关系，即埃及人的风俗与众不同是因为当地的气候独特，但至少可以肯定的是，他注意到了气候与民风之间的联系。希罗多德《历史》中对斯基泰人的叙述，表明希罗多德对气候与当地民风之间的联系有一个基本认识。（Hdt. 4: 1-82, esp. 16-24）但是，正如拉特纳（D. Lateiner）所正确指出的，气候或天气并非决定居民习惯和风俗的唯一因素。（Lateiner 1986: 16; Thomas 2000: 102-134）对于希罗多德而言，“地理不能决定历史。地理只能决定人类的生存和行动。气候或许会影响人们对自由的向往，但是民族精神却不是自然力量所能决定的产物”。（Lateiner 1986: 16）

称得上是第一部系统论述气候和环境因素对人体健康或疾病有所影响的著作，是公元前5世纪晚期希波克拉底（Hippocrates）的著作《论风、水和地方》——此书应该是为那些前往陌生城镇的赤脚医生所准备的手册。[①] 当一名医生来到一座新的城市时，他可以通过观察这座城市的季节、风、水和海拔等，来摸清这座城市存在的主要健康问题，从而在一个新的社会中迅速站稳脚跟，成为一名称职的医生。（Miller 1962: 129-130; Edelstein 1967: 65-66, 70; Triebl-Schubert 1990: 90）这部作品对后来的学者，例如亚里士多德、波利比乌斯（Polybius）和盖伦（Galen），以及中世纪和近代早期的思想家都有重要的影响。（Backhaus 1976: 170; Isaac 2004: 60）

《论风、水和地方》可以分为两个部分。第一部分集中讨论了季节变化、风、日光、水土质量和居民生活习惯的改变是如何影响

① 关于希波克拉底著作的作者问题，学界还存在争议。究竟哪些作品是希波克拉底本人写的，哪些是他的儿子、学生或崇拜者写的，尚未弄清。所以从学术规范的角度看，我们应该说“希波克拉底式的作者”，而不是直接称为“希波克拉底”。这个问题也被称为“希波克拉底问题”。（Lloyd 1975: 171-192; Liewert 2015, 40）

他们的健康的。第二部分——某些学者认为并非出自希波克拉底之手[①]，讨论的是“欧洲和亚洲各国的气候和地理因素对人身体的影响”。（Miller 1962: 130）第二部分也包括了游牧的斯基泰人，对他们的描述占了很大篇幅。（Miller 1962: 130; Liewert 2015: 7-8, 21-25）尤其是第二部分关涉民族学的内容，引起了学者们的兴趣。虽然希波克拉底的本意是通过自然因素去解释不同国家居民的体质和风俗的差异，只是在后半部分用了一些［民族学的］例子来佐证他的观点，但是学者们关注的却是该书的民族学而不是医学的内容。（Backhaus 1976, Triebl-Schubert 1990）

对于希波克拉底而言，季节变化、风、水土质量对于人体的构造有很大的影响——人体由四种体液组成（血液、黏液、黄胆和黑胆）。（Liewert 2015: 2-3, 5）这四种体液有四种属性：热、冷、湿、干。[②]这四种属性也是影响某个特定地区气候的因素。例如，希波克拉底提到，刮寒冷北风的城市，何以夏季的水也是冷的、硬的。这种水质，对当地居民的身体状况有根本性的影响——他们也会变得硬朗（和干燥）：“当地人一定是矫健的、高挑的，且多数情况下，他们的消化器官不灵，下肢僵硬（……）。他们的头部健康、坚硬。（……）干燥的气候，加上寒冷的水，使得他们更容易体内受伤。”（Hp. Aer. 4. tr. by W. H. S. Jones）

尽管希波克拉底的主要目的是用季节变化、严酷或温和的气候，来解释何以存在不同的风俗习惯，但是其中潜藏了一个以民族为中

① 《论风、水和地方》一书究竟是同一个人所写，还是不同人所写，关于这个问题的综述，参考 Liewert 2015: 27-34。

② 需要注意的是，我们今天所了解的体液病理学理论，是由盖伦完善的。在体液的数量和属性（热、冷、湿、干）问题上，希波克拉底式的作者持相反的观点。关于这一问题的详细讨论，参考 Liewert 2015: 45-59。

心的世界观。在《论风、水和地方》这本书的中间部分，作者写道：“现在我打算比较一下亚洲和欧洲，来说明他们在哪些方面不同，以及亚洲国家的民众在体质上是如何完全不同于欧洲民众的。”（Hp. Aer. 12. tr. by W. H. S. Jones）亚洲——或者至少是亚洲的一部分[①]，被描绘成一个气候适宜、土地肥沃的地方，所以万物生长，那里的人又高又帅，且性格温和。不过，这些也是温和气候的不利之处，因为“勇气、耐力、勤奋和激情，是不可能在这种条件下出现的——本地人和移民皆是如此，但是欢乐一定是最多的”。（Hp. Aer. 12. tr. by W. H. S. Jones）

以上是自然条件对亚洲人的影响[②]，还要考虑到另一重因素，它对居民的生活习惯有很大影响，那就是政治制度（规范）——《论风、水和地方》第16章如是说。（Backhaus 1976: 172-173, 177-178）作者基本上重复了这样一个论调：亚洲人之所以更柔弱、更胆怯，不仅是因为天气因素，更是因为他们被专制者统治。欧洲人则与此相反——正如作者所描述的，欧洲人在身高、身材和外貌上差异较大，是因为季节变化剧烈，而剧烈变化的气候造就了他们勇敢（*eupsychos*）、激越（*thymoeides*）、更坚韧、更暴力（*agrios*），甚至叛逆（*ameiktos*）的性格。“欧洲人更好战，也是因为他们的制度——不像亚洲人那样在国王的专制统治之下。”（Hp. Aer. 23. tr. by W. H. S. Jones）

亚洲与欧洲的对立，是很明显的。对于希罗多德来说，两块大

---

① 正如希波克拉底式的作者所承认的：“不过，亚洲并不是每个地方都一样。位于冷、热之间的地区，是果实累累的、树木繁茂的、气候温和的。”（Hp. Aer 16）这个理想的亚洲地方，有点像希罗多德对爱奥尼亚（Ionia）的描述。（Hdt. 1. 142）于是，一些学者倾向于认为《论风、水和地方》一书作者所讨论的就是爱奥尼亚。（Liewert 2015: 13）

② 希腊语 *physis* 的字面意思是“自然”，但是它还有几层含义，例如处于不断增长、演变和变化的东西——而不是某个终结的产物。还有学者认为，每一种生物都有自己的特性，但也存在某种普遍的性质——尤其是对于人类而言。（Nestle 1938: 8-17）

陆之间更多的是地理和自然规律的不同——这些适用于世界上所有的国家，且不能被轻易打破，否则会带来严重的后果。(Van Paassen 1957: 326; Thomas 2000: 86-98; Isaac 2004: 61-64) 但是《论风、水和地方》的作者，对于亚欧大陆有着非常明晰的观点。亚洲全年气候温和，季节变换平缓，所以人与人之间的差异不大，性情较为温和。欧洲的气候更加极端，所以人与人之间的差异较大，也比亚洲人更加勇敢，但不如亚洲人那么好打交道。(Isaac 2004: 62-65) 自然原因能够解释为何两个大陆人的不同，但是还有一个政治制度（规范）因素。

或许有人会说，自然和政治这两个因素在《论风、水和地方》中是息息相关的，也就是说，正因为亚洲人天生柔弱，所以他们才会被国王统治。但是，在书中两者的关系要更加微妙，《论风、水和地方》的作者从来没有试图阐明二者之间的因果关系，只是说，“亚洲所有未受独裁者统治的、独立的、为自己谋福利的人民——无论是希腊人还是蛮族，他们是世界上最好战的人群。”(Hp. Aer. 16. tr. by W. H. S. Jones，对译文略做了改动) 在古典时代的民族学话语中，这是第一次，也是最后一次（在相当长的一段时间内）把希腊人（Hellenes）和野蛮人（Barbaroi）并举。[①] (Backhaus 1976: 178)

《论风、水和地方》第 14 章提到，对于生活在特拉布宗（Trapezunt）的长头族（Makrokephaloi）而言，正是风俗影响了人们的体质：由于长头被认为是高贵的标志，所以生活在那里的人自己动手，人为地拉长了他们孩子的头部。“长此以往，‘长头’就变成一种自然选

① 关于希波克拉底式的作者所讨论的位于亚洲的自由希腊人和野蛮人，究竟是指谁，巴克豪斯有一个有趣的观点。(Backhaus 1976: 178) 波斯帝国在公元前 6 世纪下半叶征服了中东，也征服了埃及，所以撰写《论风、水和地方》的时代（公元前 5 世纪到公元前 4 世纪早期），基本上每个［希腊史家所］熟悉的亚洲国家都处于波斯的统治之下。

择了，那么这项习俗也就不再强制执行了。”（Hp. Aer. 14. tr. by W. H. S. Jones）总之，这一章的基本观点是，［后天］习得的特征，可以成为遗传特征，［社会］规范可以影响甚至改变人的体质 —— 前提是长头族要保持族内婚，长头族一旦与外族通婚，他们的长头特性似乎就消失了。（Nestle 1938: 12-13; Backhaus 1976: 175-176; Isaac 2004: 74-75）

《论风、水和地方》并没有明确指出，在两种极端条件下生存的埃及人和斯基泰人之间是否存在着一个中间地带，但我们可以推测，这是作者的一个基本认识。这个中间地带当然就是希腊。希腊位于埃及和斯基泰这两个极端的地带之间 —— 不仅气候，而且动植物和作物都是非常极端的。埃及极为富饶，斯基泰则颗粒不收。（Backhaus 1976: 173-175, 179）希腊是这两个极端之间的标准尺度。否则，萨尔马提亚女子的阿玛琮女战士式的举动，或者穿女人衣服、干女人活的柔弱男子的行为，就不会在书中被大肆渲染了，这些行为背后的原因也不会被追问了。这些行为与古希腊人的规范完全相悖。（Triebll-Schubert 1990: 90-91, 93, 96-103）

希腊拥有理想的地理条件，地处两个极端气候区之间，因此兼有两个区域的优势。亚里士多德对此有详细的论述：“寒冷国家的人民，特别是欧洲的人民，普遍精神饱满，但缺乏技能和智慧；这就是为何他们能够保持相对的自由，却没有取得政治上的进步，也不具备统治他人的能力。亚洲人民被赋予了技能和智慧，但缺乏精神。这就是为何他们至今仍是子民和奴隶的身份。希腊的地理位置上处于中间，兼有欧、亚两种人民的素质。希腊既有精神，又有智慧。其中的一种品质，使它保持自由；另一种品质，让它能够实现最高的政治发展，并展现出统治所有其他人民的实力 —— 当然，前提是希腊本身要实现统

一。”（Arist. Pol. 1327b tr. by Ernest Barker）

对于亚里士多德而言，气候是通过影响居民们的两种品行（智慧和精神）来对政治组织施加影响的。但是对于《论风、水和地方》的作者而言，气候与政治制度之间的这层关系，从来没有被点破——在亚里士多德的眼中，环境与政治是捆绑在一起的。即便如此，亚里士多德的这种希腊中心主义的叙事模式（对于晚期的罗马史家来说，就是罗马中心主义的叙事模式），贯穿于古希腊和古罗马的历史编纂之中，尽管经历了一些变化。对于罗马人来说，地理上的两个极端分别是北方和南方［，而不是东方和西方］。（Isaac 2004: 82-102）① 这一模式，可以称之为环境决定论或气候决定论。在中世纪早期的思想脉络中，这种理论也颇有影响。所以，在约达尼斯的《哥特史》中发现这一理论的影子，也就不足为奇了。

约达尼斯的生平

约达尼斯生活在公元6世纪。在皈依基督教之前，他是君提吉斯·巴扎（Gunthigis Baza）的秘书（*notarius*），且是东哥特阿马尔家族（Amali）的重要一员。皈依基督教后，他应该住在君士坦丁堡，约于公元551—552年撰写了《哥特史》（*Getica*）一书。他的另一部作品，名为《罗马史》（*Romana*），是受某位名为维吉里乌斯（Vigilius）的人之托而写的——不少学者将他比定为当时居住在君士坦丁堡的教皇维吉里乌斯（537—555年在位）。这也能解释，为

① 有趣的是，对于维特鲁威来说，自然环境对人体的血量有影响：北方人的血量大，因为他们生活在潮湿的环境下，南方人由于气候干燥所以血量很少。（Vitruv. 6, 1, 3; Isaac 2004: 83-85）

何约达尼斯会出现在拜占庭帝国的首都。（O’Donnell 1982: 223-225; Goffart 1988: 28-29; Liebeschuetz 2015: 137）

约达尼斯在《哥特史》的序言中提到，他不得不放下《罗马史》的撰写，因为其被要求“把元老（译按：指卡西奥多卢斯［Cassiodorus］，见下文）所著哥特人起源和古今事迹的12卷大部头书，以我自己的方式浓缩进《哥特史》这本小书中”。（Iord. Get. 1. 1. tr. by Charles C. Mierow）他的意思是，他不得不从卡西奥多卢斯的12卷《哥特史》（该书已佚）中摘录一部分，但是他只能借阅三天，所以约达尼斯无法逐字逐句记在脑海里，只能记下“一些相关的认识和事迹”（Iord. Get. 1. 2. tr. by Charles C. Mierow），然后用古典作家的文献去完善它。他在行文中杂糅了不同的史源，且倾向于引用或至少参考它们。但即便他没有这样做，对于一名精通拉丁语史学史的读者来说，也不难看出约达尼斯参考了哪些作品。例如，关于不列颠的描述，他比较依赖塔西佗的《阿格里可拉传》（*Agricola*）和庞波尼乌斯·梅拉（Pomponius Mela）的作品。这就是为什么约达尼斯被古代晚期和中世纪早期的学者们视作一名没有原创性的作家，甚至是剽窃者。

《哥特史》被视为卡西奥多卢斯12卷本的节本，甚至有人认为是对原书的糟蹋，因为约达尼斯的书中存在很多错误，例如他说罗马曾被亚拉里克（Alaric）和阿陶尔夫（Athaulf）都袭击过。①（Iord. Get. 31. 159-160）于是，不少学者认为约达尼斯是无足轻重的，他没有自己的成果，只是早期历史传统的喉舌——尤其是卡西奥多卢斯的书。长期以来，约达尼斯作品的价值只在于《哥特史》中涉及的某些具体民族的材料，例如19世纪的德国学者聚焦于其中涉及史前日耳曼的

① 对于这个问题，参见 Liebeschuetz 2015: 136, 140-142。

记载，匈牙利的学者只关注其中涉及匈人的记载，不一而足。[①]（Swain 2014: 13-19）

不过，近来越来越多的研究者对约达尼斯表现出了更大的兴趣，赋予了他原创作家的地位，强调了与此前学界的成见相反的一面：约达尼斯对自己所写的内容是了如指掌的。他没有囫囵吞枣地机械摘录前人的作品，然后把材料随便堆在一起，把历史事件搞得混淆或者脱漏了。[②]他的作品要比之前所认为的更加复杂，并且表现出对古希腊-罗马文化，甚至是哥特文化有着深刻的理解。[③]当然，书中有卡西奥多卢斯的影子，这是不可否认的事实，例如“在拥有延续的、光荣的历史这方面，罗马人和哥特人是旗鼓相当的”——这一点极可能是卡西奥多卢斯提出的。但是，如果仔细分析《哥特史》，就可以看出两位作家所处的不同政治环境（卡西奥多卢斯于公元533年写就哥特史的时候，他是东哥特王国的当红政治人物，而约达尼斯是在东哥特王国被查士丁尼一世［Justinian I］击败之后才完成其《哥特史》的），导致他们叙事风格的不同。（Goffart 1988: 23-42; Liebeshuetz 2011; Swain 2014: 37-78; Liebeshuetz 2015）

目前学术界主要关注约达尼斯作品的原创性，以及他与卡西奥多卢斯之间的关系，但其他的问题尚未引起注意，例如，约达尼斯书

---

① 雅诺斯·波科尔（János Bokor）于1904年推出的第一个匈牙利语译本，也是受匈牙利文物研究兴趣的驱使。

② Cf. Liebeschuetz 2011: 204-205; Liebeschuetz 2015: 136-138.

③ 斯瓦因（B. Swain）令人信服地证实了这一点（Swain 2010）：约达尼斯在解释罗马人接纳哥特人进入帝国后撕毁协议，向哥特人征税，甚至试图奴役哥特人，最后还企图暗杀哥特人的首领时，他引用了维吉尔的话。这段话引自《埃涅阿斯纪》，书中描述了一个类似的情况：特洛伊的波吕多洛斯（Polydorus）试图在色雷斯定居，但色雷斯的国王背弃了他，杀死他并夺走了他的金子。同样值得注意的是，在《埃涅阿斯纪》的这一段中，埃涅阿斯试图在色雷斯定居下来——盖塔人（约达尼斯通常称为“哥特人”）就来自于此。

中所描述的环境，以及此种环境对当地居民的生活有何影响。如果斯瓦因（Swain 2010）的观点可信的话，那么问题就不是当初所想得那么简单了。考虑到这一点，笔者这篇文章的目的是探讨：约达尼斯对于用地理和气候因素来解释游牧民族体貌和性格的观点，是否有独到的看法？约达尼斯（甚至包括卡西奥多卢斯）读过希波克拉底的《论风、水和地方》，不是没有可能，因为我们知道这部作品在公元5世纪被译成了拉丁文（Miller 1962: 132），但问题是，约达尼斯在多大程度上熟悉气候决定论？

本文的重点是《哥特史》的第一部分，涉及北欧和东欧的地理志，以及对游牧部落的枚举。当然，约达尼斯是一名秘书和历史学家，并非医生，所以他听到的或读到的令他感兴趣的故事，主要是涉及哥特人的起源和历史的材料，而不是哪种疾病在困扰着哪个国家。笔者不拟讨论《哥特史》中所表现出来的对环境的兴趣究竟是来自卡西奥多卢斯，还是来自约达尼斯。此问题需另行撰文探讨。

约达尼斯《哥特史》中的环境决定论

约达尼斯在他的书中以一段世界地理概况开端，列举了处在海洋中的岛屿——海洋覆盖了整个世界，紧接着就讲不列颠岛，然后是斯堪德扎岛（Scandza，即斯堪的纳维亚半岛）——哥特人的起源地。（Iord. Get. I: 4-9）约达尼斯匆匆叙述了一遍岛屿，但是对不列颠岛的描述却有整整一章，即第2章：

（12）［不列颠］有些地方是高沼地，有些地方是树木覆盖的平原，有时则是山峰。［不列颠］岛被一汪静静的大海环绕，既不便于划桨，也不会在风力下掀起大浪。我估计，是因为其他的陆地离这里太远，所以不会对这片海域造成任何干扰——这片海域确实要比其他地方更宽阔。此外，希腊的一位著名学者斯特拉波提到，这座岛从它那频繁被海水浸透过的土壤中散发出雾气，以至于太阳终日都被雾气遮蔽，什么都看不清。（13）《编年史》的作者科内利乌斯（Cornelius）也曾说，在不列颠的最远处，夜晚变得更加明亮，且很短暂。他还说，不列颠岛上有丰富的金属矿产，水草丰盈，在所有用于喂养牲畜而不是人类的作物方面，都是多产的。此外，许多大河流经不列颠岛（……）。① （Iord. Get. 2, 12-13. tr. by Charles C. Mierow）（译按：《哥特史》有中译本。[拜占庭] 约达尼斯著，罗三洋译注：《哥特史》，商务印书馆 2017 年版。此段文字，可参见中译本，第 19 页）

约达尼斯列出了他在这一章中参考的作家名单，例如李维、塔西佗、斯特拉波和卡西乌斯·迪奥（Cassius Dio），但是他是用自己的方式来组织材料的。在阐述了不列颠岛是如何在被［希腊罗马人］了解之前就被征服的事实（译按：指恺撒征服不列颠）之后，约达尼斯介绍了不列颠的位置和形状，然后是其地势，以及（处于不列颠岛四周，并造成它阴沉、雾气的）海洋，还有北方的极昼、矿藏丰富、水

---

① MGH AA 5,1, 56-57: *Modo vero dumosa, modo silvestrae iacere planitiae, montibus etiam nonnullis increscere; mari tardo circumfluam, quod nec remis facile inpellentibus cedat, nec ventorum flatibus intumescat, credo, quia remotae longius terrae causas motibus negant: quippe illic latius quam usquam aequor extenditur. Refert autem Strabo Grecorum nobilis scriptor tantas illam exalare nebulas, madefacta humo Oceani crebris excursibus, ut subtectus sol per illum pene totum fediorem , qui serenus est, diem negetur aspectui. Noctem quoque clariorem in extrema eius parte minimamque Cornelius etiam annalium scriptor enarrat. Metallis plurimis cupiosam, herbisrequentem et his feraciorem omnibus, que pecora magis quam homines alant: labi vero per eam multa quam maximae relabique flumina gemmas margaritasque volventia.*

草茂盛，最后是水文。在介绍完地理状况之后，约达尼斯集中讨论了岛上的居民，首先是他们的外貌特征，然后是他们的风俗习惯。这一结构，类似于希波克拉底的《论风、水和地方》，后者主张先看季节，然后看风和日出，再看水文和土壤，最后看人口的生计方式。（Hp. Aer. 1）

或许有人会对此提出异议，认为在约达尼斯的讨论中没有提到四季和风，因为他没有明确点出这两个因素。但是，在讨论不列颠四周的海洋时，约达尼斯提到了风，说风无法掀起海浪。紧接着是引用斯特拉波的一段话，由于不列颠岛从那频繁被海洋浸透的土壤中散发出雾气，以至于太阳终日被雾气遮蔽。与此类似，《论风、水和地方》的作者在有关斯基泰的一章中，也把风和雾放在一起讨论。他讲道，热风无法到达斯基泰，而冷风——在雨雪的作用下变得更冷，则堵在山谷间，于是形成了雾气，终年不散，他称之为"常冬"，也就是没有季节的变化。原文如下："从炎热地区吹来的风无法到达这里，即使到达了，风力也很微弱。但是，从北方不断有夹着雪、冰和水汽的风刮来，在山谷间终年不散，使得这一地区变得不适宜居住。浓雾终日笼罩着他们居住的平原，所以常年处于冬天。"（Hp. Aer. 19. Tr. by W. H. S. Jones）约达尼斯笔下的不列颠也是如此，由于风无法吹到不列颠岛，所以这里常年雾天，当然也就没有季节变化。

从约达尼斯在同一章中谈到不列颠居民的内容，我们也可以看出他了解气候对人类的影响。此处约达尼斯沿袭了塔西佗对志留人（Silurans）和喀里多尼亚人（Caledonians）的描述："喀里多尼亚人的红头发和粗壮四肢，表明他们派生于日耳曼人。"①（Tac. Agr. 11, 2.

① *Namque rutilae Caledoniam habitantium comae, magni artus Germanicam originem adseverant.*

tr. by Edward Brooks）与之相比，［约达尼斯的记载］只有一点可能重要的不同之处。他笔下的喀里多尼亚人有红色的头发和硕大而松垮的身体。原文曰："喀里多尼亚的居民有红色的头发，硕大但湿润的身体。"①（Iord. Get. 2. 13. tr. by Charles C. Mierow，对译文略有修改）塔西佗说的是 *artus*（"关节"或"四肢"）*magnus*（"硕大"），不过另一个形容词 *fluvida* 不见于塔西佗和其他任何作家的文献，应该是约达尼斯自己的原创。这个词的字面意思是"潮湿的"或"湿润的"，但是"潮湿的或湿润的身体"在文义上说不通，所以学者一般译成"柔软的"或"松垮的"。正如《论风、水和地方》的作者所言，寒冷的天气与身体的湿气有关，生活在相似自然环境下的斯基泰人"粗壮（*pachys*）、臃肿（*sarkoeides*）、关节不灵（*anarthros*）、湿气重（*hygros*）、软弱无力（*atonos*）"。（Hp. Aer. 19. tr. by W. H. S. Jones）上文我们提到，喀里多尼亚人也是生活在雾蒙蒙、阴冷的环境下，所以他们的身体构造相似——至少在体内有湿气这一点上是如此。

希波克拉底的书中没有提到人的身高，但维特鲁威（Vitruvius）曾指出，寒冷和潮湿容易导致体格高大，炎热和干燥的天气容易导致身材矮小，但他没有讨论这一现象的具体原因。（Vitr. 6, 1, 3）喀里多尼亚人与斯基泰人之间另一个共同特征是，这两个民族都是蛮族。不列颠的部落虽然有棚屋，但往往都是在森林里（Iord. Get. 2. 14）；斯基泰人压根儿就没有房屋，是好战的民族，热衷于战斗（Iord. Get. 2. 15）。

在叙述完不列颠岛之后，约达尼斯转向了另一座岛屿，即哥特人的诞生地——斯堪德扎岛。约达尼斯对斯堪德扎岛描述的开头部分，

---

① MGH AA 5, 1, 57: *Calydoniam vero incolentibus rutilae cumae, corpora magna, sed fluvida.*

与不列颠岛非常相似。约达尼斯也是从它的地理位置开始讲起，它位于海洋的北部。但是，这段内容要比不列颠的那段篇幅更长、更复杂。（Iord. Get. 3. 16-18）我们了解到，斯堪德扎岛“周围散布着诸多小岛”，并且“据说，如果狼在大海因严寒而结冰之际跨越这些小岛，它们就会失明。因此，这片地方不仅不适合于人类居住，甚至对于野兽来说，［环境］也是很残酷的”。①（Iord. Get. 3. 18. tr. by Charles C. Mierow）

接着约达尼斯列举了这里的居民，或多或少透露了一些关于岛上的气候，以及居民的风俗习惯和心理状态的信息。（Iord. Get. 3. 1-24）动物，是某个地方的气候究竟是好还是坏的指标，这点也可以从《论风、水和地方》一书作者对斯基泰的分析中观察到（Hp. Aer. 19）。②例如，如果连最野蛮的动物也会受到恶劣天气条件影响的话，那么人类也会暴露在环境中［而无可奈何］了。另一条有价值的信息是，由于严寒所以没有蜜蜂生活在斯堪德扎岛，而在古典思想中蜜蜂被认为是文明社会的一个先决条件——例如，维吉尔在他的《农事诗》（*Georgics*）中描绘了有蜜蜂的理想社会。所以，在斯堪德扎岛上不可能孕育出高度发达的文明。原文曰：“由于极度寒冷的天气，所以根本找不到可以酿造蜂蜜的蜂群。”③（Iord. Get. 3. 19. tr. by Charles C. Mierow）在不列颠北部，夜晚较短。在如此偏北的地方，夏天太阳有 40 天不落山，而在仲冬时节太阳不会出现。（Iord. Get. 3. 19）

---

① MGH AA 5, 1, 58: *Ubi etiam parvae quidem, sed plures perhibentur insulae esse dispositae, ad quas si congelato mari ob nimium frigus lupi transierint, luminibus feruntur orbari. Ita non solum inhospitalis hominibus , verum etiam beluis terra crudelis est.*

② 那里发现的野兽，体型都不大，但是它们可以在地下找到巢穴。由于恶劣的气候和贫瘠的土地，那里既没有温暖也没有遮蔽，导致它们不能完全发育。（Tr. by W. H. S. Jones）

③ MGH AA 5, 1, 58: *Apium ibi turba mellifica ob nimium frigore nusquam repperitur.*

从约达尼斯对斯科尔菲奈人（Screrefennae）的描述中我们得知，斯堪德扎岛上有大片沼泽，但后来他又说斯堪德扎岛上还有一片平坦肥沃的土地，那里的居民由于生活条件较优越，所以常年受到邻族的侵扰。（Iord. Get. 3. 21）“这些民族在体格上和精神上优于日耳曼人，且与凶残的兽性做斗争。”[①]（Iord. Get. 3. 24. tr. by Charles C. Mierow）但是，约达尼斯说，当哥特人离罗马帝国较近的时候，他们是来学习希腊罗马的哲学和科学的，他们受自己的“哲人王”教化了。（Iord. Get. 5. 39, 11. 69-72）[哥特人的] 这一新喜好，不能仅用以下事实来解释：因为希腊和罗马现在离哥特人更近了，所以希腊罗马的哲学家们可以去哥特人那里，或者哥特人可以去希腊或罗马学习哲学。还要考虑的是，可能是因为 [哥特人] 新的生活环境有更优越的气候，所以哥特人变得更聪明了。

据约达尼斯的说法，精通哲学的迪西纽斯（Decinius）“看到他们（哥特人）的心智在任何事情上都服从于他，且他们有天资”，于是他开始教他们哲学。[②]（Iord. Get. 11. 69 tr. by Charles C. Mierow）这一“天资”（*ingenium naturale*）至关重要：约达尼斯认为，哥特人比任何其他蛮族都要更聪明，几乎达到了希腊人的水平，之所以这么说，是因为哥特人生活在色雷斯（Thrace）、默西亚（Moesia）和达契亚（Dacia）。（Iord. Get. 5. 39）约达尼斯在后文中提到，生活在斯堪德扎或斯基泰的哥特人不接受哲学，但是当他们在希腊附近住了一段时间后便开始对哲学感兴趣了 —— 正如迪西纽斯所揭示的。所以，

---

① MGH AA 5,1, 60: *Hae itaque gentes, Germanis corpore et animo grandiores, pugnabant beluina saevitia.*

② MGH AA 5,1, 74: *Qui (sc. Decinius) cernens eorum animos sibi in omnibus oboedire et naturalem eos habere ingenium , omnem pene phylosophiam eos instruxit.*

这里所谓“天资”中的“天”（*naturale*），一定是指因自然 / 环境 / 气候所导致的——类似于《论风、水和地方》中所说的“自然条件”（*physikos*）。这对其他部落来说也是一个好消息。如果他们在一个更温和的环境中定居，那么他们［也会］变得聪明到可以学习哲学这一人类智慧的巅峰。

对于哥特部落以及书中后面提到的匈人而言，斯基泰的疆域似乎成了“应许之地”。（译按：“应许之地”的典故出自《圣经·旧约》，指上帝应许给亚伯拉罕及其后嗣的地方，又称“奶和蜜之地”）约达尼斯对斯基泰的描述，沿用了斯堪德扎岛的模式，先讨论其地理位置，然后罗列其部落，其中一支是没有房屋的北方部落（斯克拉文人［Sclaveni］）。（Iord. Get. 5. 30-38）此处，约达尼斯并没有沿袭《论风、水和地方》作者的观点，后者认为斯基泰气候恶劣，是一片没有合适动植物的寒冷沼泽。（Hp. Aer. 19）对约达尼斯来说，这样一处不适宜人居住的地区是斯堪德扎岛，在书中的后半部分又变成了迈俄提斯（Maeotis）沼泽（Iord. Get. 24. 123-124）——匈人的发祥地，正是匈人将战无不胜的哥特人赶出了斯基泰疆域。

约达尼斯笔下的匈人与《论风、水和地方》中的斯基泰人，有诸多相似之处。例如，他们的长相都与其他的民族或部落不同。约达尼斯非常直白地表达了他对匈人体貌特征的反感：“［匈人］是一个发育不良的、肮脏的、孱弱的部落，简直不能算是人类，没有语言——只掌握一种稍微有点像人类语言的话。”（Iord. Get. 24. 122. tr. by Charles C. Mierow）[①] 希波克拉底把斯基泰人称为“恶心的”（*pachys*，一般是指“粗壮的”或“肥胖的”，但也可以指“恶心的”，拉丁语的

---

① MGH AA 5,1, 89: *Genus hoc (...) minutum, tetrum atque exile quasi hominum genus nec alia voce notum nisi quod humani sermonis imaginem adsignabat.*

taeter 意思是“肮脏的”“可怕的”“卑鄙的”）。匈人和斯基泰人都很孱弱（*minutus*, *exiguus*），因为天气不允许他们发展耐力和力气（Hp. Aer 19）；两者都没有耐力（*exilis*），因为没有季节变化，人就不会有耐力——正如《论风、水和地方》所言。约达尼斯使用的形容词 *exilis*，也可能指他们繁殖力低，《论风、水和地方》的作者在涉及斯基泰的章节中也提到过。（Hp. Aer. 21-22）匈人和斯基泰人都被称为游牧民族。（Hp. Aer. 18; Iord. Get. 24. 123）

结论

总而言之，约达尼斯认识到不同地区有不同气候，在行文中他会在必要时提到自然环境。很明显，他认识到气候对动物，甚至人类的习俗有重要的影响。在我们考察的相关章节中，约达尼斯始终使用气候解释模式，所以他是熟悉这一基本理论的，虽然他没有像《论风、水和地方》一书的作者那样，详细描述风或季节的变化是如何影响人类身体结构的。不过，这点并不奇怪，因为约达尼斯既不是医生，也不是哲学家，他对环境对居民生活习惯究竟起什么作用这个问题不感兴趣——例如，哥特人或匈人的主要体液是什么？这对于他们的身体构造、智力高低和生育能力又意味着什么？

《哥特史》的读者，一定熟稔气候理论的主要内容，所以约达尼斯或许没有必要去详细解说每一点。至于约达尼斯是否参阅了希波克拉底的《论风、水和地方》，我们可以总结如下：他没有直接引用希波克拉底的著作，但是约达尼斯在讨论不列颠时聚焦于希波克拉底气候理论的主要论点，以及在有关气候对动物和游牧民族的影响方面，也有零星借鉴。据此，我们可以得出结论：约达尼斯接触过希波克拉底的气候理论。但是，究竟他是阅读了［希腊语］原著还是公元5世纪的拉丁语译本，抑或是从某位（或多位）史家（极可能是卡西奥多卢斯）那里获得的二手文献，目前有限的史料尚不足以回答上述问题。

（申雅丽 译　陈浩 校）

参考文献

Backhaus W. 1976. Der Hellenen-Barbaren-Gegensatz und die Hippokratische Schrift Περὶ ἀέρων ὑδάτων τόπων. Historia 25/2, 170-186.

Edelstein, L. 1967. Hippocratic prognosis. In: Temkin, O – Temkin, C. L.: *Ancient medicine. Selected papers of Ludwig Edelstein.* Baltimore: The John Hopkins Press: 65-86.

Goffart, W. 1988. *The narrators of barbarian history (A.D. 550-800): Jordanes, Gregory of Tours, Bede and Paul the Deacon.* Princeton: Princeton University Press.

Isaac, B. 2004. *The invention of racism in classical antiquity.* Princeton – Oxford: Princeton University Press.

Lateiner, D. 1986. The empirical element in the methods of early Greek medical writers and Herodotus: A Shared Epistemological Response. *Antichthon* 20, 1-20.

Liebeschuetz, J. H. W. G. 2011. Making a Gothic history: Does the Getica of Jordanes preserve genuinely Gothic traditions? *Journal of late Antiquity* 4 / 2, 185-216.

Liebeschuetz, J. H. W. G. 2015. Why did Jordanes write the Getica? In: Liebeschuetz, J. H. W. G.: *East and West in late Antiquity: invasion, settlement, ethnogenesis and conflicts of religion* (Impact of Empire: Roman Empire c. 200 B.C. - A.D. 476, 20). Leiden – Boston: Brill, 135-150.

Liewert, A. 2015. *Die meteorologische Medizin des Corpus Hippocraticum* (Untersuchungen zur antiken Literatur und Geschichte 119). Berlin – München – Boston: De Gruyter.

Lloyd, G. E. R. 1975. The Hippocratic question. *The Classical Quarterly* 25 / 2, 171-192.

Miller, G. 1962. Airs, Waters and Places in history. *Journal of the History of Medicine and Allied Sciences* 17/1, 129-140.

Nestle, W. 1938. Hippocratica. *Hermes* 73 / 1, 1-38.

O'Donnell, J. 1982. The aims of Jordanes. *Historia* 31, 223-240.

Swain, B. 2010. Jordanes and Virgil: A case study of intertextuality in the Getica. *Classical Quarterly* 60/1, 243-249.

Swain, B. 2014. Empire of hope and tragedy: Jordanes and the invention of Roman-Gothic history. [Ph.D. dissertation, The Ohio State University.]

Thomas, R. 2000. *Herodotus in context: ethnography, science, and the art of persuasion*. Cambridge – New York: Cambridge University Press.

Triebl-Schubert, C. 1990. Anthropologie und Norm: der Skythenabschnitt in der hippokratischen Schrift ‚Über die Umwelt'. *Medizinhistorisches Journal* 25, 90-103.

Van Paassen, A. 1957. *The classical tradition of geography*. Groningen: J. B. Wolters.

中世纪欧亚游牧民族的人物志研究取向*

〔西〕阿古斯提·阿勒曼尼（Agustí Alemany）撰

在2016年于塞格德大学举办的第六届中古欧亚草原国际学术研讨会上，笔者讨论了以人物志取向研究蒙古兴起之前的中世纪欧亚游牧人群的利与弊。两年之后，笔者再次以类似的方式在上海的第七届会议上向中国学界展示。与此同时，本项目已经有了进展，不仅建立了电脑数据库，可以存储和搜索既有的人物志数据，而且将时段从公元4世纪晚期延伸到了7世纪早期（即从匈帝国到阿瓦尔帝国早期）。在塞格德汇报的论文，只是基于*PLRE* I-II对匈人时期的一项基础性研究①，已经出版了。②这是笔者决定利用这个场合推出的第二篇论文，涉及保存在*PLRE* III（公元527—641年）的历史人物，主要是后阿提拉时代的匈人、阿瓦尔人、突厥人、哈扎尔人，以及他们在定居帝国内的敌人，还有其他的相关人员。

---

* 本文受西班牙研究课题FFI2014-58878P的资助。感谢本人的学生安娜·索拉（Anna Solà）协助搜集本文所需要的资料。

① *The Prosopography of the Later Roman Empire*, vol. I *a.d. 260-395*, ed. A.H.M. Jones, J.R. Martindale & J.Morris, Cambridge 1971; vols. II. *a.d. 395-527* & IIIab. *a.d. 527-641*, ed. J.R. Martindale, Cambridge 1980-1992. 译按：*PLRE*就是此处所列参考书《晚期罗马帝国人物志》的缩写。

② A. Alemany (2019): "A Prosopographical Approach to Medieval Eurasian Nomads", *Chronica* 18, pp. 6-24.

下面的表格是根据上一篇论文中提出的凡例来绘制的（历史人物的名号；*PLRE* III 中的相关页码；词条摘要和其他相关的史料；年代）。不过，虽然以前的三分架构（欧亚游牧民、定居帝国和王国、其他人群）被保留了下来，但是每个人群子集内部则根据民族来源进行了调整，而以前那种标志个体人物的职业的范畴也保留了，遵循一种简单的分类体系（基于国际象棋中的棋子形象，这点在塞格德的论文中就已经使用了）。①

无须赘言，本文仍然是一项初步工作，目的不仅是展示用人物志

---

① 本文表格中的 A 和 B 分别代表 *PLRE* III 的上下册。没有列出拜占庭的皇帝，因为 *PLRE* 没有涉及拜占庭皇帝的统治，况且这些内容也是大家所熟知的。只有一个例外，那就是查士丁二世（Justin II），之所以将其纳入，是考虑到他成为皇帝之前的历史事件。关于普罗柯比（Procopius）所证实的匈人在罗马帝国服务的情况，[M] 表示 Μασσαγέτης，意思是"马萨革泰～匈人"，[δ] 表示 δορυφόρος，意思是"侍卫、扈从长官"（直译"仗矛人"）。欧亚游牧民的名字，以及与之相关的定居民和其他人，用粗体表示。早期斯拉夫人以及与斯拉夫相关的历史人物也被纳入了，即便他们与欧亚游牧民的关系不是特别紧密（在这种情况下，用符号 # 标志出来），只要他们在史料中经常与阿瓦尔人的历史联系在一起。在纪年方面，星号 [*] 的意思是"大约"。欧亚游牧民的具体名号的希腊语原文，只有在史料中存在的情况下才会交代。由于在 *PLRE* III 中，希腊字母 <ου> 的转写既可以是 <ou>，也可以是 <u>，而后者更加普遍。相应地，亚美尼亚和波斯史料中人名的转写，则根据具体情况有所调整。引用的史料及其缩写分别是：阿嘎塞阿斯 [Agath(ias)]，《希腊文选》[*Anth(ologia) Gr(aeca)*]，《复活节年表纪事》[*Chron(icon) Pasch(ale)*]，君士坦丁七世 [Const(antinus) Porph(yrogenitus)]，《西哥特书信集》[*Ep(istolae) Wisig(oticae)*]，弗莱德加 [Fredegar(ius)]，埃瓦格里乌斯 [Evagr(ius)]，格雷戈里一世 [Greg(orius Magnus)]，都尔教会主教格雷戈里 [Greg(orius) Tur(onensis)]，以弗所的约翰 [Joh(annes) Eph(esius)]，约翰·马拉拉斯 [Joh(annes) Mal(alas)]，《格鲁吉亚编年史》（译按：直译"卡特利的生活"）[*K'(art'lis) C'(xovreba)*]，马赛林努斯·戈麦斯 [Marcel(linus) Com(es)]，弥楠窦 [Men(ander) Prot(ector)]，叙利亚人米海尔 [Mich(ael) Syr(us)]，《圣德米特里厄斯的奇迹》[*Mir(acula Sancti) Dem(etrii)*]，莫夫西斯·卡汉卡特瓦齐 [Mov(sês) Dasx(uranc'i)]（译按：中世纪亚美尼亚历史学家），尼基弗鲁斯 [Nic(ephorus)]，执事保罗 [Paul(us) Diac(onus)]，普罗柯比 [Proc(opius)]，塞贝奥斯 [Sebeos]，西奥多罗斯·西塞勒斯 [Theod(orus) Sync(ellus)]，塞奥发尼斯 [Theoph(anes)]，塞奥非拉克特 [Theoph(ylact) Sim(ocatta)]。Zacos = G. Zacos–A. Veglery, *Byzantine Lead Seals*, Basel 1972。罗马或拜占庭的官号：*mag. off.* = *magister officiorum*"总理国事"，*MVM* = *magister utriusque militiae*"联军总司令"，*PPO* = *praefectus praetorio*"禁卫军统帅"，*PVC* = *praefectus urbis Constantinopolitanae*"京畿总督"，*QSP* = *quaestor sacri palatii*"最高裁判官"。

的路径去研究古典时代晚期至中世纪早期这段历史中欧亚游牧民的优点和缺点，而且也是为了提供一份早期史料的有用参考资料——我们把将近1456页的史料消化成5—6页纸。（译按：由于排版的问题，印刷出来的表格不止6页）这是在对浩如烟海的史料进行深挖以及一种专门的方法提出来之前，不得不迈的一步。

k：国王/皇帝/统治者；q：王后/皇后；h：酋长/首领/军事指挥官；b：外交官；r：在罗马帝国服务（非MVM）；R：在罗马帝国服务（MVM）；p：其他的历史人物

1. 欧亚游牧民

1.1. 一般意义上的匈人

名号	页码	词条摘要及相关史料	年代
k 格罗姆（***Glom***）	A 538	国王（ῥῆξ），系某支匈人的国王，喀瓦德一世（Cavades I①）的盟友，被沙比尔人（Sabirs）伯阿（Boa）击败并杀害了。［Joh. Mal.+3］	528
k 格如德（***Grod***）	A 557-8	国王(ῥῆξ)，克里米亚匈人的国王，罗马帝国的盟友，被他的国人杀害，并被穆戈尔（Mugel）取代了。［Joh. Mal.+5］	528
k 穆戈尔（***Mugel***）	B 896	国王(ῥῆξ)，克里米亚匈人的国王，继承了他兄弟格如德（Grod），在查士丁尼一世（Justinian I）征讨之前跑掉了。［Joh. Mal.+5］	528
k 泰冉克斯（***Tyranx***）	B 1346	国王(ῥῆξ)，某支匈人的国王，喀瓦德一世的盟友，被沙比尔人伯阿击败并杀害了，被押送给查士丁尼一世，在君士坦丁堡被执行。［Joh. Mal.+3］	528
h 布列达（*†Bleda*）	A 233-4	哥特军队指挥官托提拉（Totila）的扈从和支持者，他的名字可能是来源于匈语。［Proc.+2］	542

① 喀瓦德一世（在位时间488—531），波斯国王。（PLRE II 273-4）

续表

名号	页码	词条摘要及相关史料	年代
h 拉格那里斯（*Ragnaris*）	B 1076	来自维托里斯（Vittores）部落的匈人，指挥位于塔伦图姆（Tarentum）的哥特卫戍，被帕库里乌斯（Pacurius）击败；后来，作为七千名哥特人部队的领导者，被纳尔西斯 1（Narses 1）在康普萨（Compsa）击败并杀害了。［Agath.+1］	552 554/5
r 埃斯科曼努斯（*Aeschmanus*）	A 20	［M］军官［δ］贝利萨留（Belisarius）在意大利的侍卫，与康斯坦丁努斯 3（Constantinus 3）一道被派往伊特鲁里亚（Etruria）。［Proc.］	537
r 阿奕干（*Aigan*）	A 32-33	［M］骑兵指挥官（στρατιωτῶν δὲ ἱππέωνἄρχων），军官［δ］贝利萨留的侍卫，与波斯人在达拉（Dara）作战，并与汪达尔人在特里卡马鲁姆（Tricamarum）作战，被摩尔人（Moors①）杀害。［Proc.］	530-534
r 阿斯坎（*Ascan*）	A 133	［M］他与司玛斯（Simmas）在贝利萨留的麾下服务，在达拉之战中指挥一支骑兵势力（ἱππεῖς ἦρχον），有 600 强兵；后来在卡利尼古姆（Callinicum）被杀。［Proc.］	530-531
r 巴拉斯（*Balas*）	A 169	［M］在讨伐汪达尔人的征途中与辛尼翁（Sinnion）一起指挥一支匈人骑兵（ἱπποτοξοτῶν ἡγοῦντο），在贝利萨留的军队中服务。［Proc.］	533
r 伯查斯（*Bochas*）	A 235	［M］指挥官［δ］贝利萨留在罗马的侍卫，被哥特人在尼禄尼斯营房（*campus Neronis*）杀死。［Proc.］	537
r 查拉札尔（*Chalazar*）	A 280	［M］指挥官［δ］系约安尼斯 46（Ioannes 46）的侍卫，他与古迪拉斯 2（Gudilas 2）被赋予指挥权（ἐπιστήσας），一支在鲁西亚诺（Rusciane）由 300 名伊利里亚骑兵组成的军队；他向托提拉投降了，但是被折磨致死。［Proc.］	547-548
r 霍尔萨曼提斯（*Chorsamantis*）	A 302-3	［M］军官［δ］贝利萨留的侍卫，他在伊特鲁里亚作战，在康斯坦丁努斯 3（Constantinus 3）的麾下，在围攻罗马时由于寡不敌众遇害。［Proc.］	537

① 这是一支由库齐纳斯（*Cutzinas*, A 366-368）、艾斯蒂拉萨斯（*Esdilasas*, A 451）、爱欧弗提斯（*Iourphouthes*, A 717）和梅迪辛伊萨斯（*Medisinissas*, B 870）［Procopius］等人领导的位于拜扎凯纳（Byzacena）的摩尔军队。

续表

名号	页码	词条摘要及相关史料	年代
r 埃尔明吉鲁斯（***Elmingirus***）	A 440	拉齐察（Lazica）的军官（*tribunus*［λοχαγός］），他与达布拉格扎斯（Dabragezas）一起负责维护法希斯（Phasis）河的船只。［Agath.］	556
r 埃尔民祖尔（***Elminzur***）	A 440	在拉齐察，尤斯蒂努斯 4（Iustinus 4）麾下的军官（?*comesrei militaris*［ταξίαρχος］），受命率领 2000 骑兵去攻下罗德波利斯（Rhodopolis）。［Agath.］	556
r 古布尔古都（***Gubulgudu***）	A 560	［M］军官［δ］瓦莱里阿努斯 1（Valerianus 1）的侍卫，他与哥特人在安科纳（Ancona）英勇作战。［Proc.］	538
r 霍多尔干（***Hodolgan***）	A 601	位于佩鲁西亚（Perusia）罗马卫戍的指挥官（ἦρχε τῆς ... φρουρᾶς），他与马提尼安努斯 1（Martinianus 1）共同作战，擒获了斯波列提乌姆（Spoletium①）。［Proc.］	547
r 司玛斯（***Simmas***）	B 1152-3	［M］他与苏尼卡斯（Sunicas）成功地抵御了波斯人对达拉的进攻；或许是军官（*tribunus*［χιλίαρχος］），在达拉之战中他与阿斯坎（Ascan）指挥一支骑兵势力（ἱππεῖς ἦρχον），由 600 名重兵构成；后来在卡利尼古姆之战中是首领（*dux*［δούξ / ἔξαρχος］）。［Proc.+2］	527 530-531
r 苏尼卡斯（***Sunicas***）	B 1206-7	［M］他逃到罗马人阵营，并受洗；是首领（*dux*［δούξ / ἔπαρχος］）；他在达拉杀掉了波斯指挥官巴莱斯马纳斯（Baresmanas）将军，率领一支军队去对抗驻扎在加布布拉（Gabbula）的波斯军，在卡利尼古姆作战。［Proc.+2］	530-531
r 弗拉达赫（***Vldach***）	B 1387	他在比萨鲁姆（Pisaurum）与阿塔巴尼斯 2（Artabanes 2）指挥一支匈人势力和罗马部队（ἅμα στρατεύματι Ῥωμαϊκῷτ εκαὶ Οὐννικῷ），击败了阿勒曼尼人罗萨（Alaman Leutharis）的前哨部队。［Agath.］	554
r 札特尔（***Zarter***）	B 1415	［M］军官［δ］贝利萨留在意大利的侍卫，被康斯坦丁努斯 3 派到伊特鲁里亚。［Proc.］	537

续表

名号	页码	词条摘要及相关史料	年代
r 库尔斯（†*Curs*）	A 360-1	可能是 *MVM*，是一名匈人或哥特人（Σκυθὴς ἀνήρ），在意大利他在纳尔西斯 1 的麾下，后来在亚美尼亚在莫里斯（Maurice①）的麾下对抗波斯人；他和西奥多罗斯 32（Theodorus 32）从阿尔巴尼亚人和沙比尔人中俘获人质。［Men. Prot.+6］	574-582

1.2. 库特里格尔（Kutrigur）与乌提格尔（Utigur）匈人

名号	页码	词条摘要及相关史料	年代
k 阿那盖乌斯（***Anagaeus***）	A 59	乌提格尔的统治者（ἐκράτε ιτοῦ φύλου τῶν Οὐτιγούρων），大致位于高加索北部，他与一支突厥军队参加了在博斯普鲁斯附近的征讨。［Men. Prot.］	576
kr 桑迪处斯（***Sandilchus***）	B 1111-2	国王（βασιλεύς / ἡγεμών），乌提格尔匈人的国王，是罗马的盟友，三次被查士丁尼邀请与库特里格尔匈人作战，库特里格尔主要是在札贝尔干 2（Zabergan 2）的统治下，直到两个部落因为漫长的战争而分裂了。［Proc.+2］	551 557-559
kr 辛尼翁（***Sinnion***）	B 1156	［M］他与巴拉斯率领一支匈人骑兵（ἱπποτοξοτῶν ἡ γοῦντο），在贝利萨留的军队中；后来是库特里格尔匈人的首领（ἡγοῦντο ἄλλοι τε καὶ Σ.），他被查士丁尼允许定居在色雷斯。［Proc.］	533 551
k 札贝尔干 2（***Zabergan 2***）	B 1410	统治者 (ἡγεμών)，库特里格尔匈人的统治者，他跨过默西亚（Moesia）和斯基泰（Scythia），把一半的军队派去进攻希腊，另一半军队去色雷斯半岛（Thracian Chersonese），但是被贝利萨留在君士坦丁堡附近击溃了。［Agath.+2］	557-559
h 希尼阿隆（***Chinialon***）	S 296	是一支 12000 名精兵的库特里格尔匈人部队的领导者之一（ἄλλοι τε ἡγοῦντο καὶ X.），在格皮德人（Gepids）的要求下蹂躏了罗马的疆域。［Proc.］	551

① 让人诧异的是，Proc. *BG* iii. 23. 6 称之为 Ὀδολγὰν δὲ Οὖννος，而非 Μασσαγέτης。

1.3. 乌诺古恩都里（Unogunduri）/ 不里阿耳（Bulgars）

名号	页码	词条摘要及相关史料	年代
k 库布拉托斯（***Kubratos***）	B 763	君主（κύριος）乌诺古恩都里的君主，在君士坦丁堡受洗，他反对他的领主阿瓦尔汗，将阿瓦尔人从他的祖国赶了出去，他向希拉克略（Heraclius）派出了使者，并缔结合约。［Nic.[+2]］	M VII
h 阿希奥库斯（***Alciocus***）	A 40	不里阿耳的领导人，从阿瓦尔人那里逃到了法兰克人的地方，向达戈贝特 2（Dagobert 2）寻求庇护；当后者被巴伐利亚人屠杀之后，他带领 700 人及其家室逃到了文德人（Wends）那里。［Fredegar.］	M VII
h 奥嘎那斯（***Organas***）	B 956	库布拉托斯的叔父，可能是乌诺古恩都里（不里阿耳）的酋长。［Nic.］	E VII
r 佚名 75（***Anonymus*** *75*）	B 1440	一名不里阿耳人，是纳尔西斯 1（Narses 1）的宫廷侍卫（*spatharius*），在罗马瓦莱里阿努斯 2（Valerianus 2）的家中逗留。［Greg.］	M VI
R 阿斯库姆（†***Ascum***）	A 136	伊利里亚的 *MVM*（*MVM per Illyricum*［στρατηλάτης］），一名匈人（或是不里阿耳人），击溃了入侵的斯基泰和默西亚的不里阿耳人，后来被不里阿耳人抓住，关起来了。［Joh. Mal.[+2]］	528

1.4. 沙比尔人

名号	页码	词条摘要及相关史料	年代
k 布拉赫（***Blach***）	A 233	国王（*ῥῆξ），某部沙比尔匈人的国王，伯阿的丈夫，伯阿在他去世后继承了王位。［Joh. Mal.[+3]］	*ante* 528
q 伯阿（***Boa***）	A 234	布拉赫的妻子，在布拉赫去世的时候成为某部沙比尔匈人的女王（ῥήγισσα）；他击溃了一支与波斯结盟的匈人军队，杀掉了格罗姆（Glom），并将泰冉克斯（Tyranx）送到了君士坦丁堡。［Joh. Mal.[+3]］	528
r 巴尔马赫（***Balmach***）	A 170	效力于拉齐察罗马军队的 2000 名沙比尔匈人的三位领导者之一（ἡγοῦντο）。［Agath.］	556
r 库提兹斯（***Cutilzis***）	A 365	效力于拉齐察罗马军队的 2000 名沙比尔匈人的三位领导者之一（ἡγοῦντο）。［Agath.］	556
r 伊力格尔（***Iliger***）	A 618	效力于拉齐察罗马军队的 2000 名沙比尔匈人的三位领导者之一（ἡγοῦντο）。［Agath.］	556

1.5. 阿瓦尔人（Avars）

名号	页码	词条摘要及相关史料	年代
k 巴颜（***Baian***）	A167-69	汗（χαγάνος），阿瓦尔人的汗，他击败了西吉贝尔特一世（Sigibertus I）领导下的法兰克人；他帮助伦巴第人（Lombards）对抗格皮德人（Gepids）；他向达尔马提亚（Dalmatia）派出了一支库特里格尔军队；他占领了潘诺尼亚（Pannonia）；他袭击了斯拉夫人；他夺取了西尔米乌姆（Sirmium）。［Men. Prot.$^{+2}$］	?561-582/5
hb 阿普斯齐 1（***Apsich 1***）	A 101-2	在西尔米乌姆之围中的阿瓦尔领导者之一；后来他是阿瓦尔人在达尔达尼亚（Dardania）的指挥官（(ὑποστράτηγος），与佩特鲁斯 55（Petrus 55）和谈；此前他还出使提比略（Tiberius）。［Men. Prot.$^{+2}$］	569/570 *581 601
h 赫尔米兹斯（***Hermitzis***）	A 590	在君士坦丁堡之围中阿瓦尔人的指挥官（ἔπαρχος），他反对抓捕并处死在出使阿瓦尔返程途中的波斯使臣。［*Chron. Pasch.*］	626
h 萨穆尔（***Samur***）	B 1110	阿瓦尔的指挥官，被阿瓦尔汗命令率领 8000 人出战，被萨尔维阿努斯（Salvianus）在默西亚击败。［Theoph. Sim.］	592
b 康第齐（***Candich***）	A 269	派到罗马的第一位阿瓦尔使者，被尤斯蒂努斯 4（Iustinus 4）从拉齐察派到君士坦丁堡。［Men. Prot.］	557
b 科齐（***Coch***）	A 319	阿瓦尔汗派遣到住在杜罗斯特罗姆（Durostorum，译按：即今锡利斯特拉［Silistra］，保加利亚西北部城市）的普里斯库斯 6（Priscus 6）处的使者。［Theoph. Sim.］	593
b 库尼蒙（***Cunimon***）	A 360	出使查士丁尼的使者，他向他的朋友尤斯蒂努斯 4 透露了阿瓦尔人的秘密计划。［Men. Prot.］	*561
b 索拉楚斯（***Solachus***）	B 1167	阿瓦尔汗巴颜派到提比略那里的使者，索要西尔米乌姆的领地。［Men. Prot.］	*580
b 塔尔吉提斯（***Targitis***）	B 1217	阿瓦尔汗巴颜派到君士坦丁堡的使者，在近 30 年中多次出使。［Men. Prot.$^{+2}$］	565-593
b 佚名 87（***Anonymus 87***）	B 1442	阿瓦尔汗巴颜派往提比略的使者，在返程途中被入侵伊利里亚的斯拉夫人杀害了。［Men. Prot.］	*580
r 阿普斯齐 2（***Apsich 2***）	A 102	号称是匈人，但可能是阿瓦尔人，当腓立比库斯 3（Philippicus 3）生病时，他被任命为东方军队的指挥官（ὑποστράτηγος）；在索拉孔（Solachon）会战中与艾利弗雷达斯（Eiliphredas）负责左翼部队。［Theoph. Sim.$^{+2}$］	585-586

续表

名号	页码	词条摘要及相关史料	年代
p 博克拉波拉斯（***Boocolabras***）	A 245	教士，可能是阿瓦尔人，即便号称是斯基泰人（Σκύθης ἀνήρ），他与阿瓦尔汗的某个妻子偷情之后逃离了阿瓦尔汗，但是被罗马人抓住了，后被阿瓦尔汗赎回。［Theoph. Sim.+1］	582

1.6. 突厥人（Turks）与哈扎尔人（Khazars）

名号	页码	词条摘要及相关史料	年代
k 阿尔斯拉斯（***Arsilas***）	—	突厥人的“资深”（意思是高级或年长）统治者（ὁ παλαίτερος μόναρχος Τούρκων）。①［Men. Prot.］	L VI
k 切佩图克斯（***Čepetux***）	A 286	加入哈扎尔汗的“中国”领导者，在波斯战争中帮助了希拉克略。②［Sebeos］	*627
k 库纳克索兰（***Cunaxolan***）	A 360	帮助突厥大汗击败篡位者图鲁姆（Turum）的三个小汗之一（χαγάνοι）。［Theoph. Sim.］	L VI
k 西扎布鲁（***Sizabulus***）（译按：汉文史料中的室点密可汗）	B 1163-4	在粟特（Sogdia）的突厥汗（ὁ τῶν Τούρκων ἡγεμών），他征讨嚈哒（Ephthalite）匈人，并且追逐阿瓦尔人；他在两次向波斯库思老（Chosroes）遣使失败之后，接待了蔡马库斯 3（Zemarchus 3），并且与查士丁二世（Justin II）缔结了一项合约。③［Men. Prot.］	552-576
k 斯巴泽衮（***Sparzeugun***）	B 1181	帮助突厥大汗击败篡位者图鲁姆的三个小汗之一（χαγάνοι）。［Theoph. Sim.］	L VI
k 斯特姆毕沙干（***Stembischagan***）	B 1182	突厥人的一个盟友，他帮助突厥人降服了阿瓦尔人。④［Theoph. Sim.］	M/L VI

① 不见于 *PLRE* III。

② 亚美尼亚语 *Čenastann čepetux* (v.l. *čembux*)［Sebeos］，对应的是 *ǰebu xak'an*［Mov. Dasx.］，即古代突厥语的 *yabγu qaγan*，马夸特将其比定为（汉文史料中的统叶护可汗），在 619—630 年之间统治西突厥。

③ Σιζάβουλος, Σιλζίβουλος [Men. Prot.] 或 سنجبو Sinğibū [Ṭabarī]，一般被比定为室点密可汗（Ištämi Qaγan），西方语言中的名字西扎布鲁是以突厥名号 **sir yabγu* 为据的。

④ Στεμβισχάγαν［Theoph. Sim.］似乎是室点密可汗的真名，此处是根据梵蒂冈写本来录文的，而不是 Wirth and b 1182（我们保留了 *PLRE* 一书中的形式，是为了避免引起歧义）Στεμβισχάδας 的这一形式。

续表

名号	页码	词条摘要及相关史料	年代
k 塔尔都（***Tardu***）（译按：对应汉文史料中的达头可汗）	B 1217	在艾克塔尔（Ectal）山（译按：沙畹疑 Ectal/Ektal 系 Ektag 之讹，即突厥语 Ak-tag，“白色的山”，对应于汉文史料中的“阿羯田山”，亦曰“白山”。参见沙畹：《西突厥史料》，冯承钧译，中华书局 2004 年版，第 108 页，211—212 页）附近的突厥统治者，他是西扎布鲁的儿子、图尔汗土司（Turxanthus）的兄弟。［Men. Prot.］	576
k 吐尔迪赤（***Tuldich***）	B 1332	帮助突厥大汗击败篡位者图鲁姆的三个小汗之一（χαγάνοι）。［Theoph. Sim.］	L VI
k 图鲁姆（***Turum***）	B 1332-3	突厥大汗的某个亲属（πρὸς γένος καθεστὼς τῷ Χαγάνῳ），在反对突厥大汗之后他被后者在其他三位小汗的帮助下击败，分别是库纳克索兰、斯巴泽衮和吐尔迪赤。［Theoph. Sim.］	L VI
k 图尔汗土司（***Turxanthus***）	B 1333	突厥汗（εἷς τῶν παρὰ Τούρκων ἡγεμόνων），西扎布鲁的儿子，塔尔都的兄弟，是突厥的八位统治者之一，瓦伦丁 3（Valentinus 3）曾拜访过他，后来被送去见塔尔都；后来他派一支部队去拜占庭的城市博斯普鲁斯，并夺取了该城。［Men. Prot.］	576
h 伯查努斯（***Bochanus***）	A 235	突厥军事首领，被图尔汗土司派出，率领大军前往博斯普鲁斯。［Men. Prot.］	576
h 裘尔槃・塔尔罕（***Č'orpan T'arxan***）	A 355	哈扎尔将军，受命率领 3000 兵力前往亚美尼亚，为了给汗打前哨。［Mov. Dasx.］	629
b 塔戈玛（***Tagma***）	B 1214	突厥人，被西扎布鲁派往东罗马出使，他有“达干”（ταρχάν）的称号；他陪同蔡马库斯 3 返回君士坦丁堡。［Men. Prot.］	571
r 叶步・哈坎（***Jebu Xak'an***）（译按：可能是“叶护可汗”的音译）	A 611-2	哈扎尔军队的领袖，派去帮助希拉克略对付波斯人的，他把第比利斯（Tiflis）置于剑下。［Mov. Dasx.+5］	E VII
r 煞特（***Šat'***）	B 1115	一名哈扎尔人，是叶步・哈坎的儿子，罗马人的盟友，他入侵了格鲁吉亚，夺取了第比利斯，并且臣服了阿尔巴尼亚。［Mov. Dasx.］	627-628

1.7. 其他欧亚民族（阿兰人［Alans］、乔里亚特［Choliatae］、赫尔梅齐奥尼斯［Hermechiones］、乌古里人［Uguri］）

名号	页码	词条摘要及相关史料	年代
k 阿斯科尔（***Ascel***）	A 133-4	国王 (ῥῆξ)，赫尔梅齐奥尼斯的国王，他向君士坦丁堡派遣使者。［Theoph.］	563
kr 萨罗伊斯（***Saroes***）	B 1115	国王（βασιλεύς / ἡγεμών），阿兰人的国王。在阿瓦尔人与罗马人联系的时候，他在尤斯蒂努斯 4 和阿瓦尔人之间斡旋；后来在蔡马库斯 3 出使突厥返回之后，他迎接蔡马库斯 3；他是罗马人的盟友，在尼西比斯（Nisibis）之战前不久他加入了约安尼斯 88（Ioannes 88）。［Men. Prot.[+1]］	557 571/2 573
k 佚名 80（***Anonymus 80***）	B 1441	乌古里的统治者（ὁ τῶν Οὐγούρων ἡγούμενος），突厥汗西扎布鲁的臣民。［Men. Prot.］	*570/571
k 佚名 81（***Anonymus 81***）	B 1441	乔里亚特的统治者（ὁ τῶν Χολιατῶν ἡγεμών），他从突厥汗西扎布鲁那里获得许可，派遣他的几名手下去陪同蔡马库斯 3。［Men. Prot.］	*570/571

2. 定居帝国和定居王国

2.1. 罗马帝国 / 拜占庭帝国

名号	页码	词条摘要及相关史料	年代
q 埃皮芬尼亚 2（*Epiphania 2*）	A 445-6	皇后（*Augusta*），是皇帝希拉克略的女儿，被嫁给了**哈扎尔**的汗。［Nic.[+3]］	*629
b 亚历山大 1（*Alexander 1*）	A 41-2	军官（*comes*），被派往东哥特的使者，他抱怨东哥特人接受从罗马在非洲部队中出逃的**匈人**士兵。［Proc.］	534
b 阿南卡斯特斯（*Anancastes*）	A 59	出使突厥的使臣，他与几个**突厥人**一起返回，这些突厥人后来与瓦伦丁 3 走掉了。［Men. Prot.］	571/576
b 安德里亚斯 23（*Andreas 23*）	A 80	希拉克略派到**哈扎尔人**那里的使臣，试图寻求援助对付波斯人。［Mov. Dasx.］	626
br 阿拉提乌斯（*Aratius*）	A 103-4	军事指挥官，被查士丁尼派遣出使**库特里格尔匈人**的首领**希尼阿隆**。［Proc.］	551
b 阿塔那斯乌斯 10（*Athanasius 10*）	A 148	贵族（*patricius*），是在君士坦丁堡之围中多次出使**阿瓦尔**汗的人。［Nic.[+2]］	626

续表

名号	页码	词条摘要及相关史料	年代
b 科米塔斯 5（*Comitas 5*）	A 327	使者，与通事维塔利亚诺斯 2（Vitalianus 2）一起派往**阿瓦尔**汗巴颜那里的使臣，**巴颜**把他们两个都抓了起来。［Men. Prot.］	*568
b 克斯马斯 20（*Cosmas 20*）	A 358	*QSP*，在希拉克略差点因为背叛而被抓的时候，被皇帝派到**阿瓦尔**汗那里的使臣。［Nic.］	*620
b 埃尔皮迪乌斯 1（*Elpidius 1*）	A 440-1	贵族（*patricius*），君士坦丁堡元老院的成员，两次出使**阿瓦尔**汗。［Theoph. Sim.+2］	583 584
b 欧迪修斯 2（*Eutychius 2*）	A 476	出使**突厥**的使臣，其中一些突厥人陪同他返回，后来与瓦伦丁 3 走掉了。［Men. Prot.］	571/576
b 格奥基乌斯 8（*Georgius 8*）	A 515	使臣，他陪同蔡马库斯 3 出使**突厥**。［Men. Prot.］	569-571
b 格奥基乌斯 48（*Georgius 48*）	A 521	使臣，在**阿瓦尔**人围攻的时候，在君士坦丁堡是执政官（ἄρχων），在汗的要求下与其他人一起觐见汗。［*Chron. Pasch.*］	626
b 哈尔马顿（*Harmaton*）	A 579	莫里斯派往**阿瓦尔**的使者，他与阿瓦尔人协商停战。［Theoph. Sim.+1］	598
b 赫罗狄安努斯 2（*Herodianus 2*）	A 595	出使**突厥**的使者，一些突厥人跟他一起返回，后来与瓦伦丁 3 走掉了。［Men. Prot.］	571/576
b 纳尔西斯 4（*Narses 4*）	B 930-1	宫廷侍卫（*spatharius*），被提比略派遣出使**阿瓦尔**，在靠近多瑙河登陆时染病而亡。［Joh. Eph.］	*581
b 保卢斯 19（*Paulus 19*）	B 979	出使**突厥**的使者，一些突厥人跟他一起返回，后来与瓦伦丁 3 走掉了。［Men. Prot.］	571/576
b 西奥多罗斯 43（*Theodorus 43*）	B 1258-9	医生，被普里斯库斯 6 派遣出使**阿瓦尔**汗的使臣，去协商停战。［Theoph. Sim.+2］	593
b 西奥多罗斯 159（*Theodorus 159*）	B 1277	高级官员（*syncellus*），君士坦丁堡的十大执政官（ἄρχοντες）之一，他与阿塔那斯乌斯 10、格奥基乌斯 48 和西奥多罗斯 160 在**阿瓦尔**人围攻之际出使阿瓦尔汗；他留下了关于攻城的记录。［*Chron. Pasch.*］	626

续表

名号	页码	词条摘要及相关史料	年代
b 西奥多罗斯 160（*Theodorus 160*）	B 1277	元老院级别最高的官员（*vir gloriosissimus*），税务官（*commerciarius*），君士坦丁堡的执政官（ἄρχοντες）之一，在**阿瓦尔**人围攻之际出使阿瓦尔汗。[*Chron. Pasch.*]	626
b 西奥多修斯 40（*Theodosius 40*）	B 1298	贵族（*patricius*）和书记（*logothetes*），在**阿瓦尔**人围攻之际出使阿瓦尔汗。[*Chron. Pasch.*]	626
b 瓦伦丁 3（*Valentinus 3*）	B 1353	可能是书记员（*scribo*），拜占庭派往**阿瓦尔**的第一位使臣，他可能陪同蔡马库斯 3 前往**突厥**，后来再次出使**图尔汗土司**和**塔尔都**。[Men. Prot.]	*558 569-571 576
b 维塔利亚诺斯 2（*Vitalianus 2*）	B 1379	他作为通事陪同科米塔斯 5 出使**阿瓦尔汗巴颜**。[Men. Prot.]	568
br 蔡马库斯 3（*Zemarchus 3*）	B 1416-7	东方的 *MVM*（*MVM per Orientem*），出使粟特的**突厥**汗**西扎布鲁**，与马涅亚克（Maniach）率领的突厥使团一道返回**突厥**；又与**塔戈玛**率领的**突厥**使团返回君士坦丁堡。[Men. Prot.]	569-571
b 佚名 96（*Anonymus 96*）	B 1444	内府侍卫（*excubitor*），被莫里斯派遣，携带虚假情报去骗**阿瓦尔**汗。[Theoph. Sim.+2]	588
r # 亚历山大 11（*#Alexander 11*）	A 45-6	可能是在色雷斯的军事长官（*comes rei militaris / dux*），他与几拨**斯拉夫**人的势力遭遇，并击败了他们。[Theoph. Sim.]	593-594
r 阿尔提亚斯（*Althias*）	A 49-50	贝利萨留出征汪达尔途中盟军（**匈人**参与其中）的九位指挥官之一①，他指挥七十名匈人击败了摩尔人艾奥达斯（Iaudas）。[Proc.]	533 535
r 阿尼安努斯（*Anianus*）	A 82	总理国事（*mag. off.*），在汗的催促之下，他用礼品来确保在**阿瓦尔**人手上的人质得到释放。[Nic.]	*635

① 盟军的其他八名将领分别是：塞普利阿努斯（Cyprianus, A 368-70）、塞里鲁斯（Cyrillus, A 371-2）、多罗修斯 2（A 420-1）、约安尼斯 15（Ioannes 15, A 636）、马塞勒斯 2（B 814）、马尔蒂努斯（B 839-48）、所罗门 1（B 1167-77）、瓦莱里阿努斯（B 1355-61）。不过，只有阿尔提亚斯被明确记载是领导了非洲的匈人。

续表

名号	页码	词条摘要及相关史料	年代
r 安斯穆特（*Ansimuth*）	A 85	可能是军事长官（*comes rei militaris / dux*），当阿瓦尔人跨过色雷斯后，他向长城撤退，但是被**阿瓦尔**人抓住了；他和卡斯图斯（Castus）被擒的谣言在君士坦丁堡四起。［Theoph. Sim.］	587
r # 阿斯拔都思 1（*#Asbadus 1*）	A 133	白衣候补（*candidatus*），查士丁尼的侍卫长官，被入侵的**斯拉夫人**击败、俘获并杀害。［Proc.］	550
r 巴尔巴图斯 1（*Barbatus 1*）	A 170-1	右翼骑兵指挥官，与**匈人阿奕干**和帕普斯（Pappus）一起参加特里卡马鲁姆之战。［Proc.］	533
r# 伯诺苏斯（*#Bonosus 1*）	A 239	一名书记员（*scribo*），他为古都因 1（Guduin 1）的罗马部队跨越多瑙河对付斯拉夫人做好交通上的准备。［Theoph.］	602
r 卜萨思（*Busas*）	A 248	被**阿瓦尔**人俘获的一名攻城技术专家，他教阿瓦尔人如何制造攻城机。［Theoph. Sim.+1］	587
r# 卡里尼科斯 10（*#Callinicus 10*）	A 264-5	意大利教区（*exarchus Italiae*），他给教皇格里高利一世写信，宣布对**斯拉夫人**的胜利。［Greg.］	599
r 加里斯特拉图斯（*Callistratus*）	A 266	*PPO*（可能是伊利里亚的），被提比略派去将西尔米乌姆奉给**阿瓦尔人**，因为纳尔西斯 4（Narses 4）的失败。［Joh. Eph.+1］	581/582
r 查里亚斯（*Charias*）	A 283	估计是 *PPO*（伊利里亚），在**阿瓦尔人**和**斯拉夫人**围城之际，他到达了塞萨洛尼基（Thessalonica）。［*Mir. Dem.*］	*618
r 库提拉斯（*Cutilas*）	A 365	贝利萨留侍卫长官，他与阿塔斯雷斯 1（Artasires 1）以及**匈人伯查斯**袭击在罗马附近的哥特人。［Proc.］	537
r 达嘎里斯（*Dagaris*）	A 379	波斯盟友**匈人**擒获的一名侍卫，在释放后他赢得诸多胜利。［Proc.］	530
r 达尔马提乌斯（*Dalmatius*）	A 384	军官（*tribunus*［*militum*］），驻扎博斯普鲁斯的罗马卫戍的指挥官，被**匈人穆戈尔**杀害。［Joh. Mal.+2］	528

续表

名号	页码	词条摘要及相关史料	年代
r 达米安努斯 3（*Damianus 3*）	A 385	可能是军事长官（*comes rei militaris / dux*），被提比略派遣陪同**阿瓦尔**使者去见皇帝查士丁。［Men. Prot.］	*571
r 艾利弗雷达斯（*Eiliphredas*）	A 435	腓尼基和黎巴嫩的长官（*dux Phoenices Libanensis*），他与**阿普斯齐 2** 在索拉孔之战中指挥左翼。［Theoph. Sim.］	586
r 日耳曼努斯 4（*Germanus 4*）	A 528	可能是（东部）军事指挥官（*comes rei militaris*），守卫半岛（Chersonese）城墙，不受**札贝尔干**领导的**匈人**军队的入侵。［Agath.］	559
r 古迪拉斯 2（*Gudilas 2*）	A 540	约安尼斯 46 的侍卫，与**匈人查拉札尔**共同指挥在鲁西亚诺的骑兵。［Proc.］	547-548
r 约安尼斯 7（*Ioannes 7*）	A 625-6	黑海海峡指挥官（*comes angustiarum Pontici maris*），受命与一支哥特势力在海上去对付**穆戈尔的匈人**。［Joh. Mal.+3］	528
r 约安尼斯 35（*Ioannes 35*）	A 643-4	“小斯托查斯”（*Stotzas iunior*），在非洲的叛军领袖，指挥罗马人、汪达尔人和大约 80 名**匈人**。［Proc.］	545-546
r 约安尼斯 46（*Ioannes 46*）	A 652-61	意大利的军事总督（*magister militum*），据说在受托提拉进攻的时候他被手下的**不里阿耳人**背叛，后来他与 300 名在古迪拉斯和**匈人查拉札尔**领导下的伊利里亚骑兵驻守在鲁西亚诺。［Proc.+1］	547
r # 约安尼斯 64（*#Ioannes 64*）	A 665-7	绰号“暴食者”（“the Glutton”［ὁΦ-αγᾶς］），意大利的军事指挥官，他与特拉伊亚努斯 2（Traianus 2）受命指挥 1200 人，大多数是从贝利萨留侍卫中来；后来他两次击溃入侵巴尔干的**斯拉夫人**。［Proc.］	541 545/6 551
r 约安尼斯 91（*Ioannes 91*）	A 677	伊利里亚的 *PPO* 和潘诺尼亚的军事财务官（*quaestor exercitus*），他让**阿瓦尔**骑兵渡过了多瑙河。［Men. Prot.+1］	578
r # 尤斯蒂尼阿努斯 3（*#Iustinianus 3*）	A 744-7	他与他的兄弟尤斯蒂努斯 4，以及其他的指挥官，率领一支军队在伊利里亚对抗**斯克拉文人（Sclaveni）**。［Proc.］	552
r 尤斯蒂努斯 1（*Iustinus 1*）	A 748	可能是 *MVM*，默西亚的长官（次级），当他和巴杜阿留斯 1（Baduarius 1）加入抵抗**匈人（不里阿耳人）**入侵斯基泰和默西亚的战斗时，他被杀了。［Joh. Mal.+1］	528

续表

名号	页码	词条摘要及相关史料	年代
r 尤斯蒂努斯 5 （*Iustinus 5*）	A 754-6	内务府总管（*cura palatii*），被查士丁尼派去陪同**札贝尔干**领导下的**匈人**入侵者返回，安全地渡过多瑙河，后来成为皇帝，即查士丁二世（565—578 年在位）。［Theoph.[+1]］	559
r 马提尼安努斯 1 （*Martinianus 1*）	B 838	一名士兵，他在**匈人霍多尔干**的帮助下，再次为贝利萨留擒获了斯波列提乌姆。［Proc.］	547
r 马克森提乌斯 2 （*Maxentius 2*）	B 864	可能是拉齐察的军事指挥官，他与西奥多罗斯 21 率领 300 人的骑兵对付为波斯服务的**沙比尔匈人**雇佣兵，给对方造成重大损失。［Agath.］	556
r 马克西米努斯 2 （*Maximinus 2*）	B 865-6	被任命为意大利的 *PPO*，他在**匈人**的陪同下从君士坦丁堡随一支部队出发。［Proc.］	542
r # 纳扎雷斯 1 （*#Nazares 1*）	B 936-7	在绍拉斯提库思 1（Scholasticus 1）征讨入侵巴尔干的**斯拉夫人**的战役中，担任军事指挥官。［Proc.］	551
r 帕普斯 （*Pappus*）	B 966-7	在特里卡马鲁姆之战中，与**匈人阿奕干**和巴尔巴图斯 1 一起指挥右翼骑兵。［Proc.］	533
r 鲁菲努斯 1 （*Rufinus 1*）	B 1097-8	在非洲的骑兵指挥官，与**匈人阿奕干**一起被摩尔人在拜扎凯纳杀害。［Proc.］	533-534
r# 绍拉斯提库思 1 （*#Scholasticus 1*）	B 1117	内府太监，他被查士丁尼授命率军征讨**斯拉夫人**。［Proc.］	551
r 所罗门 4 （*Solomon 4*）	B 1177-8	可能是指挥官，在**阿瓦尔人**围城之际，他是西尔米乌姆的指挥官，据说他很无能。［Men. Prot.］	*581
r 斯特凡努斯 26 （*Stephanus 26*）	B 1189	可能是军事长官，他与**阿瓦尔人阿普斯齐 2** 一起被授予东方的指挥权。［Theoph. Sim.］	585
r# 塔提莫尔 （*#Tatimer*）	B 1220	在色雷斯的罗马军官，被普里斯库斯 6 任命负责一支 300 人的部队，在往君士坦丁堡护送从斯拉夫人那里夺取的战利品的途中，他与**斯拉夫人的**部队之间有了麻烦。［Theoph. Sim.[+1]］	593

续表

名号	页码	词条摘要及相关史料	年代
r 西奥德里库斯 2（*Theodericus 2*）	B 1237	可能是联军（*comes foederatorum*）（东方）的指挥官，指挥**斯基泰**部队（从多瑙河地区来的联军）。[Evagr.+1]	581
r 西奥多罗斯 21（*Theodorus 21*）	B 1251-2	可能是拉齐察的军事指挥官，加入了马克森提乌斯 2 率领的征讨波斯人的**沙比尔匈人**盟军。[Agath.]	556
r 西奥多罗斯 163（*Theodorus 163*）	B 1277-9	一名将军，可能是皇帝希拉克略的那位不知姓名的兄弟，在围城的结尾阶段，他的到来被博努斯 5（Bonus 5）告诉了**阿瓦尔**汗。[*Chron. Pasch.*]	626
r 瓦莱里阿努斯 1（*Valerianus 1*）	B 1355-61	他受命与一支 1600 人的骑兵部队前往意大利（主要是**匈人**、**斯拉夫人**和**安特人**[Antae]，包括**古布尔古都**）；后来他遭遇并击溃了被波斯库思老派来入侵东罗马亚美尼亚的**匈人**军队。[Proc.]	536 541
r 弗里姆特（*Vlimuth*）	B 1390	贝利萨留的侍卫官，他与**匈人古布尔古都**出手避免了瓦西莫斯（Vacimus）对安科纳的围攻。[Proc.]	538
r 佚名 94（*Anonymus 94*）	B 1444	罗马帝国的军官，可能是军事长官（*tribunus*），据说他在一次军事集合的时候当众反对留下康门提奥罗斯 1（Comentiolus 1）与**阿瓦尔**人作战的计划。[Theoph. Sim.]	587
R 巴巴斯（*Babas*）	A 161-2	可能是拉齐察的 *MVM*，他领导了一次向德莱木（Dolomitae，译按：德莱木，一般作 Daylamites，希腊语是 Dolomitae，位于伊朗北部、里海西南沿海的山地部落）的袭击，他们已经逃离**沙比尔**人，进入罗马帝国服务了。[Agath.]	556
R 巴杜阿留斯 1（*Baduarius 1*）	A 163-4	可能是 *MVM* 和斯基泰的军事长官（*MVM et dux Scythiae*），他与**穆戈尔**指挥下的克里米亚**匈人**作战，夺回了博斯普鲁斯，与尤斯蒂努斯 1 一起对付入侵斯基泰和默西亚的**匈人**（**不里阿耳人**）部队。[Joh. Mal.+3]	528

续表

名号	页码	词条摘要及相关史料	年代
R 贝利萨留（*Belisarius*）	A 181-224	东方 *MVM*（*MVM per Orientem*），查士丁尼的著名将领，他的军队包括在美索不达米亚与波斯人作战的马萨革泰人（**Massagete**）（**匈人**）、非洲的汪达尔人、意大利的东哥特人，往往都是由他的侍卫官（**埃斯科曼努斯、阿奕干、阿斯坎、巴拉斯、伯查斯、霍尔萨曼提斯、司玛斯、辛尼翁、苏尼卡斯、札特尔**）**匈人**担任指挥；后来他在君士坦丁堡附近击败了**札贝尔干**领导的**库特里格尔匈人**。［Proc.+6］	529-559
R 博努斯 4（*Bonus 4*）	A 241-2	可能是伊利里亚的 *MVM*（*per Illyricum*），在尤斯蒂努斯 4 的领导下，保卫多瑙河边疆不受**阿瓦尔人**侵犯，可能在**阿瓦尔人**围城之际，担任西尔米乌姆的指挥官；他向君士坦丁堡派遣了一名**阿瓦尔**的使者。［Men. Prot.+1］	568/9-570
R 博努斯 5（*Bonus 5*）	A 242-4	可能是 *MVM*，在**阿瓦尔人**围城之际负责君士坦丁堡的防守；他的私生子约安尼斯 259 被送到**阿瓦尔人**那里去当人质。［Theod. Sync.+4］	622-626
R 卡斯图斯（*Castus*）	A 274-5	可能是 *MVM*（空职［*vacans*］），他在色雷斯击败了**阿瓦尔人**，后来他被俘虏并被赎回。［Theoph. Sim.+1］	587
R# 希尔布狄乌斯 1（*#Chilbudius 1*）	A 286-7	在查士丁尼治下担任色雷斯的 *MVM*（*MVM per Thracias*），他向多瑙河北岸发动战争，被**斯拉夫人**杀掉了。［Proc.］	530-533
Rb 康门提奥罗斯 1（*Comentiolus 1*）	A 321-5	*MVM* 宫廷士兵（*MVM Praesentalis*），可能是色雷斯的 *MVM*，被多次派去色雷斯和默西亚与**阿瓦尔人**和**斯拉夫人**作战；他也随同书记员埃尔皮迪乌斯 1 去出使安基阿卢斯（Anchialus）的**阿瓦尔人**。［Theoph. Sim.+3］	583-587 598-599
R# 康斯坦蒂阿努斯 2（*#Constantianus 2*）	A 334-7	*MVM*，空职（*vacans*），他是派往巴尔干对付**斯拉夫人**的指挥官之一。［Proc.］	551
R 康斯坦蒂阿努斯 3（*Constantinus 3*）	A 341-2	可能是空职的 *MVM*（在意大利），他率领的一支部队中有不少是贝利萨留的**匈人**侍卫。［Proc.］	537

续表

名号	页码	词条摘要及相关史料	年代
R 康斯坦蒂奥鲁斯（*Constantiolus*）	A 352-3	可能是默西亚的 *MVM* 和次级长官，他击败了**不里阿耳人**；后来被不里阿耳人擒获并赎回。［Joh. Mal.+1］	528
R 多罗修斯 2（*Dorotheus 2*）	A 420-1	亚美尼亚的 *MVM*，他指导了一场针对入侵的**沙比尔匈人**的战役。［Joh. Mal.+1］	531
R 艾德尔马斯（*Edermas*）	A 434-5	色雷斯的 *MVM*，他和塞尔吉斯 4（Sergius 4）被**札贝尔干**率领的**匈人**击败并俘虏。［Joh. Mal.+2］	559
R# 根特宗（*#Gentzon*）	A 512-3	可能是色雷斯的 *MVM*，受命以步兵指挥官的身份与普利斯库斯 6 去抵抗**穆索修斯**（Musocius）领导下的**斯拉夫人**。［Theoph. Sim.+1］	593
R 格奥基乌斯 45（*Georgius 45*）	A 520	可能是东部的 *MVM*，或许他参与了腓立比库斯 3 领导的在色雷斯针对**阿瓦尔人**的战役。［Theoph. Sim.+1］	*601/602
R 戈迪拉斯 1（*Godilas 1*）	A 539-40	可能是色雷斯的 *MVM*，或者是空职，他与克里米亚的**匈人**以及一支**不里阿耳人**的部队作战。［Joh. Mal.+3］	528
R 古都因 1（*Guduin 1*）	A 561-2	可能是 *MVM*（空职），受命跨过多瑙河去对付**斯拉夫人**；以前曾是指挥官（*dux*），被普利斯库斯派去从**阿瓦尔人**手中收复辛吉度努姆（Singidunum，译按：即贝尔格莱德），并去监视汗在达尔马提亚的军队。［Theoph. Sim.+2］	595 602
R 约安尼斯 101（*Ioannes 101*）	A 679-81	色雷斯的 *MVM*，也称“慕斯塔孔”（*Mystacon*），他和德罗克顿（Drocton）击败了围攻亚德里亚堡的**阿瓦尔人**。［Theoph. Sim.］	587
R 尤斯蒂努斯 4（*Iustinus 4*）	A 750-4	亚美尼亚的 *MVM*，可能是军队的财务官（*Quaestor Iusti-nianus exercitus*）。**阿瓦尔人**通过他与查士丁尼第一次建立了联系；他通过外交手段阻断**阿瓦尔人**跨越多瑙河入侵罗马帝国的疆域；早年与尤斯蒂尼阿努斯 3 在伊利里亚一起指挥对抗**斯克拉文尼**的战役。［Proc.+3］	552 *557 *561
R 马塞勒斯 5（*Marcellus 5*）	B 816-7	*MVM*（可能是空职，可能是色雷斯的 *MVM*），被查士丁尼派遣率领一支大军去守卫君士坦丁堡不受正在侵扰色雷斯的**匈人**（**不里阿耳人**）的入侵。［Theoph.］	562

续表

名号	页码	词条摘要及相关史料	年代
R 马尔蒂努斯 2（*Martinus 2*）	B 839-48	拉齐察的 *MVM*，在梅尔梅若伊斯（Mermeroes）率领下的波斯大军和**匈人**面前撤退；后来，担任亚美尼亚的 *MVM*（*MVM per Armeniam*），他将**匈人**联军驻扎在靠近阿尔齐波利斯（Archaeopolis）附近的平原上，也是对**欧诺古里斯**（**Onoguris**）作战的主要指挥者①。他在早期的生涯中曾担任过军事长官，他与瓦莱里阿努斯 1 曾经率领 1600 人的部队来到罗马境内，主要是**匈人**、**斯拉夫人**和**安特人**。［Proc.+1］	537 552 555-556
R 马尔蒂努斯 3（*Martinus 3*）	B 848	可能是 *MVM*（空职），指挥康门提奥罗斯 1 在色雷斯的军队右翼，他在托米（Tomi）突然袭击**阿尔瓦**汗，让他落荒而逃。［Theoph. Sim.+1］	587
R 门都斯（*Mundus*）	B 903-5	伊利里亚的 *MVM*，可能是**匈人**后裔，他击溃了正在侵扰伊利里亚的**盖塔人**（**Getae**）（即斯拉夫人），并把入侵色雷斯的**匈人**（**不里阿耳人**）打败了。［Marcell. com.+3］	529-530
R 佩特鲁斯 55（*Petrus 55*）	B 1009-11	可能是色雷斯的 *MVM*，在他率领一支部队在多瑙河北岸对抗**阿瓦尔**汗的斯拉夫和**不里阿耳**盟军时，被重击；后来他挫败了**阿普斯齐 1** 领导下的**阿瓦尔**人占领达尔达尼亚地区的企图，并且受莫里斯的命令去越过多瑙河作战。［Theoph. Sim.+8］	594 601-2
R 腓立比库斯 3（*Philippicus 3*）	B 1022-6	可能是色雷斯的 *MVM*，他领导了一场针对**不里阿耳**人（想必是**阿瓦尔人**）的战役。［Mich. Syr.］	*598
R 普利斯库斯 6（*Priscus 6*）	B 1052-7	色雷斯的 *MVM*，被任命为与阿瓦尔人作战的最高指挥官，他参加了若干场与**阿瓦尔人**和**斯拉夫人**的战斗，往往都能获胜。［Theoph. Sim.+4］	588 593-599

① 据史料记载，还有其他几个人物与拉齐察战争中对欧诺古里斯的这场袭击和围攻有关。罗马方面是布泽斯（*Buzes*［A 254-57］）、尤斯蒂努斯（*Iustinus 4*［A 750-54］）、鲁斯蒂库斯 4（*Rusticus 4*［B 1103-4］），以及达布拉格扎斯，还有一名安特人（A 378-9）和赫鲁利人弗里加古斯（*Vligagus*［B 1389-90］）；在波斯方面有：梅尔梅若伊斯（B 884-5）、纳霍拉干（B 909-10）。不过，除了名字相似之外，这段史料与历史上的欧诺古尔人（Onogurs）没有关系。

续表

名号	页码	词条摘要及相关史料	年代
R 罗曼努斯 4（*Romanus 4*）	B 1091	东方的 *MVM*，受命与**斯基泰（匈人）库尔斯**（Cours）跨过底格里斯河去执行任务。［Theoph. Sim.］	578
R 萨尔维阿努斯（*Salvianus*）	B 1108	可能是 *MVM*，他被普利斯库斯 6 任命为指挥官（ὑποστράτηγος），并且被派去守卫默西亚不受**阿瓦尔人**的入侵。［Theoph. Sim.+2］	588
R 赛图斯（*Sethus*）	B 1138	辛吉度努姆的 *MVM*，他同意从**阿瓦尔**汗**巴颜**那里派遣一支使团去君士坦丁堡。［Men. Prot.］	579
R 西塔斯（*Sittas*）	B 1160-3	*MVM* 宫廷士兵（*MVM praesentalis*），他向正在围攻马尔提罗波利斯（Martyropolis）的波斯将领派遣使者，后者因为担心**匈人**的袭击而退兵；后来他在扬特拉河（Iatrus，译按：位于保加利亚境内，系多瑙河的支流）边击败了默西亚的一支**不里阿耳**军队。［Proc.+1］	531 535
R 西奥多罗斯 32（*Theodorus 32*）	B 1254	可能是亚美尼亚的 *MVM*，他与**斯基泰（匈人）库尔斯**从阿尔巴尼亚的**沙比尔人**那里擒获人质。［Men. Prot.+6］	574-575
R 忒奥格尼斯 1（*Theognis 1*）	B 1303	可能是伊利里亚的 *MVM*，皇帝提比略命令他把西尔米乌姆奉给阿瓦尔人，他与阿瓦尔汗**巴颜**商讨细节。［Men. Prot.］	581-582
R 提比略 · 康斯坦丁努斯 1（*Tiberius Constantinus 1*）	B 1323-6	可能是空职 *MVM*，在**阿瓦尔**战争时是最高指挥官，开始获胜，但是后来被击败，并被迫达成停战协议，后来成为皇帝，在位时间是 578—582 年。［Men. Prot.+4］	569-571
R 维塔流斯 1（*Vitalius 1*）	B 1380-1	伊利里亚的 *MVM*，他率领的一支伊利里亚部队在意大利北部听说**匈人**袭击伊利里亚，选择逃跑回家。［Proc.］	544
p 阿嘎塞阿斯（*Agathias*）	A 23-5	律师、诗人和历史学家，他书写了**匈**帝国衰亡的历史。［Agath.］	M/L VI
p 欧斯塔修斯 1（*Eustathius 1*）	A 469-70	可能是 *PVC*，他为查士丁尼树立了一座骑马的雕像，将他描绘成在达拉击败波斯和**斯基泰人**（即波斯人的**匈人**盟友）。［*Anth. Gr.*］	530/531

续表

名号	页码	词条摘要及相关史料	年代
p 约安尼斯 25（*Ioannes 255*）	A 705-6	塞萨洛尼基的主教，他在**阿瓦尔人**和**斯拉夫人**围攻塞萨洛尼基大约一个月后去世了。［*Mir. Dem.*］	*620
p 约安尼斯 259（*Ioannes 259*）	A 706	“贵族”（*patricius*）博努斯 5 的私生子，被送到**阿瓦尔人**那里做人质。［Nic.］	622
p 约安尼斯 260（*Ioannes 260*）	A 706	亦称“阿塔拉里库斯”（*Atalarichus*），是希拉克略的私生子，被派到**阿瓦尔人**那里做人质。［Nic.］	622
p 玛利亚 12（*Maria 12*）	B 829	希拉克略的姊妹，有一个儿子斯特凡努斯 60（Stephanus 60），被从**阿瓦尔人**那里赎回。［Nic.］	E VII
p 弥楠窦 1（*Menander 1*）	B 873	他是记载蔡马库斯 3 出使**突厥**以及**阿瓦尔人**入侵初期二十年历史的史家。［Men. Prot.］	L VI
p 帕特里修斯 6（*Patricius 6*）	B 972	姓氏可能是**阿瓦尔库斯**（***Avaricus***），出现在一封印上，铭文是 Πατρικίου τοῦ Ἀβαρικοῦ［Zacos 2817 = 福格艺术博物馆印章 1460 号 /Fogg Art Museum seal 1460］。	VI
p 塞尔吉斯 4（*Sergius 4*）	B 1124-8	“贵族”（*patricius*），他被**札贝尔干**率领的**匈人**在色雷斯抢劫并俘获，后来被赎回。［Agath.[+4]］	559
p 斯特凡努斯 60（*Stephanus 60*）	B 1196-7	他是皇帝希拉克略的外甥，被送给**阿瓦尔人**做人质，后来被他的母亲玛利亚 12 赎回。［Nic.］	622-*635
p 西奥多罗斯 28（*Theodorus 28*）	B 1253	一名医生，在**阿瓦尔人**围攻西尔米乌姆的时候，他精心照顾博努斯 4。［Men. Prot.］	568
p 瓦莱里阿努斯 2（*Valerianus 2*）	B 1361-2	罗马的律师，在他家中的还有**佚名 75**，他是一名**不里阿耳人**宫廷侍卫（*spatharius*）。［Greg.］	M VI
p 佚名 3（*Anonymus 3*）	B 1428	伊利里亚的 *PPO*，他让维塔利亚诺斯 2 给**阿瓦尔**汗**巴颜** 800 名士兵，让他停止掳掠。［Men. Prot.］	568
p 佚名 139（*Anonymus 139*）	B 1451-2	在一封印上姓氏是**阿瓦尔库斯**（Avaricus），铭文是 ... τοῦἈβαρικοῦ［福格艺术博物馆印章 1460 号］	VI/VII

2.2. 萨珊波斯

名号	页码	词条摘要及相关史料	年代
k 库思老一世（*Chosroes I*）	A 303-6	他与**突厥**可汗**室点密**的女儿结婚。［Joh. Eph.[+9]］	531-579
k 霍尔木兹四世（*Hormisdas IV*）	A 603-4	波斯王，他的母亲是**突厥**公主，**室点密**可汗的女儿。［Joh. Eph.[+9]］	579-590
r 阿德尔古敦巴德斯（*Adergudunbades*）	A 15-16	波斯军事长官（χαναράγγης），他的辖地与**嚈哒匈人**的疆域接壤。［Proc.］	498-541
r 阿塔斯雷思 1（*Artasires 1*）	A 131	波斯人，贝利萨留的侍卫官［δ］，他与**匈人伯查斯**以及库提拉斯袭击了罗马附近的哥特人。［Proc.］	537
r 巴莱斯马纳斯（*Baresmanas*）	A 171	卑路斯领导的达拉之战中波斯将领之一，被**匈人苏尼卡斯**杀害。［Proc.］	530
r 巴赫拉姆 2（*Bahram 2*）	A 166-7	姓“楚宾”（*Čobīn*），波斯将领，在霍尔木兹治下，他在波斯东方击败了**突厥人**。［Theoph. Sim.[+7]］	588-589
r 梅尔梅若伊斯（*Mermeroes*）	B 884-5	波斯指挥官，他带着从**沙比尔匈人**那里来的援兵从莫切雷希斯（Mocheresis）出征。［Proc.[+1]］	552
r 纳霍拉干（*Nachoragan*）	B 909-10	拉齐察的波斯指挥官，在一次徒劳的行动中，对阵来自阿尔齐波利斯附近的罗马军队中的**匈人**时，他的许多迪林尼泰人（Dilimnitae）被对方吞并了。［Agath.］	556
r 沙赫尔巴鲁兹（*Šahrbarāz*）	B 1141-4	波斯将领，在**阿瓦尔人**围攻君士坦丁堡时，他出现在卡尔西顿（Chalcedon）。［Theod. Sync.[+10]］	626

2.3. 外高加索王国（亚美尼亚人、伊比利亚人［Iberians］、阿巴斯基人［Abasgi，译按：居住在今格鲁吉亚阿布哈兹的一个古代民族］、拉兹人［Lazi］）

名号	页码	词条摘要及相关史料	年代
k 阿达尔纳斯一世（*Adarnase I*）	A 13-4	伊比利亚的统治者，他协助**哈扎尔汗叶步・哈坎**围攻第比利斯。［*K'.C'.*[+2]］	627/628
k 古巴泽斯（*Gubazes*）	A 559-60	拉兹国王，他与阿兰人和**沙比尔匈人**结盟，守卫拉齐察。［Proc.］	*ante* 548

续表

名号	页码	词条摘要及相关史料	年代
k 奥普斯蒂斯 2（*Opsites 2*）	B 955-6	阿巴斯基的国王，他的军队被罗马人打败后，他逃到高加索的**匈人**那里了。［Proc.］	550
k 斯特凡努斯 55（*Stephanus 55*）	B 1195-6	伊比利亚的统治者，忠实于波斯，在**哈扎尔人**联合希拉克略围攻第比利斯的时候被杀。［*K'.C'.*］	627
r 阿塔巴尼斯 2（*Artabanes 2*）	A 125-30	亚美尼亚人，在意大利的资深指挥官，他与**弗拉达赫**以及一支罗马人和**匈人**的部队在比萨鲁姆摧毁了不少罗萨的前锋部队。［Agath.］	554
r 伊萨克斯 1（*Isaaces 1*）	A 718	首领（*dux*），帕尔萨美尼亚（Persarmenia）的土著，他和约安尼斯 46 受命与一支罗马人和野蛮人（**匈人**或**不里阿耳人**混杂在里面）的部队，去与埃皮达姆努斯（Epidamnus）的贝利萨留会师。［Proc.］	546
r 纳尔西斯 1（*Narses 1*）	B 912-28	一名太监，帕尔萨美尼亚的土著，征讨意大利的主要指挥官，在向萨罗纳（Salona）进军的时候遭到一支**匈人**部队的阻击；他将自己安排在布斯塔·高卢鲁姆（Busta Gallorum，译按：即塔吉纳［Taginae］会战所在地）的左翼，与最精良的罗马部队（包括**匈人**）编在一起；在他的侍卫内有一个**不里阿耳**的宫廷侍卫（*spatharius*），在**阿瓦尔人**袭击潘诺尼亚的时候去世了。［Proc.[+1]］	551-552 *573
r 帕库里乌斯（*Pacurius*）	B 959	伊比利亚王公，位于奥特朗托（Hydruntum，译按：此即 Otranto 的拉丁语形式）罗马军队的指挥官，他击败了**匈人拉格那里斯**。［Proc.］	552
r 萨哈克·马米孔尼安（*Sahak Mamikonian*）	B 1106	亲罗马的亚美尼亚贵族，在色雷斯抵抗**阿瓦尔人**的 1000 名骑兵部队的指挥官。［Sebeos］	*ante* 589
r 斯姆巴特·巴格拉图尼（*Smbat Bagratuni*）	B 1209-11	亚美尼亚贵族，用于抵抗**阿瓦尔人**的 1000 名骑兵部队的指挥官。［Sebeos］	*ante* 589

2.4. 东方人和东方王国（中国人、粟特人）

名号	页码	词条摘要及相关史料	年代
kb 马涅亚克（*Maniach*）	B 810	粟特的统治者（τῶν Σογδαϊτῶν προειστήκει），**突厥**汗的属民，他建议**西扎布鲁**寻求罗马人的支持，并被派遣出使君士坦丁堡。［Men. Prot.］	568/569
k 泰桑（*Taisa*n，译按：即汉文“天子”的音译）	B 1214	“天子”（Ταϊσάν），陶家思（Taugast，译按：疑与突厥人对中国的称谓 Tabğaç，即后来的“桃花石”有关）人民的统治者（κλιματάρχης），与**突厥**汗有外交关系。[①]［Theoph. Sim.］	L VI
b 佚名 79（*Anonymus 79*）	B 1441	马涅亚克的儿子，被**突厥**汗**西扎布鲁**派遣作为使者去陪同蔡马库斯 3。［Men. Prot.］	570/571

3. 其他的人群

3.1. 伦巴第人

名号	页码	词条摘要及相关史料	年代
k 阿吉鲁尔夫（*Agilulfu*s）	A 27-9	也称“阿戈”（*Ago*），伦巴第的国王，他寻求与阿瓦尔人和解，他协助阿瓦尔人，他与阿瓦尔人签订永久协议，**阿瓦尔人**派给他由**斯拉夫人**构成的盟军。［Paul. Diac.］	593-603
k 阿尔博因（*Alboin*）	A 38-40	伦巴第的国王，在击败了格皮德王国之后，他与阿瓦尔人结盟，入侵意大利并把潘诺尼亚让给了**阿瓦尔人**。［Men. Prot.+2］	566-568
h # 阿伊奥（*#Aio*）	A 33-4	贝内文托（Beneventum）的军事首领（*dux*），在西旁托（Sipontum）附近与**斯拉夫人**作战时被杀。［Paul. Diac.］	642
h 卡柯（*Cacco*）	A 258	弗留利（Friuli）的军事首领（*dux*），他与兄弟拉朵尔杜斯（Radoaldus）和塔索 1（Taso 1）被**阿瓦尔人**俘虏了，不过后来跑掉了。［Paul. Diac.］	*610
h 吉苏尔福斯 2（*Gisulfus 2*）	A 537-8	弗留利的军事首领（*dux*），在威尼西亚（Venetia，译按：即威尼斯在中世纪的称谓）与一支**阿瓦尔**劲旅打仗并被杀害。［Paul. Diac.］	*610

① 对应于汉文中的“天子”。

续表

名号	页码	词条摘要及相关史料	年代
h 伊利第吉萨（*Ildigisal*）	A 616-7	曾任罗马宫廷侍卫骑兵（*schola palatina*）的指挥官，他在色雷斯击败了一小拨与罗马结盟的**匈人**。［Proc.］	552
h 拉朵尔杜斯（*Radoaldus*）	B 1074-5	贝内文托的军事首领（*dux*），他与兄弟卡柯和塔索 1 被**阿瓦尔人**俘获，但跑掉了；后来他在西旁托向**斯拉夫人**为他的兄弟阿伊奥之死寻仇。［Paul. Diac.］	*610 642
h 塔索 1（*Taso 1*）	B 1218	弗留利的军事首领（*dux*），他与兄弟阿伊奥和拉朵尔杜斯被阿瓦尔人俘虏，但后来跑掉了。［Paul. Diac.］	*610
p 阿帕（*Appa*）	A 101	吉苏尔福斯 2 的女儿，她被**阿瓦尔人**俘虏并当作奴隶卖掉了。［Paul. Diac.］	E/M VII
p 罗米尔达（*Romilda*）	B 1094	吉苏尔福斯 2 的妻子，在她丈夫去世之后，她背叛了弗鲁姆卢里（Forumlulii，译按：即今奇维达莱德尔夫留利［Cividale del Friuli］），去投靠**阿瓦尔汗**了。［Paul. Diac.］	*610

3.2. 法兰克人

名号	页码	词条摘要及相关史料	年代
k 希尔佩里库斯 1（*Chilpericus 1*）	A 292-6	法兰克人的国王，他与其兄弟西吉贝尔特在出征**阿瓦尔人**之际同室操戈。［Greg. Tur.］	*562
k 达戈贝特 2（*Dagobertus 2*）	A 383-4	法兰克人的国王，他允许潘诺尼亚的**不里阿耳人**，以及**阿瓦尔**逃兵在巴伐利亚定居，但是后来下令对他们进行屠杀。［Fredegar.］	*630/632
k 萨摩（*Samo*）	B 1109-10	法兰克人种，**斯拉夫文德人**在他的帮助下击败阿瓦尔领主之后，让他做了国王；他统治了 35 年，在此期间他多次征讨**阿瓦尔人**。［Fredegar.］	M VI
k 西吉贝尔特一世（*Sigibertus I*）	B 1146-8	法兰克人的国王，成功地征讨**匈人**（**阿瓦尔人**），但是后来被击败并俘获了，最后又被赎回，是用礼物与阿瓦尔汗**巴颜**签订了停战协议。［Greg. Tur. +4］	562 566

续表

名号	页码	词条摘要及相关史料	年代
k 西奥德里库斯 4（*Theodericus 4*）	B 1237-9	法兰克人的国王（即提乌德里克二世［Theoderic II］），他向君士坦丁堡派遣了贝图斯（Bettus）和博索 2（Boso 2）组成的使团，提出要帮助拜占庭帝国对付**阿瓦尔人**；可惜他的提议被莫里斯否决了。［Theoph. Sim.］	*598
b 贝图斯（*Bettus*）	A 231	西奥德里库斯 4 派到莫里斯那里的使臣，要求帮助对付**阿瓦尔人**。［Theoph. Sim.］	*598
b 博索 2（*Boso 2*）	A 247	西奥德里库斯 4 派到莫里斯那里的使臣，要求帮助对付**阿瓦尔人**。［Theoph. Sim.］	*598
b# 西卡里乌斯 2（*#Sicharius 2*）	A 1145	法兰克国王达戈贝特派到萨摩治下的**斯拉夫人**那里的使臣。［Fredegar.］	630

3.3. 其他的日耳曼人群（阿勒曼尼人、巴伐利亚人、格皮德人、哥特人、赫鲁利人［Heruls］、苏维汇人、汪达尔人）

名号	页码	词条摘要及相关史料	年代
k 库尼门都斯（*Cunimundus*）	A 364	格皮德人的国王，被**阿瓦尔人**袭击，又被伦巴第人击败和杀害。［Men. Prot.+4］	566/567
k 塔西洛（*Tassilo*）	B 1218-9	巴伐利亚人的国王或首领（*dux*），卷入了针对**斯拉夫人**的袭击中，当**阿瓦尔人**介入之后他受到了重大的损失。［Paul. Diac.］	595/596
k 托提拉（*Totila*）	B 1328-32	东哥特人的国王，被怀疑贿赂**斯克拉文尼**去袭击罗马人的疆域，他们真的去了。［Proc.］	551/552
k 图里辛都斯（*Turisindus*）	B 1345-6	格皮德人的国王，他邀请**库特里格尔匈人**帮助格皮德人对付伦巴第人，将他们渡过多瑙河，并派他们去骚扰罗马的疆域；后来同样也将**斯克拉文尼**渡过多瑙河。［Proc.］	551-552
q 布伦希尔德（*Brunichildis*）	A 248-51	是一名西哥特的公主，嫁给了法兰克国王西吉贝尔特一世。在**阿瓦尔人**袭击图灵吉亚（Turingia，译按：即今图灵根［Thüringen］）的时候，她赔款求和。［Paul. Diac.］	*596

续表

名号	页码	词条摘要及相关史料	年代
h 布里加尔（*Bulgar*）	A 251-2	貌似是一位西哥特人，可能是君德马尔（Gundemar）在位时纳博讷（译按：全称 Gallia Narbonensis，译作纳博讷高卢）的军事首领（*dux Narbonensis*），非常关心关于阿瓦尔人受布伦希尔德和法兰克国王西奥德里库斯 4 挑唆将要袭击忒奥德伯特（Theodebert）的流言。［*Ep. Wisig.*］	610/612
h# 科罗多贝尔图斯（*#Crodobertus*）	A 314	阿勒曼尼人的军事首领（*dux*），他赢得了一场对**斯拉夫人**的胜利。［Fredegar.］	630
h # 加里巴尔都斯 2（*#Garibaldus 2*）	A 504	巴伐利亚的军事首领（*dux*），被**斯拉夫人**在阿古恩图姆（Aguntum）（在诺里库姆［Noricum］）击败，后来他驱逐了他们。［Paul. Diac.］	E VII
h 格巴门都斯（*Gebamundus*）	A 505	汪达尔贵族，被盖利摩（Gelimer）派遣率领 2000 人出征，被贝利萨留的**匈人**在阿德底斯姆（Ad Decimum）附近杀害。［Proc.+2］	533
h 罗萨（*Leutharis*）	B 789-90	一名阿勒曼尼人，在意大利的法兰克人指挥官，他的先锋部队被阿塔巴尼斯 2 和**匈人弗拉达赫**伏击。［Agath.］	554
h 瓦西莫斯（*Vacimus*）	B 1350	哥特人的指挥官，被维蒂西斯派去袭击安科纳，被**匈人古布尔古**都击退。［Proc.］	538
h 弗里阿里斯 2（*Vliaris 2*）	B 1388-9	一名哥特人，可能是那不勒斯的军官（*comes Neapolitanae civitatis*），他接纳了非洲罗马军队的**匈人**逃兵。［Proc.］	533/534
h 弗斯蒂巴都斯（*Vsdibadus*）	B 1396	格皮德的领袖，他向罗马人寻求庇护，**阿瓦尔**汗**巴颜**要求他投降。［Men. Prot.］	568
r 德罗克图弗斯 1（*Droctulfus 1*）	A 425-7	也称“德罗克顿”（*Drocton*），是色雷斯的军事指挥官，他和约安尼斯 101“慕斯塔孔”击败了围攻亚德里亚堡的**阿瓦尔人**。［Theoph. Sim.+1］	587
r # 菲勒穆特（*#Philemuth*）	B 1020-1	一名赫鲁利人，赫鲁利联盟的指挥官，他和纳尔西斯 1 击败了在色雷斯的一支前来侵扰的**斯拉夫人**。［Proc.］	545/546
p # 佚名 100（*Anonymus 100*）	B 1445	在色雷斯与**斯拉夫人**在一起的一名格皮德人和基督徒，他潜逃到罗马人阵营内，给普利斯库斯 6 带来情报，使得罗马人能够在**穆索修斯**的领导下击败**斯拉夫人**。［Theoph. Sim.］	593

3.4. 斯拉夫人群（安特人、克罗地亚人、索布人、文德人等其他斯拉夫人）

名号	页码	词条摘要及相关史料	年代
k # 穆索修斯（*Musocius*）	B 906	**斯拉夫人**的国王，在一次夜袭中被亚历山大11俘虏。［Theoph. Sim.[+1]］	593
k # 普尔加斯（*#Porgas*）	B 1048	**克罗地亚人**的统治者，当时正值克罗地亚人在希拉克略统治时期接受基督教。［Const. Porph.］	E/M VII
k 瓦鲁克（*Walluc*）	B 1399	**文德人**的统治者，在**阿希奥库斯**统治下的**不里阿耳人**受到巴伐利亚人屠杀之际，他为不里阿耳人提供庇护。［Fredegar.］	M VII
h # 阿尔达加斯特（*#Ardagast*）	A 106	**斯拉夫人**的领导者，被康门提奥罗斯 1 在安斯侬（Ansinon）附近击败，被普利斯库斯 6 在多瑙河北岸击败。［Theoph. Sim.[+3]］	585 593
h # 查特宗（*#Chatzon*）	A 285-6	**斯拉夫人**的首领，他领导了一次对塞萨洛尼基的围攻，但是被擒获，并被处以石刑。［*Mir. Dem.*］	614/615
h 达乌仁提乌斯（*Daurentius*）	A 390	**斯拉夫人**的领导者之一，他把**阿瓦尔**汗**巴颜**派遣的使臣杀掉了。［Men. Prot.］	M/L VI
h # 德尔凡努斯（*#Dervanus*）	A 396	**索布人**的军事首领（*dux*），长期以来臣服于法兰克人，他向萨摩治下的文德人投降了。［Fredegar.］	630
h 罗贝罗斯（*Lobelos*）	B 794	**克罗地亚人**的一名首领，他抵达达尔马提亚并臣服了那里的**阿瓦尔人**。［Const. Porph.］	E VII
h 佩拉加斯图思（*Peiragastus*）	B 988	**斯拉夫人**的领导者，阿瓦尔汗以骑兵伏击佩特鲁斯 55 过程中的盟友。［Theoph. Sim.[+1]］	594
b 梅扎梅鲁斯（*Mezamerus*）	B 887	**安特人**当中的领袖之一，在他从**安特**出使阿瓦尔人的途中被暗杀。［Men. Prot.］	*558/560
p# 希尔布狄乌斯 2（*#Chilbudius 2*）	A 287	**安特人**，被**斯拉夫人**抓住，卷入了一场阴谋，他号称自己是曾任罗马帝国 *MVM* 的希尔布狄乌斯 1。［Proc.］	545/546

（陈浩 译）

中世纪欧洲文化想象中的欧亚游牧民族形象*

〔克罗地亚〕米尔科·萨德利奇（Mirko Sardelić）撰

本文有助于加深我们对中世纪欧洲定居民族与游牧民族之间关系的理解。本文阐释了欧洲文化想象中的游牧民族形象，尤其是对保存于不列颠和君士坦丁堡等地的中世纪史料进行了解读。这一想象是长期积累的情感反应的产物，针对的是来自欧亚草原的外来者，他们往往被视为一个严峻的威胁，抑或是强大的［潜在］军事盟友。构建这一欧亚游牧形象的过程，看似简单自然。不过，我们不能过于简化它的复杂程度。对这一想象的重建，是若干学科共同努力的结果。本文的宗旨是为了让读者一瞥形象学、社会心理学、跨文化史和情感史的跨学科研究视角。

定居人群的个体、群体和全体在观察甚或遭遇游牧民族时，他们都有不同程度的恐惧、狐疑、不解、优越感和浪漫色彩。（Miggelbrink et al. 2013: 12）

* 感谢澳大利亚研究委员会情感史（欧洲 1100—1800 年）卓越中心，以及克罗地亚科学基金会项目（HRZZ 6547）（首席专家：达米尔·卡尔比奇博士［Damir Karbić］）对本项研究的资助。

这段引言是对“文化想象”这一复杂概念提纲挈领式的介绍。这个概念被拿来讨论与欧亚大陆定居-游牧关系的两个重要问题。第一，中世纪的欧洲是如何想象内陆亚洲的游牧民族的？他们大体的形象如何，又是基于何种知识构建的？第二，这些形象的情感纽带和情感内涵是什么？

研究框架

在重构过去的事件和情境时，人们总是如履薄冰。不仅是因为“过去是一个异邦”。在这里，所谓的“分析”，[其实] 就是对过去一种文化对另一种文化的“解读”本身进行解读。对史料的解读，就像一项法医调查：无论一个人多么勤勉、仔细地查阅卷宗，一份新发现的手稿，哪怕是上面的一个旁注，都有可能对整个事件带来全新的曙光。不过，在这种事情发生之前，我们还是要在现有的证据下进行研究。所以，笔者首先阐述一下基本的研究方法。

至少有两种可能的路径，能够简要阐述笔者要介绍的第一种类型。我们可以按照时间顺序，来分析从古代到中世纪欧洲史料中游牧民族的形象。在这一研究路径下，人们可以从斯基泰人开始，不仅是因为最早的欧洲历史书写（例如希罗多德的《历史》）将他们描绘成一个令人印象深刻的“他者”。（Hartog 1988）更重要的是，这一游牧形象在后世的许多语境中被反复使用，例如晚期的匈人和阿瓦尔人都被视作“斯基泰人”。（Shuvalov 2017）希罗多德笔下作为“他者”的古老游牧者形象，之所以被不断重提，是因为它能够让人们把那些有威胁的“陌生”事物化约为熟悉的事物 —— 尽管受威胁的程度并未减弱。不过，有时这可能会造成混乱，例如在文献资料中，人们会发现各种各样（时代错乱的）名称：匈人被称为“斯基泰人”，阿瓦尔人和不里阿耳人被称为“匈人”，马扎尔人被称为“斯基泰人”或“匈人”或“阿瓦尔人”或“突厥人”。

很有可能，不少人是倾向于接受这种既有形象的。例如，正如波尔（W. Pohl）所提示的，在公元400年左右，几乎每年都有新的人群越过罗马帝国的边界，但是昔兰尼的辛奈西斯（Synesius of Cyrene）说：“哪有什么新的蛮族。古斯基泰人总是编造出新的名字来，欺骗我们罗马人。”（Pohl 2018: 5）或者，正如奥托·曼辰-海尔芬（O. Maenchen-Helfen）所说，之所以造成术语上的混乱，一方面是“把陌生事物熟悉化”（*reductio ad notum*）的人之常情，另一方面是博学的历史学家引经据典的结果。（Maenchen-Helfen 1973: 7）

此外，人们还可以用一种文化框架，来分析某些欧亚游牧民族（匈人、阿瓦尔人、马扎尔人和蒙古人）[①] 在中世纪欧洲文献中的形象。具体来讲，笔者要用的是一种身份认同（自我和他者）的概念——它由“文化想象”的概念语境化了。

笔者的目标，是分析游牧民族究竟以何种方式出现在欧洲的（在文献资料中所表达的）文化想象之中，以期对情感史做出一点贡献。不过，由于我们不可能摒弃其他的历史因素来孤立地研究情感，所以，一套囊括文化、身份、表征、文学象征和情感的理论和历史的方法，对于我们处理该主题而言，似乎是必要的。笔者的研究方法，是分析这些形象所产生的文化语境。正如克利福德·格尔茨（Clifford

① 在通俗读物中，也有部分章节涉及欧洲文化想象中的匈人形象，参见：Maenchen-Helfen 1973; Kuosmanen 2013；关于阿瓦尔人的形象，参见：Pohl 2018; Kardaras 2018；关于马扎尔人的形象，参见：Zimonyi 2016; Bácsatyai 2017; Csukovics 2018；关于蒙古人的形象，参见：Jackson 2005。以上都是有价值的参考文献。

Geertz）基于马克斯·韦伯（Max Weber）的理论所指出的："人类是一种困厄于自己所编织的意义之网中的动物，我认为文化就是这张网。"（Geertz 1973:5）此外，人们也可以把文化定义成以下的模式：从历史上派生的和经过筛选的观念，以及它们在（那些强烈影响到个体如何思考、感觉和行动的）制度、实践和文物中的化身。（Ford & Mauss 2015:1）在研究涉及情感状态的文献资料时——其目的是重构中世纪基督教世界的氛围，制度性语境的重要性似乎更加突出。

中世纪基督教对欧亚游牧民族的想象，是由多种成分构成的，可以用文本—互文—语境的范式来分析。（作为史料的）文献带有作者的"印记"，也是由写作的动机和目的，以及作者所处的文化所决定的。人们要特别注意互文性，因为根据法国形象学家达尼埃尔-亨利·巴柔（Daniel-Henri Pageaux）的说法，想象是用来"存储和再现来自（也可能并非来自）异域的碎片、序列和片段"的领域。（Pageaux 2001）

这句话对于欧亚游牧民族的想象概念，意味着什么呢？它意味着，描述游牧民族的中世纪史家们可以利用一个包含着两层传统的古代文献库，分别是古典传统和基督教传统。这些文献提供了一个关键的参照源，也就是说它是构建更深层次认知的一个基础。对于中世纪的史家来说，只要把普林尼（Pliny）、索里努斯（Solinus）、阿米安努斯·马赛林努斯（Ammianus Marcellinus）某段文字上的灰尘掸掉，就可以变成一段关于亚洲地区或亚洲居民的记载了。此外，古代文献的权威性，赋予了它额外的价值——就像一枚值得信赖的印章。引用古典文献的做法有一个特点，那就是后世史家自己的主观经验，可能会被从典籍中抄录而来的未经核实的，甚至是错误的信息所喧宾夺主，甚至是完全取代。（Merrills 2005: 24）

对《圣经》或有关世界末日文献的引用，更有说服力：[《圣经》中]某个单一的段落，某句补遗，都可以成为与基督教想象相关的“超链接”。这些引用中最有力的实例之一，可以在阿普利亚的罗杰（Roger of Apulia）所著《悲歌》（*Carmen miserabile*，译按：书名全称是《鞑靼蹂躏匈牙利王国的悲歌》[*Carmen Miserabile super Destructione Regni Hungariae per Tartaros*]）的序言中找到。作者是一位13世纪的意大利牧师，他写道，作为蒙古战俘他度过了“一载、半载”。（Master Roger 2010: 134-135）罗杰在这里引用了《但以理书》第7章第25节——《但以理书》是启示文学的一朵金花，他虽没有交代囚禁的具体时长，但是却[巧妙地]借用《圣经》时代的语言，形象地表达了他所经历的困苦。（译按：《但以理书》原文作：他必向至高者说夸大的话，必折磨至高者的圣民，必想改变节期和律法。圣民必交付他手一载、二载、半载。）

文化想象

十多年前，克劳迪娅·施特劳斯（Claudia Strass）在她的论文开头称：“‘想象’正在取代‘文化’‘文化信仰’‘意义’和‘模式’，成为人类学和文化研究中越来越普遍的概念。”（Strauss 2006: 322; Stankiewicz 2016）

集体想象为群体的归属感提供了一个框架，它将群体成员凝聚在一起，提供了[群体所有成员]共同的结构、边界和价值观。几个世纪以来，“欧洲”始终是成百上千的地域性集体身份认同的最大公约数。（Saunders 2009; Berger 2009）“我们”身份的内涵，往往取决于“他者”是谁。当我们放大到广阔的欧亚大陆，在更大范围内讨论匈人、阿瓦尔人、马扎尔人、蒙古人、库曼人和奥斯曼人的入侵时，那么多瑙河流域亦可称为“欧洲”，那里是人群接触最密集的地区。（参考 J. Preiser-Kapeller 的著作）后期，我们可能还会使用宗教来界定，并称［欧洲］为基督教世界。

想象，可以描述成某个群体行为和思考行为方式的框架。它区分出“好”和“坏”的做法。它会选择历史的模式，对未来有愿景、有梦想。（Pageaux 2001）如果允许进一步简化的话，“社会想象”是某个社会为自身和他者所形塑的一种思想形象的合集 —— 更确切地说，关涉的是他者参照下的自身。[①] 这种参照他者的动因，正是所谓“身份认同”的内核 —— 该词的含义丰富，在过去几十年内备受争议。

我们可以勾勒出“想象”的三重特征：它承载于形象、故事和传说之中；它被大量的人（甚至是社会全体）分享；这一直接的共识，产生了共同的行为和广泛接受的合法性意识。（Taylor 2004: 23）

我们在这里不可能去对“身份”进行定义，所以最好再用一个例子来说明问题。这个例子，对于历时性比较定居与游牧、“文明”与“不文明”社会之间关系时，很有帮助。派维 · 库斯曼宁（Päivi Kuosmanen）敏锐地观察到，4 世纪阿米安努斯 · 马赛林努斯所建构的匈人形象，完美地凸显了罗马人与外来者之间的所有差异。[②]（Kuosmanen 2013）在阿米安努斯 · 马赛林努斯的笔下，匈人不得体的衣服（*pellibus;corris haedinis*）、野蛮的行为（*totum furori incitatissimo tribuentes;indomitumque hominum genus*）、难以理解的说

---

① 这些可以作为参考：“当来自不同国家和文化的人们相遇时，真实经验与心理形象之间会彼此竞争。”（Beller & Leersen 2007: 7）

② 感谢派维 · 库斯曼宁博士在 2012 年的通信中对笔者提出的意见，并提供了已出版的和尚未出版的材料。

话方式（*flexiloqui et obscuri*）、不信仰宗教（*nullius religion onis vel tionis*）、政府管理不善（*aguntur autem nulla severitate regali*）和反复无常的性格（*per indutias infidi inconstantes*），都与罗马人大相径庭。（Ammianus Marcellinus 1986: 380-387; book 31.2）匈人的身体和精神特征，在每一个细节处都与理想化的罗马公民完全相反，后者（就上文所述的几点）穿着亚麻套装；始终追求自律，能言善辩；赞美上帝；生活在一个井井有条的国家体制内；有强烈的道德观。（Collander 2008; Issac 2004: 305 - 306; Wiedemann 1986; Burgersdijk 2016）

另一位罗马历史学家塔西佗，对日耳曼部落的描述，比他的前辈来得更加正面。为了与当时罗马人的邪恶品行形成鲜明对比，他塑造了一种高贵-质朴式的日耳曼人形象。这时，就很有必要考虑具体的历史语境了。塔西佗在撰写他的作品时（公元1世纪晚期），日耳曼民族处于相对从属的地位，或者在多瑙河对岸的偏远地区。[与之相反，] 阿米安努斯·马赛林努斯写作的时代，正是匈人摧毁罗马城市之际。所谓“外邦”人，只要他们处在安全距离以外，就可以列入“有趣”的范畴之内。从文化想象中“选取”恰当形象的时候，空间上的距离，是一个关键因素。

他者与敌人

所谓的“他者”，是指那些不在我们的圈子内，与我们有不同价值观、不同品性的人，甚至按照弗洛伊德的理论，“他者”是我们身上缺陷的投射。不过，当“他者”对我们的圈子构成威胁时——无论是通过思想还是武器，他就不再是“他者”，而是“敌人”。从古代到21世纪，“敌人”最常见的特征，就是奸诈、好战、残酷和无情。

当然，既然是一种敌对，那么肯定是双方的：双方都以同样的方式感知、描述自己和对方，而且对彼此特征的描述都是程式化的，几乎千篇一律。尽管不是所有的刻板印象都是用来形容“敌人”的，但“敌人”的形象一定都是刻板的、负面的。他们所有的特征，被化约为少数几条，然后被表述成是天生的、永恒的。为了让人信服，“敌人”的形象一定要有高辨识度、有威胁性、有（假）条理性，且有感情色彩。（Vuorinen 2012: 5）

当威胁变得更大（或者更紧迫）时，“敌人”的形象就会得到强化，“敌人”会被诋毁和非人化——作为自我防御机制的一部分。“对某个群体的威胁，尤其当这种威胁来自于一个有着不同世界观的群体时，就会对这个群体成员的心理，甚至是生理的根基带来打击。”（Frank & Melville 1988: 199）敌方共同体的成员，被视为野兽或恶魔，他们只有极少甚至完全没有任何社会组织，却拥有高超的武艺。无论敌方共同体有多么发达，这种非人化的进程都泯灭了人类在杀戮他人时的那份克制，而对这份克制的维持，往往是和平社会关系的先决条件。当我们受到威胁时，我们觉得有必要绕过不得杀戮他人的常规禁令，我们采取的方式是把他人变成“敌人”——一个畸形的、非人类的动物形象，这样就可以名正言顺地杀死他了。甚至，与这些有威胁性的怪物作斗争，变成了一种可敬的，甚至是神圣的行为了。（Frank & Melville 1988: 201-202; Vuorinen 2012: 4）在这一逻辑下，把一个被定义为邪恶的“敌人”消灭掉，就获得了一种理性的、合法的根基。

基督教启示性机制

欧洲与游牧民族之间的交往（最常见的是暴力接触）主要是由

基督教人士撰写的，所以这些外来者首先被以一种基督教的世界观来评骘，也就不足为奇了。《圣经》和希腊-罗马的经典文献，为最早的叙述提供了资料，因为这两种传统在它们的文化想象中，都提到了来自东方国家的人具有奇异外貌。（欧洲）古典世界内的根本性二元对立——希腊人和稍晚的罗马人与野蛮人之间的相对，转变成了古代晚期和中世纪的一种同样影响深远但略有不同的版本，即基督教世界与异教世界的二元对立。这一转变，可以在4世纪晚期最有名的基督教诗人普鲁登修斯（Prudentius）的一首诗中清楚地看出来："所谓'罗马人'和所谓'野蛮人'之间的差别，就如同四足生物与两足生物，或者哑巴与说话者之间的区别。此外，罗马人忠诚地服从上帝的指令，而野蛮人则麻木地崇拜邪教和迷信。"（Prudentius 1953: 71;verse 816-819）"蛮族"和"异教徒"［这两个概念］，很快就纠缠在一起，成为同义词。（Beller & Leersen 2007: 267）

古典史家与基督教史家之间的分野只是徒有其表。早在公元4世纪，圣哲罗姆（Saint Jerome）就说过，基督教的人道主义精神，是建立在异教传统（希腊-罗马）与基督教传统的统一性的基础之上的。因此，中世纪史家在处理［希腊-罗马的］古典主题时，［总是］交织着《圣经》的引文。（Curtius 2013: 36-37, 72）

因此，奥托·曼辰-海尔芬在解释为何［中世纪史家对］匈人的研究缺乏兴趣时，简单地总结为"匈人很早就被妖魔化了"（书中段落的标题就是"妖魔化"），还是有道理的。（Maenchen-Helfen 1973: 2）他引用了几位亲历过匈人入侵欧洲的目击者的话，来支持他的论点。（Maenchen-Helfen 1973: 2-5）一些关键的文献证据，不外乎来自那些伟大的教会神父，诸如安布罗斯（Ambrose）、哲罗姆和奥古斯丁。

世界末日的场景，在中世纪基督教文化中的重要性，是再怎么强调也不为过的。基督的第二次降临，与最后的审判和世界末日有关。在世界末日之前，人类遭遇了一场危机，主角之一是《圣经》中哥格（Gog）和玛各（Magog）民族。（Anderson 1932; Cary 1956; Chekin 1992）圣安布罗斯（公元 4 世纪）把哥格人比定为哥特人；圣哲罗姆（公元 4—5 世纪）将其比定为斯基泰人（即匈人）；保卢斯·奥罗修斯（Paulus Orosius，公元 5 世纪）将其比定为匈人。不少 13 世纪的史家，对蒙古人做了同样的比定。（Schmieder 2006; Sardelić 2013）

宗教启示性文学的传统，非常深厚。不过，我们需要记住的是，"末日"可以被定义成"一种具有叙事框架的宗教文学体裁——在这一叙事框架内，上帝的启示对人类来说是一种超凡入圣的存在，它揭示了一个超凡脱俗的现实——既体现在时间维度上（因为它预见了世界末日的救赎），又体现在空间维度上（因为它涉及一个出世的彼岸）"。（Collins 1979: 9）当我们考虑到启示文学传统或话语的这层衍生含义时，即"它是为一群处于危机之中的人所准备的，通过神的权威来达到劝勉和/或安慰之目的"，那么它存在的意义就很明显了。（Collins 1997: 41）

当然，任何强行从北方或东方来的外国人，都有着与基督教世界不同的风俗习惯，也都有可能成为"哥格"和"玛各"那样的角色。其中，斯基泰人、匈人、哈扎尔人、匈牙利人，以及 13 世纪的蒙古人（一般称为"鞑靼"），都被视作亚历山大大帝曾经［用铁门］围堵的民族——似乎他们都是冲破城门进入［基督教世界］的。（Schmieder 2009: 15）在某种程度上，这成了一个"老梗"：英雄亚历山大大帝被追溯为护教者（站在欧洲的角度），对抗游牧民族所代表的"邪恶势力"。（Cary 1956）

对“他者”的诋毁和非人化

人类出于不同的原因，十分在意自身的“人性”。这可能与他们对死亡的恐惧有关，或许与他们跟其他人或动物的关系先天不健全有关。一些微妙的、无意识的非人化（也称为“去人性化”）手段，时时都在发生。把他人视作异类，当然就是接近于非人化［的手段］。不过，理论家们认为，从感知差异发展到非人化，［还有一道步骤，那就是］“他者”必须要被视作某种动物，抑或是某种机械性的物件——它缺乏人类所具有的个性、温情与情感等基本特征。（Bain & al. 2013: 91）在许多情况下，西方基督教世界需要让欧亚草原人群“非人化”，就像他们对待早期的入侵者一样。这种反应是可以理解的，因为他们担心自己的生命安全。过去20年内，关于“非人化”的研究有了长足的进步。（Bain & al. 2013）所以，现在是时候总结了。

作为一名见证了1241—1242年蒙古入侵匈牙利和克罗地亚的亲历者，斯普利特的托马斯（Thomas of Spalato）在《鞑靼之灾》（*De peste Tartarorum*）一章（Archdeacon Tomas 2006: § XXXVI）的第二部分中，把鞑靼人描述成人们所能想象的最凶残的敌人。他先讲了一个故事。据说，鞑靼人带走了他们抓来的所有男孩，然后把他们自己的孩子召集过来，让他们用乱棍击打那些男孩的头。这些大人自己坐在一旁，用“残酷的眼神”（*crudelibus oculis*）注视着一切，笑着称赞那些最用力的孩子，或者那些一下就把别人脑袋打碎的孩子。托马斯用以下的话，总结了这一场景：“我还能说什么呢？［鞑靼人］不尊重女性，不怜悯孩子和老人。所有的人，都以同样无情的方式被屠杀。他们更像是魔鬼，而不是人。”（Archdeacon Tomas, 2006: 272-273）接下来的一段话，值得引用：

当鞑靼人来到有宗教信仰的地方时，一群神职人员会穿着圣衣、唱着赞歌和圣歌来到他们面前，好像是在向胜利者表示应有的敬意，献上礼物和祭品，以唤起他们的怜悯。但是，鞑靼人毫无怜悯心和人情味，藐视宗教习俗，嘲笑他们幼稚的虔诚。鞑靼人会拔出剑来，没有丝毫怜悯地砍掉他们的头。然后，鞑靼人冲进修道院，烧杀劫掠，亵渎教会。他们拆毁祭坛，打散圣物，甚至用祭服为他们的妻妾编织绸缎。

如果要从现存有关蒙古人的叙述中选取一段内容，以期引起人们最负面的情绪，甚至刺激读者奋袂而起，那么我会选择上面这段话。在这段不长的篇幅中，托马斯成功地将大量极具戏剧性的场面集中地表现了出来。首先是这样一幕场景，［鞑靼］小孩在得到大人的许可之后，打爆了其他小孩的脑袋。接下来［的场景］是，前来向胜利者致敬的神职人员被斩首。比这些暴行更加可恶的是，上述两种行径都伴随着鞑靼人的笑声和轻蔑。从修辞的角度来看，作者在这段内容中处理暴力层层递进的手法上，是深刻而有力的。在第一幕场景之后，作者得出结论：蒙古人对孩子没有怜悯之心，对妇女和老人没有尊重。另一幕场景揭示的是，蒙古人不尊重上帝。整段内容以［蒙古人］亵渎教堂、破坏圣器、破坏各种专门用于宗教的器物而结束。蒙古人把神圣器物色情化（译按：指用祭服为他们的妻妾编织绸缎），使他们对基督教的极度不尊重大白于天下，即便是那些不知道最后两句话是出自托名麦托丢（Pseudo-Methodius）《启示录》（译按：公元7世纪晚期用叙利亚语写的一部书）的人也能看明白。（Pseudo-

Methodius 2012; cf. Dan. 5; cf. Master Roger 2010: 179, 189, esp. 201）

“残忍”，尤其对人群中最脆弱的老人和小孩的残忍，是“敌人”最常见的刻板印象——所谓“敌人”，就是指威胁到自己阵营的“他者”。（Sardelić 2017: 501)）

本能和标签

某个具有威胁的“他者”身上的所有特征，都会被提炼成几个（标签），然后被表述成是天生的、永恒的。我们在本文讨论的所有游牧民族的相关记载中，都发现了这一点。他们都是被如此描述的，似乎他们的（邪恶）性格是“与生俱来的”，似乎是天生的，且在某种程度上与他们的本能有关。最常被提及的两个特征，分别是嗜血和贪婪。关于生活在拜占庭北方的人群，可以在皇帝君士坦丁七世给他儿子的忠告中找到相关描述：“要知道，所有的北方部落，都对金钱贪得无厌，从不满足，简直就是他们禀性的一部分……”（Constantine Porphyrogenitus 1967: 13）

对阿瓦尔人的描述，也是如此。莫里斯在《战略》中得出了常见的结论：“阿瓦尔人非常迷信、奸诈、肮脏、不忠，对财富有着贪得无厌的欲望。他们轻视自己的誓言，不遵守契约，对赔款永不满足。他们甚至在接受赔款的前一刻，还计划着如何背叛协议。”（Maurice 1984: 116; book 11.2）

10世纪的克雷莫纳（Cremona）主教柳德普朗德（Liudprand）也是以这种方式来描述匈牙利人的“种族性”的，这也就不足为奇了。原文说：“另外，匈牙利人在实施他们的计划之后，纵然屠杀了那么多的基督徒，还是无法满足他们那邪恶的欲望，于是，他们进一步蹂躏甚至是烧毁了基督教的王国……”（Liudprand 2007: 77; Retrib.II, 5: *sed rabiem ut perfidiae satiarent*)；“匈牙利人嗜杀、嗜战”（Liudprand 2007: 76; Retrib.II, 4: *necis sitiens*）；“阿努尔夫（Arnulf）召集匈牙利人来支援他——匈牙利人贪婪、鲁莽、对至尊的上帝一无所知，却精于各种恶行，只热衷于谋杀和劫掠”（Liudprand 2007: 56）。

1241—1242 年蒙古人的入侵，再现了一些人们所熟知的形象：“……他（拔都）派人去烧、杀，这是受他们内在的邪恶所驱使的。”（Master Roger 2010: 169: *innata malitia*）马修·帕里斯（Matthew Paris，译按：中世纪英国历史学家）和圣康坦（Saint Quentin）的西蒙（Simon）等人，以一种特别真实的、极为负面的笔触，来描述蒙古人，其原因是不言而喻的，尤其是考虑到［虽然］那位英国史家（译按：指马修·帕里斯）没有亲身经历过蒙古人的入侵，但那位多明我会的修士（译按：指西蒙）曾经是一支外交使团的成员。（Sardelić 2017）

“游牧蛮族”的这些特质——暴虐、邪恶、贪婪，不仅是“与生俱来”的，甚至是永恒的、极端的。很明显，这些都是非人化的要素。即便是对体质差异的表述——尤其是加上个人的审美之后（例如，“匈奴人的相貌，真丑”），都能立即指向这些修饰词的内涵。

不过，我们要时刻记住，这些“非人化”的形象，并非是（在外貌和生活方式上有着很大不同的）欧亚游牧民族或入侵的“蛮族”所独有的。相反，我们发现它到处都有，甚至适用于同一文化圈内的成员。不过，在这种情况下，“［遭贬抑的］对象”往往是来自其他（通常是较低）社会阶层的人。或者，“对象”是来自相近文化内的某个对手，这点可以从柳德普朗德的书中（Liudprand 2007: 247）看到：对柳德普朗德和他的同胞来说，没有一个词比“罗马”更能代表“所有的卑劣、所有的懦弱、所有的贪婪、所有的淫乱、所有的谎言和所有的恶行”了。

食与血

民族志总是在开头先谈饮食，有三重原因。首先，我们所有人每天至少都要吃一顿，而饮食始终是一种重要的文化产物。鉴于食物在人类生活中扮演着中心角色，以及食材和烹制方法的多样性，使得饮食成为展示、传播文化及社会身份的一种有力媒介。（Feidenreich 2011: 4; Sardelić 2017: 499）其次，“他者”吃生肉或类似食物的记载，可以用于论证“他者”属于动物范畴的论据。也就是说，这可以成为让他者“非人化”的一种手段。最后，它是一个引起人们反感的最佳媒介。人类最初之所以会反感呕吐，据说是为了保护身体不受感染——感染是经由消化道进入体内的。于是，对食物和饮食的描述，是引起读者反感的绝佳工具。

“反感”可以分为身体上的反感和社会道义上的反感。（Chapman & Anderson 2012）把生的食物变成一顿［可口］饭菜的行为（饭菜是一种文化的化身），是文化认同的一个要素。例如，正统的犹太人不会吃由其他文化的成员为他们准备的饭菜。（Freidenreich 2011）因此，人们之所以会引起反感、呕吐，不仅与“他者”所吃的食物有关，还与这种食物所代表的文化有关。社会道义上的厌恶，与对神圣性和 / 或纯洁性的违反有关。很明显，食物会引起两种形式的反感。［首先，］它肯定会引起身体上的反感；［其次，］《圣经》中也有一些关于食物的规定必须要遵守，否则就会引起信徒们的反感。

喝血的行为，被证实是蒙古人在极端情况下的做法。然而，在

13 世纪史家的作品中，这一做法被剥离了它所处的语境，成为一种普遍的野蛮者形象。英国编年史家马修·帕里斯在他对鞑靼人的早期描述中，在短短几行内就强调了三次鞑靼人是喝血的，但并未提及该行为所发生的实际语境。更有甚者，他把蒙古人描绘成嗜血成性（*satientes*），蒙古人把血当作美味（*pro deliciis bibentes*）。（Matthew Paris 1872-1883: IV, 76-77）[①] 他提到，当［蒙古人］没有血可喝时，他们就喝泥浆滚滚的浑水（*aquas turbidas vel etiam lutulentas*）。这说明，蒙古人似乎是嗜好肮脏的，而不只是在必要时忍耐一下［肮脏］。总之，马修·帕里斯的这些记载，唯一的目的就是让“他者”丧失人性。

喝血的形象，长期以来始终是一种有用的刻板印象（即一种有辨识度的形象）。因为它不仅能激起［普通］人的反感，对基督教徒来说更是如此：《圣经》严格禁止这种行为，始于《创世记》第 9 章第 2—4 节。在《圣经》后面的部分，解释了其中的原因：“无论什么活物的血，你们都不可吃，因为一切活物的血就是他的生命。”（《利未记》第 17 章第 14 节）

就匈牙利人而言，弗雷辛的主教奥托（Otto of Freising）声称他们“吃生肉、喝人血”（*humano quoque sanguine potaretur*）。（Otto of Freising 1868: 233-234）这就引出了另一个对于“非人化”非常有效的形象——食人族。这点学术界已经讨论过了。（Guzman 1991; Phillips 2013: 89-99, Sardelić 2017: 503）

---

① 施米德尔（F. Schmieder）把关于蒙古人饮食习惯的记载，当作某种常见的文学母题，但是彼得·杰克森（P. Jackson）认为，这些叙述很明显完全符合托名麦托丢的预言。（Jackson 2001: 363）

结论

构建、分析和理解“他者”（这里指的是欧亚游牧民族）形象所产生的文化语境是十分必要的。所有的这些形象，都经过了处理和调适，以适应感知对象的文化观念和期待。把战争时期的形象与和平时期的形象区分开来，是很重要的。那些在冲突发生时所形成的形象，是刻板的、有威胁的、情绪化的——大多数都带有恐惧和两种形式的反感情绪（生理上的反感和社会道义上的反感）。无须赘言，这些形象都是非人化的。

他者形象的“旧瓶”，不断地被注入“新酒”，而旧的素材也被不断地重复使用或者重新诠释。它是由一些不同的，甚至是相互矛盾的“他者”形象或现象构成的。“蛮族”既可以是残忍的和贪婪的，也可以是淳朴的和诚实的——由具体的情况来决定何种形象被“选择”和渲染。

中世纪的欧洲，遭遇了若干强大的游牧民族，例如匈人、阿瓦尔人、马扎尔人和蒙古人——他们认为这些民族都是具有威胁的。负面的、非人化的形象，首先是出于纯粹的生存本能而创造出来的一种必要工具。此后，（在宗教启示性文学传统中）它被用以给人们带来抚慰和希望。接着，同样重要的是，它被用作对抗“敌人”的一种动员［社会］的素材。如此一来，“敌人”便以恶魔或野兽的形象出现，那么他们也就被剥夺了生的权利——无论是以同时代普通人的标准，还是以基督徒的标准来看，都是如此。

（夏婷婷 译　陈浩 校）

参考文献

Ammianus Marcellinus. 1986. *Rerum Gestarum Libri*. III (27-31). English translation by J. C. Rolfe. Cambridge, MA.

Anderson, A. R. 1932. *Alexander's Gate, Gog and Magog, and the Inclosed Nations*. Cambridge, MA.

Archdeacon Thomas of Split. 2006. *History of the Bishops of Salona and Split*. Karbić, D. & Perić, O. & Sweeney, J. R. (eds.). Budapest.

Bácsatyai, D. 2017. *A kalandozó hadjáratok nyugati kútfői* [A critical inquiry into the Latin sources of 10th-century Hungarian incursions]. Budapest.

Bain, P. G. & Vaes, J. & Leyens. J.-F. (eds.) 2013. *Humanness and Dehumanization*. New York, London.

Beller, M. & Leersen, J. T. (eds.) 2007. *Imagology: The Cultural Construction and Literary Representation of National Characters: A Critical Survey*. Amsterdam, New York.

Berger, S. 2009. History and forms of collective identity in Europe: Why Europe cannot and should not be built on history. In: Rorato, L. & Saunders, A. (eds.) *The Essence and the Margin. National Identities and Collective Memories in Contemporary European Culture*. Amsterdam, New York: 21-35.

Burgersdijk, D. 2016. Creating the enemy: Ammianus Marcellinus' double digression on Huns and Alans (Res Gestae 31.2). *Bulletin of the Institute of Classical Studies* 59(1), 111-132.

Cary, G. 1956. *The Medieval Alexander*. Cambridge.

Chapman, H. A. & Anderson, A. K. 2012. Understanding disgust. *Annals of the New York Academy of Sciences*, 1251, 1, 62-76.

Chekin, L. S. 1992. The godless Ishmaelites: the image of the steppe in the eleventh-thirtheenth-century Rus. *Russian History* 19(1-4), 9-28.

Collander, P. 2008. Romans depictions and political perspective on the Huns as "Others" in Late Antiquity. In: *Imagology and cross-cultural encounters in history*. Alenius, K. & Fält, O. K. & Mertaniemi, M. (eds.) Rovaniemi: 71-82.

Collins J. J. 1979. Introduction: Towards the morphology of a genre. *Semeia* 14: *Apocalypse: The Morphology of a Genre*, ed. J. J. Collins. Missoula, MT: 1-20.

Collins J. J. 1997. *The Apocalyptic Imagination. An introduction to Jewish Apocalyptic Literature*, 2nd ed., Grand Rapids, Cambridge.

Constantine Porphyrogenitus. 1967. *De Administrando Imperio*. Greek text by G. Moravcsik, English translation by R. J. H. Jenkins. Washington, DC.

Csukovics, E. 2018. *Hungary and the Hungarians. Western Europe's View in the Middle Ages*. Rome.

Curtius, E. R. 2013. *European Literature and the Latin Middle Ages*. Princeton, Oxford.

Ford, B. Q. & Mauss, I. B. 2015. Culture and emotion regulation. *Current Opinion in Psychology* 3, 1-5.

Frank. J. D & Melville, A. Y. 1988. The Image of the Enemy and the process of change. In: *Breakthrough: Emerging New Thinking: Soviet and*

Western Scholars Issue a Challenge to Build a World Beyond War. New York, NY: 199-207.

Freidenreich, D. M. 2011. *Foreigners and Their Food: Constructing Otherness in Jewish, Christian and Islamic Law*.

Geertz, C. 1973. *The Interpretations of Culture: Selected Essays*. New York: Basic Books.

Guzman, G. G. 1991. Reports on Mongol cannibalism in the thirteenth-century Latin sources: oriental fact or western fiction? In: *Discovering New Worlds. Essays on Medieval Exploration and Imagination*. Westrem, S. D. (ed.) New York: 31-68.

Hartog, F. 1988. *The Mirror of Herodotus: The Representation of the Other in the Writing of History*. The University of California Press.

Isaac, B. 2004. *The Invention of Racism in Classical Antiquity*, Princeton.

Jackson, P. 2001. Medieval Christendom's encounter with the alien, *Historical Research* 44, 347-369.

Jackson, P. 2005. *Mongols and the West: 1221-1410*. Routledge.

Kardaras, G. 2018. *Byzantium and the Avars, 6th-9th century AD*. Leiden, Boston.

Kuosmanen, P. 2013. *The Nature of Nomadic Power. Contacts Between the Huns and the Romans During the Fourth and Fifth Centuries*. [PhD Dissertation. University of Turku, Finland].

Liudprand of Cremona. 2007. *The Complete Works*. Translated by P. Squatriti. Washington, DC.

Maenchen-Helfen, O. J. 1973. *The World of the Huns: Studies in Their*

History and Culture. Berkeley, Los Angelos, London.

Master Roger's Epistle to the Sorrowful Lament upon the Destruction of the Kingdom of Hungary by the Tatars. 2010. Translated and annotated by J. M. Bak and M. Rady. Budapest.

Matthew Paris. 1872-1883. *Chronica Majora*. Luard, H. R. (ed.) 7 vols. London.

Maurice's Strategikon. Handbook of Byzantine Military Strategy. 1984. Translated by G. T. Dennis. Philadelphia.

Merrills, A. H. 2005. *History and Geography in Late Antiquity*, Cambridge.

Miggelbrink J. & Habeck J. O. & Mazzullo, N. & Koch, P. (eds.). 2013. *Nomadic and Indigenous Spaces. Productions and Cognitions*. Ashgate Publishing.

Otto of Freising. 1868. *Chronicon*. In: *Monumenta Germaniae Historica. Scriptores* XX. Wilmans, R. (ed.) Hannover: 83-301.

Pageaux, D.-H. 2001. From the cultural image to social image. In: Meng, H. (ed.), *The Imagology of Comparative Literature*. Beijing: 118-152. (in Chinese)

Phillips, K. M. 2013. *Before Orientalism. Asian Peoples and Cultures in European Travel Writing, 1245-1510*. Philadelphia.

Pohl, W. 2018. *The Avars: A Steppe Empire in Europe, 567-822*. Ithaka, NY.

Prudentius 1953. Contra Symmachi II. In: *Prudentius*, vol. 2. English translation by H. J. Thomson. Loeb Classical Library.

Pseudo-Methodius. 2012. *Apocalypse*. Transl. and ed. B. Garstad.

Harvard University Press.

Sardelić M. 2013. The Mongols and Europe in the first half of the 13th Century: Prophecies and Apocalyptic Scenarios. Andrews, A. R. (ed.) Proceedings of the conference *Prophecy, Divination, Apocalypse: 33rd Annual Medieval and Renaissance Forum*. Plymouth, NH: 100-112.

Sardelić, M. 2017. John of Plano Carpini vs Simon of Saint-Quentin: 13th-century emotions in the Eurasian steppe. *Golden Horde Review* vol. 5, no. 3, 494-508.

Saunders, A. 2009. Introduction: Towards a European mode of cultural imaginary? In: Rorato, L. & Saunders, A. (eds.) *The Essence and the Margin. National Identities and Collective Memories in Contemporary European Culture*. Amsterdam-New York: 9-20.

Schmieder, F. 1994. *Europa und die Fremden. Die Mongolen im Urteil des Abendlandes vom 13. bis in das 15. Jahrhundert*. Sigmaringen.

Schmieder F. 2006. Christians, Jews, Muslims – and Mongols: Fitting a foreign people into the Western Christian apocalyptic scenario. *Medieval Encounters* 12,2: 274-295.

Schmieder, F. 2009. Edges of the world – Edges of time. In: *The Edges of the Medieval World*. Jaritz, G. & Kreem, J. (eds.) Budapest.

ШуваловП. (Shuvalov, P.) 2017. Западные скифы и Скифия в географическом и риторическом пространствах I-VI вв. н. э. In: *Крымская Скифия в системе культурных связей между Востоком и Западом (III в. до н. э. - VII в. н. э.)*. Иванчик, А. И. & Мордвинцева, В. И. (eds.) Симферополь, Москва.

Stankiewicz, D. 2016. Against imagination: On the ambiguities of a composite concept, *American Anthropologist* 118(4), 796-810.

Strauss, C. 2006. The imaginary. *Anthropological Theory* 6(3), 322-344.

Taylor, C. 2004. *Modern Social Imaginaries*. Durham, London.

Vuorinen, M. 2012. Introduction: Enemy images as inversions of the Self. In: *Enemy Images in War Propaganda*. Cambridge: 1-14.

Wiedemann, T. E. J. 1986. Between men and beasts: Barbarians in Ammianus Marcellinus. In: Moxon, I. S. & Smart, J. D. & Woodman, A. J. (eds.). *Past Perspectives. Studies in Greek and Roman Historical Writing*. Cambridge: 189-201.

Zimonyi, I. 2016. *Muslim Sources on the Magyars in the Second Half of the 9th Century. The Magyar Chapter of the Jayhānī Tradition*. Boston, Leiden.

文献篇

Philology

摩尼教粟特语创世文书

〔意〕恩里克·莫朗诺（Enrico Morano）撰

粟特语曾经是中亚伊朗语族中最重要的一支，有大量的文献存世，几乎可以与中古波斯语和帕提亚语齐名。由于粟特语曾经是中亚河中地区的商业语言，所以它很快便成为丝绸之路沿线中国和伊朗贸易者的通用语。中亚摩尼教徒的语言，但凡他们是伊朗人，一般都是粟特语。没有阅读能力的“选民”，当然还有“听者”，往往都是只能听懂粟特语。吐鲁番地区的摩尼教徒绝大多数是粟特人。正是因为这一点，诸多重要的摩尼教文献，包括摩尼本人写的经典，都从帕提亚语或中古波斯语译成了粟特语。本文要研究的是用摩尼文书写的粟特语文书[①]，属于柏林的吐鲁番藏品[②]，内容与创世纪有关。

① 这些文献的目录，参考 Morano 2007；文书的形态研究，参考 Morano 2018。

② 笔者非常感谢柏林-勃兰登堡科学院和（隶属于普鲁士文化遗产基金会的）柏林国家图书馆允许本人研究并发表这些文书。同样要感谢科学院吐鲁番中心的工作人员，在笔者逗留研究所期间所提供的帮助和他们的热情。辛姆斯-威廉姆斯（Nicholas Sims-Williams）阅读了本文的初稿，并且给予了宝贵的修改意见。当然，文中的错误，概由本人独自承担。

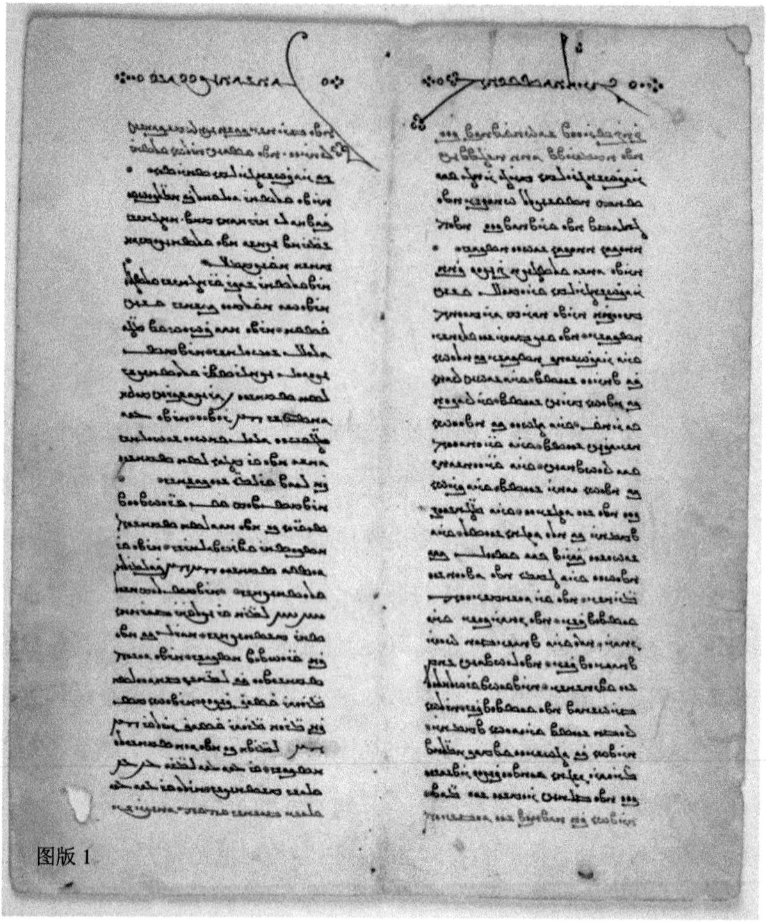

图版 1

Ms 1: M178 = MIK III 4990（图版 1-2）

照片由柏林亚洲艺术博物馆提供

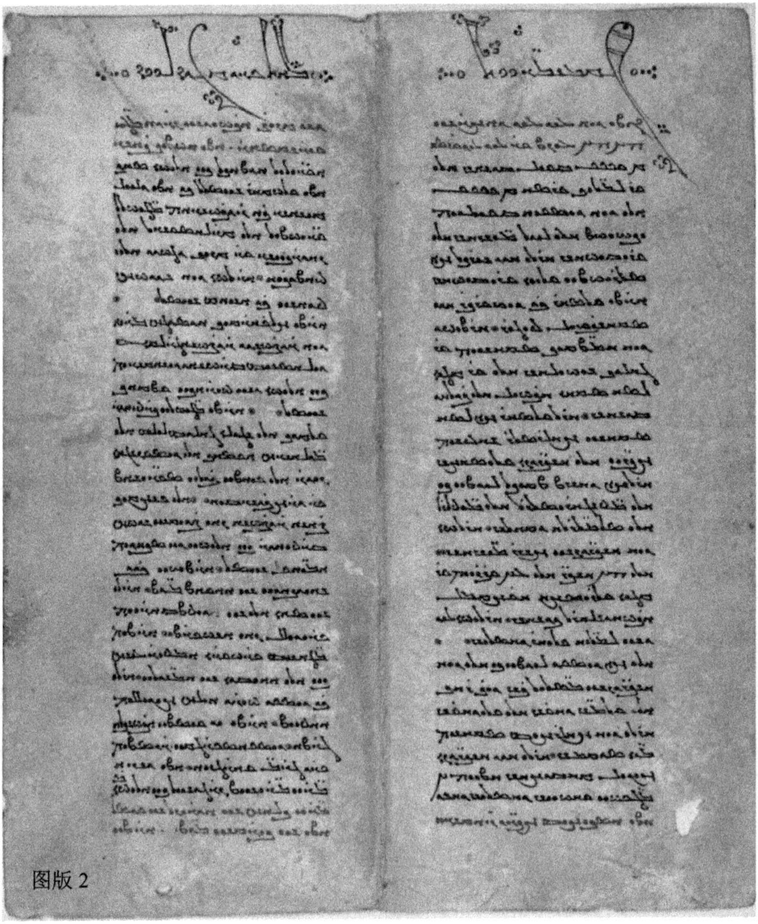

图版 2

Ms 1: M178 = MIK III 4990（图版 1–2）

此件文书是双开本，书写在质量上乘的皮革上，用精美的摩尼文写成，它不仅是迄今发现的保存最好的文书，而且也是关于摩尼教创世理论最详细的文书之一。缪勒（F. W. K. Müller）在 1904 年开创性的研究中公布了部分内容，那个时候粟特语还没有定名，而此件文书的录文直到 44 年以后才由恒宁（H. W. Henning）发表。在第一面

（关于天堂的描述）和第二面（关于天空的描述）之间大概有3—4面（即12或16页）可能已经缺失了（关于黑暗、袭击、初人、媾和、产子、初人的救赎）。页面开头的大写，并不是当页内容的提要，而是接续上一页的内容。该写本显然是所有写本中最详细的叙述。①

录文由恒宁于1948年发表，有英文译文和丰富的注释。（黑白照片参考 Weber 2000，图版149—150）

Ms 2: M548 + M704

M108 + M5928 [T II D 140]（图版3）

两件残片构成了一页文书的上半部分，即背面的标题，以及背面和正面的开头3行。下面的几行都已经不全，此页其余的部分已佚失，要么是被撕毁了，要么是被虫蛀了。恒宁（Henning 1948: 317）发表了M548号文书的录文，可惜把正反面弄倒了，没有考虑到该文书的“内”页边实际上是它的外页边（内页边在拼接文书M704号中出现）。文书的内容是关于净风和善母用暗魔的皮、骨、肉、筋、脉和腱（正面）以及在苍穹中建造门槛、集市、道路和360个牲畜棚（背面），大致对应于上文中提到的由恒宁发表的创世文书（M178）的第94—105行。

另外两件未发表的文书残片（显然是与前引拼接文书出自同一写本，不过是不同的页）可以拼接起来，构成了“不同［版本］创世故事的”的另一部分内容。②

① Henning 1948: 306-307.

② Henning 1948: 316.

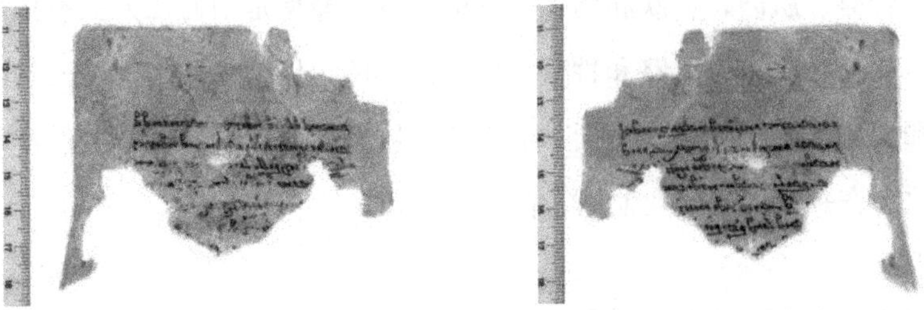

Ms 2: M 548 + M 704

文书系柏林-勃兰登堡科学院寄藏于柏林国家图书馆—普鲁士文化基金会，东方学部。照片来自柏林国家图书馆。

M 108 + M 5928 [T II D 140]（图版 3）

文书系柏林-勃兰登堡科学院寄藏于柏林国家图书馆—普鲁士文化基金会，东方学部。照片来自柏林国家图书馆。

M 108 + M 5928 [T II D 140]

此件文书是一张有外页边的纸的残片，但是却没有一行完整的内容。它与 M 548 号文书属于同一写本。M 5928 的小残片，正好可以与 M 108 号文书的下半部分接合，为我们增加了几行内容。该文书的内容与 M 178 号相似。其中特别描述了人间的物种是如何从魔鬼的血液、骨骼、肌肉、皮肤和肉体中来的，以及魔鬼是如何在天上被拘役的，如何在集市、道路和牲畜棚内被囚禁的，以及八块陆地、三条河流和四十个撑天天使（正面）的创造，以及光明分子通过升上月宫而净化，在那里耶稣接受他们（背面）。

M 110+M 120, M 247（图版 4）

文书系柏林-勃兰登堡科学院寄藏于柏林国家图书馆—普鲁士文化基金会，东方学部。照片来自柏林国家图书馆。

文书残片的尺寸分别为：6.3 厘米 ×5.6 厘米（M108）、4.6 厘米 ×4 厘米（M5968），拼接起来是 8.8 厘米 ×6.1 厘米。行间距是 1 厘米，外页边距是 1.7 厘米。参考 Henning 1948: 316 on (99-100)。

上述所有文书的录文和照片，都已经由笔者整理好，即将出版。

Ms 3: 来自一部关于创世以及选民和听者戒律的写本残片（见图版 4）

M110+M120，M247

三件残片，由一件双开本文书和另外两张残页构成，来源于同一写本，属于某部杂纂的部分内容，有一段内容关于创世纪，后面接着一段内容关于寺院内选民和听者的戒律。以下是涉及创世纪的页码顺序（只是其中的一种可能性）。

第一段：创世纪。第 1 页：M110/I/R/（译者按：R 指正面，V 指背面，下文不再逐个译出）

创世：先意（Xurmezd，又译“初人”）在其五子“五明子”，以及呼神和应神的帮助下战斗。

M110/I/V/

第二：呼神和应神囚禁、捆绑在地狱里受食的暗魔。第三：呼神和应神……

第 2 页：M247/R/

第四：净风在与暗魔的斗争中进行新的创造。第五……

M247/V/

一道闪电掠过，打了一个惊雷，仿佛耸立的山石滚入了深水。暗魔惧怕……

第 3 页：M110/II/+M120/R/

美好、纯净的天堂与黑暗的地狱形成对比。先意与呼神和应神来到地球。

第二段：第 1 页：M110/II/+M120/V/

创世纪部分的结尾：写本供养人落款。第二［段］：解释摩尼教教义。选民和听者的戒律：选民可以住在听者的房子里，但听者不能带着他们的世俗财产和家室奴隶住在寺院里。

此段落的内容，在同一写本的另一张残片中继续，**M144**。

本写本的内容，将会在一篇即将刊发的文章中公布。（Dragoni & Morano forthcoming）

Ms4: 一部创世纪写本的若干残片

笔者在编纂“柏林藏粟特语摩尼教文书残片目录”[①] 时，遇到了几件不同规格和尺寸的残片，都尚未公布过，且都来自同一件写本，很明显是一部创世纪。该写本用明晰的、草体加粗摩尼文书写。虽然没有一页是完整的，但是通过把不同的残片拼接起来，还是能够复原其中三张纸片的大部分内容的。

每一页至少有 17 行，甚至更多：最完整的残片是 M5701+，拥有不完整的 17 行内容，以及垂直的界格红线。页边似乎用尖锐的工具裁剪过，因为在页面上下都有规整的、笔直的撕痕。M264a 则保存了该纸片的上半部分，有 8 行字和页边，页边也被裁剪得很规整。第三张纸几乎是完整的，M141+，有 17 行不全的文字，但是没有页边，上方的裁剪也是规整和笔直的，与其他两张纸同。我们从 M6291 号

① Morano 2007.

文书（一张双开纸的内部残片）中得知，内页边距是 1.74 厘米。从 M485b 号文书中可以知道，外页边距是 2.5 厘米。柏林藏品中还有来自同一写本的若干小残片，但是笔者无法将它们与其他残片拼接。

以下列出笔者从柏林吐鲁番藏品中找到的来自同一部写本的所有残片：M141+M6795，M264a，M485b，M5701+6796+2308，M5991，M6067，M6099，M6099a（Boyce 1960 没有介绍），M6100，M6291，M6790，M6800。

该写本所有残片的录文工作，还在进行当中。录文以及语文学和语言学注释，将在不久之后面世。在此，笔者先把三张最完整残片的录文发表，其内容是关于摩尼教最高神大明尊，还有净风的创世，以及亚当的出生和他身体的相关叙述。

I. 大明尊

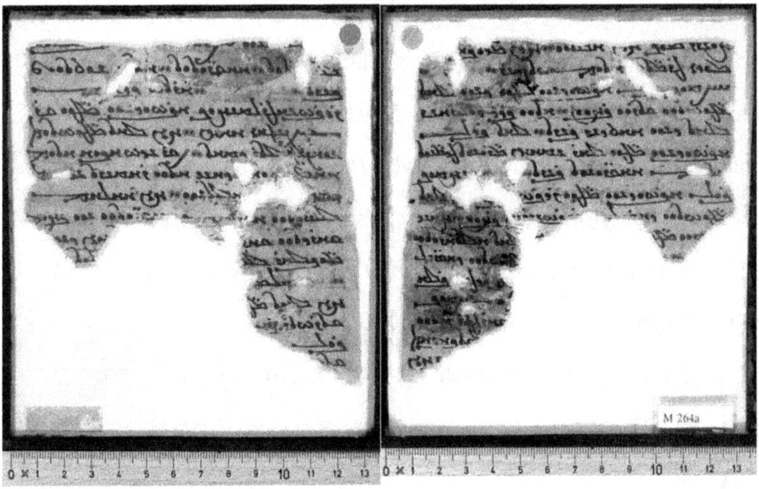

M264a（图版 5—6）

文书系柏林-勃兰登堡科学院寄藏于柏林国家图书馆—普鲁士文化基金会，东方学部。照片来自柏林国家图书馆。

这张纸的上半部分有10行较为完整的文字。内、外页边都得以保存，有红线规整界格。纸的下方，部分被撕毁，只有每行的开头和结尾处的文字保存了下来。下方至少有1行缺失了。尺寸：12.4厘米×12.2厘米。

在这一页上，大明尊（*rwxšn'γrδmncyk 'xšywnyy βγyy* “光明天国的主神”），比其他的神地位显赫，据说在七件事情上他不同于其他的神。不过，只有第一件（他是，而且一直是，永恒和不朽的，其他的神都是由他创造和保佑的），第二件（他是所有神的父，其他神都是他的子），第五件（他比所有的神都更加光明）内容还算完整，其他几件事情，包括第二件（他比其他的神更显赫……），第三件（……他知道过去、现在和未来），第六件和第七件的内容，都只是部分保留了下来。

/R/ 正面

/1/[......'](y)nyy (III) ('..)[......] (.yk/x..'..) /2/ s(fry)tyt ○○ ''frytyt ○○ 't[y](y) nyjtyṭ /3/ xnd(t) (○)○ {blank} ○○ 't) ((x)w(n)[yy](ẖ) /4/ rwxšn'γrδmncyk 'xšywnyy βγyy pr /5/ VII zng'n ''c ○○ cn s't βγyštyẖ /6/ ny'zngstr wm't ○○ I pr nwš'ky' 'tyẖ /7/ ''s[tn](k)y' [○](○) (w)'nw 'tyy r'mndt n(w)[šy](yẖ) /8/ (wm')[t 'tyy ']'stnyy ○○ cn ''δ'ẖ /9/ sfrytyy 'tyẖ [']'(')frytyy nyy xcyẖ (○○) /10/ p'rwtyy p'(r)[ykt βγyš](t) cn wny(ẖ) /11/ βyks'r s(f)[rytyt 'tyy ''fry](tyt)[wm'tnd] /12/ ○○ ○○ δβ[tyk 18-20] /13/ cn s't β(γ)[yšty 18-20] /14/ ptrštr x(c)[yẖ 18-20] /15/ xy δ [20-22] /16/ pt(r)[štr 20-22]

/V/ 背面

/1/ cyndr βyk c(w) '(st)yy ○○ c(w) βw(t)k'[m pr] /2/ bywn γrβt(y) 'tyẖ (p)tz(')nd ○○ ○○ /3/ IIIImyk (x)[y](δ) 'xšywnyy βγyy wnyy s't /4/

βγyštyy ptryy xcyy ○○ ʾtyy xww wyšʾnd /5/ sʾt wnyy ʾʾjwnd xndt ○○ sʾt xyδ /6/ ʾxšywnyy βγyy sʾr nmʾc βrynyt γwβnyt /7/ (ʾ)t[y](ẖ) ʾʾfrynyt xndt ○○ ○○ (p)ncmyk /8/ xyδ ʾxšywnyy βγyy rwxš[nyʾ]k (cn) sʾt /9/ βγyštyy wʾf[yy](δ rw)xšndry(y) xcyy ○○ cʾnw /10/ [my](š)yy βγ(y)[y rwxšndryy](c) [n] sʾt ʾstʾrytyy /11/ [xcy ○○] ○○ [VImyk β](γy)štyy wʾfryδ /12/ [22-23] (m) rwγ(n)[y]xsʾ /13/ [22-23](.) ○○ VIImyk /14/ [22-23]pʾrγztr ʾtyy /15/ [23-25](p)tkʾrʾẖ /16/ [26-28](y) cn

译文

正面 /R/ 1/［……］这些三［……］/2/ 被创造、保佑和显形。/3/ {空} 且他 /4/ 光明天国的主神 /5/ 在七件事情上与 /6/ 其他的神不同。首先，是在永恒和 /7/ 不朽上。因为他始终是永恒的 /8/［和］不朽的。他不是由任何其他神 /9/ 创造的和保佑的，/10/ 但是，其他［的神］是由他 /11/ 创［造和保佑］的。/12/ 第［二件事……］/13/ 比其他的神［……］/14/ 更显赫［……］/15/ 这个 / 这些［……］/16/［……］

背面 /V/ 1/ 里面［和］外面是什么样的，将来会是什么样，/2/ 他先知先觉地都知道和了解。/3/ 第四件事。大明尊 /4/ 是所有神的父。而他们 /5/ 都是他的子。向同一位 /6/ 大明尊，他们始终献以荣耀、赞美 /7/ 和祈愿。第五件事。/8/ 大明尊比所有的神都更加光明 /9/ 就好像 /10/［太］阳神比众星神［更加光明］一样。/11/［第七件事……比其他的］神，多 /12/［……］油、麝香（？）/13/［……］第七件事 /14/［……］更加优异和 /15/［……］外形 /16/［……］比

II. 净风是如何划分世界的

M5701 [T II 116]+M6796 [T II K]+M2308（图版 7—8）

文书系柏林-勃兰登堡科学院寄藏于柏林国家图书馆—普鲁士文化基金会，东方学部。照片来自柏林国家图书馆。

篇幅几乎占了一整页，上下页边和内页边都用锐器裁剪过，红色界格线得以保存。每行都只有半行文字保存。尺寸：12.5 厘米 ×8 厘米。

本页的内容是描写净风如何创造城墙和护城河，以及如何将世界划分为四块，须弥山在中央，四座山是世界的四个边境卫戍。然后他相应地分隔了上面的天，以及日和夜。

/R/ 正面

/1/ xndt ○○　○○ [....] xww t β [tyy 8-10] /2/ δ’t pr pδkwyy [XX] XX

XX (β)[rywr fs'x βwt] /3/ ○○ ○○ 'tyy xww j'r ''[11-12] /4/ XX XX XX βrywr fs'(x)[12-13] /5/ cywyδyy βystr [15-17] /6/ [f]s['x] (p)r pδkwyy [15-17] /7/ [pr](kn)yy pδkwyy C[βrywr fs'x ....] /8/ ○○ ○○ 'tyy štyk[15-17] /9/ XX XX [XX] βrywr fns'(x)[12-14] /10/ '('p) prkn pr pδk[wyy 14-16] /11/ βrywr fs'x xcyy ○○ [14-16] /12/ mzyx δ['](t) kyy wyspw(w)[14-16] /13/ δ'rt skwn ○○ ○○ 'tyy (..)[13-14] /14/ XX XX XX XX βrywr fns'x xcyy [○○ ○○] /15/ '[○○ pts'r w'δ jywndy(y) (IIII)[yxw'k] /16/ mnβxš ○○ cn smwt(r)' cyndr(p)'r ○○ [....] /17/ xwrsncyk 'fcmbδ ('tyẖ x) wrtxyz[cyk]

/V/ 背面

/1/ [cn p'škyr'nc](y)k 'tyy (n)[ymy](δ)cyk fcmbδ /2/ [13-14 ○○] ○○ 't[yy] pr myδ'n smyr /3/ [γryy 9-10](c)y IIII 'fcmbδyy yxw'k /4/ [15-16] (sm)yr γryy pδy'ẖ cn /5/ [16-18](.) ptys'c ○○ ○○ /6/ [18-20]kyr'n ○○ 'wnw cw /7/ [18-20](.) ○○ ○○ '/7/[ẖ] /8/ [18-20]βrzkwyy 'tyy pδkwyy /9/ [15-16 f](s)'xyt xnd ○○ ○○ 'rty ○○ /10/ [15-16]' ○○ cn xwrsnyy kww /11/ [xwrtxyz s'r](cn) smyr γr' xww 'wrδp'r /12/ [14-15] IIII γryy cn s(m)yr γr' /13/ [8-10](cy ')fcmbδyy wm'ndyy p'š'y /14/ [6-7](.)'tyy ○○ c'nw 'skyy sm'nyy /15/ [4-5 'n](βy)nd'nd ○○ 'rtyy c'δr x' γrt' /16/ [....](s) y'k δ'r'nd ○○ 'tyy xww ○○ myδ 'tyẖ /17/ [x' xš](p)' yxwnng β[w](t) ○○ ○○ 'rtyy x' myδ

译文

正面 /R/1/ 是。［……］他封［了（?）……］/2/ 一座有 60［帕勒桑］宽的墙。/3/ 且毒［……］/4/ 60 帕勒桑［……］/5/ 在其外围［……］/6/ 帕勒桑宽［……］/7/ 护城河是 100［帕勒桑（？）］。/8/ 且第三条［护

城河（？）……是]/9/60 帕勒桑［……]/10/[……］水是一条［……]
宽的护城河 /11/ 帕勒桑。[……]/12/ 大城墙和［……]/13/ 把住。且［……]/14/ 是 80 帕勒桑［……]/15/ 此外，净风划分成四个［部分］/16/ 在大海里［……]/17/ 东部世界和西［部］

背面 /V/ 1/［从北］部和南部世界 /2/［且］在中央［……］（山）须弥 /3/［……］世界的四个部分 /4/［……］在须弥山脚下 /5/［……］他固定了。/6/［……］地区。这［是］什么 /7/［……］。且［……］/8/［……］长和宽 /9/［……］是［帕勒］桑（？）。且 /10/［……］。从东到 /11/［西］从须弥山 /12/ 远方的四座山［……］从须弥山 /13/［……］他安置［……］世界边缘的卫戍。/14/［……］在天上 /15/ 他们[①] 排列（有序），而在下面的山上 /16/ 抓住［他们，在］阴影中。因此，日和 /17/ 夜分开了。且日……

注释

正面第 1 行，参考中古波斯语版的创世纪残片 M98 和 M99[②]，尤其是 M99/I/R/10-17：*ʾwd zmyg ʿyw wzrg ʾwd ʿstbr pd dwʾzdẖ dr ○ ʿy hmbdyc ʾsmʾnʾn dr ○○ ○○ʾwd ʾbr hm zmyq pyrʾmwn chʾr prysp ʾwd sẖ pʾrgyn kyrd ○ ʾwd pd hʾn ʿy ʾndrwn pʾrgyn dywʾn ʾndr przyd* “他用十二道门造了一个宏伟且坚固的地球，十二道门对应于天庭的门。在同一个地球上方，他建造了四面围墙和三条护城河，在其中的内护城河里他囚禁了暗魔。”[③]*Šābuhragān*, 272 (M535+/V/8/)[④]：*[hʾ]n sẖ pʾ(r)gyn ʿy [zh]*

---

① 或许就是指太阳和月亮。
② Hutter 1992: 8-26.
③ Jackson 1932: 34 ff.
④ MacKenzie 1979: 515.

ryn ṭ'ryn“那三条有毒的暗渠。”

III. 亚当

M141+6795（图版 9—10）

文书系柏林-勃兰登堡科学院寄藏于柏林国家图书馆—普鲁士文化基金会，东方学部。照片来自柏林国家图书馆。

该残片有 17 行文字，都是不完整的，与 M5701+ 文书一样，都是在上、下页边和内或外页边被裁剪得整齐。页边没有能保存下来，但是有一侧页边的界格红线仍然依稀可见。两件残片拼接在了一起。尺寸：11.9 厘米 ×9.8 厘米。

该文书的内容包括：亚当的出生，他出生在两个枢机暗魔煞克伦（Šaklun）和皮苏斯（Pēsus）处，他们在堕胎八万次和媾和之后才生出亚当[①]，接着是关于亚当身体的解释（*xwyck'wyy*）。这件文书很难理解，据笔者所知，在已发现的摩尼教文献中还找不到对应的部分。因此，这里只是一个初步的录文，对于一些难以理解和含义不明的生词则出注。

/R/ 正面

/1/ mzy(x) γrkw(s)[y 16-18] /2/ (.)yw'ncyy c(x)[r? 16-18] /3/ (p) syy t'w'n(d)[yy ...](δ)'n (β)[12-14] /4/ (w)ytwr 'tyšyy x' tmb(')[r 11-13] /5/ [○]○ ○○ 'tyẖ pr [XX XX] XX XX [z'r pjwkty] /6/ m'(j)yy xww ''δ'm ○○ ('ty)šyy (xw)[4-5] /7/ tmb'r cn pš'kt δy[w](z)'ktyy ○○ '(t)[yšyy] /8/ xww rw'n cn pnc mrδ(')spndyy (z)['wryy] /9/ 'ktwδ'rt ○○ jw'n ○○ z'wr ○○ rwxšny(')[k ○○] /10/ kršn'wty' ○○ 'tyẖ βwδ [○○ 5-6] /11/ 'stkyy ○○ pδδ(y)' ○○ r'k ○○ y't[yẖ ○○] /12/ crm ○○ xwrnyy ○○ mγzyy ○○ ' [6-7] /13/ γwn'yy cyndr βstwδ'rt (○)[○ .... kyn ○○] /14/ yp'k ○○ ''βrxsyy ○○ t['](f)[[②]…] (pr)[6-8] /15/ mndγrβ'ky' δwn γ(wr)s [12-14] /16/ cw pr[③] s'r p'šyt w'[st 14-16] /17/ (x)' ''(z) 'βrxs(y)y 'tyẖ [12-14]

/V/ 背面

/1/ [20]ẖ w(β't) /2/ [20]n'm ○○ p(r) /3/ [11-12](''○ p m')nwk βwt ○○ (○)[○]/4/ [8-10 xwyc]k'wyy w'nw βwt ○○ kt mn'nd(y) /5/ [6-7](k) [..](.)'(ry.) [...]r myšyy βγyy kršn ○○ (○)[○]/6/ ['ty]yẖ (wn)[y] wyδ'syγwny ''δc p(r) /7/ [6-7] 'fcmb[δ](y) ○○ cn m'tyy 'tyẖ /8/ [6-7]ptr' s(y)γtr ○○

---

① 关于摩尼教教义中亚当出生的神话，参考 Sundermann 1994。

② 参考 *t'β-n'k*（粟特文）"怒"，参考 DMT III.2: 189a。这里或许是基于词根 *t'p-* 形成的名词，意思是可能"因怒气、愤怒和暴躁而发怒的行为"。在 SLN 42b 中，*ryzh* 与 *mntyrβ'kyh* 之间有一个空格。在汉文中所列出的是：瘜憎、嗔恚、淫欲、忿怒和愚痴，参考 Lieu & Mikkelsen 2017: 55。

③ 系 *cwpr* 之讹误。

○○ ʾtyy ʾδʾmyy /9/ [tmbʾ]ryy ptrʾz ○○ zʾr II C wβʾz wmʾt ○(○) /10/ [6-7 ʾ○]y ryn(c)k ʾnkwšṭ nwʾ fnsʾx /11/ [wmʾt ○○ ʾ](r)tyšyy cn tmbʾr βyksʾr IIII /12/ [8-10]ʾy rwxšnyʾk ʾrδyfʾskwn ○○ /13/ [12-14 ʾ](r)tyẖ tym wʾnw /14/ [10-12](t) (cʾnw) šklwn ʾty pysws /15/ [7-8 pjwqt]xwrtδʾrʾnd ○○ ʾtyẖ II /16/ [12-14 γndʾ]kty(y) pckwyryy prštyt /17/ [10-12 ʾʾyw]štyt (wmʾtʾnd) ○○ ʾtyẖ

译文

正面 /R/ 1/ 大山侧［……］/2/ 毁坏（？）轮［？……］/3/ 强壮的羊 / 探听（？）［……］/4/ 直到他的身体［……］/5/ 且从 80［千次堕胎（？）］/6/ 亚当出生了。他的［……］/7/ 身体从暗魔堕胎的幼苗中来，［且他的］/8/ 灵魂从［威力（？）］要素 /9/（她 = 阿缁［Āz]）做了：生命、力气、光明 /10/ 美丽和香水［……］/11/［如］骨、筋、脉、肉［……］/12/ 皮、血、髓［以及］/13/ 发，她捆在里面[①]［……憎恨］/14/ 愤怒、欲望、［……怒］/15/ 枉顾，围绕（？）［……］/16/ 在上方的守卫者，他放［置（？）……］/17/ 阿缁放荡以及［……］{ 缺行？ }

背面 /V/ 1/［……］可能 /2/［……］名字。在 / 往 /3/［……］亚当是相似的。/4/［……解］释是这样的：类似（？）/5/［……］［……］太阳神的美。/6/［且］他［曾经有］某些令人赞叹的，在 /7/［……］世界。从母亲和 /8/［……］父亲更漂亮。亚当的 /9/ 身体的维度是 200 千英寻 /10/ 且他的小拇指有 9 帕勒桑 /11/［……］且从他的身体往外有四 /12/［……］光明普照。/13/［……］以及再次如

① 即身体。

此 /14/［……］当煞克伦和皮苏斯 /15/［……］吃掉［堕胎］。并且惧两个 /16/［……邪］恶的人已经跑掉了[①] /17/［……是激］动（？）。且……

注释

/R/ 1/ 关于 *γrkwsy*“山的一侧”，参考 Reck 2009: 388。

/R/ 2/ *(.)yw'ncyy* 这个词虽然能清楚地读出来，但是不知道究竟是什么意思。如果首字母是 *δ*，那么就可以读成 *δyw'ncyy*，也就可以理解为阴性形容词或名词，来自 *δyw*“魔鬼”；*c(x)[* 订正为 *cx]r*“轮子”或者 *cx't*“作战、角逐者”，存疑。

/V/ 5/ *myšyy βγyy kršn*，参见 M 7800/II/R/ 5ff。[②] *'ṭyy myδ[ry β](γyy) qšn /6/ wšy' 'kṭwδ'(r)n(d) (m)'γ'z(nd ṭkwš'ṭ)*“且他们记着太阳神的美；他们开始寻找他”。

/V/ 14- 15/ *(cw) šklwn 'ty pysws [...]xwrtδ'r'nd*: 参考 M 7800/II/V/ 12-19/。[③] *'rtyy IIII βrywr pjwwk wwšklwn xwrtδ'rt 'tyy IIII βrywr x' pysws 'rty I δβty' 'pryw pcywznd 'rtyw'nw w'βnd kt m'ncyk šm'r' kw myšyyβyw s'r δ'ryym w'nw kt xwny ky cn m'x ''jy't kww βγyštt*“煞克伦吞掉了四万堕胎，皮苏斯也是四万。他们交媾了，于是他们说：‘我们对太阳神有所意念，这样我们生下的孩子［会像］神。’”

（陈浩 译）

① *pršt-* 应该是摩尼文粟特语 **pryj* 和景教粟特语 *pryž*“逃跑”的过去式词干。作为一个不及物动词，它的过去分词的意思应该是“已经逃离了”。（据辛姆斯-威廉姆斯的意见）

② Sundermann 1994: 45.

③ Sundermann 1994: 45-46.

参考文献

Boyce, M. 1960. *A Catalogue of the Iranian Manuscripts in Manichean Script in the German Turfan Collection*, Berlin.

DMT III. 2 = Sims-Williams, N. & D. Durkin-Meisterernst 2012.

Dragoni, F. & Morano, E. forthcoming. A Sogdian manuscript in Manichaean Script on Cosmogony and Rules for the Elect and Hearers in Monasteries. Forthcoming in the Proceedings of the 9th International Symposium of the International Association of Manichaean Studies held in Torino September 11th- 16th, 2017 (*Manichaica Taurinensia*, Analecta Manichaica 2, Turnhout).

Henning, W. B. 1948. A Sogdian Fragment of the Manichaean Cosmogony. *Bulletin of the School of Oriental and African Studies* 12, 306-318 [= Henning, *Selected Papers* II: 301-313].

Henning, W. B. 1977 *Selected Papers* I-II (Acta Iranica 15, 2ème série, Hommages et Opera Minora). Téhéran-Liège.

Hutter, M. 1992. *Manis kosmogonische Šabuhragan-Texte. Edition, Kommentar und literatur-geschichtliche Einordnung der manichäisch-mittelpersischen Handschriften M 98/99 I und M 7980-7984* (Studies in Oriental Religions 21), Wiesbaden.

Jackson, A. V. W. 1932. *Researches in Manichaeism, with special reference to the Turfan fragments* (Columbia University Indo-Iranian Series), New York.

Lieu, S. N. C. & Mikkelsen, G. B. 2017. *Tractatus Manichaicus Sinicus. Pars Prima. Text, Translation, and Indices*, (Corpus Fontium

Manichaeorum. Series Sinica I. 1), Turnhout.

MacKenzie, D. N. 1979. Mani's *Šābuhragān*. *Bulletin of the School of Oriental and African Studies* 42, 3.

Morano, E. 2007. A Working Catalogue of the Berlin Sogdian Fragments. In Manichaean Script, in Macuch, M., Maggi, M. and Sundermann, W. (eds). *Iranian Languages and Texts from Iran and Turan: Ronald E. Emmerick Memorial Volume*, Wiesbaden, 239-271.

Morano, E. 2018. Some Codicological Remarks on the Corpus of the Berlin Manichaean Sogdian Texts in Manichaean Script: among Books, Glossaries, Letters, Booklets, Bilingual and Trilingual Texts, Normal, Bold and Cursive Script. In Barbati, Ch. & Chunakova, O. (eds) *Studies in Early Medieval Iranian Religious Manuscript Traditions other than Islamic, Written Monuments of the Orient* 2018 (2), 11-38.

Morano, E. forthcoming. "A Miserable Scrap", forthcoming in an Italian Festschrift, Naples (L'Orientale, Series Minor).

Reck, Ch. 2009 .The Ascension of the Light Elements and the Imprisonment of Ahriman. The Cosmogonical and Eschatological Part of a Sogdian 'Sammelhandschrift'. In Sundermann, W., Hintze, A. and de Blois, F. (eds). *Exegisti monumenta. Festschrift in Honour of Nicholas Sims-Williams*, Wiesbaden.

Sims-Williams, N. & Durkin-Meisterernst, D. 2012. *Dictionary of Manichaean Sogdian and Bactrian* (Dictionary of Manichaean Texts, Vol. III/2). Turnhout.

SLN = Sundermann 1992.

Sundermann, W. 1992. *Der Sermon vom Licht Nous* (Berliner

Turfantexte XXVII). Berlin.

Sundermann, W. 1994. Mani's 'Book of the Giants' and the Jewish Books of Enoch: A Case of Terminological Difference and What It Implies. *Irano-Judaica* III, 45-46.

Weber, D. (ed.) 2000. *Iranian Manichaean Turfan Texts in Publications since 1934. Photo Edition, published on behalf of the Corpus Inscriptionum Iranicarum by the School of Oriental and African Studies* (Corpus Inscriptionum Iranicarum, Supplementary Series, vol. 4). London.

竞争的叙事
——突厥碑铭与汉文史料的比较研究

陈浩 撰

定居社会的史家在书写邻近游牧人群的历史时，往往拥有绝对的话语权。与之相反，游牧民族更擅长的是武功而非文治。在这种不平衡的状态下，包括匈奴、柔然等在内的早期游牧政权一律被汉地史家视为蛮族，他们的游牧生活方式被以儒家传统价值观为标杆观察着和记录着。公元6世纪中叶兴起的突厥汗国，彻底改变了这一状况。早在第一突厥汗国时期，他们就已经书写自己的历史了，只不过是用粟特语和粟特文。到了第二突厥汗国时期，一种独特的突厥文字开始用于书写突厥语，为我们留下了不少突厥碑铭史料。即便学者在突厥文字的起源问题上还存在争议，但突厥文字的重要性是再怎么强调都不为过的。至此，以汉语为载体的定居社会历史书写，开始遭遇到竞争对手。此后的历代北方民族，几乎都有自己的书写系统和文献存世，例如回鹘、契丹、蒙古、满族等。

一、历史书写与刻板印象

汉地史家拥有书写历史的特权，便天经地义地把周边民族描述成戎、夷、蛮、狄。我们以内陆亚洲政权为例——也就是所谓的“北狄”，来说明这种单一视角的历史叙述为我们的历史研究所带来的困扰。匈奴、鲜卑、柔然这些帝国都没有自己的文字，当然更没有自己书写的历史。他们的历史是由汉地史家书写的。当汉人以儒家伦理作为道德标杆时，游牧民族便成了“寡廉耻、无礼仪”，甚至连他们的着装、发式这些都会被汉人品头论足一番，被视为怪异，所谓“披发、左衽”。[①]

6 世纪中叶开始崛起的突厥，是第一个用本民族的语言和文字来书写本族历史的内陆亚洲政权。[②]他们利用为统治家族竖立纪念碑的机会，向时人和后人叙述了一段突厥的“国史”。突厥“国史”的撰写者，当然也是以突厥为中心来叙述东亚政治秩序的，甚至连汉地史官所标榜的“秉笔直书”的史家操守都是缺乏的。但即便如此，保存在突厥碑铭中的这份史诗性质的突厥“国史”，对我们理解 6 至 8 世纪东亚的政治秩序仍然是一份珍贵的资料。它的难能可贵之处，就在于它为我们提供了一种不同于以唐朝为中心的视角。

值得思考的问题是：在戎、夷、蛮、狄的眼中，汉人的形象又是如何的？他们是如何称呼汉人的？对于同一历史事件，汉文史料和突厥碑铭的叙事有何异同？为了回答上述问题，我们需要将两种史料对比研究。这些问题有助于我们更好地理解中世纪早期游牧世界与定居社会之间的互动。

在突厥碑铭里，隋朝并不叫“隋”，唐朝也不叫“唐”，更不叫

---

① 《史记》卷 110《匈奴列传》，中华书局 1959 年版，第 2879 页。

② 属于第一突厥汗国时期的《布古特碑》是用粟特语、粟特文书写的。S. G. Kljaštornyj and V. A. Livšic, “The Sogdian Inscription of Bugut revised”, *Acta Orientalia Academiae Scientiarum Hungaricae* 1972, vol. 26(1), pp. 69-102; Yutaka Yoshida and Takao Moriyasu, “Bugut Inscription”, *Provisional Report of Researches on Historical Sites and Inscriptions in Mongolia from 1996-1998*, ed., Takao Moriyasu and Ayudai Ochir, The Society of Central Eurasian Studies, 1999, pp. 122-125.

“中国”，而是都被称之为 *tabğaç*。[①] 根据伯希和等学者的意见，这个词就是鲜卑的一个分支，即建立北魏政权的拓跋氏。[②] 以“拓跋”这一塞外民族的族名来指代隋、唐等汉人政权，恐怕不是汉地士人所能认同的。除了特定的历史因素之外，即沿用固定的历史称谓，突厥坚持使用“拓跋”一词，不知是否还有其他考虑。

唐人在突厥碑文中的形象是消极的、负面的。在《阙特勤碑》南面第 5 至 7 行，突厥可汗对唐人的背信弃义大加鞭挞。原文是：

tabğaç bodun sabı süçig, ağısı yımşak ermiş. süçig sabın yımşak ağın arıp ırak bodunuğ ança yağutır ermiş. yağru kontukda késre añığ bilig anta öyür ermiş. edgü bilge kişig, edgü alp kişig yorıtmaz ermiş. bir kişi yaŋılsar uğuşı bodunı béşükiŋe tegi kıdmaz ermiş.

唐人的话语甜蜜，宝物珍美。他们用甜蜜的话语和珍美的宝物，使远人来。远人来后，他们就开始想坏主意。很智慧的人、很英武的人不能施展抱负。一人犯错，他的族人，甚至婴儿，都要受到株连。受唐人的甜蜜话语和珍美宝物的迷惑，许多突厥人死掉了。[③]

从这段文字中我们可以感受到突厥可汗对唐朝所谓的“招降”政策彻底失望，看透了其中的猫腻，也对唐朝的株连制度大惑不解。当然，我们需要警惕的是，这些牢骚都是以突厥的利益为出发点、以突厥的法制和道德为标准而发出的，并非绝对客观。然而，这一史料的

---

① Talat Tekin, *A Grammar of Orkhon Turkic*, Indiana University, 1968, pp. 231, 249.

② Paul Pelliot, “L’origine du nom de ‘Chine’”, *T’oung Pao*, second series, 1912, vol. 13(5), pp. 727-742.

③ Chen Hao, *A History of the Second Türk Empire (ca. 682-745 AD)*, Brill, 2021, pp.194-195, 205.

宝贵之处在于，它让我们看到了历史的另一面——唐人在突厥人眼中的形象，是一种完全不同于我们从汉文史料中获得的印象。

二、中心与边缘

当我们考察6至8世纪东亚的政治秩序时，会理所当然地以唐朝作为中心展开叙述。从当时的军事、经济和人口等参数来看，以长安和洛阳为中心绘制的一幅东亚政治地图，或许没有错。然而，这样的一幅政治地图，对于历史研究来说是不够的。它的局限就在于视角的单一。唐代的汉文史料正是在这种单一视角下编纂的，如果我们不具备足够的史料批判意识，很容易会滑入偏信汉文史料的泥淖之中。

在突厥碑铭的叙事中，东亚的政治格局是一幅以突厥为中心的圆形地图，唐朝、吐蕃、高丽、契丹、奚、九姓、十姓、黠戛斯等这些政权都是分布在这幅地图边缘上的政治单元而已。《阙特勤碑》东面第1—2行提到，在蓝天和大地之间创造了人类，突厥的祖先可汗坐在人类之上，他们臣服了四方民众，往东到达兴安岭，往西到达铁门关。这里提到的东、西两端上的地理坐标，是突厥汗国鼎盛时期在水平线上的政治边界。①

在默啜可汗执政时期，突厥骑兵往东征战到黄河和山东平原，往西征战到铁门关，在北面，则越过曲漫山，征战到黠戛斯。②这里提供的有关突厥政治边界的信息更加丰富了，除了西线的铁门关保持不变之外，东线则越过黄河南下，入侵华北平原，北部则是与黠戛斯以曲漫山（即萨彦岭）为界。至此，我们大致可以看出，突厥的政治地

① Chen Hao, *A History of the Second Türk Empire (ca. 682-745 AD)*, pp, 179, 199.

② Chen Hao, *A History of the Second Türk Empire (ca. 682-745 AD)*, pp, 183, 200.

图是，以突厥为中心，东面的边界是兴安岭，西面的边界是铁门关，北面的边界是萨彦岭，南面的边界是黄河。当然，这只是笼统的说法，因为政治的边界是极不稳定的，总是随着政治实力的消长而时时变化。

假如把这幅政治地图比作一幅圆形的话，圆心无疑就是突厥的牙帐于都斤山。在这幅圆形政治地图上，还分布着大大小小的政治单元。《阙特勤碑》在叙述阙特勤葬礼时提到，许多国家派使节前来吊唁，为我们观察东亚的政治格局提供了信息。原文是这样的：

udar seŋün kelti. tabğaç kağanta işiyi likeŋ kelti. bir tümen ağı altun kümüş kergeksiz kelürti. tüpüt kağanta bölün kelti. kurıya kün batsıkdakı soğd, berçeker, bukarak uluş bodunta enik seŋün, oğul tarkan kelti. on ok oğlum türgiş kağanta makaraç tamğaçı, oğuz bilge tamğaçı kelti. kırkız kağantatarduş ınançu çor kelti. bark étgüçi, bediz yaratığma, bitig taş étgüçi, tabğaç kağan çıkanı çaŋ seŋün kelti.

Udar 将军代表契丹和奚来了。从唐朝皇帝那里来了舍人吕向，并带来了上万件的珍宝和金银。从吐蕃赞普那里来了论。从西面日落之处的粟特、波斯、布哈拉那里来了 Enik 将军和 Oğul 达干。从十姓和突骑施那里来了掌印官 Maqaraç 和 Oğuz Bilge。从黠戛斯那里来了 Tarduş Inançu Çor。从唐朝那里来了建碑立庙的工匠，唐朝皇帝的姨兄弟张将军来主持立碑。①

从这段记载中我们可以看出，突厥碑铭的撰写者也有意识地刻画出一幅万国来朝的盛况，以凸显突厥汗国在东亚政治圈中所具有的核心地位。

---

① Chen Hao, *A History of the Second Türk Empire (ca. 682-745 AD)*, pp, 191-192, 203-204.

那么，唐朝和突厥究竟谁是中心，谁是边缘呢？实际上，这是一个很难回答的问题，因为没有哪个政权能够保持绝对霸主的地位。唐朝和突厥两者的实力，有一个此消彼长的过程，没有哪一方一直处于优势。两方之间的请婚或联姻或许可以视为彼此实力消长的一个晴雨表。一般来说，嫁女的一方是强势，娶妇的一方是弱势。

在默啜可汗执政时期，屡屡向武则天请婚，要求为女儿招婿。武则天派了淮阳王武延秀去迎娶突厥公主，不料被默啜抓住把柄，说他要的不是武家的儿，而是李家的儿，最后以此为借口出兵，骚扰周朝的边境。[①] 在武则天和默啜可汗分别在位的历史阶段，突厥显然是处于强势的。

到了唐中宗以后，特别是唐朝在黄河北岸建了三座战略性的防御城池之后，唐、突之间的实力对比出现了逆转，唐朝开始以守为攻。到了唐玄宗时期，唐朝便占有了绝对的优势，玄宗本人被包括突厥在内的内陆亚洲民族称为“天可汗”。此时的突厥毗伽可汗几乎每年都要派遣使者来唐朝，不再是咄咄逼人地招婿了，而是希望能够迎娶一位唐家公主。可惜的是，出于政治考量，玄宗每次都以不同的借口拒绝了这一请求。突厥之所以如此执着地请婚，是因为在当时的政治环境中，娶唐家公主为妻，已经成为一个政权政治地位的象征。若没有，甚至会在国际场合遭人耻笑。也就是说，与唐朝联姻已经成了东亚的一种政治竞赛。毗伽可汗曾经抱怨道：

吐蕃，狗种，奚、契丹，本突厥奴也，皆得尚主。突厥前后求婚独不许，何也？且吾亦知入蕃公主皆非天子女，今岂问真伪，但屡请

① 《资治通鉴》卷206，中华书局1956年版，第6530—6531页；《通典》卷198，中华书局1988年版，第5435—5436页。

不获，愧见诸蕃耳。[1]

这时的唐朝（毗伽可汗执政时期：716—734 年），俨然是东亚政治版图中毫无争议的核心。

三、叙事视角与历史真实

不同史料中的不同视角，能为我们的历史研究带来什么呢？通过二者的对比，我们可以把那些在单一视角下历史叙述中被忽视的部分充实起来，把那些夸大的部分纠正过来，尽量把历史的多元性和复杂性还原出来。

突厥碑铭中保留的史料，究竟如何有助于我们的历史研究，大致可以分为两种情况。一种是突厥碑铭中提到的信息，在汉文史料中完全不见记载。汉文史料往往只关注唐朝与周边政权之间的战争、联姻、贸易往来等，却忽视了周边政权彼此之间的互动关系。例如，两《唐书》中《突厥传》，有关骨咄禄和默啜可汗时期的记载较为丰富，而对突厥汗国后期的史实不仅简略而且模糊不清，甚至连可汗世系都彼此矛盾。从突厥碑铭中可以了解到，突厥汗国后期还是十分活跃的，只不过是已经没有实力与唐朝抗衡了，而是专注于经营与周边实力较小的政权之间的关系，例如九姓、契丹、奚、突骑施等。

突厥汗国后期最大的政治威胁来自九姓乌古斯。最终，突厥被九姓联合击败，公元 745 年九姓中的回鹘正式取代突厥成为了草原上长达一个世纪的霸主。突厥与九姓的竞争是长期拉锯战，但其中有一些

① 《旧唐书》，第 5175 页；《新唐书》，第 6053 页。

关键性的战役，特别是开元四年（716）的那一次，在突厥碑铭里有详细的叙述，双方交战的地点、将领名号、马的颜色、杀敌人数都交代得一清二楚。这些重要的信息却几乎不见于汉文史料，我们只能依赖于突厥碑铭。

另一种情况是在汉文史料中虽有记载，却与突厥碑铭的记载有所不同。下面我们以北庭之围为例，来说明同一历史事件在不同史料是如何被叙事的。"北庭"是唐朝史料对今新疆吉木萨尔的称谓，突厥碑铭中写作 Béş Balık，直译是"五城"，音译作"别失八里"。北庭古城遗址，大概位于今吉木萨尔城以北 12 公里处。回鹘西迁以后，曾将别失八里作为夏宫。元以后，别失八里成为察合台汗国疆域。据《明史》记载，察合台汗国 1418 年迁都于伊犁之后，别失八里就已经逐渐被废弃，回到了无序的状态，所谓"其国无城郭宫室，随水草畜牧。人性狂悍，君臣上下无体统"①。

吉木萨尔，最早见于汉文史料是在东汉，写作"金满"。《后汉书·西域传》：

> 自高昌壁北通［车师］后部金满城五百里。此其西域之门户也，故戊己校尉更互屯焉。……故汉常与匈奴争车师、伊吾，以制西域焉。②

我们不清楚究竟是在车师时期还是在以后的历史时期，金满的五城建制形成，但到唐代时肯定已经完成了。《旧唐书·地理志三》：

---

① 《明史》卷 332《西域传四》，第 8609 页。
② 《后汉书》卷 88《西域传》，第 2914 页。

金满，流沙州北，前汉乌孙部旧地，方五千里。后汉车师后王庭。胡故庭有五城，俗称“五城之地”。贞观十四年平高昌后，置庭州以前，故及突厥常居之。①

这段史料似乎在暗示，在车师时期就有五城了。如果是这样的话，那突厥作为后来的统治者，应该是用突厥语翻译了当地的地名。不过，这一做法倒也符合突厥人的习惯，他们往往会给新征服的疆域冠以突厥式的名称。②鉴于北庭的重要战略地位，唐朝和突厥都试图控制它。据《旧唐书·郭虔瓘》：

［开元］二年春，突厥默啜遣其子移涅可汗及同俄特勤率精骑围逼北庭，虔瓘率众固守。同俄特勤单骑亲逼城下，虔瓘使勇士伏于路左，突起斩之。贼众既至，失同俄，相率于城下乞降，请尽军中衣食器仗以赎同俄。及闻其死，三军恸哭，便引退。默啜女婿火拔颉利发石阿失毕时与同俄特勤同领兵，以同俄之死，惧不敢归，遂将其妻归降。虔瓘以破贼之功，拜冠军大将军，行右骁卫大将军。③

同一场战役在突厥碑铭中，却以完全不同的方式讲述：

otuz yaşıma béş balık tapa süledim. altı yolı süŋüşdüm. ... süsin kop ölürtüm. anta içreki ne kişi tin... i yok boltaçı erti. ...a okığalı kelti. béş balık anı üçün ozdı.

---

① 《旧唐书》卷40《地理志三》，第1646页。

② 陈浩：《安居耶尼考》，《欧亚学刊》第5辑，商务印书馆2016年版，第142—154页。

③ 《旧唐书》卷103《郭虔瓘传》，第3187页。参《新唐书》卷133《郭虔瓘传》，第4543页。《资治通鉴》卷211，第6696页。

本人30岁时，我出征别失八里。我打了六仗。我把他们的军队彻底消灭了。别失八里城内的民众要不然都会被屠杀，但他们出来迎接我们了，所以别失八里城逃过一劫。[①]

两相比较，不难发现，毗伽可汗不仅对突厥军队在此战役中的损失只字不提，而且也没有提及同俄特勤的丧命。有趣的是，《阙特勤碑》的碑文甚至都没有述及此役，或许是因为阙特勤本人没有跟随默啜可汗参加征讨。

考虑到汉文史料和突厥碑铭在北庭之围这一历史事件上叙事的差异，例如在战事结果和伤亡人数上都不尽相同，我们无法遽下论断，哪种叙事更“正确”或更接近“历史真实”。对于历史研究而言，不同史料的视角和背景是更值得阐述清楚的。汉地史家和突厥可汗都强化了同一事件的不同侧面——他们的叙事不一定都是可靠的，但无疑丰富了我们对历史的认知。

① Chen Hao, *A History of the Second Türk Empire (ca. 682-745 AD)*, pp, 211, 221.

“靺鞨”考

〔土耳其〕结社率·耶勒德热姆（Kürşat Yıldırım）撰

靺鞨，是一支通古斯语人群。在汉文史料里，靺鞨的先辈们被称为肃慎、挹娄、勿吉。“靺鞨”这个名称，首次出现在北齐的史料中。据《北齐书》卷7的记载，室韦、库莫奚、靺鞨和契丹向中国（译按：北齐）遣使纳贡。

从多种文献中我们可知，靺鞨部落分布于朝鲜半岛北部至鸭绿江以北的地带。这是一个跨文化的地区，现在位于西伯利亚、蒙古、中国和朝鲜等国之间。由此，我们可以说，靺鞨人不是一个单一族群或者单一语种的人群，他们的主体部分是通古斯人，但也混入了突厥语和蒙古语的人群。

关于靺鞨族的起源，有两种常见的观点。第一种观点认为，靺鞨最初称为“肃慎”，后来改成了“勿吉”，再改为“靺鞨”。第二种观点认为，靺鞨来自“秽貊”，二者是同一个词的不同形式。（《女真史》，第37—38页）不过，有些学者则不同意。他们认为汉文史料中提到的勿吉，与靺鞨不同。他们认为，勿吉是统治古代肃慎的一个人群，囊括了肃慎的大片疆域。俄国民族学家史禄国（S. Skirokogoroff）认为，勿吉居住于北通古斯地区。根据他的看法，“勿吉”在满语中的意思是“森林”——公元4世纪末靺鞨成为一股强大的势力之际，勿吉还生活在茂密的森林之中。（黄培 1990: 252）史禄国的观点，固然要引起重视。事实上，靺鞨人自 7 世纪初起，就处于一个游牧文化相对占主流的地方了。关于早期靺鞨文化的记载，与传统的肃慎、挹娄和勿吉文化吻合，但是 7 世纪以后还是能观察到一些变化的。不过，关于靺鞨部落的分布，汉文史料里有明确的记载，所以，史禄国所谓靺鞨属北通古斯的说法，从地理上看是有问题的。

笔者拟依据最近写就的一篇文章，对靺鞨的起源问题作几点补充。

（1）在《阙特勤碑》和《毗伽可汗碑》中，提到了参加 552 年布民可汗（Bumin，译按：汉文史料作“土门”）葬礼的人名，其中首次提到了靺鞨，把他们称为 Bükli（Bükküli 或 Bökli）——来自于太阳升起的地方。[①] 碑文的另一处提到了突厥臣服于唐朝时期（630—680 年）的史实，彼时突厥官员被囚禁在唐朝。碑文曰：“他们（突厥士兵）［为唐廷］服务和卖力了 50 年，与太阳升起之地的 Bükli 可汗作战。”[②]

（2）根据塞奥非拉克特（Theophilactos Simocatte）的《历史》——写于 7 世纪初，“阿瓦尔人战败之后，其中有些人逃到了陶家思人（Taugast，即中国人）那里……其他的阿瓦尔人，因为战败而落魄，投奔到所谓的穆克利人（Mucri）那里。这个民族离陶家思最近，他们有很强的战斗力，既因为他们日常操练，也因为他们在危险中有耐力”。（The History of Theophylact Simocatta 1986: 11-12）

（3）《旧唐书》卷 199 载：“靺鞨，盖肃慎之地，后魏谓之勿吉，在京师东北六千余里。东至于海，西接突厥，南界高丽，北邻室韦。其国凡为数十部，各有酋帅，或附于高丽，或臣于突厥。而黑水靺鞨

① 《阙特勤碑》东面第 4 行；《毗伽可汗碑》东面第 5 行。
② 《阙特勤碑》东面第 8 行；《毗伽可汗碑》东面第 8 行。

最处北方，尤称劲健，每恃其勇，恒为邻境之患。”（《旧唐书》卷199下《靺鞨传》，第5358页）

就以上三种文字的史料中涉及的名称，学界有不同的观点。在笔者看来，汉文史料中的“勿吉”，等同于突厥碑文中的Bükli，东罗马史料中则写为Mucri/Mukri。沙畹（E. Chavannes）、马夸特（J. Marquart）、白鸟库吉和内田吟风（Uchida Ginpu）等学者在“勿吉”与Mukri勘同的问题上，取得了一致。靺鞨，居住在［中国］东北地区，与唐朝的突厥人有联系，在早期的汉文史料中写作肃慎、挹娄和勿吉。这些人，可以视为通古斯人的祖先。如此一来，突厥碑文中的Bükli Çöl指的肯定是［中国］东北地区，Bükli Çöl的人，指的就是靺鞨，而Bükli Çöllü El指的就是通古斯人，而不是此前学者们所认为的朝鲜人。此外，碑文中提到布民可汗葬礼上来自东方国家的人，只有Bükli。那些操蒙古语的人群，例如碑铭中提到的三十姓鞑靼（Otuz Tatar）和契丹（Kıtañ），则相当于汉文史料中的室韦。这些民族位于Bükli的北方。换句话说，当突厥人向东方推进时，他们直接遭遇到的是Bükli Çöllig地区的通古斯语人群，而蒙古语人群要在更往北方和西北方。

靺鞨的多元文化

事实上，亚洲的这片潮湿又布满沼泽的地方——中国东北地区，许多学者认为其文化可分为不同的历史阶段：狩猎阶段、半狩猎和半农业阶段、半狩猎和半畜牧阶段。（Egami 1985: 99）不过，自新石器时代以来（公元前8000—前5500年），东北地区就已经出现了一种半狩猎和半农业的社会。公元1世纪初，据说这一地区的人使用短剑

和小马，狩猎诸如牛、马、猪之类的动物。（Egami 1985: 104, 106）

由于靺鞨人的疆域，即中国东北，在地理位置上位于中国、蒙古和西伯利亚交界处，所以在这里可以发现一种多族群相融的混合文化。根据一些研究者的观点，这一地区至少是四处史前文化所在地：黄河流域、漠北、太平洋沿岸和贝加尔湖周边的苔原地带。（黄培 1990: 240）

在此，我们需要引用汉文史料，例如《魏书》卷100《勿吉传》（第2219—2220页）、《隋书》卷81《靺鞨传》（第1821页）、《旧唐书》卷199《靺鞨传》（第5358页）、《新唐书》卷219《黑水靺鞨传》（第6178页）。根据以上史料记载，我们可知下述事实。

既然每个靺鞨部落和聚落都拥有各自的酋长，那么他们就没有一个统一的领导者。他们身体健壮，且是中国东部最健壮的人群。每个部落的语言不同，且“入处穴中”。他们“筑城穴居，屋形似塚，开口于上，以梯出入”（《魏书·勿吉传》）。“其畜宜猪”（《旧唐书·靺鞨传》）。“其国无牛，有车马，佃则偶耕，车则步推。有粟及穄，菜则有葵。水气醎凝，盐生树上，亦有盐池。多猪无羊。嚼米醖酒，饮能至醉。妇人则布裙，男子猪犬皮裘……插虎豹尾”（《魏书·勿吉传》）。“人皆射猎为业，角弓长三尺，箭长尺有二寸。常以七八月造毒药，傅矢以射禽兽，中者立死”（《隋书·靺鞨传》）。“其父母春夏死，立埋之，冢上作屋……若秋冬，以其尸捕貂，貂食其肉，多得之”（《魏书·勿吉传》）。“以溺盥面”（《新唐书·黑水靺鞨传》），“俗皆编发，性凶悍，无忧戚，贵壮而贱老”（《旧唐书·靺鞨传》）。

根据《旧唐书》和《新唐书》的记载，靺鞨文化从7世纪起出现了一些变化。例如，“出随水草”，“乘马以祭”。可见，他们的文化开始演变成一种游牧文化，但没有羊，只有猪。

根据上述史料可知，靺鞨过着游牧生活。《旧唐书·靺鞨传》载："并依山水掘地为穴，架木于上，以土覆之，状如中国之塚墓，相聚而居。夏则出随水草，冬则入处穴中。父子相承，世为君长。"《新唐书·黑水靺鞨传》载："其酋曰大莫拂瞒咄，世相承为长。无书契。其矢石镞。"《旧唐书·靺鞨传》载："其畜宜猪，富人至数百口，食其肉而衣其皮。死者穿地埋之，以身衬土，无棺椁之具，杀所乘马于尸前设祭。"《新唐书·黑水靺鞨传》载："土多貂鼠、白兔、白鹰。"《旧唐书》另一处提到："其俗与高丽及契丹同。"《旧唐书》载："颇有文字及书记。"这里指的可能是渤海国，在渤海国之前，靺鞨人没有记文字和记录。

黑水靺鞨生活在嫩江岸边——嫩江从黑龙江北部流经内蒙古东北，他们通常被描述为最健壮的人群。因此，在黑水靺鞨文化中观察到的游牧文化要素，被当成了整个靺鞨人群的文化——因为靺鞨人的势力延伸到了草原地带。

最近的考古学研究，为靺鞨的文化研究带来了新的进展。（Istoriya Sibiri 1968: 308-310）与东北地区的其他族群不同，在靺鞨人的文化中，马扮演了重要的角色。马的角色，在生前身后都一样重要，以至于人们总是与他们的马埋在一起，这一点被诸多考古学研究所证实。马在靺鞨人的经济中也占重要地位，马会被卖给他们的邻居。

然而，靺鞨文化中最重要的特征，或许是猪的养殖——这与东北其他的族群相似。从新石器时代和青铜时代起，猪骨就一直在靺鞨聚落遗址中出土。靺鞨人夏天居住在深穴中，穴内能储存肉类。在诸多地下聚落遗址中发现了猪骨，特别是在黑龙江中游流域。文献资料也能证实猪在靺鞨人群中的长期流行。

根据考古发掘的材料，靺鞨人穿猪皮和狗皮制成的衣服，在特殊场合会穿外衣和带花的项链。最富有的人士会穿戴丝绸和珍珠。靺鞨人与其他通古斯语人群一样，会把他们的头发编起来。黑水靺鞨，会戴野猪牙和熊牙制成的项链。与其他族群不同，粟末靺鞨，会戴有猪尾和豹尾的帽子。靺鞨把猪和马的形象作为装饰和泥塑，还有许多马和骑兵形象的岩画。萨卡奇-阿梁（Sakaci-Alyan）岩画上有狩猎山羊的猎者形象，反映了突厥的草原艺术。靺鞨敬重老虎，因为害怕老虎的威力。根据考古材料和日文史料，靺鞨和朝鲜人都有“熊崇拜”的习俗。

结论

基于上文的讨论，我们可以得出以下几点地理学和历史学的结论：公元前一千年之前，两种古代文化共存于中国北部，分别是饲养马的匈奴和饲养猪的肃慎。这两种文化也包括东胡文化和室韦文化——它们彼此相关。东胡文化的年代是公元前7世纪，东胡和室韦文化或许是匈奴与肃慎文化交流的结果。（Eberhard 1942: 144-145）因此，我们可以说，在公元前一千纪，突厥语人群与肃慎（靺鞨之祖先）和东胡（蒙古之祖先）的关系密切。

在靺鞨的种族和文化上，可以看到突厥语和蒙古语人群的痕迹，汉文史料中清楚地记载了它们之间共同的文化因素和历史联系。靺鞨除了与突厥语人群、蒙古语人群和中原人有紧密的文化互动之外，自然也会与东北的本土人群以及古代西伯利亚人相融合。因此，我们可以认为靺鞨是若干种族混合的政治体，这也是最贴近于中亚之历史现实的。

（许明道 译　陈浩 校）

参考文献

Eberhard, W. 1942. *Çin'in Şimal Komşuları*, Türk Tarih Kurumu, Ankara.

Egami, Namio 江山波夫 . 1985. *Ajia no Minzoku to Bunka no Keisei*, Tokyo.

黄培 1990. New Light on the Origins of the Manchus. *Harvard Journal of Asiatic Studies*, 50/1, 239-282.

Istoriya Sibiri. 1968. (commission). Izdatelstvo Nauka, Leningrad.

《旧唐书》，中华书局 1975 年版。

《隋书》，中华书局 1975 年版。

孙进己、张璇如、蒋秀松、干志耿：《女真史》，吉林文史出版社 1987 年版。

The History of Theophylact Simocatta. 1986. Trans., M. Whitby-M. Withby, Oxford University, New York.

《魏书》，中华书局 1974 年版。

《新唐书》，中华书局 1975 年版。

Yıldırım, Kürşat. 2017. Bükli Hakkında On İki Not, *TEKE Dergisi*, 6/2, 557-57/6.

公元 10 世纪穆斯林文献所见东部马扎尔人

〔匈〕伊斯特凡·泽蒙内（István Zimonyi）撰

公元 10 世纪上半叶地理学家贾伊罕尼（al-Jayhānī）已经佚失的地理志中关于马扎尔人的章节，是马扎尔人或匈牙利人早期历史的主要史料之一。我们可以通过伊本·鲁斯塔（Ibn Rusta）、加尔迪兹（Gardīzī）、巴克里（al-Bakrī）和马卫集（al-Marwazī）等人作品中的引文，来还原贾伊罕尼的地理志。（Göckenjan, Zimonyi 2001; Zimonyi 2016）有关马扎尔人章节的前半部分，涉及马扎尔人的东部边疆。

伊本·鲁斯塔：在佩切涅格和 *'.sk.l*（Ask.l）国家之间是不里阿耳人的疆域，位于匈牙利人众多边境的第一道边境上。

加尔迪兹：不里阿耳人和 *'.sk.l* 国家之间的疆域也属于不里阿耳人，位于匈牙利人的边境上。

巴克里：他们住在佩切涅格人和属于不里阿耳人的 *'.sk.l* 国之间。（Zimonyi 2016: 67）

后文中还有一段关于马扎尔人边境的叙述。据此可知，马扎尔人住在罗姆海（Rūm Sea）的海岸，在多瑙河和伏尔加河之间。（Zimonyi 2016: 202-203）至于其方位，学者们一般都认为马扎尔人的领地在黑海北岸。关于这两段文字的解读，是本文的主旨。学界大致有两种观点，要么认为上述内容涉及的是马扎尔人的两片不同的疆域，要么认为它们是连续的一大片疆域。假设它们是不同的疆域，那么必须弄清楚时代背景：它们究竟是不同时代的，还是同一时代的疆域？

米诺尔斯基（V. Minorsky）在给《世界境域志》作注时提到，伊本·鲁斯塔、加尔迪兹和巴克里所代表的贾伊罕尼地理志传统中关于马扎尔人边境的记载，极为混乱。“机械地将两种不同疆域的史料（很可能出自不同的史源）堆在一起，仿佛从乌拉尔地区毫无障碍地延伸到了黑海。”（Minorsky 1937: 319）克里斯托（Gy. Kristó）强调，马扎尔人在9世纪下半叶住在黑海北岸，但是“既然我们认为佩切涅格人的疆域在880年左右处于伏尔加河的东岸，那么我们就能得出结论，在9世纪70年代匈牙利人的疆域像一条从别拉亚河（Belaia）到艾特尔库祖河（Etelköz）的走廊，能够一直延伸到伏尔加河，其东北方向的边界与伏尔加河流域的不里阿耳人和佩切涅格人接壤。不能排除的可能性是，在830年以后，语言上属于芬-乌语系（具体而言，就是匈牙利人）和突厥语族的伏尔加河不里阿耳人以及巴什基尔（Bashkir）人，仍然通过这条走廊源源不断地来到南部疆域”（Kristó 1996: 170）。

蔡格莱蒂（K. Czeglédy）分析了穆斯林地理文献中所谓的“第一道边境”（*awwalu ḥaddin*）的用法，枚举了大量的例子，说明它对应的概念是“最后一道边境”（*āhiru ḥaddin*），这两个概念一起指代一个国家在地理意义上最远的两个边界。由于贾伊罕尼地理志中关于马扎尔人的边界还有另一条记载“马扎尔人国家的一条边界抵达罗姆海”（Zimonyi 2016: 202-203），那么正好可以与之吻合。基于语言学和文献学的观察，蔡格莱蒂得出结论：贾伊罕尼地理志中关于马扎尔人边疆的叙述，涉及的只是一片疆域。不过，他注意到，贾伊罕尼书中的地理信息是与这个概念相矛盾的，因为贾伊罕尼说哈扎尔人住在伏尔加河的下游，其北方是布尔塔斯人（Burtas），更北方的伏尔加河流域是不里阿耳人，那么实际上在马扎尔人的东、西两个边界之间不可能有直接的接触。为了解释这个矛盾，蔡格莱蒂提出一种方案：虽然贾伊罕尼书中提到的第一道边境指的是马扎尔人的东部边境，那里是古代巴什基尔人的故乡，并且与佩切涅格人的疆域接壤，但是贾伊罕尼脑海中认为这片地区与马扎尔人的另一个国家是接壤的，即便他所习得的地理学知识与此相悖，不过他在节选时省略了一些信息。（Czeglédy 1943: 293-299）

如果我们假设上述史料讨论的是两片疆域，我们基本上可以将相关学者的观点分成三类。

根据鲍乐尔（Gy. Pauler）的说法，马扎尔人在第一道边境的疆域，可以比定为巴什基尔，也就是马扎尔人在迁徙到东欧草原西部之前的远古故乡所在地。（Pauler 1900: 243-244）不过，蔡格莱蒂已经否定了“第一道边境”的意思是“早期的疆域”。阿拉伯语 *ḥadd* 本来的意思是某事物的极限，复数形式往往指代某一疆域。既然“第一道边境”是一个单数形式，那么就可以排除它的意思是“第一疆域”，也就是说将其释读成“早期的疆域，即巴什基尔地区”是不能成立的。（Czeglédy 1943: 296-297, 299）此外，贾伊罕尼地理志中关于东欧的章节，其编纂的史料来源于征服喀尔巴阡盆地之前（895年）的几十年内商贾和外交人员提供的信息，所以它不能算是历史叙事，这一点与书中关于匈牙利人的章节有所不同，后者是来源于君士坦丁七世（Constantine Porphyrogenitus）的《帝国行政论》（*De administrando imperio*）中“关于‘突厥人’国家的世系”一章。（DAI: 170）

图1 马扎尔人的迁徙

550 körül 约公元550年
Aral Lake 咸海
Avars 阿瓦尔人
Baltic Sea 波罗的海
Belaya 别拉亚河
Black Sea 黑海
Bug 布格河
Byzantine Empire 拜占庭帝国
Carpathians 喀尔巴阡山脉
Caspean Sea 里海
Caucasus 高加索
Cherkes 切尔克斯人
Cherson 赫尔松
Constantinople 君士坦丁堡
Danube 多瑙河
Derbent 打耳班
Dnieper 第聂伯河
Dniester 德涅斯特河
Donets 顿涅茨河
Don 顿河
Dvina 德维纳河
Estonians 爱沙尼亚人
Georgians 格鲁吉亚人
Hantis 汉特人
Inkers 尹克尔人
Irtysh 额尔济斯河
Iset 伊塞特河
Ishim 伊希姆河
Itil 亦的勒
Kama 卡马河
Khazaria 哈扎尔
Khazars 哈扎尔人
Kiev 基辅
Komis 科米人
Kuban 库班河
Livonians 利沃尼亚人
Magyars Etelköz 艾特尔库祖的马札尔人
Magyars Levedia 莱维迪亚的马札尔人
Magyars Magna Hungaria 大匈牙利的马札尔人
Manshis 曼西人

Maris 马里人
Meryas 梅里亚人
Middle Ural 乌拉尔山中段
Mordvins 莫尔多瓦人
Oka 奥卡河
Pechora 伯朝拉
Pliska 普利斯卡
Preslav 普雷斯拉夫
Samandar 萨曼达尔
Sarkel 萨克尔
Savard Magyars 萨瓦尔德马扎尔人
Sea of Azov 亚速海
Serdika 塞尔迪卡
Slavic Tribes 斯拉夫部族
Slavs 斯拉夫人
Southern Slavs 南斯拉夫人
Southern Ural 乌拉尔山南段
Suhona 苏霍纳河
Tabol 托博尔河
Tavda 塔夫达河
The Primary Homeland of the Magyars 马札尔人的主要故乡
Tisza 蒂萨河
Tura 图拉河
Udmurts 乌德穆尔特人
Ural 乌拉和
Uz 乌兹人
Vichegda 维切格达河
Vistula 维斯瓦河
Volga 伏尔加河

还有另外一种方法，来解决两片疆域之间的关系。该观点强调，哈扎尔人的统治者于9世纪下半叶将马扎尔人从黑海北岸地区重新安置在了伏尔加河的东岸。与这一观点相联系的，是对《帝国行政论》中马扎尔章节内关于第一次马扎尔-佩切涅格战争的解读。马扎尔人早年住在哈扎尔国的附近，为哈扎尔可汗效力，但是在被康噶尔（Kanger，后来被比定为佩切涅格人）袭击之后，马扎尔人分裂了，其中一拨向西迁徙到黑海北岸定居，另一拨向东方去了。

根据瓦拉迪（L. Várady）的观点，马扎尔人在875年之前一直住在克里米亚以西，第聂伯河下游地区，而哈扎尔人在9世纪70年代中期出于保护马扎尔人不受佩切涅格人侵扰的义务，将他们重新安置到了哈扎尔汗国的东部边境。他们被重新安置的地方，可能就是莱维迪亚（Levedia），位于乌拉尔河与伏尔加河之间的大、小乌泽尼（Uzeny）。马扎尔人在莱维迪亚只停留了三年。由于康噶尔人的侵袭，其中一部分马扎尔人沿着里海东岸迁徙到呼罗珊，保留了他们原来的名号萨瓦尔特（Savartoi），而其中大部分则回到了早先的故地，后来被人称为“突厥”。（DAI: 170-173; Várady 1989: 22-58）

克里斯托和马克（F. Makk）的观点与上述观点类似。在840年和 854 年之间，马扎尔人住在顿河西岸，处在哈扎尔人的统治之下，从那里他们全部或者一部分被重新安置在哈扎尔汗国东境的伏尔加河地区。在那里，他们在比 854 年稍早的时期受到康噶尔人或佩切涅格人的袭击。（Kristó, Makk 2001: 46, 63）据此，马扎尔人，或者至少一部分马扎尔人，可能于 9 世纪 40 年代或 70 年代定居在伏尔加河以东，位于不里阿耳人和佩切涅格人之间。在那段时期内，穆斯林商人和外交官有可能接触到他们，并搜集到了后来用于编纂地理志的情报。

关于 10 世纪初一支马扎尔人居住在伏尔加河不里阿耳人附近的史料，当然是能找到的。或许，所谓的“东马扎尔人”早在 9 世纪末就已经在那里定居了。根据福朵儿（I. Fodor）的观点，与此人群相关的考古学材料，可以在波尔谢杰·提尕尼墓葬（Bolšije Tigani Cemetery）中找到。（Fodor 1977: 109-114; 1982: 51-52）匈牙利多明我会修士尤利安（Julian）在蒙古入侵前夜的 1235 年在伏尔加河支流卡马河拜访了这群马扎尔人，并将此地称为“大匈牙利”（Magna Hungaria）。（SRH II: 535-542; Göckenjan, Sweeney 1985: 69-91; Göckenjan 1977: 125-145）不过，关于马扎尔人何时分裂，以及东部马扎尔人究竟是已经在此地居住很长一段时间了，还是他们是从南方迁到这里来的，学界仍然存在争议。修士尤里安与东部马扎尔人在 1235 年能够彼此听得懂，而且他们也知道西部匈牙利人是从他们分裂出去的，他们是兄弟。[①] 这些信息说明，马扎尔人的分裂一定发生在 9

① *..., et de rege et regno Ungarorum Christianorum fratrum ipsorum fideliter perquirentes, et quequmque volebat, tam de fide, quam de aliis eis proponere, diligentissime audiebant, quia omnino habent Ungaricum idioma, et intelligebant eum, et ipse eos. ... Sciunt enim per relations antiquorum, quod isti Ungari ab ipsis descenderant; set ubi essent, ignorabant.*（SRH II: 540）他们从容地问他关于信仰基督教的匈牙利人（他们的兄弟）的国王和国情。无论他告诉他们关于信仰还是其他方面的东西，他们都听得非常仔细，因为他们用的是匈牙利语。他们听得懂他在说什么，他也听得懂他们在讲什么……他们确切知道了这群匈牙利人从何而来，但是住在这里的人们却不知道。（Göckenjan, Sweeney 1985: 79）

世纪，否则尤里安与东部马扎尔人之间的交流是不可能实现的。

不过，如果伏尔加河东岸马扎尔人的第一道边境，指代的是马扎尔人的一部分疆域，而且在895年大部分马扎尔人征服了喀尔巴阡盆地之后仍然如此，贾伊罕尼可能在10世纪初将其添补到他的书中关于马扎尔人的章节内，这与其他史料所提示的马扎尔人早在880年甚至更早就已经出现在此的信息是相左的。（Zimonyi 2016: 81）

巴里黑（al-Balkhī）的地理志传统，保存了关于被称为“巴斯吉尔特”（Basjirt）的马扎尔人的两块分隔疆域的最初报告。巴里黑是穆斯林地理学制图领域内最著名的人物之一，他绘制了相关的地图并附解说。巴里黑卒于934年。他的作品由伊斯塔赫里（al-Iṣṭakhrī）补充并修订，后来又由伊本·豪卡勒（Ibn Ḥawqal）重新加工。（Tibbetts 1992: 108-136; GAS XIV: 189-231）

这部地图集包括二十幅地图，其中有一幅世界地图和哈扎尔海（即里海）地图。在伊斯塔赫里和伊本·豪卡勒的作品中，在关于哈扎尔海的地图中谈到了马扎尔人（被称为“巴斯吉尔特”）：“巴斯吉尔特有两种。一群在不里阿耳人以外的古兹国的边境。据说，一共只有2000人，他们在林中占据险要，易守难攻。他们听从于不里阿耳人。另一群巴斯吉尔特与佩切涅格人为邻。他们与佩切涅格人是罗姆国（拜占庭）边境上的‘突厥’。”（BGA I: 225; BGA II: 396; Dunlop 1954: 98）这段记载能够从历史学的角度来解读，与10世纪的历史形势相吻合，因为这一时期东部马扎尔人与古兹国（即9世纪90年代中期征服了佩切涅格人疆域的乌古斯人）为邻。佩切涅格人向西迁徙，并在黑海北岸定居下来，迫使马扎尔人去占据喀尔巴阡盆地。佩切涅格人与马扎尔人为邻的记载，也指向了10世纪的历史语境。（Czeglédy 1943: 290）巴里黑是第一位提到东部马扎尔人疆域和西部马扎尔人疆域的地理学家，也是第一位主张巴什基尔和马扎尔有亲属关系的学者，他将巴什基尔 / 巴斯吉尔特与马扎尔 / 匈牙利相勘同。

巴里黑私下是认识贾伊罕尼的，因为在纳迪姆（al-Nadīm）《目录之书》（*Fihrist*）中（收入其中的一部书，被认为是巴里黑的作品）提到："纳赛尔·伊本·阿赫马德（Naṣr ibn Aḥmad）的宰相贾伊罕尼，蓄有女奴，他曾经用她们来取悦我，但是当我口授我的'献祭'之书时，他把她们从我身边夺走了。"（Dodge 1970: 303）据此我们猜测，贾伊罕尼可能藏有巴里黑的书和地图。

出于种种原因，这条信息使得我本人决定研究巴里黑地理学传统的地图。收录这些地图的年代最早的穆斯林文献是伊本·豪卡勒的地理志，保存于托普卡帕宫图书馆（馆藏编号 A3346），纪年是公元 1086 年。地图原件的年代大约是 980 年。一幅世界地图的摹本保存在 GAS（XII: 32，见文末参考文献），还有一幅手绘副本在豪卡勒地理志的第二版（也是精校版）中。（BGA II: 7; Zimonyi 2016: 208-211）本人的同事理查德·桑托（Richard Szántó）绘制了这幅地图的欧洲部分。在这幅世界地图中，地球被大洋所环抱。罗姆海，即地中海，发源于大洋，安达卢西亚、意大利和希腊的多处位于地中海北岸，由西往东排开。从地中海东北部起，有一条海峡，被称为君士坦丁海峡，因为罗姆国的首都君士坦丁堡位于它的西岸。这条海峡穿过了萨卡利巴（Ṣaqāliba，系穆斯林对斯拉夫人的称谓）以及哥格和玛各的地方，最后汇入了大海。罗姆海（地中海）的东岸是另一汪海，被称为哈扎尔海（里海）。阿的勒河（Ätil）从北方流入哈扎尔海。阿的勒河上游有三条支流。东部支流形成了基马克人（Kimeks）与乌古斯人（Oghuz）的边界。中间支流发源于君士坦丁海峡，向东流，然后往南，一直抵达阿的勒河。该支流的第一段是哥格和玛各人疆域与不里

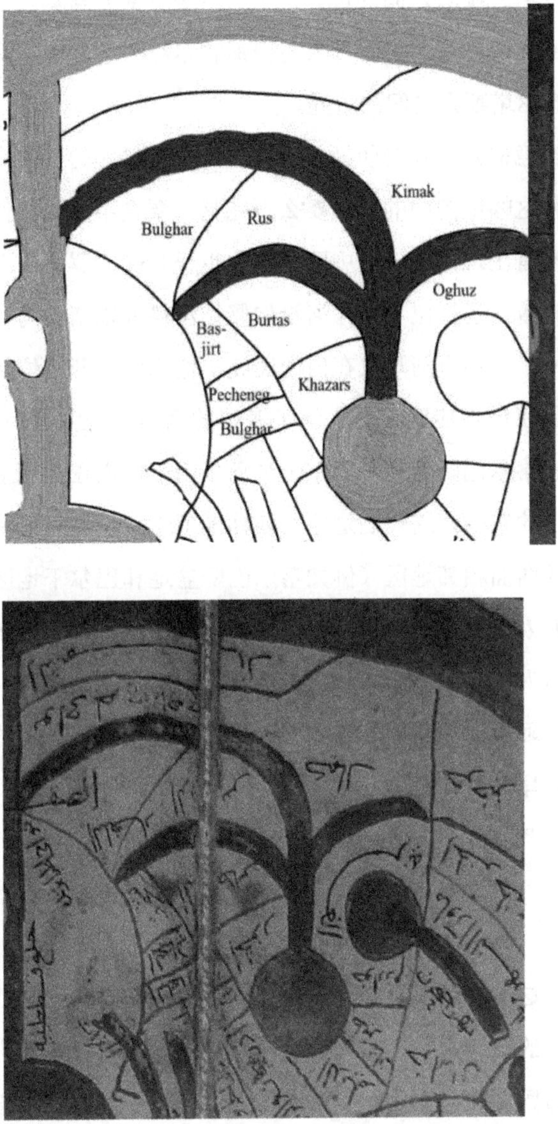

图2　伊本·豪卡勒（Ibn awqal）地图局部。土耳其托普卡帕宫图书馆藏（Ref. A 3346），年代为公元1086年，系公元980年一幅地图的摹本。（译按：下侧是原图，上侧是用拉丁文将阿拉伯文地名转写之后重新绘制的）

阿耳人和罗斯人疆域之间的边界，第二段是罗斯人与基马克人之间的边界。西部支流先是不里阿耳人与巴斯吉尔特人之间的边界，后来是罗斯人与布尔塔斯人之间的边界。

值得注意的是，在与伊斯兰世界没有直接接触的拜占庭帝国以外的地区，在这幅地图中的记载要么不完整，要么不准确。例如，这幅地图中就没有出现黑海，而中欧和西欧也只是在“罗姆国”的标签之下。这意味着，包括位于多瑙河沿岸佩切涅格人以南的马扎尔人（即巴斯吉尔特）和不里阿耳人在内的民族，他们的地理方位都是不准确的。他们的疆域理应画在君士坦丁海峡的西边，因为他们在10世纪时分别住在喀尔巴阡盆地和巴尔干半岛。由于他们在地图上被标在了拜占庭帝国的东面，这说明这些穆斯林地理学家没有对黑海北岸的南俄草原与其西面相邻地区（例如喀尔巴阡盆地和巴尔干地区）做出区分。在罗斯人的标记上，也有不准确的地方：沿着伏尔加河往北依次住着哈扎尔人、布尔塔斯人和伏尔加河不里阿耳人，罗斯人的疆域理应位于不里阿耳人的西面和西北面，但是罗斯人在这幅地图上却被标在了不里阿耳人的东面。

在这幅地图上，马扎尔人被称为“巴斯吉尔特”，他们的北面邻居是不里阿耳人，即伏尔加河不里阿耳人，而佩切涅格人则是他们在南面的邻居。佩切涅格人的南面，是多瑙河的不里阿耳人。不里阿耳这个名称在这幅地图上出现了两次。这幅地图一定曾经是贾伊罕尼撰写地理志时的参考文献，因为后者也是将巴斯吉尔特置于伏尔加河不里阿耳人与佩切涅格人之间。可以推测，马扎尔人的第一道边境位于伏尔加河不里阿耳人的Ask.l部落与佩切涅格人之间的这一早期情报，被贾伊罕尼更正了。这一推测需要有两个前提。一方面，要假设贾伊罕尼把他所称M.jf.r的马扎尔人与巴斯吉尔特人相勘同，后者是巴里黑地理志传统中对马扎尔人的称谓。另一方面，巴里黑的地图应该包含一些仅存于伊本·豪卡勒修订版地理志中的细节。

我们可以用亚库特（Yāqūt）地理学字典中巴什基尔特（Bāshghird）词条，来做一个类比。亚库特（Jacut I: 468-471）的书中记录了该地名的两种形式，分别是巴什吉尔特（Bāshjird）和巴什基尔特（Bāshqird）。他把该国的疆域定位于君士坦丁堡和不里阿耳之间。然后，他引用伊本·法德兰（Ibn Faḍlān）关于巴什基尔特是突厥人中最坏的一群，住在滞留伏尔加河东岸的佩切涅格人与伏尔加河不里阿耳人之间的描述，法德兰叙述的时代是公元922年。绝大多数佩切涅格人都往西迁徙了，大约于895年来到了马扎尔人的疆域。亚库特提到，后来，他于1210年左右在阿勒颇（Aleppo）遇到了几位巴什基尔特人。他提到，他们的另外一个称谓是匈卡尔人（Hunkar，即匈牙利人）。在该词条的末尾，亚库特参考了伊斯塔赫里，并照录了其中关于里程的数据，引用的名称作“巴什吉尔特”。亚库特的做法，可以清晰地还原出来。在巴什基尔特的词条上，他详细地引用了伊本·法德兰922年关于巴什基尔特人的描述。他们被当作位于伏尔加河东岸的突厥人。亚库特的情报，是他私下从13世纪早期匈牙利王国内的穆斯林中获得的，他把巴什基尔特人与匈牙利人等同。将二者联系起来的中间环节，来自伊斯塔赫里的作品，他知道巴斯吉尔特（Basjirt）人有两拨，一拨住在伏尔加河以东，一拨住在拜占庭西面，这一信息是亚库特所忽略的。因此，亚库特实际上将三个世纪以前伊本·法德兰搜集的信息杂糅进了自己的书中，但是他仍然沿用了伊斯塔赫里关于马扎尔人两个边境的说法。

总而言之，贾伊罕尼地理志传统中涉及位于不里阿耳人Ask.l部落与佩切涅格人之间的马扎尔人的第一道边境的信息，它的起源和年代都是很模糊的。如果认为这一史料是贾伊罕尼在参考了 10 世纪初（即匈牙利人征服喀尔巴阡盆地之后）巴里黑绘制的世界地图的基础上编撰的，则可以解释为何贾伊罕尼把关于马扎尔人第一道边境的段落插入在马扎尔人章节的开头部分。

（陈浩 译）

参考文献

BGA – *Bibliotheca Geographorum Arabicorum*, I-VIII. Ed. M. J. de Goeje. Lugduni-Batavorum 1870-1894.

BGA II[2] – *Opus Geographicum auctore Ibn Ḥauḳal*. Ed. J. H. Kramers. Lugduni Batavorum 1939.

Czeglédy K., 1943. Magna Hungaria: *Századok* 77: 277-306.

DAI – Constantine Porphyrogenitus, *De Administrando Imperio*. Greek text edited by Gy. Moravcsik, English translation by R. J. H. Jenkins. Dumbarton Oaks 1967.

Dodge, B. 1970. *The Fihrist of al-Nadim. A Tenth Century Survey of Muslim Culture*, I-II. Columbia University Press.

Dunlop, D. M. 1954. *The History of the Jewish Khazars*. Princeton.

Fodor I., 1977. Bolgár-török jövevényszavaink és a régészet [Bulghar-Turkic Loanwords in the Hungarian Language and Archaeology]. In: *Magyar őstörténeti tanulmányok*. Szerk. Bartha A., Czeglédy K., Róna-Tas A. Budapest: 79-114 .

Fodor, I. 1982. On Magyar-Bulgar-Turkish Contacts. In *Chuvash Studies*. Ed. A. Róna-Tas. Budapest: 45-81.

GAS = F. Sezgin, *Geschichte des arabischen Schrifttums*. vol. x-xiii: Mathematische Geographie und Kartographie im Islam und ihr Fortleben im Abendland. Frankfurt am Main 2000-2007; vol. xiv Anthropogeographie Teil 1. Gesamt- und Ländergeographie. Stadt- und Regionalgeographie. Frankfurt am Main 2010; vol. xv Anthropogeographie Teil 2. Topographie — Geographische Lexika — Kosmographie — Kosmologie — Reiseberichte. Frankfurt am Main 2010.

Göckenjan, H. 1977. Das Bild der Völker Osteuropas in den Reiseberichten ungarischer Dominikaner des 13. Jahrhunderts. In: *Östliches Europa, Spiegel der Geschichte*. Festschrift für Manfred Hellmann zum 65. Geburtstag. Hrsg. Goehrke, C./Oberländer, E./ Wojtecki, D. Wiesbaden (Quellen und Studien zur Geschichte des östlichen Europa IX): 125-152.

Göckenjan, H., Sweeney, J. R, 1985. *Der Mongolensturm. Berichte von Augenzeugen und Zeitgenossen 1235-1250*. Graz–Wien–Köln (Ungarns Geschichtsschreiber Bd. 3).

Göckenjan, H. Zimonyi, I. 2001. *Orientalische Berichte über die Völker Osteuropas und Zentralasiens im Mittelalter. Die Ğayhānī-Tradition*. Wiesbaden.

Jacut - *Jacut's Geographisches Wörterbuch aus den Handschriften zu Berlin, St. Petersburg, Paris, London und Oxford*, auf Kosten der Deutschen Morgenländischen Gesellschaft hrsg. von F. Wüstenfeld. Band 1-5. Leipzig 1866-73.

Kristó, Gy. 1996. *Hungarian History in the Ninth Century*. Szeged.

Kristó Gy., Makk F. 2001. *A kilencedik és tizedik század története,* [The History of the 9th and 10th Centuries] Pannonica Kiadó, Szeged.

Minorsky, V. 1937. *Ḥudūd al-'Ālam 'The Regions of the World' A Persian Geography 372 A. H. -982 A. D.* Translated and explained by V. Minorsky. London.

Pauler Gy. 1900. *A magyar nemzet története Szent Istvánig*. Budapest.

SRH - *Scriptores rerum Hungaricarum*, I-II. Edendo operi praefuit E. Szentpétery. Budapestini 1937-1938.

Tibbetts, G. r. 1992. The Balkhi School of Geographers. In: *The History of Cartography, Volume 2, Book 1 Cartography in the Traditional Islamic and South Asian Societies*. Edited by J. B. Harley and David Woodward. Chicago: 108-136.

Várady, L. 1989. Revision des Ungarn-Image von K. Porphyrogennetos. *Byzantinische Zeitschrift:* 82: 22-58.

Zimonyi, I. 2016. *Muslim Sources on the Magyars in the Second Half of the 9th Century. The Magyar Chapter of the Jayhānī Tradition*. ECEE 35. Brill. Leiden, Boston.

元明清三朝汉蒙双语文献中的部族名称考*

〔匈〕阿保矶（Ákos Bertalan Apatóczky）撰

汉蒙双语汇编（即"译语"）对于内陆亚洲的语言以及蒙、汉语言本身来说，都是十分重要的文献。值得注意的是，这类译语中保存了一批涉及族群的词汇。这些专门的语言材料，为我们窥探元明清三朝北方草原上政治形势的变迁提供了宝贵的信息。

其中，有些族名比它们所指称的特定人群在史料中出现的时代要早得多，有些族名则是在特定人群从历史视野中消失之后仍然存在着，还有一些族名指代的对象从一群人变成了另一群人。在本文中，笔者拟对重要的汉蒙双语文献中的族名做一番通盘考察，从汉语和蒙古语两个角度进行探索。本文中涉及的双语文献主要是：《华夷译语》（修于洪武二十二年/1389年；永乐五年/1407年）①、《至元译语》（亦称《蒙古译语》，修于至元十九年/1282年）②、《登坛必究》中的《译语》（亦称《北虏译语》③，修于万历二十七年/1599年，有三种版本，分别是：收入《中国兵书集成》的刻本、北京大学图书馆藏刻

---

* 在本文基础上的扩充版，发表于 *Göttinger Bibliotheksschriften*, Universitätsverlag Göttingen, 2019. 译按：本文中古籍的注引方式，保留原貌。

① Lewicki 1949, 1959, Mostaert 1977, Kuribayashi 2003.

② 关于东京内阁文库的刻本，参考 Ligeti-Kara 1990, Kara 1990。

③ Apatóczky 2009, pp. 1-4.

本、匈牙利科学院图书馆藏本）[①]、《北虏考》（亦称《韃靼语》）[②]、《译部》（《卢龙塞略》）[③]。本文通过对部族名称在近五百年时间内的变迁进行分析，旨在揭示出它们与它们所指涉的人群是如何有着各自独立的“生命史”的。

Čaqān Malaġa[i] “白帽（回）”

《北虏考》：“回子，叉汗马喇哑”，“叉汗马喇哑”的蒙古语形式是 *Čaqān Malaġa[i]*，意思是“穆斯林（白帽）”。

《卢龙塞略》1.7b5：“一曰**乂汗马喇哑**”[④]（作为“回回”的释义），“乂”是“叉”之讹。[⑤]

鄂尔多斯蒙古语 *tšagāā malagaŭ̜*“穆斯林”。（Mostaert 1968: 451）

这个词汇较为罕见，不见于其他的古代蒙古语和中古蒙古语史料，或许说明它是保存在《北虏考》里的某个方言词汇。[⑥]

ǰaqudai “汉儿”，人名

此人名由部族名 + 阳性词尾 *-DAi* 构成，仅见于《至元译语》。

《至元译语》65：“汉儿相忽歹”（日本内阁文库本作“相”作

① 亦收入《武备志》，是首部汉蒙译语。参考茅元仪：《武备志》卷 22，（台湾）华世出版社 1984 年版，第 10224 页。经过修改过的清朝版本，见于台北“中央图书馆”，no. 302.1.22268。

② 现存的版本，收入在《武备志》中（作为《武备志》内收入的第二部汉蒙译语，来源于《蓟门防御考》，此书已佚，见 Pozdneev 1908。参考 Rykin 2016: 149-151, Rykin 2018: 318-319, Shimunek 2013-2014: 100-104）。

③ Apatóczky 2016.

④ 关于本文中《卢龙塞略》的引文，有一点需要说明。为了区分词条标题和释文内容，作为词条标题的内容加粗，释文部分不加粗，如果没有释文部分，则都不加粗。

⑤ Cf. Apatóczky 2009: 20.

⑥ 关于收入《武备志》的《北虏译语》的史料层累问题，参考 Apatóczky 2009a；关于收入《武备志》的《北虏考》的史料层累问题，参考 Shimunek 2013-2014; Rykin 2016, 2018。

“扎”),“相忽歹”的蒙古语形式是*ǰaqudai*,意思是“汉儿”。

《蒙古秘史》*ǰaqud(un) irgen*“金人”,指中国的所有臣民,参考 de Rachwiltz 2004: 1033; Rybatzki 2006: 285。

ǰürčet **“女真”**

创建金朝的族群名称“女真”,在译语文献中普遍出现。

ǰürčet 在《华夷译语》中有一个准确的音译,甚至用小字“惕”来译出词尾 *-t*。

《华夷译语》3:20b 1:“主儿徹惕女直每”,说明译语编纂者清楚该词是复数形式。

ǰürči 在不同版本的《北虏译语》中有两种用法,分别是作为族名和汉地地名。前一种用法仅出现于《中国兵书集成》的版本中,《卢龙塞略》因袭之,但有讹误。

《北虏译语》(收入《中国兵书集成》的版本)183:“女直,主儿赤”,“主儿赤”的蒙古语形式是*ǰürči*,意思是“女真”。

《北虏译语》77:“海西主儿赤”,“主儿赤”的蒙古语形式是*ǰürči*,意思是“女真”。

《卢龙塞略》1.7b 8:**“女直**曰**主夷赤**”(“夷”乃“儿”之讹),其蒙古语形式是*ǰürči*,意思是“女真”。

ǰüšidei(人名)“女真”的另一变体见于此人名中,加了遵守前元音和谐的阳性词尾 *-DAi*。

《至元译语》I, O 64:“女真主十歹”,蒙古语 *ǰüšidei*(人名)。

《蒙古秘史》*ǰürčet*,《蒙古黄金史》*ǰürčid*,卫拉特方言 *zürči(d)*,书面蒙古语 *ǰürči(d)*,参考 Rybatzki 2006: 317。

Kitat“北方汉人”

虽然这个名称可追溯到建立辽代的契丹人，但是在译语中主要指代北方汉人。

Kitat，《华夷译语》中有两种变体，分别是：

《华夷译语》451：“汉人乞塔”，蒙古语 Kita[t]。

《华夷译语》2: 03a 1：“乞塔惕”，释为“汉人”。

《北虏译语》重复了《华夷译语》的第一种用法。

《北虏译语》185：“汉人乞塔”。

《卢龙塞略》的《译部》沿袭了《华夷译语》451 的内容，但是小字“惕”却失去了它本来的标音功能，变成了正常大小。

《卢龙塞略》1. 7b 10：“**汉人**东夷曰**乞塔惕**”，“乞塔惕”的蒙古语是 *Kitat*，意思是“汉人”。

Kitan，在《卢龙塞略》中出现过。

《卢龙塞略》1. 7b 11：“**北虏**曰**起炭**”，“起炭”的蒙古语形式是 *Kitan*，意思是“北方汉人”。

《蒙古秘史》*Kitat*/*Kitad*“女真”，《华夷译语》*Kitat*/*Kitad*，《蒙古黄金史》*Kitad*，回鹘文蒙古语 *qïtat*，西部蒙古语 *Kitad*“北方汉人”。

Mačartai“马扎儿台（人名）”

与上述例子一样，此人名也是族名 + 阳性词尾 *-Dai* 的结构。值得注意的是，元代的一位关键历史人物，亦是《辽史》的编撰者——脱脱，他的父亲，就拥有这个名称。[①]

脱脱（1314—1356）的父亲（1285—1347）马扎儿台，“脱脱是元朝后期的宰相，力图在财政和经济上革新”。（Atwood 2004 : 543）

① Cf. Ligeti 1979: 80; Rybatzki 2006: 584.

传统观点认为族名马扎尔是由 *magy+er*“人”构成的（*magy* 作为族名 <**MancA*；参考族名 Mansi；来源于印欧语 **manu-s*“人类”，参考《匈牙利语词源学字典》*Etymologisches Wörterbuch des Ungarischen*, pp. 923-924）。罗纳-塔什从专名学的角度主张，后半部分的 **er* 成分是指某个未经证实的芬-乌部落，而不是“人”的意思。（Róna-Tas 1993: 20-21）

Mongqol“蒙古”

关于此族名的文献可谓汗牛充栋，此处不展开，只是罗列几处。对该词的最新研究，参考 Rykin 2014: 252-257。

Mongqol，在《华夷译语》中有一处“常规的”中古蒙古语形式，有小字“丁”来音译尾音节 *-l*。

《华夷译语》452：“达达，忙豁丁”，“忙豁丁”的蒙古语形式是 *Mongqol*，意思是“蒙古人”。

Monġġol，在《北虏译语》中出现三处。

《北虏译语》182：“鞑靼，莽官儿”，“莽官儿”的蒙古语是 *Monġġol*，意思是“蒙古”。

《北虏译语》70：“夷地，莽官儿噶扎剌”，“莽官儿噶扎剌”的蒙古语是 *Monġġol ġaǰar(a)*，意思是“蒙古人的地方”。（其中的 *-a* 可能是位格词尾，参考《北虏译语》43 *ġaǰar*）

《卢龙塞略》1.6a24：“凡**夷地**曰**莽官儿葛札剌**”（“葛”字系“噶”之讹）。

《北虏译语》76（唯《中国兵书集成》版）：“北虏，野克莽官儿”，“野克莽官儿”的蒙古语形式是 *yeke Monġġol*，意思是“大蒙古”。

《卢龙塞略》1.6a25：“**虏地曰野克莽官儿**”。

Mongγu[l]dai（蒙古歹，人名）

《至元译语》中有一处“蒙古”加阳性词尾-*Dai* 的形式。《至元译语》I, O 62：“达达，蒙古歹”，“蒙古歹”的蒙古语形式是 *Mongγu[l] dai*，意思是“蒙古”（亦作人名）。

《蒙古秘史》*Moŋqol*，*Moŋqolǰin*（阴性），参考 Rybatzki 2006: 605。

Nanggias “南人”

Nanggias，中国南方人群的名称 *Nanggias*（来自汉语“南家”，参考 Rybatzki 2006: 638，“汉语‘南家’，最早是由女真人用来指代南宋的”），见于《华夷译语》。

《华夷译语》3: 19b：“曩加思”，其蒙古语形式是 *Nanggias* “南人”。

Nanggiyadai（亦作人名），这是加了常见的词尾 -*Dai*，作姓氏使用。虽然不易释读，但是 Ligeti-Kara 1990: 263 的读法还是可以接受的。①

《至元译语》66：“蛮子家……歹”，其蒙古语形式是 *Nanggiyadai*，意思是“南人”（亦作人名）。

早期蒙古语（1289 年阿鲁浑的信，参考 Mostaert-Cleaves 1969, Ligeti 1972，转引自 Kara 1990: 311）*Nanggiyas*；Pelliot, *Notes on Marco Polo*, vol. II, no. 288, pp. 781-783, *Mongatai*；回鹘体蒙古语 *Nangkiya*（Ligeti 1966: 184）；西部蒙古语 *Nanggiyad*, *Nanggiyas*，参考 Rybatzki

① 他们的读法，可以从 *Mongγu[l]dai* 得到印证。

2006: 638。

Ongliu[t] "翁牛特部 / 往流部"

泰宁卫是明兀良哈三卫之一。"明朝将成吉思汗兄弟支系的两名投降王子（蒙古语的 *ong* 来自汉语的'王'）安置在泰宁卫，那里的民众被称为'翁牛特部'，意思是'有王的人'。"（Atwood 2004: 535）

此名见于《北虏译语》，并被《卢龙塞略》所沿袭。

《北虏译语》71："泰宁卫，往流"（泰宁卫，驻于西拉木伦河的兀良哈三卫之一），蒙古语形式是 *Ongliu[t]*。

《卢龙塞略》1.6a18："**泰宁卫**曰**往流**"。《蒙古黄金史》*Ongliɣud*，喀尔喀方言 *Ognuud*，西部蒙古语 *Ongniɣud/Ongliɣud*。

Oyirat "瓦剌 / 卫拉特"

"瓦剌 / 卫拉特"的不同音译在译语中相对而言出现得少。《华夷译语》只是作为"一种人名"列出来，说明彼时卫拉特部的政治影响力还不足。当然，这并不意味着，这个蒙古语名称仅仅是作为人名使用。

Oyirat，《华夷译语》3: 11b："斡亦舌剌惕"，蒙古语形式是 *Oyirat*。

Oyr[d]，在《卢龙塞略》编纂的时代，情况已经发生了变化，它是《卢龙塞略》中少有的几个不见于早期译语的词条（大概 1400 个词条中只有 9 个）（参考 Apatóczky 2016b: 30f15, 33）。

《卢龙塞略》1.7b3："北称**属夷**曰**我匀儿**"，"我匀儿"的蒙古语形式是 *Oyr[d]*，即卫拉特。

关于"卫拉特"这个族名的研究史，参考 Kempf 2010。他还就

其提供了一种可靠的词源，即 **oygiran*。（Kempf 2010: 192）

《蒙古秘史》*Oyirat*，《蒙古黄金史》*Oyirad*。

Öjō̈[d]“兀赤也愓部”

此名仅见于《北虏译语》，并被《卢龙塞略》沿袭。

《北虏译语》72：“福余卫，我着”（福余卫，驻地在今黑龙江，16世纪后被蒙古科尔沁部所吞并）。福余卫，明朝兀良哈三卫之一，今齐齐哈尔。“我着”的蒙古语形式是 *Öjō̈[d]*，“兀赤也愓部”。

《卢龙塞略》1.6a 19：“**福余卫**曰**我着**”。

Sarta'ul“穆斯林；畏吾儿；指代花剌子模的地名和族名；商人（城市定居者）”

蒙古语 *Sarta'ul* 作为族名，在内陆亚洲史料中出现得时期较早，也进入了汉、蒙译语中。《华夷译语》中有一个“标准的”形式。

《华夷译语》454：“回回，撒儿塔温”，“撒儿塔温”的蒙古语形式是 *Sarta'ul*。

Sartawul，与《华夷译语》不同，《北虏译语》中的形式保留了元音间的 *-w-*。

《北虏译语》181：“回回，撒儿讨兀儿”，“撒儿讨兀儿”的蒙古语形式是 *Sartawul*。

《北虏译语》的词条进入了《卢龙塞略》，但是不能确定后者的形式究竟是讹误，还是刻意修正的结果，或者是一种现已不存的形式。

《卢龙塞略》1.7b 4：“通称**回回**，曰**撒儿塔兀勒**”，“撒儿塔兀勒”的蒙古语形式是 *Sartawul*。

Sartqačin，《华夷译语》中出现的另一个形式，是阴性词尾 *-Qčin*，

释为“回回每”。

《华夷译语》2:24b2：“撒儿塔黑臣”，蒙古语形式是 *Sartaqčin*。

Sarda[q]dai（亦作人名），《至元译语》中的这个形式由族名 + 阳性词尾 *-Dai* 构成。

《至元译语》I, O 63：“回回，撒里苔歹”，后者的蒙古语形式是 *Sarda[q]dai*（亦作人名）。

《蒙古秘史》*Sarta'ul*，《穆卡迪玛特蒙古语词典》*Sarta'ū*，《蒙古黄金史》*Sartaγul*，拉苏勒王朝《国王字典》*Sartaul*，喀尔喀方言 *Sartuul*“住在布里亚特的喀尔喀蒙古”，西部蒙古语 *Sartaγul*。西部裕固语 *Sart*“穆斯林，维吾尔人”。东部裕固语 *Salt*^{h}*uur*（*Sartuul* 的变体），参考 Nugteren-Roos 2003: 135。

梵语 *sārthaḥ*“商队”，*sārthavāha-*“商队首领，商人”（参考 Mayrhofer 1964: 461-462）。古代突厥语和回鹘语 *sart*“商人”。（“突厥语的 *sart*，可能是经由粟特语从梵语 *sarṭha*‘商人’借来。它的意思一直保留至公元 11 世纪，但是到了中世纪开始表示‘城镇定居者’的意思，与‘游牧人群’相对。”参考 Clauson 1972: 846）同时参考 Rybatzki 2006: 716-717。

Solongġa“高丽”

根据沃夫因（A. Vovin）的观点，“高丽”在蒙古语里的名称 *Solongġa* 可以追溯到新罗王朝的古代朝鲜语名称，其中一种音译形式是“斯芦”*Selo*（Vovin 2013: 203），蒙古语的 *Solongġa* 就是源于此，第一个元音和第二个元音合并了。《北虏译语》中的中古蒙古语词汇（也被《卢龙塞略》所因袭）中已经有元音合并的形式了。更为罕见的是，这里是一个单数形式，就跟《蒙古黄金史》和汉-女真译语中的形式一样。

《北虏译语》184:“高丽，琐珑革”,“琐珑革”的蒙古语形式是 *Solongġa*。

《卢龙塞略》1.7b9:“**高丽曰琐珑革**”。

《蒙古秘史》*Solongqas*,《蒙古黄金史》*Solongγas*, *Solongγaud*, *Solongγud*, *Solongγa*,《女真译语》*sulo'o*（Kara 1991: 156 读作 *soloγo*），达斡尔语 *solgui*，布里亚特语 *Solongos*，西部蒙古语 *Solongγos*。

Qara Töböt “与汉地接壤的藏人地方”

这个名称仅见于《华夷译语》，且没有汉文释文。

《华夷译语》3:01a4:“哈舌剌脱伯惕”，蒙古语形式是 *Qara Töböt* “地名”。

首先注意到这个名称的西方学者，可能是柯恒儒（J. Klaproth），他在《亚洲语言》（*Asia Polyglotta*, 1823, p. 345）中写道:“汉人一般把吐蕃称为‘西藏’，把与汉地接壤的藏区称为‘乌西藏’，即‘黑西藏’的意思，与蒙古语中的 Chara-Tübet 一词相吻合。”

伯希和补充道:“蒙古学者 Jigs-med nam-mkha 在 1819 年说，成吉思汗臣服了五种肤色的人群，其中黑色的是藏人。”（Pelliot 1963: no. 230; Bano 2001: 263Kara-Tibet “拉达克”）

努格特仁（H. Nugteren）和鲁斯（M. Roos）提到，马达汉（C. G. Mannerheim）在 1907 年考察裕固族时注意到汉人称藏人为“黑番子”，与“黄番子”（指裕固族）相对，其他探险家的记载似乎印证了这一关于黑色指称藏人的说法。（Nugteren-Roos 2003: 134）

Uriangqan **“乌梁海 / 兀良哈”**

Uriangqan，最早见于《华夷译语》，释为“一种人名”。

《华夷译语》3:05："兀舌良中罕"，蒙古语形式是 *Uriangqan*，亦作人名。

Uriang[γ]an，《北虏译语》编撰之际，这个名称变得更为重要，且被赋予了特定的行政内涵。

《北虏译语》73："朶颜卫，五两案"，朶颜的蒙古语是 *Döyin*（真正的兀良哈，也是明朝兀良哈三卫之一），"五两案"的蒙古语形式是 *Uriang[γ]an*。《卢龙塞略》因袭之。

《卢龙塞略》1.6a20："**朶颜卫**曰**五两案**"。

《蒙古秘史》*Urianqadai*（阳性词尾）/*Uriangqaǰin*（阴性词尾），《蒙古黄金史》*Uriyangqai*，西部蒙古语 *Uriyangqai*。

Yeke Min[gγ]an "大明安 / 大千户，即满语的 *Öölöt Öölöt (Ööld)*"

仅见于《北虏译语》。

《北虏译语》74："大壹千，野克民案"，参考 Janhunen 2006: 182; Todaeva 1985: 87-91。

Üčüken Min[gγ]an "小明安 / 小千户"

仅见于《北虏译语》。

《北虏译语》75："小壹千，五出指民案"（"指"字当作"揹"）。

结论

在多数情况下，译语中不同形式的族名，是由地理方位决定的（当然，除了历史因素之外）。在汉文中没有相应族名的情况下，译语的编撰者要么使用汉语地名，要么直译或音译。其中，音译的形式流传不广（例如，几乎没有“蒙古”之类的名称），且仅限于一小部分没有固定汉语名称的次要人群。这并不意味着，那些不太知名，但是在译语中经常出现的族名，就不能进入汉语的命名系统。《华夷译语》和《至元译语》中带有 *-Dai* 词尾的名称，既可用于族名，也可用于地名。译语中似乎不再存在古老的蒙古“四等人制”（依次是蒙古人、色目人、汉人和南人）的痕迹。尽管“曩加思”这样的族名容易让人浮想联翩，但是它所依托的社会和政治歧视制度已经荡然无存了。

（陈浩 译）

参考文献

Apatóczky, Ákos Bertalan: “Dialectal Traces in Beilu Yiyu”. Rybatzki (et al. ed.): *The Early Mongols. Studies in Honor of Igor de Rachewiltz on the Occasion of his 80th Birthday*. Uralic and Altaic Series, vol. 173. Bloomington, Indiana University Publications, 2009a, pp. 9-20.

Apatóczky, Ákos Bertalan: *Yiyu. An Indexed Critical Edition of a 16th Century Sino-Mongolian Glossary.* Global Oriental Publishers, Folkestone, 2009b.

Apatóczky, Ákos Bertalan: *The “Translation” Chapter of the Late Ming Lulongsai Lüe*. Brill. Leiden, 2016.

Apatóczky, Ákos Bertalan: “The Late Ming Chinese Lulongsai Lüe (卢龙塞略) and the Peculiarities of the Reconstruction of its ‘Trans-lation’ Chapter”. In: *Rocznik Orientalistyczny*, Vol. 68 (2.), 2015, pp. 24-34.

Atwood, Christopher P.: *Encyclopedia of Mongolia and the Mongol Empire*. Indiana, 2004.

Bao, Zhaolu 保朝鲁 : *Mukadimate Mengguyu cidian* 穆卡迪玛特蒙古语词典 [The Muqaddimat Mongol Dictionary]. Kökeqota, 2002.

Benkő, Loránd (et al. eds.): *Etymologisches Wörterbuch des Ungarischen. I-II*. Budapest, 1993.

Clauson, Sir Gerard: *An Etymological Dictionary of Pre-Thirteenth Century Turkish*. Oxford, 1972.

Golden, Peter B.: *The King's Dictionary. The Rasûlid Hexaglot: Fourteenth Century Vocabularies in Arabic, Persian, Turkic, Greek, Armenian and Mongol*. Brill, Leiden, 2000.

Janhunen, Juha (ed.): *The Mongolic Languages*. Routledge, 2006.

Kane, Daniel: *The Sino-Jurchen Vocabulary of the Bureau of Interpreters*. Uralic and Altaic Series vol. 153. Bloomington, Indiana University Publications, 1989.

Kara, György: "Zhiyuan Yiyu. Index alphabetique des mots mongols". In: *Acta Orientalia Academiae Scientiarum Hungaricae*. Vol. 44, No. (3) 1990. pp. 279-344.

Kara, György: Jurchin Notes (review of Kane, D.: The Sino-Jurchen vocabulary of the Bureau of Interpreters). In: *Acta Orientalia Academiae Scientiarum Hungaricae*. Vol. 45 (1) 1991. pp. 149-158.

Kara, György: *Mongol-magyar szótár*. [Mongol-Hungarian Dictionary]. Terebess, Budapest, 1998.

Kempf, Béla: Ethnonyms and Etymology - The Case of Oyrat and Beyond. In: *Ural-altaische Jahrbücher*. Vol. 24. 2010-2011. pp. 189-204.

Klaproth, Julius: *Asia Polyglotta*. Paris, 1823.

Kuribayashi, Hitoshi, *Word- and Suffix-Index to Hua-yi Yi-yu based on the Romanized Transcription of L. Ligeti*, Center for Northeast Asian Studies, Tohoku University Monograph series No. 10, Sendai, 2003.

Lessing, Ferdinand Dietrich: *Mongolian-English Dictionary*. University of California Press, Berkeley-Los Angeles, 1960.

Lewicki, Marian: *La langue mongole des transcriptions chinoises du XIVe siecle. Le Houa-yi yi-yu de 1389.* Travaux de la Sociétédes Sciences et des lettres de Wroclaw,Seria A, Nr. 29. Wrocław, 1949.

Lewicki, Marian: *La langue mongole des transcriptions chinoises du XIVe siecle. Le Houa-yi yi-yu de 1389. II. Vocabulaire-index*. Travaux de la Société des Sciences et des lettres de Wroclaw, Seria A, Nr. 60. Wrocław, 1959.

Ligeti, Louis: "Un vocabulaire sino-ouigour des Ming. Le *Kao-Tch'ang-Kouan yi-chou* du bureau des traducteurs" in *Acta Orientalia Academiae Scientiarum Hungaricae*. Vol. 19 (2). 1966, pp. 117-199 and Vol. 19 (3). 1966, pp. 257-316.

Ligeti, Louis: *Monuments préclassiques 1.* (Monumenta Linguae Mongolicae Collecta 2 and Indices Verborum Linguae Mongolicae Monumentis Traditorum 2), Budapest, 1972.

Ligeti, Lajos: *A magyar nyelv török kapcsolatai és ami körülöttük van.* 2. Schütz Ödön (ed.). Budapest, 1979.

Ligeti, Louis: "Un vocabulaire sino-ouigour des Ming: le Kao-tch'ang-kouan yi-chou du Bureau des traducteurs". In: *Acta Orientalia Academiae Scientiarum Hungaricae*. Vol. 19 (2) 1966. pp. 117-199.

Ligeti, Louis – Kara, György: "Un vocabulaire sino-mongol des Yuan: le Tche-yuan yi-yu". In: *Acta Orientalia Academiae Scientiarum*

Hungaricae. Vol. 44 (3) 1990. pp. 259-277.

Mayrhofer, Manfred: *Kurzgefaßtes etymologisches Wörterbuch des Altindischen. A Concise Etymological Sanskrit Dictionary. Bd 3: Y-H. Nachträge und Berichtigungen*. Heidelberg, 1964.

Mostaert, Antoine: *Dictionnaire Ordos*. Johnson Reprint Corporation. 1968.

Mostaert, Antoine: *Le matériel mongol du Houa I I Iu* 华夷译语 *de Houng-ou (1389)*. Ed. by Rachewiltz, Igor de (–Schonbaum, Anthony.), Mélanges chinois et bouddhiques XVIII, 1977.

Mostaert, Antoine–Cleaves, Francis Woodman: *Manual of Mongolian Astrology and Divination.* Cambridge, Massachusetts: Harvard University Press, Scripta Mongolica, 1969.

Nugteren, Hans–Roos, Marti: Common Vocabulary of the Western and Eastern Yugur Languages. The Ethnonyms. In: *Rocznik Orientalistyczny*, Vol. 56 (1). 2003. pp. 133-143.

Pelliot, Paul: *Notes on Marco Polo*. II. Paris, 1963.

Poppe, Nicholas: *Mongol'skii slovar' Mukaddimat al-Adab*. I-II-III. Izdatel'stvo Akademii Nauk SSSR. Moscow-Leningrad, 1938.

Pozdneev, A. M.: *Lekcii po istorii mongol'skoj literatury*. Vol. 3. Vladivostok, 1908.

Rachewiltz, Igor de: *The Secret History of the Mongols. A Mongolian Epic Chronicle of the Thirteenth Century*. Brill. Leiden, 2004.

Róna-Tas, András: *A honfoglalás kori magyarság*. (Inaugural speech before the Hungarian Academy of Sciences). Értekezések, emlékezések 131. Budapest, 1993.

Rybatzki, Volker: *Die Personennamen und Titel der Mittelmongolischen Dokumente*. Helsinki, 2006.

Rykin, Pavel: "Etničeskaja identičnost' srednevekovyx mongolov kak političeskij konstrukt: opyt analiza istočnikov". In: Pavlinskaja, L. R. (ed.): *Sibir' v kontekste russkoj modeli kolonizacii (XVII–načalo XX v.)*. Sankt-Peterburg, 2014, pp. 248-294.

Rykin, Pavel: "The Sino-Mongolian Glossary Dada yu/Beilu yiyu from the Ming Period and the Problem of its Dating." In: Johannes Reckel (ed.) *Central Asian Sources and Central Asian Research. Selected Proceedings from the International Symposium "Central Asian Sources and Central Asian Research", October 23rd -26th, 2014 at Göttingen State and University Library*. Göttinger Bibliotheksschriften, Volume 39. 2016. pp. 147-164.

Rykin, Pavel: "Reflexes of the **VgV* and **VxV* Groups in the Mongol Vocabulary of the Sino-Mongol Glossary *Dada yu/Beilu yiyu* (Late 16th–Early 17th Cent.)." In: Á. B. Apatóczky, C. P. Atwood, and B. Kempf (eds.): *Philology of the Grasslands: Essays in Mongolic, Turkic, and Tungusic Studies. (Languages of Asia; Vol. 17.)* Brill. Leiden, 2018. pp. 308-330.

Shimunek, Andrew: "The Phonology and Lexicon of Early Modern Mongolian and Late Southern Middle Mongol as Documented in a 17th Century Ming Chinese-Mongolian Dictionary." *Ming Qing Yanjiu* 18. 2013-2014. pp. 97-130.

Todaeva, B.H.: *Yazyk mongolov vnutrennei Mongolii*. Moscow, 1985.

Vietze, Hans-Peter – Lubsang, Gendeng: *Altan Tobči. Eine mongolische Chronik des XVII. Jahrhunderts von Blo Bzan· bstan 'jin. Text und Index*. Tokyo, 1992.

Vovin, Alexander: “The Mongolian Names for ‘Korea’ and ‘Korean’ and Their Significance for the History of the Korean Language”. In: Sohn, Sung-Ock et al. (eds.) *Studies in Korean Linguistics and Language Pedagogy. Festschrift for Ho-min Sohn*. Korea University Press, 2013.

地理篇

Geography

中世纪地图中作为游牧国家象征的“斯基泰”

〔俄〕安德烈·丹尼索夫（Andrei Denisov）撰

中世纪的世界地图

首先要提醒大家注意的是，大多数中世纪修道院的地图代表的都是 T-O 模式。它们都是基于一幅圆形地球，海洋处于四周（O 字型）。世界（*orbis terrarum*）被分为三个部分：亚洲、欧洲和非洲。根据神话，每一大洲都分别属于诺亚的某个儿子。世界各个部分之间的边界分别是塔内斯河 / 顿河（Tanais）、尼罗河（Nile）和地中海，它们一起构成了 T 字型。不过，中世纪还有另一种类型的地图，它的基础是将世界海洋的四大湾绘制出来，分别是地中海、里海（里海被认为与海洋相连的）、红海和印度洋。除了上述两种主要类型外，还有一些其他类型的地图。（Bagrow 2004; Chekin 2006［一部世界地图的书］; Harley & Woodward 1987-2007; Mel'nikova 1998; Podossinov 1999: 313-315, 584-618）

一幅世界地图（*mappa mundi*）实际上是一部反映基督教世界观的图文百科全书，它所包含的知识不仅是地理学领域内的，更是历史学领域内的，包括神话学。很明显，经由中世纪广泛传播的末世论，过去和现在，甚至未来，在中世纪的地图上是交织在一起的。众所周知，中世纪世界地图中所反映的信息，源自古典时期的文献、《圣经》和基督教作家的作品。此外，中世纪的地图绘制者也提供了他们所处时代的信息。就斯基泰人而言，关于他们的信息来源于古代作家的作品，（不能忽略的是）又被采用到中世纪的语境中，且融入了基督教的世界观里。

奥罗修斯和伊西多尔笔下的“斯基泰”

众所周知，奥罗修斯（Orosius）的《反异教史》（*Historiae adversum paganos*）是中世纪地图研究最重要的资料来源之一。作者生活在古典时期与中世纪之交（约公元385—418年之后）。因此，他是一个把古典时期的传统延续到了新时代的人。奥罗修斯将斯基泰的疆域叙述成从海洋的远东海岸一直延伸到里海（1.2.47）：*Igitur a monte Imauo, hoc est ab imo Caucaso et dextra orientis parte qua oceanus Sericus tenditur, usque ad promunturium Boreum et flumen Boreum, inde tenus Scythico mari quod est a septentrione, usque ad mare Caspium quod est ab occasu, et usque ad extentum Caucasi iugum quod est ad meridiem, Hyrcanorum et Scytharum gentes sunt XLII, propter terrarum infecundam diffusionem late oberrantes.*[①] 奥罗修斯强调，该地区土地的贫瘠是其居民采取游牧生活方式的原因。奥罗修斯把里海以东的斯基泰-希尔卡尼亚（Scytho-Hyrcania）地区作为一个整体进行描述，在修道院的地图中希尔卡尼亚总是与斯基泰为邻。《反异教史》的作者描述了分布于一片广袤疆域内的42个部落。在盎格鲁-撒克逊的地图上出现了43个北方民族。虽然盎格鲁-撒克

① 译按：应原作者的要求，本文中的拉丁语引文保留原貌。

逊的地图上多了一个民族，但是具体内容却与奥罗修斯所说的接近。

中世纪百科全书式的学者伊西多尔（Isidore of Seville，560—636年）编写的《词源学》（*Etymologiae*）也是中世纪地图绘制者的史源。根据伊西多尔的说法，斯基泰在更早时期的疆域更广：它从印度一直延伸到日耳曼尼亚。之后，它衰落了，疆域缩小到奥罗修斯所描述的范围。伊西多尔知道奥罗修斯的著作（Dalché 2013: 12），甚至其中关于斯基泰的一个段落用了与后者几乎同样的文字（详见下文）（14.3.31）：*Cuius terra olim ingens fuit; nam ab oriente India, a septentrione per paludes Maeotides inter Danubium et Oceanum usque ad Germaniae fines porrigebatur. Postea vero minor effecta,a dextra orientis parte, qua Oceanus Sericus tenditur, usque ad mare Caspium, quod est ad occasum; dehinc a meridie usque ad Caucasi iugum deducta est, cui subiacet Hyrcania ab occasu habens pariter gentes multas, propter terrarum infecunditatem late vagantes.*

下斯基泰

此外，正如伊西多尔所写，欧洲大陆的第一个地区是下斯基泰（Lower Scythia），它位于迈俄提斯沼泽（Maeotian Swamp）、多瑙河、北海和日耳曼尼亚之间（14.4.3）：*Prima Europae regio Scythia inferior, quae a Maeotidis paludibus incipiens inter Danubium et Oceanum septentrionalem usque ad Germaniam porrigitur; quae terra generaliter propter barbaras gentes, quibus inhabitatur, Barbarica dicitur. Huius pars prima Alania est, quae ad Maeotidis paludes pertingit; post hanc Dacia, ubi et Gothia; deinde Germania, ubi plurimam partem Suevi incoluerunt.*

伊西多尔之所以把斯基泰在欧洲的部分称为“下斯基泰”，可能是因为大部分修道院的T-O地图都是以东方为上方。所以，对于地图的使用者来说，位于亚洲的斯基泰疆域是在欧洲境内的斯基泰之上的。（Podossinov 2016: 184-185）

除了伊西多尔之外，其他的中世纪作家也步其后尘提到了下斯基泰。例如，荷诺里·奥古斯托铎南西斯（Honorius Augustodunensis）在他的《世界图景》（*De imagine mundi*）一书中的“斯基泰”（1.23）这一章中写道：*A Thanai fluvio est Schythia inferior, quae versus meridiem, usque ad Danubium porrigitur. In hac sunt istae provinciae, Alania. Dacia. Gothia.* 还有巴托洛迈乌斯·安格利库斯（Bartholomaeus Anglicus）提到下斯基泰时，引用了伊西多尔的话（15.50）：*Prima ergo regio Europe est Scythia inferior quae a Meotidis paludibus incipiens, inter Danubium et oceanum septentrionalem usque ad Germaniam porrigit, ut dicit Isidorus in libro XV.* 巴托洛迈乌斯在他《事物的性质之书》（*Liber de proprietatibus rerum* [15.147]）一书的“斯基泰”一章中，把下斯基泰视为欧洲的部分，把上斯基泰视为亚洲的一部分：*Scythia regio est maxima. Cuius pars superior est in Asia. Inferior vero est prima regio in Europa.* 另一处（15.50）对斯基泰的描述与此相同。因此，巴托洛迈乌斯把上斯基泰与下斯基泰作为相对的概念，正如提尔伯里的杰瓦斯（Gervase of Tilbury）所做的那样。（Chekin 2006: 247）一般来说，巴托洛迈乌斯书中关于斯基泰的叙述，是以伊西多尔的记载为基础的，所以他书中的相关内容与伊西多尔的《词源学》非常接近。博韦的樊尚（Vincent of Beauvais）也提到了下斯基泰，分别是《大镜》（*Speculum majus*）1：《自然全史》（*Tota naturalis historia*）32.9；《大宝鉴》（*Speculum majus*）4：《历史之镜》（*Speculum historiale*）1.71（内容与伊西多尔

的一样）。

下斯基泰在一些修道院地图上被标记出来了。在牛津地图上，下斯基泰（*Scithia inferior*）被标注在欧洲大陆（牛津大学博德利图书馆［Bodleian library］，藏品号：Canon. Misc. 560, fol. 3r），在亚洲大陆也有一个斯基泰（*Scithia*）。同样的情况，在梵蒂冈藏托名“伊西多尔”的地图中，也可以看到（梵蒂冈教廷图书馆，藏品号：Vat. Lat. 6018, fols 63v-64r）。在圣维克多（St. Victor）地图的临摹本上只提到了下斯基泰（慕尼黑巴伐利亚国家图书馆，藏品号：CLM 10058, fol. 154v）。在列瓦那的亚贝图斯（Beatus of Liebana）地图中，上斯基泰处于亚洲，在其他类似的世界地图中下斯基泰（*Scocia inferior*）处于欧洲。（Chekin 2006: 176）尽管最好把 Scocia 比定为苏格兰而不是斯基泰，但是“上”和“下”这两个地名，在方位上更接近于传统的斯基泰疆域。在《诗篇》地图（Psalter map）上，上斯基泰与下斯基泰是相对的。（Chekin 2006: 142）但是，两者都被置于亚洲大陆，与伊西多尔的观点相悖。地图上的说明是：*In Sithia superiore civitas Gangaria. In Sithia inferior*. 在这张地图上，欧洲也有斯基泰。在里波尔地图（Ripoll map）上，上斯基泰位于亚洲北部。在圣哲罗姆地图（St Jerome maps）中提到了“最上面的斯基泰”（*Scitia suprema*）。（Chekin 2006: 135）总而言之，中世纪的地图绘制者不仅在他们的地图上标出了“下斯基泰”，而且还把“上斯基泰”与之相对。

在圣埃默兰地图（St Emmeram map）和相关的地图上，标记有两群斯基泰人：普通斯基泰人（Scite）和其他斯基泰人（Alii Scite/Alii Scitae）。（Chekin 2006: 50）这两个群体都被定位在亚洲，并以希尔卡尼亚为分界。Alii Scite 可能是普林尼（Pliny）（6.17）和索里努斯（Solinus）（15.18）都提到过的 Thalii Scite 的讹误。

总之，对于伊西多尔来说，斯基泰的疆域绵延于欧洲和亚洲两大洲，而对于奥罗修斯来说，它似乎只是一个亚洲国家。伊西多尔把斯基泰和哥提亚（Gothia）的词源追溯到雅弗（Japheth）的儿子玛各（XIV, 3,31）：*Scythia sicut et Gothia a Magog filio Iaphet fertur cognominata*. 由于伊西多尔的词源学解释，这两个地方变得有所联系了。哥提亚被认为是一个欧洲国家。此外，根据基督教神话，诺亚的儿子雅弗在大洪水之后获得了欧洲大陆。也许这就是为什么伊西多尔与奥罗修斯不同，把斯基泰疆域的一部分标记在欧洲大陆。在中世纪修道院的地图上，斯基泰的疆域分布于亚洲和欧洲两个大陆。（Chekin 2006: 244）不过，作为中世纪规模最大的世界地图之一——赫里福德地图（Hereford map），在“世界”的东北角提示，斯基泰的疆域从这里一直延伸到迈俄提斯沼泽，即欧亚大陆的分界线：*Ab hinc usque ad Meotides paludes generaliter Sithia dicitur*.

根据伊西多尔的观点（14.4.3），下斯基泰由亚拉尼亚（Alania）、达契亚（Dacia）和哥提亚（在词源学上与“斯基泰”有关）构成。沿袭伊西多尔的史家，也把上述地区视作下斯基泰的组成部分。奥罗修斯在描述欧洲东部时，没有提到亚拉尼亚、达契亚和哥提亚是斯基泰的疆域（1.2.52-53）：*Incipit a montibus Riphaeis ac flumine Tanai Maeotidisque paludibus quae sunt ad orientem, per litus septentrionalis oceani usque ad Galliam Belgicam et flumen Rhenum quod est ab occasu descendens, deinde usque ad Danuuium quem et Histrum uocant, qui est a meridie et ad orientem directus Ponto accipitur. Ab oriente Alania est, in medio Dacia ubi et Gothia, deinde Germania est ubi plurimam partem Suebi tenent, quorum omnium sunt gentes LIIII.*

亚拉尼亚、达契亚和哥提亚，在许多中世纪的地图上都出现过。

其中有些地图（例如，在盎格鲁-撒克逊地图）上，有一行铭文*Dacia ubi et Gothia*，奥罗修斯和伊西多尔都曾使用过这个说法。梵蒂冈藏托名伊西多尔地图，是根据伊西多尔的观点来标记斯基泰的位置。斯基泰位于里海以东。下斯基泰及其三个组成部分（亚拉尼亚、达契亚和哥提亚）处于欧洲。制图者决定在斯基泰和日耳曼尼亚之间画出一条边界，并写道：斯基泰一直到这里（*Hucusque Scythia*）。圣维克多地图的临摹本，采用了相似的布局。

此外，伊西多尔（14.4.3）将下斯基泰称为“化外之境”（*Barbarica*）。在8世纪的阿尔比地图（Albi map）（Dan 2017）上，蛮人（*barbari*）位于里海以西，与上述地区非常吻合。

斯基泰土地的贫瘠和肥沃

奥罗修斯提到，斯基泰人和希尔卡尼亚人的土地贫瘠。根据伊西多尔的说法，斯基泰的大部分疆域是肥沃的，只不过许多地方人烟稀少。一些斯基泰人以务农为生，还有一些人吃人肉（14.3.32）：*Ex quibus quaedam agros incolunt, quaedam portentuosae ac truces carnibus humanis et eorum sanguine vivunt. Scythiae plures terrae sunt locupletes, inhabitabiles tamen plures; nam dum in plerisque locis auro et gemmis affluant, gryphorum inmanitate accessus hominum rarus est. Smaragdis autem optimis haec patria est: cyaneus quoque lapis et crystallus purissimus Scythiae est.* 索里努斯（公元3世纪早期）对这一地区的描述大致相同（15.22）：*In Asiatica Scythia terrae sunt locupletes, inhabitabiles tamen; nam cum auro et gemmis affluant, grypes tenent uniuersa, alites ferocissimi et ultra omnem rabiem saeuientes. Quorum inmanitate obsistente ad uenas accessus rarus est, quippe uisos discerpunt, uelut geniti ad plectendam auaritiae temeritatem.* 总之，无论是伊西多尔还是索里努斯，都钦羡斯基泰的物华天宝，却抱怨很难得到它们，因为当地有“格里芬”（狮身鹰首兽），在一些地图中格里芬甚至被画在了斯基泰的疆域上方，例如盎格鲁-撒克逊地图、索利地图（Sawley map）、埃布斯托夫地图（Ebstorf map）和赫里福德地图上。索里努斯甚至曾试图从道德的立场，去解释为何斯基泰会存在诸如格里芬之类的怪兽。

在公元7、8世纪成书的埃提库斯·伊斯特尔（Aethicus Ister）的《宇宙志》（*Cosmographia*）中，格里芬是作为一个蛮族部落被提到的。（Aethicus 1993: 118-119）根据该书的记载，他们住在大海之滨（*proximam oceani partem*），靠近极北群山和塔内斯河（顿河）：*inter alias gentes ad aquilonem iuxta Iperboriis montibus, ubi Tanais amnes exoritur, nimio frigore undique circumvallata inter oceanum et Tanaim gens inquieta, praedones aliarum gentium.* 伊西多尔认为极北群山坐落于斯基泰境内（14.8.7）：*Hyperborei montes Scythiae, dicti quod supra, id est ultra, eos flat Boreas.*

《宇宙志》的作者也提到了斯基泰土地的贫瘠和当地的宝石：*Ea regio nulla fruge utile gignit, bestiarum multitudinem et pecorum, equorum multitudinem eminentiores et utiliores, quam in alias gentes, simios et pantheras. Gignit plurimum cristallum et sucinum lucidissimum et obdurantem velut lapides et pulcherrimum.* 文中提到斯基泰的良马，只是为了强调这里是一个游牧地区。在《宇宙志》中，格里芬或许被视为一个游牧民族。盎格鲁-撒克逊地图上的铭文 *Griphorum gens*、埃布斯托夫地图上的 *Griphorum gens*，以及赫里福德地图上的 *Griste homines*，都说明了他们把格里芬当作一个民族。

然而，赫里福德地图的绘制者似乎把格里芬人与格里芬兽做了区分。他写道，格里芬人用敌人的皮做他们自己的衣服和马衣：*Hic habitant Griste homines nequissimi: nam inter cetera facinora etiam de cutibus hostium suorum tegumenta sibi et equis suis faciunt.* 就居住在斯基泰的格里芬兽而言，赫里福德地图的绘制者将他们描述成拥有鹰首、鹰翼和狮身：*Griphes capitibus et alis aquileas, corpore leones imitantur; volando bovem portabunt.* 此外，还提到了他们与阿里马斯皮人（Arimaspi）之间的冲突：*Carimaspi cum griphis pro smaragdis dimicant.*

格里芬人和格里芬兽之间的区别，可以用制图者参考了两种不同的史源来解释。极有可能的是，将格里芬当作人的观念来源于埃提库斯的《宇宙志》。不过，《宇宙志》中并没有关于格里芬民族用敌人的皮做衣服的记载。将格里芬视作野兽的观念来源于索里努斯和伊西多尔的作品。索里努斯写道（15.23）：*Arimaspi cum his dimicant ut intercipiant lapides, quorum non aspernabimur persequi qualitatem. Smaragdis hic locus patria est, quibus tertiam inter lapides dignitatem Theophrastus dedit; nam licet sint et Aegyptii et Calchedonii et Medici et Laconici, praecipuus est honos Scythicis. Nihil his iucundius, nihil utilius uident oculi.* 赫里福德地图中的题记，也含有若干索里努斯没有提到的关于格里芬兽的信息。不过，伊西多尔提到了它们，且其世界地图上的题记与下面引用的段落内容相似（12.2.17）：*Grypes vocatur, quod sit animal pinnatum et quadrupes. Hoc genus ferarum in Hyperboreis nascitur montibus. Omni parte corporis leones sunt; alis et facie aquilis similes; equis vehementer infesti. Nam et homines visos discerpunt.*

斯基泰荒漠（*desertum Scitie*）被标注在海德堡地图上（海德堡

大学图书馆，藏品号：Salem IX, 39, fols IV, 91）。这与奥罗修斯和伊西多尔所谓斯基泰土地贫瘠的论述相吻合，而与《词源学》作者的观点相悖。不过，在海德堡地图上，斯基泰荒漠被标注在埃及：位于亚洲，尼罗河以南。这幅世界地图的构图，杂糅了四个海湾模式和 T-O 模式。与常见的地图布局不同，尼罗河不是处于 T 字型的南端，而是在地图东侧欧亚大陆的临界处。除了斯基泰荒漠以外，埃塞俄比亚人和上埃及沙漠也被标注了出来。

将埃及置于亚洲大陆，并不令人讶异，因为尼罗河在中世纪一般都被认为是非洲和亚洲的分界，所以东部埃及位于亚洲的观念就来源于此。不过，把斯基泰的疆域定位得如此偏南，则是非同寻常的，因为斯基泰人总是与东北方向联系在一起的。这种混淆之所以发生，也许是因为"荒漠"这个概念不仅是指不毛之地，也是指隐逸人士居住的地方。所以，极有可能是混淆了"斯基泰荒漠"与尼罗河三角洲以西的早期基督教修道院中心——斯克提思（Sketis），后者也被标注在了海德堡地图上。（Chekin 2006: 245）

斯基泰是一个北方国家

克斯马斯·尹迪科普勒乌斯特思（Cosmas Indicopleustes）留下的基督教地形图手稿中，描绘了斯基泰。在这些地图上只出现了四个民族：印度人、凯尔特人、埃塞俄比亚人和斯基泰人。每个民族都占据世界的一面，所以各民族都与具体的方位相关，尽管在其他地图中他们一般都是与风向联系在一起的。斯基泰占据了克斯马斯地图的北方。

除了斯基泰人本身以外，奥罗修斯还提到了斯基泰海（1.2.47），在梵蒂冈藏托名伊西多尔地图和埃布斯托夫地图上，斯基泰海位于东北方向。至于伊西多尔，他提到了斯基泰洋，在圣维克多地图的临摹本中被标注了出来。总之，北方的海洋得名于斯基泰。

斯基泰人的野蛮之性

在多数详细的修道院地图上，斯基泰人都被描述为野蛮、残忍和堕落的蛮人，几乎没有例外。在赫里福德地图上，就有许多这样的例子。有一个关于斯基泰部落伊赛顿人（Issedones）风俗的传说，他们在父母的葬礼上吟唱并吃掉死者的尸体：*Essedones Sithe hic habitant, quorum mos est parentum funera cantibus prosequi et congregatis amicorum cetibus corpora ipsa dentibus laniare ac pecudum mixtis carnibus dapes facere, pulcrius a se quam a tineis hec absumi credentes*.（参见 Solinus 15.13，内容与此大抵相同）还有一个传说是关于另一个斯基泰部落的，提到他们好战的本性，以及用敌人的头盖骨做酒杯的习俗：*Scitharum gens interius habitantium; asperior ritus. Specus incolunt, pocula non ut Essedones de amicis, sed de inimicorum capitibus sumentes. Amant prelia, occisorum cruorem ex vulneribus ipsis bibunt. Numero tedium honor crescit, quarum expertum esse apud eos prophanum est*.（参见 Solinus 15.15）此外，还有一则铭文是关于另一个斯基泰部落对敌人的仇视：*Scitotauri Sithe pro hostiis cedunt advenas*。

不过，据说有一个斯基泰部落为了杜绝贪婪而拒绝使用金银：*Catharum Sithe usu auri argentique dampnato, in eternum a puplica se avaricia dampnaverunt*. 这个部落的名称 *Cathar* 可以理解为在古代时期居住在克里米亚北部的“萨塔基人”（Satarchae）一名的讹误。但是，也可能是萨塔基人与卡特里派教徒（Cathars，译按：又称“纯洁派教徒”）的混合体，后者是一支相信所有物质世界都是魔鬼的创造物的异端教派。（Chekin 2006: 217）

所有这些关于斯基泰人的传说，都起源于古典时期。“斯基泰人”成为了某种凶残和野蛮的象征符号。这样的标签是基于古代历史上斯基泰人的形象，尔后则被用于继斯基泰人之后的其他一些游牧民族身上。（Podossinov 2016）

斯基泰人与其他游牧民族之间的关系

中世纪的地图展示了许多诸如斯基泰的部落。尤其是圣哲罗姆作品中的一幅地图，很好地证明了在中世纪有许多游牧部落以斯基泰的名义联合在一起。（Chekin 2006: 135）地图中列举了如下斯基泰部落：浑尼塞（Huni Scite，译按：斯基泰，亦可称为“塞”）、艾诺赤塞（Enochi Scite）、塔利塞（Thalii Scite）、罗巴希塞（Robasci Scite）、格罗尼塞（Geloni Scite）、尤里塞（Euri Scite，即纽里塞［Neuri］）、阿里颇德斯塞（Allipodes Scite，即加里皮德斯塞［Callipides］）、阿兰尼塞（Alani Scite）。根据地图，上述部落的传统地域是从东方的海洋一直延伸到西方的东欧。

这幅地图保存了在古代被视为“斯基泰”的若干部落的记忆。此外，阿兰人作为一个斯基泰民族被提及，是非常合乎逻辑的，因为根据伊西多尔的说法，亚拉尼亚（译按：阿兰人的国家）是下斯基泰的一部分。约瑟夫斯·弗拉维奥（Josephus Flavius）在他的书《犹太战争》（*The Jewish War*）中，讲述了他认为是“斯基泰人”的阿兰人的袭击（7.7.4）：“从前有一个阿兰人的国家，我们在前面某处把他们当作‘斯基泰人’提到过，他们居住在迈俄提斯湖。这个国家此时打算攻陷米底亚（Media）和米底亚以外的地方，为了掠夺他们。怀着这样的目的，他们向希尔卡尼亚国王示好，因为他控制着那条被亚历山大大帝用铁门锁住的孔道。这位国王让阿兰人假道希尔卡尼亚，于是阿兰人大量涌入，令人意外地攻陷了米底亚人并劫掠了他们的国家。米底亚王国人口充盈，牛羊遍野，却没有人敢于反抗阿兰人……于是，这些阿兰人在没有抵抗的情况下，轻松地劫掠了这个国家，一直抵达亚美尼亚，眼前是一片荒原……被此番景象激怒了的阿兰人，摧毁了亚美尼亚，驱赶着他们从两个国家劫掠到的大量人畜，启程回国了。”

亚历山大大帝关闭孔道以阻绝某些部落的观点，与《圣经》中的哥格和玛各有关。这则神话记载在埃提库斯（Aethicus 1993: 137-141）的《宇宙志》中，并且在许多中世纪地图上有所反映，例如赫里福德地图、埃布斯托夫地图和韦尔切利地图（Vercelli map），其中《圣经》记载的部落被置于里海附近。根据末世观念，哥格和玛各作为反基督教的同伙，将在世界末日冲破束缚，给所有人类带来灾难。那么，也就可以理解，为何来自东方的游牧入侵部落通常被比附为哥格和玛各了。

在中世纪早期，有许多人认为匈牙利人就是《圣经》里所记载的部落。（Bloch 2003: 62）不过，在世界地图上匈牙利人与哥格和玛各总是分开的：匈牙利人或者匈牙利位于欧洲，多瑙河附近，他们定居的地方被称为“潘诺尼亚”（Pannonia）。

此外，似乎某些突厥语民族，例如图尔齐（*Turchi*），被认为是哥格和玛各的后裔（Aethicus 1993: 120）：*Gens ignominiosa et incognita, monstruosa, idolatria, fornicaria, in cunctis stupris et lupanariis truculenta, a qua et nomen accepit, de stirpe Gog et Magog*. 图尔齐被标注在修道院的地图上，而埃布斯托夫地图和赫里福德地图上关于图尔齐的信息是以埃斯库斯的《宇宙志》为基础的。

再者，始终与“蒙古”混淆的“鞑靼”，在马修·帕里斯（Mathew Paris）的书中与哥格和玛各联系了起来。在他的地图中，鞑靼是哥格和玛各民族的一员，且被认为是流散的犹太部落：*Ceste terre est loing vers Bise. Ci mainent les nefs lignees ke li rois Alisandre enclot. Gog et Magot. De ci vindrent celes gentz k'em apele Tartarins, co dit hon ki tant unt les muntaines, tut soient eles de dure roche, cicelle e tranche a force, ke issue unt cunquis, e mut unt grant terres cunquis e destrut Inde numeement*.（对马修·帕里斯这段关于鞑靼史料的讨论，参见 Matuzova 1979: 107-171；关于犹太人史料，参考 Matuzova 1979: 120-122 ; Le Goff 2001: 37-39）“鞑靼”和“库曼”出现在了波特兰海图（Portolan charts）上，例如达洛托（Dalorto，译按：学者猜测他可能与后面的安琪利诺·杜尔塞尔特是同一人）和安琪利诺·杜尔塞尔特（Dulcert）海图，也出现在了亚伯拉罕·克雷斯克斯（Abraham Cresques）的《加泰罗尼亚地图》上。（Fomenko 2011: 71-104）

至于其他的游牧部落，圣哲罗姆在他的地图中标注了马萨革泰人，其他地图同。他们被认为是一个斯基泰部落（Isidore 9.2.63）：*Massagetae ex Scytharum origine sunt. Et dicti Massagetae quasi graves, id est fortes Getae. Nam sic Livius argentum grave dicit, id est massas. Hi sunt, qui inter Scythas atque Albanos septentrionalibus locis inhabitant.*

在赫里福德地图上，萨尔马特（Sauromate）被标注为一个斯基泰部落：萨尔马特塞（*Sauromate Sithe*）。在修道院的地图上，萨尔马特部落通常被置于亚洲的斯基泰境内，这与萨尔马提亚部落不同，他们被认为是欧洲居民。罗马学者老普林尼，在谈到上述两个部落时解释说，萨尔马特是萨尔马提亚的希腊语形式（4.80）：*Sarmatae, Graecis Sauromatae*。

老普林尼提到，曾有人试图将“斯基泰”的名称应用于萨尔马提亚人和日耳曼人，但根据他的说法，“斯基泰”这个名称仅用于偏远和无名的部落（4.81）：*Scytharum nomen usquequaque transiit in Sarmatas atque Germanos. Scytharum nomen usquequaque transiit in Sarmatas atque Germanos. Scytharum nomen usquequaque transiit in Sarmatas atque Germanos. Scytharum nomen usquequaque transiit in Sarmatas atque Germanos*. 因此，这个族称实际上开始成为用来指代来自东北方向的偏远野蛮人群的泛称了。甚至赫里福德地图的绘制者也强调了这一点：*generaliter Sithia dicitur*. 埃布斯托夫地图也有类似的表述：*et generaliter omnes Scithe dicuntur*. 在中世纪，“斯基泰”的名字被广泛应用于在民族性和年代上都不相关的人群。此外，斯基泰人被认为是最古老的民族之一。（Chekin 2006: 243-244）

结论

“斯基泰”这个概念，在地图绘制者圈子内广泛流传。“斯基泰”的名称，被应用于大草原的广袤疆域上。这个名称跨越了单个民族的界线，成为指代不同游牧民族的泛称。一方面，“斯基泰”［在地图上］的［反复］出现，反映了对公元前9世纪至公元4世纪居住在欧亚草原上操东伊朗语的游牧民族的记忆。另一方面，“斯基泰”这样的概念，其内涵被扩大了。它成为游牧生活方式的一种符号。中世纪的学者试图将古代的名称应用于当代的语境，为了使文献中的知识与现实相适应。（Dalche 2013: 11）“斯基泰人”，即来自东北方向的游牧民族，被认为是野蛮人和一股具有破坏性的力量。这并不令人讶异，因为他们攻击了罗马帝国和欧洲的基督教民众。对“斯基泰人”野蛮和残忍本性的描述，表明了他们在面对入侵者时的恐惧，以及对未知国家所带来的不确定性的恐惧，这种恐惧强化了他们脑海中对游牧民族丑陋和令人厌恶的形象。除此之外，修道院的世界地图反映了基督教徒的世界观：未受洗礼的游牧民族被认为是有血腥的和不虔诚的习俗，他们所居住的不洁之地是荒漠，充满了野兽和怪物。教会可以通过这些观念来强化基督教在教化方面的角色，以推动基督教的宣传，并扩大其影响力。

（申雅丽 译　陈浩 校）

参考文献

Aethicus Ister 1993. *Die Kosmographie des Aethicus*. Prinz, O. (ed.) MGH. München.

Bagrow, L. S. 2004. *Istorija kartografii.* Moskva.

Bartholomaeus Anglicus 1505. *Liber de proprietatibus rerum.* Husner, G. (ed.) Straßburg.

Bloch, M. 2003. *Feodal'noje obščestvo*. Koževnikova, M. Ju. (trans.) Moskva.

du Cange, Ch. et al. 1883-1887. *Glossarium mediæ et infimæ latinitatis.* Niort.

Chekin, L. S. 2006. *Northern Eurasia in Medieval Cartography. Inventory, Text, Translation, and Commentary.* Turnhout.

Dalché, P. G. 2013. *L'espace géographique au Moyen Âge.* Florence.

Dan, A. 2017. La mappemonde d'Albi - Un pinax chôrographikos. Notes sur les origines antiques de la carte et du texte du ms Albi fol. 57v-58r. *Cartes et Géomatique. Revue du Comité français de cartographie* 234, 13-44.

Flavius Josephus, 1895. *The Works of Flavius Josephus.* William Whiston, A. M. (trans.) Auburn and Buffalo.

Fomenko, I. K. 2011. *Obraz mira na starinnyx portolanax. Pričernomorye. Konetz XIII - XVII v.* Moskva.

Harley, J. B. & Woodward, D. (eds.) 1987-2007. *The History of Cartography.* Vol. 1-3. Chicago.

Honorius Augustodunensis 1583. *De imagine mundi.* Spirae.

Isidorus Hispalensis 1911. *Isidori Hispalensis Episcopi Etymologiarum sive Originum Libri.* Lindsay, W. M. (ed.). Oxford.

Le Goff, J. 2001. *Ludovik Svatoj.* Matuzova, V. I. (trans.) Moskva.

Matuzova, V. I. 1979. *Anglijskije srednevekovyje istočniki.* Moskva.

Mel'nikova, Je. A. 1998. *Obraz mira.* Moskva.

Orosius P. 1889. *Historiarum adversum paganos libri VII.* Zangemeister, C. (ed.) Lipsiae.

Plinius Maior 1933. *Historia naturalis.* Teubner.

Podossinov, A. V. 1999. *Ex oriente lux! Orijentatzija po stranam sveta v arxaičeskix kul'turax Jevrazii.* Moskva.

Podossinov, A. V. & Jackson, T. N. & Konovalova, I. G. 2016. *Skifija v istoriko-geografičeskoj traditzii Antičnosti i Srednix vekov.*Moskva.

C. Iulius Solinus 1895. *Collectanea rerum memorabilium.* Mommsen

Th. (ed.) Berlin.

Vincentius Bellovacensis 1494. *Speculum naturale.* Liechtenstein.

Vincentius Bellovacensis 1483. *Speculum historiale.* Koberger, A. (ed.) Nürnberg.

拉韦纳佚名氏《宇宙志》所见“中亚”

〔匈〕理查德·桑托（Richárd Szántó）撰

本文研究的目标，是介绍拉韦纳（Ravenna）一部佚名《宇宙志》中关于“中亚”的内容。拉韦纳的这位佚名人士，是一名意大利牧师，于公元7世纪末、8世纪初生活在拉韦纳。在文献中他以多重身份出现，分别是：拉韦纳地理学家、拉韦纳佚名氏、拉韦纳地理学者、拉韦纳宇宙学家。拉韦纳的这位佚名氏，搜集并记录了他所处时代的地理学和宇宙学知识。后人把他的作品称为《拉韦纳佚名宇宙志》（拉丁语：*Ravennatis Anonymi Cosmographia*）。（译按：下文简称《宇宙志》）

《宇宙志》的原稿已佚，现存三部抄本。《宇宙志》的其中一部抄本——巴黎本，年代是13世纪，现保存于法国皇家图书馆（译按：今法国国家图书馆）。第二部抄本，年代是14世纪，现保存于罗马的梵蒂冈图书馆。第三部抄本，年代是14—15世纪，藏于［瑞士］巴塞尔图书馆。（Schnetz 1940: IV-VII）《宇宙志》的第一部印刷版，于1688年在巴黎发行，以巴黎本为底本。（Porcheron 1688）

《宇宙志》的首部点校本，由莫里茨·平德尔（Moritz Pinder）和古斯塔夫·帕尔泰（Gustav Parthey）于1860年在柏林出版。（Pinder & Parthey 1860）第二部点校本，由约瑟夫·施耐茨（Joseph Schnetz）

于1940年出版，但是此版没有包括地名索引。（Schnetz 1940）玛丽安·祖姆施林格（Marianne Zumschlinge）为施耐茨的书准备了地名索引，并出版了完整的作品。（Zumschlinge 1990）约瑟夫·施耐茨于1951年出版了《宇宙志》的德译本。（Schnetz 1951）

《宇宙志》的中世纪写本都不含地图，但在19世纪的版本中出现了两幅地图——系根据《宇宙志》的内容所制作。第一幅地图由地图学家海因里希·吉伯特（Heinrich Kiepert）于1859年制作（Kiepert 1859）；第二幅地图由康拉德·米勒（Konrad Miller）于1898年发表（Miller 1898）。

《宇宙志》共5卷。第1卷书包括全书导论和关于世界分区的描述。拉韦纳佚名氏将地球分为三块大陆：亚洲、非洲和欧洲。《宇宙志》的第2卷是对亚洲的介绍，第3卷是对非洲的介绍，第4卷是对欧洲的介绍。在第5卷中，列举了海洋、海湾和港口。（Cosmographia 1940: I-V）在《宇宙志》的文本中，也出现了几处地理上的错误和不准确，因为欧洲人对世界的遥远部分以及亚洲和非洲的了解毕竟有限。

在撰写《宇宙志》时，拉韦纳佚名氏参考了诸多古希腊和古罗马史家的作品。除此之外，他还从商人、使臣和海员那里获得了更多的情报。在《宇宙志》中，古代的材料与佚名氏所处时代的信息混在了一起。拉韦纳佚名氏提到，他参考了塞维利亚的伊西多尔（Isidore of Seville）（Cosmographia I. 5）、罗马宇宙学家卡斯托里乌斯（Castorius）的作品（*Castorius Romanorum cosmographus*）（Cosmographia II. 12）。若将拉韦纳佚名氏的《宇宙志》与一幅古罗马地图做比较，就会发现有不少相同的地名。据此，我们可以推测，拉韦纳佚名氏在撰写《宇宙志》时参考了这幅古罗马地图。这幅古罗马地图的抄本，有幸流传了下来，在近代被称为“波伊廷格古地图”（Tabula Peutingeriana）。（TP 1976; TP.DE）在这幅地图的帮助下，拉韦纳佚名氏所著《宇宙志》中的几个地名才得以弄清楚。在引用的文献中，拉韦纳佚名氏还列出了约达尼斯（Jordanes）和阿里斯塔克（Aristarchus）等人，以及艾坦阿里特（Aithanarit）、阿坦阿里都斯（Attanaridus）、艾尔德瓦尔都斯（Eldevaldus）和马尔科米卢斯（Marcomirus）等被他称为“哥特哲学家”（*Gothorum phylosophi*）的人。（Cosmographia IV. 12, IV. 13）拉韦纳佚名氏还提到了几位作品未能保存下来的古典作家。

约瑟夫·施耐茨就拉韦纳佚名氏《宇宙志》的史源问题，做过多项研究。（Schnetz 1932; Schnetz 1934; Schnetz 1942）弗兰茨·斯塔布（Franz Staab）也有一部作品，是专门讨论《宇宙志》史料来源问题的。托莫·佩坎南（Toumo Pekkanen）研究了拉韦纳佚名氏所著《宇宙志》中提到的黑海城市名称。（Pekkanen 1979）亚历山大·波多西诺夫（Alexander Podossinov）把《宇宙志》中的相当一部分内容译成了俄语，且附有详细的注释。（Podossinov 2002）基思·菲茨帕特里克-马修斯（Keith J. Fitzpatrick-Matthews）考察了《宇宙志》中涉及不列颠的内容。（Fitzpatrick-Matthews 2013）

接下来，我们分析拉韦纳佚名氏所著《宇宙志》中关于中亚的部分，依次是：一、中亚的名称和疆域；二、中亚的河流；三、中亚各省的介绍；四、中亚的城市。

一、中亚的名称和疆域

在《宇宙志》的第 2 卷中，中亚以“希尔卡尼亚”（Hyrcania）或伊尔卡尼亚（Yrcania）的名称出现。拉韦纳佚名氏把希尔卡尼亚称为某个“国家”（*patria*），可见他认为希尔卡尼亚是一个有政治组织的国家或地区。希尔卡尼亚境内有若干省（*provincia*）、河流和城市。（Cosmographia II.8-9）“希尔卡尼亚”这个名称，来源于古希腊史家。在斯特拉波（Strabo）的《地理学》中，希尔卡尼亚位于里海的东南方。（Strabo XI.7.1-3; XI.8.1）不过，希尔卡尼亚指代的对象在中世纪早期有所变化，到了7世纪，它已不再指斯特拉波时代所指的地区了。

拉韦纳佚名氏把希尔卡尼亚描述成一个伟大的国家。希尔卡尼亚的西部边境是里海和希尔卡尼湾（Hyrcan Bay［*Sinus Yrcanus*］）。据《宇宙志》的记载，里海的入海口在北方大洋——两者相连，里海的港湾就是希尔卡尼湾。（Cosmographia II.8）希尔卡尼湾在《宇宙志》中有几个不同的名称，例如希尔卡尼湾（*colfum Hyrcanicum*）、希尔卡尼港湾（*colfus Hyrcanie Isson*）。（Cosmographia V.16; V.19）总之，根据拉韦

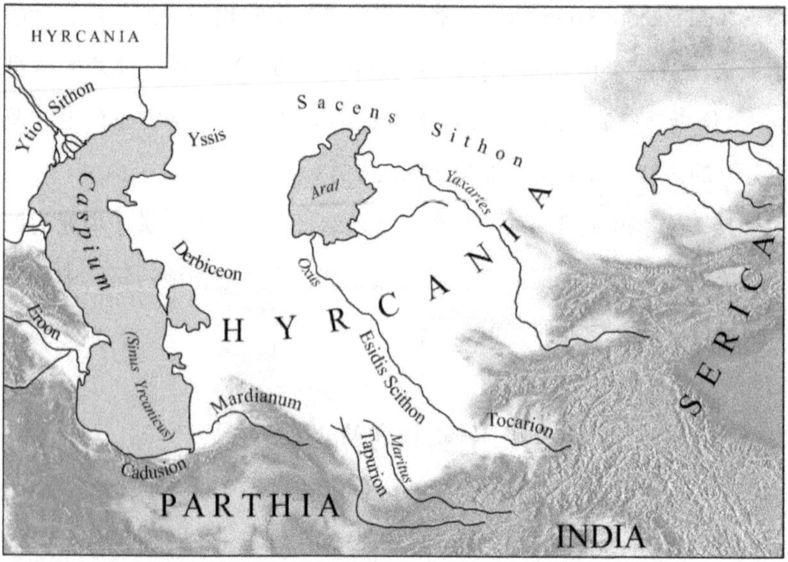

图1　拉韦纳佚名氏《宇宙志》中的“希尔卡尼亚”

纳佚名氏的说法，希尔卡尼湾就是里海的一处大海湾，希尔卡尼亚的西部边境就是里海的海岸线。

希尔卡尼亚的南边是帕提亚，毗邻国家还有大米底亚（Media Maior）。希尔卡尼亚的疆域远至印度-丝利迦（India Syrica）。（Cosmographia II. 8-9）“丝利迦”的意思是“丝绸之国”，也就是中国。拉韦纳佚名氏对东方国家知之甚少，常常把中国和印度并举，于是我们便在《宇宙志》中看到了“印度-丝利迦（中国）”的说法。（Cosmographia II. 3;II. 8）在另一个地方，拉韦纳佚名氏单独提到了中国（*patria Syrica*），说中国以海为界。（Cosmographia II. 3）

二、中亚的河流

拉韦纳佚名氏提到，有几条河流贯穿希尔卡尼亚境内。其中，他列举了药杀水或锡尔河（Iaxartis/Syr Darya）、乌浒水或阿姆河（Oxus/Amu Darya）、奥斯提亚尼河或阿斯提亚河（Austiani/Astias River）、格里努斯河或尼格里努斯河（Grinus/Nigrinus River）、马里图斯河或马里提斯河（Maritus/Maritis River）、斯克里斯河（Sicris River）。（Cosmographia II. 8）斯特拉波在他的《地理志》中提到马尔古斯河（Margus River），是马尔吉阿纳河（Margiana River）的一条支流。这条河可以比定为佚名氏《宇宙志》中的马里图斯河或马里提斯河，现在叫穆尔加布河（Murghab River，译按：位于今塔吉克斯坦境内）。（Podossinov 2002: 231. N. 139）根据拉韦纳佚名氏的说法，斯克里斯河汇入里海。（Cosmographia II. 12）在波伊廷格古地图的最后一节，斯克里斯河以“斯格里斯”（Sygris）的形式出现，流经马尔迪亚内（Mardiane）地区，最终流入里海。（TP Segm. XI. 1-2; TP.DE

Segm. XII. 1-2）斯格里斯河发源于巴利亚尼（Bariani，或许是巴克特里亚［Bactria］的讹误）群山。（Podossinov 2002: 231. N. 140; 372）奥斯提亚尼河或阿斯提亚河，以及格里努斯河或尼格里努斯河，是希尔卡尼亚境内的两条河，也注入里海。（Cosmographia II. 8; II. 12）这两条河，暂时无法准确识别。在波伊廷格古地图的最后一节，能找到尼格里努姆河（Nigrinum River），从阿姆河向北流，发源于萨迦-斯基泰（Sagae Scythae）人居住的高地，汇入里海（Mare Hyrcanium）。（TP Segm. XI. 2-4; TP.DE Segm. XII. 2-4）“尼格里努斯”的意思是“黑河”，可能指的是锡尔河。（Podossinov 2002: 23. N. 138; 374）

三、中亚各省的介绍

根据拉韦纳佚名氏的介绍，希尔卡尼亚有11个省，分别是：马尔迪亚努姆（Mardianum，译按：上文称为马尔迪亚内［Mardiane］）、德尔比瑟翁（Derbiceon）、卡杜斯翁（Cadusion）、艾戎（Eroon）、伊西斯（Issis）、艾斯迪斯-斯基特翁（Esidis Scithon）、伊提奥-斯提翁（Ytio Sithon）、萨森斯-斯特翁（Sacens Sithon）、塔普利翁（Tapurion）、吐卡里翁（Tocarion）、艾路里翁（Erurion）。（Cosmographia II. 8）

马尔迪亚努姆、德尔比瑟翁、艾戎、吐卡里翁和三个斯基泰省艾斯迪斯-斯基特翁、萨森斯-斯特翁、伊提奥-斯提翁，可以根据波伊廷格古地图比定出来。（TP Segm. XI; TP.DE, Segm. XII）

马尔迪亚努姆（马尔迪亚内）位于斯格里斯河下游，在里海的东南方向。（TP Segm. XI. 2; TP.DE, Segm. XII. 2）伊提奥-斯提翁（波伊廷格古地图写作“奥提奥斯-斯基泰”［Otios Cythae］）位于里海的西北方向。（TP Segm. XI. 1; TP.DE, Segm. XII. 1）

根据波伊廷格古地图，艾斯迪斯-斯基特翁（波伊廷格古地图写作“艾塞东尼斯-斯基泰”[Essedones Scythe]）位于阿姆河中游。（TP Segm. XI.3; TP.DE, Segm. XII.3）伊西斯省可能与艾斯迪斯-斯基特翁是同一个地方。（Podossinov 2002: 224. n. 113; 376）米勒将艾塞东尼斯-斯基泰的疆域，仅限于塔里木盆地。（Miller 1916: 625 map 201）

根据波伊廷格古地图，萨森斯-斯特翁省（波伊廷格古地图写作“萨迦-斯基泰”[Sagae Scythae]）位于草原地区，尼格里努姆河以北，在其源头位置。（TP Segm. XI.1-4; TP.DE, Segm. XII.1-4; Podossinov 2002: 224. n. 115, 371-372）米勒将萨迦-斯基泰的疆域局限于咸海以北。（Miller 1916: 625 map 201）

德尔比瑟翁地区，在波伊廷格古地图上（作“德尔比瑟”[Derbicce]）被标注在里海以东，阿姆河的出海口以北。（TP Segm. XI.2; TP.DE, Segm. XII.2; Podossinov 2002: 374）米勒在他自己绘制的地图上把德尔比瑟限于里海以东。在古代，阿姆河的一条支流曾经汇入里海。德尔比瑟地区，就位于阿姆河此条古代支流的岸边。（Miller 1916: 625 map 201）

塔普利翁，可以与塔普利人（Tapyri）的疆域勘同。根据斯特拉波的记载，塔普利人生活在希尔卡尼亚人与阿里亚人（Arians）之间。（Strabo XI.8.8）斯特拉波还提到，塔普利人生活在希尔卡尼亚人与德尔比瑟人之间。（Strabo XI.9.1）根据斯特拉波的《地理志》，塔普利人的疆域，就是塔普利翁省所在的地区。

艾戎省，可以比定为波伊廷格古地图上西罗艾人（Hiroae）居住的地区。（TP Segm. X.5; TP.DE Segm XI.5; Miller 1916: 623, 625 map 201）

吐火罗人（Tocharians）于公元前 133—前 129 年占领了古代的巴

克特里亚（Bactria，译按：汉文史料称为“大夏”），并定居在那里。“巴克特里亚”这个地名变成了“吐火罗斯坦”，位于阿姆河的上游地区。（Enoki 1994: 167-168）《宇宙志》中的“吐卡里翁”（Tocarion），可以比定为吐火罗人居住的地区。在波伊廷格古地图中，吐卡里翁相当于“坦希里”（Tanchire），即吐火罗（Tokhar）。（TP Segm. XI. 5; TP.DE Segm. XII. 5; Miller 1916: 626; Podossinov 2002: 378）

卡杜斯翁（Cadusion）地区，可以比定为里海以南——根据斯特拉波的记载，那里是卡杜斯人（Cadusian）居住的地方。

施耐茨将“艾路里翁”（Erurion）隶定为“弗伦翁”（Frunon）。（Cosmographia II. 8; Podossinov 2002: 225. n. 118）不过，这个省的具体位置，尚无法确定。

四、中亚的城市

拉韦纳佚名氏提到，希尔卡尼亚境内的各省中有若干城市，他列举了其中的20座，分别是：西普罗波利斯（Cipropolis）、阿克萨拉（*Axara*）、珀尔图姆（Portum）、卡斯提鲁姆（Castillum）、塔萨木巴拉姆（Tarsambaram）、阿奎勒亚姆（Aquilleam）、贝拉鲁斯（Belalus）、嘎热亚斯（Garreas）、卡米亚（Camia）、萨扎拉（Sazala）、阿尔玛斯蒂卡（Armastica）、忒拉达菲尔（Theladalfir）、特拉达（Telada）、乌屈布里（Ucubri）、拉尔剌（Lalla）、利彭尼萨（Liponissa）、提利达（Tilida）、萨诺拉（Sanora）、特噶米那（Tegamina）、格拉卫特（Gravete）。（Cosmographia II. 8）

施耐茨认为“西普罗波利斯”（Cipropolis）是“西罗波利斯”（Ciropolis）的讹误。米勒根据波伊廷格古地图，将西罗波利斯

（Cyropolis，译按：即施耐茨所谓的 Ciropolis）局限于库拉河（Cyrus River，译按：即 Kura River，系高加索地区最长的河流）的河口。（Cosmpgraphia 20.49; Miller 1916: 654-655; Podossinov 2002: 227, n. 121; Cohen 2013: 215）此外，临近锡尔河处还有另一个西罗波利斯，可以比定为今天的乌拉-图贝（Ura-Tyube）聚落，位于塔吉克斯坦境内。（Strabo XI. 11.4; Dandamayev 1994: 44; Negmatov 1994: 442; Cohen 2013: 251-254）

亚历山大·波多西诺夫比定出了希尔卡尼亚各城市的名称，并找到了它们具体的方位。以上所列城市，大部分都坐落在里海以西的高加索商路沿线。（Podossinov 2002: 227-230, map 21）根据《宇宙志》的记载，这些城市都位于希尔卡尼亚国的艾戎省及毗邻地区。

结论

拉韦纳佚名氏的《宇宙志》，浓缩了作者所处时代的地理学知识。《宇宙志》既吸收了古典史家著作中的材料，也包含了拉韦纳佚名氏本人所处时代的信息。

拉韦纳佚名氏收录了古希腊和古罗马时期的地理名称，但是到了公元 7 世纪的时候，这些名称的内涵和意义都改变了。在古代地理文献中，希尔卡尼亚是一个位于里海东南方向的小国，但是在《宇宙志》中，希尔卡尼亚的疆域囊括整个中亚。也就是说，到 7 世纪时，“希尔卡尼亚”的含义已经发生了改变。彼时的希尔卡尼亚，地处里海和中国之间，以及帕提亚和草原地带之间。

中亚的几条大河（阿姆河、锡尔河、穆尔加布河），流经希尔卡尼亚境内。据拉韦纳佚名氏的记载，希尔卡尼亚有 11 个省，其中 3

个是斯基泰省 —— 可以比定为游牧人群的疆域。希尔卡尼亚各省的名称，来源于古老民族。拉韦纳佚名氏列出了希尔卡尼亚境内的20座城市，不过其中大多数都位于高加索地区。拉韦纳佚名氏把“希尔卡尼亚”称之为由若干省份构成的“国家”，可见他认为这里是一个有政治组织的地方。因此，我们推测，拉韦纳佚名氏把中亚当作了一个大帝国 —— 称之为“希尔卡尼亚”。

（许明道 译 陈浩 校）

参考文献

Cohen, G. M. 2013. *The Hellenistic Settlements in the East from Armenia and Mesopotamia to Bactria and India*. Berkeley Los Angeles, London.

Dandamayev, M. A. 1994. Media and Achaemenid Iran. In: Harmatta J. (ed.) 1994. *History of Civilizations of Central Asia. Volume II. The developement of sedentary and nomadic civilizations: 700 B.C. to A.D. 250.* (Co-eds.) Puri, B. N. and Etemadi, G. F. Paris. 35-64.

Cosmographia = *Itineraria Romana. Volumen alterum. Ravennatis anonymi cosmographia et Guidonis geographica*. Ed. Schnetz, J. 1940. Leipzig.

Enoki, K. & Koshelenko, G. A. & Haidary, Z. 1994. The Yüeh-chih and their Migrations. In: Harmatta J. (ed.) 1994. *History of Civilizations of Central Asia. Volume II. The developement of sedentary and nomadic civilizations: 700 B.C. to A.D. 250.* (Co-eds.) Puri, B. N. and Etemadi, G. F. Paris. 165-183.

Fitzpatrick-Matthews, K. J. 2013. Britannia int he Ravenna Cosmography: A Reassessment. http://www.academia.edu/4175080/ Britannia in the Ravenna Cosmography a Reassessment.

Harmatta J. (ed.) 1994. *History of Civilizations of Central Asia. Volume II. The developement of sedentary and nomadic civilizations: 700 B.C. to A.D. 250.* (Co-eds.) Puri, B. N. and Etemadi, G. F. Paris.

Litvinsky. B. A. (ed.) 1996. *History of Civilizations of Central Asia. Volume III. The crosroads of civilizations: A.D. 250 to 750.* (co-eds.) Zhang Guang-da & R. Shabani Samghabadi. Paris. 359-365. MAP 1a. 1b. General map of Central Asia (fourth–eighth century) 488-489.

Kiepert, H. (ed.) 1859. Descriptio orbis terrarum secundum geographum ravennatem. [map]. Berlin. In: Miller, K. (ed.) 1898. *Mappae mundi. Die ältesten Weltkarten. Volume VI.* Stuttgart 1898. 53.

Miller, K. (ed,) 1898. Weltkarten des Ravennaten. [map]. In: Miller, K. (ed.) 1898. *Mappae mundi. Die ältesten Weltkarten. Vol. VI.* Stuttgart. Map table 1.

Miller, K. 1916. *Itineraria Romana.* Römische Reisewege an der Hand der Tabula Peutingeriana dargestellt von Konrad Miller. Stuttgart.

Negmatov, N. N. 1994. States in North-Western Central Asia. In: Harmatta J. (ed.) 1994. *History of Civilizations of Central Asia. Volume II. The developement of sedentary and nomadic civilizations: 700 B.C. to A.D. 250.* (Co-eds.) Puri, B. N. and Etemadi, G. F. Paris. 432-447.

Pekkanen, T. 1979. The Pontic “civitates” in the Periplus of the Anonymus Ravennas. *Arctos; Acta Philologica Fennica* Vol. 13. Helsinki.

Pinder, M. & Parthey, G. (eds.) 1860. *Ravennatis anonymi*

Cosmographia et Guidonis geographica.

Podossinov, A. V. (2002) *Vostočnaja Evropa v Rimskoj kartografičeskoj tradiciji. Texty, perevod, kommentarij.* Moskva.

Porcheron, P. (ed.) 1688. *Anonymi Ravennatis qui circa saeculum VII. vixit de Geographia libri quinque.* Paris.

Schnetz, J. 1932. Neue Beiträge zur Erklärung und Kritik des Textes der Ravennatischen Kosmographie. *Philologus* Vol. 87, 80-113.

Schnetz, J. 1934. Neue Beiträge zur Erklärung und Kritik des Textes der Ravennatischen Kosmographie. *Philologus* Vol. 89, 85-101, 226-249.

Schnetz, J. 1942. *Untersuchungen über die Quellen der Kosmographie des anonymen Geographen von Ravenna.* München. Sitzungsberichte Bayerische Akademie der Wissenschaften, Phil.-hist. Klasse. 6.

Schnetz, J. (ed. and trans.) 1951. *Ravennas Anonymus: Cosmographia. Eine Erdbeschreibung um das Jahr 700.*Nomina Germanica. Arkiv för germansk namnforskning utgivet av Jöran Sahlgren. Vol. 10. Uppsala.

Staab, F. 1976. Ostrogotic Geographers at the Court of Theoderic the Great. A study of some sources of the Anonymous Cosmographer of Ravenna. *Viator. Medieval and Renaissance Studies* Vol. 7. 27-64.

Strabo = *The Geography of Strabo in Eight Volumes*. Ed. and trans. Jones, H. L. Volume V. London, Cambridge, Massachusetts 1961.

TP Segm. = *Tabula Peutingeriana: Codex Vindobonensis 324. Vollständige Faksimile: Ausgabe im Originalformat. Volume 1.*[Segmentum I-XI]. *Kommentar. Volume 2.* Ed. Weber, E. Graz 1976.

TP.DE Segm. = Tabvla-Pevtingeriana.De. Segmentum I-XII. https://www.tabula-peutingeriana.de/index.html.

Segmentum XI: https://www.tabula-peutingeriana.de/tabula.html?segm=a.

Segmentum XII: https://www.tabula-peutingeriana.de/tabula.html?segm=b.

Weber, E. (ed.) 1976. *Tabula Peutingeriana: Codex Vindobonensis 324.*Vollständige Faksimile: Ausgabe im Originalformat. Volume 1. Kommentar. Volume 2. Graz.

Zumschlinge, M. (ed.) 1990.*Ravennatis anonymi cosmographia et Guidonis geographica. Itineraria Romana, volumen alterum.* Ed.: Joseph Schnetz. Editio stereotypica editionis primae (MCMXL). Indicem composuit et adiecit Marianna Zumschlinge. Stuttgart 1990.

乌古斯史诗中的地理学研究

〔俄〕塔提亚娜·安妮科耶娃（Tatiana A. Anikeeva）撰

地理学是突厥语族乌古斯语支人群史诗传说经典（从早期的《乌古斯可汗传》到乌古斯人群内唯一的一部书面史诗《先祖阔尔库特书》，甚至到中世纪突厥民间传说的散文）中的重要元素，这些经典大都处于口头传统与书面传统之间，以及民间叙事与历史书写之间。

突厥语中世纪书面史诗《先祖阔尔库特书》，毫无疑问是中世纪早期乌古斯人社会和文化生活的重要源泉。《先祖阔尔库特书》所包含的12段故事，一般认为发生在11世纪，但是它们落成文字的时间较晚，大概在15世纪。《先祖阔尔库特书》（根据德累斯顿手稿）包含了12首讲述乌古斯英雄们的歌谣传奇。构成这些故事内核的主要情节是乌古斯部落与小亚细亚非穆斯林异教徒之间的斗争，以及乌古斯部落内部持续不断的内讧。这些内容既反映了突厥语人群早期的半传奇式的历史事件（不仅仅是历史事实，还有一套神话信仰），也反映了后期的历史事件，即与他们在小亚细亚的势力扩张以及与拜占庭的接触等相关活动。构成《先祖阔尔库特书》的故事，清晰地展现了突厥语人群共同的文学和民间传统，也反映了不少年代相近的文学传统。

《先祖阔尔库特书》中的地理学包含两个主要的层面，分别是：在史诗中提到的真实存在的地名，以及所谓的“神话”地理学知识。

《先祖阔尔库特书》中的外高加索地名

《先祖阔尔库特书》中的地名，始终是学者们热衷的研究对象（参见 Ergin 2014: 51-54）。这些地理名称可以在《先祖阔尔库特书》内以年代为序的不同颂词中见到，它们反映了乌古斯部落由东至西，逐渐向小亚细亚和外高加索地区迁移的进程。

在《先祖阔尔库特书》中，乌古斯部落的敌人们，往往与南高加索及东安纳托利亚的一些具体地名联系在一起（多数是城堡要塞的名称）。例如，“来自阿弗尼克（Avnik）城堡的那些该死的、遭诅咒的异教徒”（Lewis 1974: 60）（原文是 *Evnik kalasınun kafirleri*）（Evnük, 或“巴辛堡”［Basin］，突厥语形式是 Pasen，离埃尔祖鲁姆［Erzurum］不远）或“巴辛的黑关”，位于格鲁吉亚，商贾们把货物从伊斯坦布尔运到此处（参见《先祖阔尔库特书》中的第三则故事“骑灰马的巴姆瑟 · 贝莱克［Bamsi Beyrek］”）；阿伦察（Alınca）堡[①]，黑海沿岸的白布尔特（Bayburt）堡[②]，苏尔梅里

① 阿伦察是位于今阿塞拜疆领土上的一个要塞，靠近纳希切万（Nakhichevan）附近。它坐落于一座山峰之巅，在汇入阿拉克斯河（Arax River）的阿伦察河入海口 20 千米之上。自 13 世纪起，该城堡的名字就开始出现在诸多历史资料和地理文献中。在帖木儿帝国（14—15 世纪晚期）的外高加索历史中，它扮演了重要的角色。（Anikeeva 2018: 100）

② 白布尔特是一座位于安纳托利亚东北部楚罗河（Choru River）上的城堡，海拔高 1500 米（现在的白布尔特堡是土耳其东北部的一座城市）。白布尔特堡在土耳其文化中总是扮演着重要的角色，并且在民间歌曲和民间诗人的口中传唱。塞尔柱突厥人于 1054—1055 年征服了该地区，而 1071 年曼齐克特战役之后，拜占庭人被打败，白布尔特堡最终落入塞尔柱人手中。在 13—14 世纪，白布尔特，作为塞尔柱鲁姆苏丹国的一部分（其间处于伊利汗国的统治下），出现了繁荣景象，因为它位于从特拉布宗到埃尔祖鲁姆甚至大不里士（Tabriz）的贸易路线上。（Barthold 1930）

（Sürmeli）城堡[①]，位于“乌古斯国家”那边的巴尔达（Barda）堡和甘加（Ganja，突厥语形式是*Gence*）堡[②]，以及其他一些要塞（诸如马尔丁［Mardin］、迪兹梅尔德［Dizmerd］、阿哈尔特斯赫［Akhaltsikhe，突厥语形式是*Aksaka*或*Ahıska*］，等等）。

尽管《先祖阔尔库特书》的地理学是独立于其内容的一门学问，但书中对史诗人物的清晰空间定位，说明了一个事实，即这些故事中大部分内容的成型和流传，在其相应的疆域内早就已完成了。

与此同时，《先祖阔尔库特书》地理学第二个层面的研究相对薄弱。这些是具有神话色彩的地理学对象，它们对突厥语人群或者对伊斯兰教来说（程度稍浅）是某种传统，它们与真实的地名并存且内化进既有的地名系统中（例如：卡夫山［Mount Kaf］）。它们与古代的传统突厥空间方位（当然，这一传统部分地在《先祖阔尔库特书》中得以保留）一道，反映了与突厥神话以及与伊斯兰教和相关文学传统的影响有关的游牧世界观。

---

① 苏尔梅里（又写作*Sürmeli, Surmari, Sürmelü*）是一座位于阿拉克斯河右岸的城堡。Surmari这个名字来自坐落于那里的亚美尼亚圣玛利亚（Surb Mari）教堂。（Anikeeva 2018: 100）

② 巴尔达（土耳其语是*Berde*，亚美尼亚语是Partav）——曾是古阿尔巴尼亚阿伦（Arran）的首府，也是高加索地区最大的城市。在萨珊王朝时期（251—651年），此处修建了一座巍峨的城堡，以抵御从北方和西方来的侵袭。据伊斯塔赫里的记载，在那个时候，从伊拉克的呼罗珊直到伊朗的雷伊（Ray）这一片广袤区域内，巴尔达是规模最大的城市。城墙内建有清真寺、金库和宫殿，附近还有集市。巴尔达以瓜果和丝绸而闻名，出口到胡齐斯坦和伊朗。然而，在不久之后的943年，该城被罗斯人烧毁，此后再也没有完全恢复。在蒙古征服时期，它得以部分重建，不过在史料中它很少被提到：只作为距离甘加城9帕勒桑的一座城市而被提及。很久以后，巴尔达是一座小村庄和故城废墟，在库拉河支流泰克尔水（Teker Suyu）20公里以外的地方。甘加城是在小高加索山脉山脚下的一座城市，位于库拉河的支流甘加察河（Ganjachay River）上，建于9世纪中叶（859年）。巴尔达城陷以后，它成了阿伦的首府。在12世纪，这座城市在一次地震中几乎完全被毁，此后又经重建，根据历史学家的说法，它被认为是西亚最美丽的城市之一。（Anikeeva 2018: 101）

史诗中的地理以及对敌人的描绘

《先祖阔尔库特书》中特拉布宗统治者的居住地，尽管看起来是一个具体的地理位置，但是却被呈现为某种超凡的空间，是与“乌古斯国家”（突厥语 *Oğuz eli*）水火不容的几处“邪恶地方”（突厥语 *yavuz yerler*）之一。例如，康里霍加（Kanlı-koja）告诉他即将出行的儿子康图拉里（Kan-Turalı）：“于是康里霍加嘱托了。我们且看，我的汗，他究竟说了些什么。儿子，你要去的地方，道路将是蜿蜒、曲折的；会有淹没骑士的沼泽；会有连红蛇找不到路的森林；会有耸入云霄的堡垒；会有挖眼勾魂的人……你要向一个可怕的地方出发；留下来吧！”（引文出自 Lewis 1974: 119）

原文是：*Kanlı Koca burada soylamış, görelüm Hanum ne soylamış, aydur: Oğul, sen varacak yerün Dolamaç dolamaç yolları olur Atlu batup çıkamaz Anun balçığı olur Ala yılan sökemez Anun ormanı olur Gökile pehlu uran Anun kalası olur Göz kakuban gönül alan Anun görklüsü olur Hay demedin baş getüren Anun celladı olur... Yavuz yerlere yeltendün.*（Gökyay 2000: 85）同样，作为异教徒国王的沙赫里马利克（Shokli-Melik），他的形象也具有恶魔的特征：“消息已经传到了铁门关。[①] 骑斑点马的沙赫里国王脾气暴戾；他那暴戾的脾气，已经落在了黑山

① 铁门关就是打耳班（Derbent），或者《先祖阔尔库特书》中的“铁门”（*Kara Dervend ağzı*），土耳其语是 *Kapılar Dervendi, Demir Kapu*；在中世纪的阿拉伯语史料中写作 *Bab al-abvab*，意思是“主门”，位于里海海岸的一座要塞。在《先祖阔尔库特书》中的故事成型之际，打耳班是阿拉伯哈里发帝国（7—13 世纪）的一部分。这座城堡的名字——铁门，起源于打耳班的地理位置：这座有城堡的城市位于萨穆尔河（Samur River）入海口处里海西岸的一条 3 公里长的狭窄海岸线上，从而能防止异教徒（哈扎尔人和阿兰人）对关内领土的侵扰。

上……”（Lewis 1974: 156）。原文是：*“Alca atlu Şökli Melik katı pusmış pusduğundan kara dağlara duman düşmiş”*（Gökyay 2000: 119）。

因此，在《先祖阔尔库特书》中，乌古斯部落的每个外部敌人都有某种具体的地理特征（例如“特拉布宗的塔加沃尔”[Tagavor]、“阿弗尼克堡的邪恶异教徒”等），同时也有神话的特征，以此来划清游牧世界与邻近农耕世界之间的边界。

《先祖阔尔库特书》中异教徒的世界，同时也具有一些正式的、被勾勒出来的边界（尽管会因时而变），在边界之外就是对乌古斯人有敌意的地方。这些边界被反复地提及，例如在“卡赞贝克（Kazan-bek）之子乌鲁兹（Uruz）王子是如何被俘虏的”这则故事中提到：“我要带他到异教徒的边境，到吉兹赫拉尔（Jizighlar）去，到阿赫拉罕（Aghlaaghan）去，到青山去。”（Lewis 1974: 90）原文是：*“kafir serhaddine Cızığlara, Ağlaagana, Gökçe Dağa aluban çıkayın…”* (Gökyay 2000: 61) 换句话说，史诗中异教徒世界的边界，被相当清晰地定位成那些延绵于今卡尔斯（Kars）和阿哈尔特斯赫之间的山脉。（Gökyay 2000: 332-334）阿赫拉罕是一座位于亚美尼亚西北角的山，而吉兹赫拉尔则位于它的西南方（关于“青山”的地望，尚不清楚）。

《先祖阔尔库特书》中的空间定位系统

古代突厥的空间方位系统，在《先祖阔尔库特书》中得以部分地保留。

在史诗中的第八个故事“比萨特（Bisat）是如何杀死特佩戈兹（Tepegöz）的”中，比萨特说：“我居住的地方以及我成长的地方是 **gün ortaç**，当我迷路时，我的希望是安拉，带来伟大律法的是我们的可汗——巴音迪尔汗（Bayindir Khan）。” 原文是：*kalarda koparda yerüm* ***gün ortaç***// *Karaŋu dün içre yol azsam umum Allah*// *Kaba alem götürün Øanımız Bayındur Han.*（Gökyay 2000: 113）其中的*gün ortaç* 一词，在多项研究著作中（例如在巴托尔德［V. V. Barthold］和科诺诺夫［A. N. Kononov］的书中）被比定为一个地名。（参见他们的注释：*Günortaç* 应该是卡拉巴赫［Qarabakh］的某个地名。）（Barthold & Kononov 1962: 275）奥尔罕·沙夷克·哥克亚伊（Orhan Şaik Gökyay）似乎也把该词理解为地名（参见他的地名索引）。（Gökyay 2000: 332–338）尽管巴托尔德指出，该地名的意思逐字翻译是“太阳在最高处的地方”，但是他推测 *gün ortaç* 是某个具体地方的名称。奥尔罕·沙夷克·哥克亚伊只是不经意地指出，这个名称与突厥人对方位基点的标注有关。（他参考了法赫雷丁·柯兹奥卢［Fahrettin Kırzıoğlu］，参见 Gökyay 2000: CCXXIX; Kırzıoğlu 1952）。在我们看来，我们有充足的理由推测，*gün ortaç* 这个合成词保留了它的主要含义“南方之境”，这一点巴托尔德没有提到。根据一部古代突厥语词典（也请参见克劳森 [G. Clauson] 的词源学字典），词组 *kün ortu* 的一个意思是“南方或正午（南方）”。（Drevnetyurkski Slovar 1969: 326, Clauson 1972: 725）

在《先祖阔尔库特书》中的下一个故事——“白吉尔（Bekil）之子埃姆兰（Emren）的故事”中，我们可以发现以下段落：

Kalkubanı yeründen duru-geldün
Arku bili Ala Dağdan dünün aşdun
Akındılı görklü sudan dünün geçdün
Ağ alınlı Bayındur Hanun divanına dünün vardun […]
Begil soylamış, görelüm Hanum ne soylamış, aydur:

Kalkubanı yerümden duru-geldim

Yelesi kara Kazılık aluma butun bindüm

Arku beli Ala Dağdan dünün aşdum

Akındılı görklü suyu delüp dünün geçdüm

Ağ alınlı Bayındur Hanun divanına çapar vardum

（Gökyay 2000: 116-117）

上述内容经过翻译和阐释后是："环顾（身后），你攀登上那座有悬崖的多彩之山；你涉过那深不可测的美丽河流；你前往巴音迪尔汗的议事厅……"根据巴托尔德的意见，这里的词组 *arku bili*"向四周或往后［看］"也可以解释为"在夜里"（Barthold & Kononov 1962: 276），也就是它的字面意思。

此外，以上段落中被巴托尔德译为"向后看，向四周看"的词组 *arku bili*，也可以有其他的解释，或许更贴切它的意思。在阿布尔·哈齐汗（Abu-l-Ghazi-han）的《突厥蛮世系》（*Secere-i tarakima*）中，我们可以读到："在伊历 1040 年（公元 1630—1631 年），有一万帐从北方（*arka tarafindan*）来，来自卡尔梅克国家。"（*Secere-i tarakima* 325, in: Kononov 1958: 44）词组 *arka tarafindan*（آرقا طرفندن）被科诺诺夫译为"来自北方"。但我们从科诺诺夫的注释中可知，图曼斯基（A. G. Tumanski）的翻译是"来自后方"，表明中亚的突厥语人群使用该词组（*арка тераф*）来表述他们的起源地这一事实。例如，土库曼人把锡尔河称为 *arka teraf*（Kononov 1958: 88）。在突厥语族中，还有不少例子（卡拉卡尔帕克［Kara-Kalpak］、诺盖［Nogay］、图瓦、土库曼和铁列乌特［Teleut］）（参见 Kononov 1958: 88），它们都证实了单词 *arka* 除了它的第一个义项也是最主要的义项"后面，朝后”之外，还有“北方”的意思。[①] 历史语境迫使我们将词组 *arka tarafi* 理解为“北方”而不是“后方”（锡尔河，尤其是其入海口，位于土库曼聚落的北方）。

因此，上文所引《先祖阔尔库特书》中段落内的 *arku beli*，明显保留了传统突厥空间方位系统的痕迹。根据此传统，“北方”可以用这种方式来表述。单词 *bil/bel*，在古突厥语中的意思是“腰”，也可以指“一座山丘”。（Drevnetyurkski Slovar 1969: 93）

众所周知，古代突厥人（某些突厥语人群至今仍保留着）有若干表述空间的水平定位方式，都是根据太阳的位置而定：日出处（东方），日中处（即太阳在最高点的位置，突厥语是 *kün ortu*，意思是南方），以及子夜处 —— 突厥语是 *тӱн орту*（Kononov 1978: 73）。我们知道，在某些突厥语中，“北方”是与黑暗的观念相关的，写作 *тӱн*，它的本义是“夜”。（Kononov 1978: 84）根据研究者的说法，用太阳处于最高点来指代南方，反映了古代突厥人对南方的崇拜取代了（但并未完全取代）对东方或者旭日的崇拜。（同上）

此外，在突厥人的传统中，还有一种表述空间的垂直定位方式[②]：东方和西方被定义成“上方”和“下方”，南方和北方被定位成“前方”和“后方”，南方因为是正午太阳所在位置，所以被称为“前方”。这种定位方法在不同的突厥语人群中得以保留：例如土库曼人、裕固人、撒拉人和哈卡斯人。（Kononov 1978: 84）在这里，南方被定

---

① 蒙古语中的词根 *arha*（见 Tofalar）也有“（山的）北边”的意思。（Kononov 1978: 88）

② 此外，用垂直定位法标注基点时，有两种可能的初始位置：一是朝东，那么东方是顶部、上方，西方是底部、下方；一是朝南，那么南方是顶部、上方，北方是底部、下方。（Kononov 1978: 84）这种定位系统仍然存在于民间传说中，尤其是在中国的西北，例如 20 世纪 50 年代由捷尼舍夫（E. R. Tenishev）搜集的撒拉人现代民间传说的文本中。（Tenishev 1964）

义成原点，那么相应地北方就是在“后方”了，这与突厥人对处于最高位置的太阳的崇拜密不可分。（Kononov 1978: 84）

《先祖阔尔库特书》既保留了以中午太阳为中心的垂直定位表述，并且为文本中的多处实例所证实，也保留了我们上文所讨论的水平定位表述。

有趣的是，在《先祖阔尔库特书》中竟然没有受伊斯兰教影响的定位系统，譬如以麦加为中心的定位系统。麦加在《先祖阔尔库特书》中被多次提及，例如在导论中——当然“导论”写定的年代要晚于《先祖阔尔库特书》的正文本身。但是，全书中提到麦加的地方没有一处能够与空间定位联系起来。进入了伊斯兰神话的地理学对象（例如卡夫山［Kâf］）也不存在。[①] 我们知道，“在接受了伊斯兰教（大约在公元8—9世纪）的突厥人当中，以南方为基点的定位方式，本来反映的是他们对南方的崇拜，但在伊斯兰教以朝觐方向为基点的定位传统下得到了强化”。（Kononov 1978: 79）同时，在其他类型的乌古斯史诗中，例如土库曼人口头史诗《戈尔奥卢》（*Göroğlu*）中，卡夫山的形象在以朝觐方位为基点的定位系统中扮演了重要的角色。

《先祖阔尔库特书》反映了前伊斯兰突厥语人群的世界观，而这种空间定位系统是其核心部分。这点表明了古代突厥人的定位系统是非常稳定的，它甚至赓续了相当长的一段时间，即便伊斯兰教的影响不仅体现在了史诗的内容上，也体现在后世的其他题材文本中，例如阿布尔·哈齐汗的《突厥蛮世系》。

（宋心悦 译　陈浩 校）

---

① 众所周知，可追溯到伊朗神话中的卡夫形象，在伊斯兰神话、阿拉伯神话、波斯神话和突厥神话，乃至阿拉伯地理学著作中都扮演了重要的角色。（Krachkovski 2004: 45）

参考文献

Anikeeva, T. A. 2018. *Oguzskii geroičeskii epos kak istočnik po istorii tyurkskikh narodov Tsentral'noi Azii 9-11 vv.* Moskva.

Barthold, V. V. (transl.) & Kononov, A. N. (comment.) 1962. *Kniga moego deda Korkuta*. Moskva, Leningrad.

Bartold, V. V. 1930. Turetskiy epos i Kavkaz. In: *Yazyk i literatura*. Volume 5. Leningrad. 1-18.

Clauson, G. 1972. *An Etymological Dictionary of Pre-Thirteen Century-Turkish*. Oxford.

Ergin, M. 2014. Dede Korkutun coğrafyası. In: Ergin, M. (ed.) *Dede Korkut kitabı*. Ankara. 51-54.

Gökyay, O. Ş. (ed.) 2000. *Dedem Korkudun Kitabı*. İstanbul.

Kırzıoğlu (Çelik), M. F. 1952. *Dede Korkut Oğuznameleri*. İstanbul.

Kračkovskiy, I. Yu. 2004. *Arabskaya geografičeskaya literatura*. Moskva.

Lewis, G. (transl.) 1974. *The Book of Dede Korkut*. Harmondsworth.

Nadelyayev V. M. & Nasilov D. M. & Tenishev E. R. et al. 1969. *Drevnetyurkskii Slovar'*. Leningrad.

Tenishev, E. R. 1964. *Salarskiye teksty*. Moskva.

Kononov, A. N. (transl. and comment.) 1958. *Rodoslovnaya turkmen. Sočineniye Abu-l-Gazi, khana khivinskogo*. Moskva, Leningrad.

Kononov, A. N. 1978. Sposoby i terminy opredeleniya stran sveta u tyurkskikh narodov. In: *Tyurkologičeskij sbornik 1974*. Moskva. 72-89.

12 世纪东欧商路系统中的库曼尼亚

〔俄〕伊琳娜·科诺瓦洛夫（Irina Konovalov）撰

阿拉伯地理学家伊德里西（al-Idrīsī，1100—1165 年）的地理学著作，是关于 12 世纪上半叶欧亚草原历史最有价值的文献之一。本文即以该书的记载为基础，来分析库曼尼亚（即俄语中的“波罗维茨草原”。译按：“库曼尼亚”意思是库曼人的国家，“库曼”也译成“库蛮”）在东欧商路系统中所扮演的角色。学者们一般都把伊德里西的作品视为研究不同国家和民族历史的史料，但是还没有将其放置于中世纪城市史乃至更广阔的语境中进行研究，至少就东欧而言是如此。同时，伊德里西作品中涉及东欧的部分，在他关于该地区商路的叙述中，提供了有关库曼聚落的独一无二的史料。

伊德里西的地理学著作以及他的叙事策略

伊德里西是题为《云游者的娱乐》（*Kitāb Nuzhat al-Mushtāq fi'khtirāq al-āfāq*, 1154）这一地理志的作者，书中描述了作者所知道的所有地区，并附有详细的地图。（al-Idrīsī 1970-1984）伊德里西是中世纪阿拉伯地理学和地图学领域内一位独特的人物。他是一位深深植根于伊斯兰地理学传统中的阿拉伯科学家，但是他又在巴勒莫（Palermo）

为西西里王国诺曼王朝的基督教君主罗杰二世（Roger II，1098—1154 年）服务，因此他有机会同时接触到阿拉伯和欧洲的史料。这就是为何他书中关于欧洲国家的内容十分丰富，甚至许多方面在伊斯兰地理学传统中是未曾有过的。

伊德里西继承了托勒密体系，把地球上人类居住的区域，在纬度上划分成七个“气候带”（*iqlīm*）。接着，他将每个气候带在经度上分成十个区（*juz'*），并从西到东逐一编号，从非洲的大西洋海岸开始。伊德里西书中的文字和地图，都是按照气候带和分区来编排的。在《云游者的娱乐》的完整抄本中，扉页有一张圆形世界地图，还有 70 张单独的方形局部图，依次附在每一区的章节末尾。（Maqbul Ahmad 1992: 156-174）从理论上讲，如果把这些局部图拼凑在一起，就会构成了整个世界的全图。

用气候带和分区的方法来描述人类世界，为伊德里西提供了一个总体框架，使得他能够把世界想象成一个整体。但如果有必要描述某一特定的国家或地区，他则是通过交通数据来描述陆地和水域，既会交代不同聚落之间的交通路线，同时也会提到周围的一些地理对象（例如海洋、河流、湖泊和山脉），以及动植物、矿产、物产、日常和贸易状况，以及一些民族志详情。

用伊德里西的原话来说，每个区的内容都是“以有头有尾的形式，按照深入研究的规则”来写的（al-Idrīsī 1970-1984: 58），即“一个城市接着一个城市，一个地区接着一个地区，不遗漏任何有价值的信息”。（al-Idrīsī 1970-1984: 121）例如，在关于东欧的部分，提到了许多道路：在第六气候带的第五区列举了五条详细的道路；第六气候带的第六区由三条远路构成，都有详细的民族志解说；第七气候带的第六区描写了一条路线。只有第七气候带的第五区，篇幅非常小，所以没有与道路相关的记载。

伊德里西地图的一个特点是没有标注政治边界。这与书中的内容有关，书中政治单元之间的界限非常模糊，甚至没有。这一叙事特征，已经在历史学研究领域内受到了关注。史家对此的解释是：对于伊德里西来说，［地理］景观的主要对象不是国家而是城市，因此他“根据所在区域的城市聚落来描述整个区域”。（Brauer 1992: 84）城市在叙事结构中的中心位置，是由伊德里西所遣用的关键史料的特殊性决定的。从陶玛谢克（W. Tomaschek）的研究开始，人们就一直注意到伊德里西关于东欧、东南欧和中欧的记载中，有很大一部分实际上是以各种口头和书面材料为基础的。（Tomaschek 1887: 285-373; Kenderova 1986: 35-41; Konovalova 2006: 60-61; Ducène 2008: 14）不过，道里志所反映的某一空间的地理特殊性问题，以及如何解读的方法论问题，都不是本文要讨论的范畴。

道里志，主要以口头材料为基础，它代表的是所谓“自我中心式”的空间定位体系，某一对象的方位，是由其与感知主体的相对位置来确定的。地理学上的自我中心主义，是古典时期和中世纪空间感知的基本特征。在这一定位体系中，观察主体假想自己处于他所观察的世界的中心，以自我为中心来感知周围的所有对象。自我中心式的世界观，体现在他的地理学叙事里，其中城市、国家、山脉、河流和其他空间元素，都是以作者或者他的线人为中心来刻画的。即便感知的主体在地理空间中处于移动的状态，这一空间观念依旧存在，唯一的区别是，在这种情况下，所有可视化的对象都从某个移动的“中心”来观察。（Konovalova 2006: 52-71）自我中心式的空间观念，也导致了在地理学书中所使用的特殊的方位词，例如“［某］前”“［某］后”“［比某］更远”“［比某］更近”“［比某］更高”“［比某］更低”“［在某］这边”“［在某］那边”“［在某］中间”“［在某］对面”，等等，这些方位词，只有在观察者的主观空间内才有意义，也只有参照这一感知体系才解释得通。

这套叙事方法，充满了对特定空间内组织架构的主观看法，在描述规模庞大的对象时，例如特定人群占领的一片疆域，就会问题重重。在这个意义上，伊德里西著作中对库曼尼亚的描述就非常典型。

《云游者的娱乐》对库曼尼亚的记载

伊德里西的书中，没有关于库曼尼亚的单独一章。关于库曼尼亚的信息，分散在书中不同的地方：第六气候带和第七气候带的第五区和第六区。库曼尼亚史料的性质，有两个层面的意义：一方面，它包含了伊德里西对库曼尼亚的一般看法；另一方面，它包含了被伊德里西归类于库曼的相关城市的信息。

在伊德里西看来，库曼尼亚（*arḍ/bilād al-Qumāniyya/al-Qumāniyūna*）主要是一个政治术语，指的是库曼人的国家。（al-Idrīsī 1970-1984: 905, 909, 913, 914, 916, 957, 958）正如历史学家所指出的（Drobný 2012: 208），“库曼”作为族称，只出现过两次。（al-Idrīsī 1970-1984: 915, 916）与此同时，伊德里西把“库曼”当作一个民族，但他对东欧其他民族（例如哈扎尔人、罗斯人、伏尔加河不里阿耳人）的记载，在详细程度上［与他对库曼的记载］大致相当，都是采自 9—10 世纪的阿拉伯地理学文献。很明显，伊德里西缺乏与库曼相关的民族志史料。这是因为“库曼”这一族称，在伊德里西之前的伊斯兰文献中完全不见踪影。因此，伊德里西书中关于库曼尼亚的相关信息，极有可能来自于西欧的线人，因为“库曼”（*Cumani*, *Comani*）

一词是西欧文献中对“波罗维茨”的常用称谓。“库曼人”的名称，是伊德里西从“黑库曼尼亚”这一城市名称中推演出来的，这一点非常重要。（al-Idrīsī 1970-1984: 915）

从文本和地图上的说明文字来看，伊德里西笔下的“库曼尼亚”很明显指的是从黑海一直延伸到［欧亚］大陆内部的一片区域。据伊德里西的说法，库曼尼亚的南部边界是黑海，这在第六气候带的第五区和第六区的引言中交代过，伊德里西枚举了黑海沿岸的各个国家。（al-Idrīsī 1970-1984: 905, 914）在他关于黑海的一处叙述中，人们也可以得知，库曼尼亚何处临海：在众多的沿海国家中，库曼尼亚位于哈扎尔与罗斯之间。（al-Idrīsī 1970-1984:905）克里米亚的城市雅利塔（*Jālīṭa*，即雅尔塔［Yalta］），被当作一处库曼人的地方。（al-Idrīsī 1970-1984: 909）从地图上的说明文字可知，库曼尼亚在西方一直延伸到第聂伯河。（Miller 1927: 56）能够间接证明第聂伯河是库曼尼亚在黑海草原上的西部边界这一事实的是，伊德里西提到，罗斯疆域中的靠海部分位于第聂伯河和多瑙河之间。（al-Idrīsī 1970-1984: 12, 905; Konovalova 2006: 164-165）从地图上的说明文字来看，库曼尼亚的东部边界大致位于阿的勒河（Athil，译按：即伏尔加河）的干流与某条汇入黑海的支流之间，也就是说在伏尔加河下游与顿河下游之间。（Miller 1927: 56）

在伊德里西所处的时代，他关于库曼尼亚的西部和东部边界的叙述是准确的、最新的。例如，“库曼”（原文作“波罗维茨”）首次见于史载，是在《希帕提安编年史》（*Ipat'evaskaia Chronicle*）1152年的条目中：“波罗维茨全境，位于伏尔加河与第聂伯河之间。”（PSRL 1998: 455）至于库曼尼亚的北部边界，伊德里西显然没有关于其确切位置的情报。从他在第七气候带第五区和第六区的章节中对库曼尼亚北部边疆的描述中，我们可以得出结论，库曼尼亚在北方最近的邻居是罗斯和伏尔加河不里阿耳人。（al-Idrīsī 1970-1984: 957–958）

根据雷巴科夫（B. A. Rybakov）的观察，伊德里西笔下的库曼尼亚由三部分构成，分别是“黑［库曼尼亚］”、“白［库曼尼亚］”和“外［库曼尼亚］”。雷巴科夫把“黑库曼尼亚”和“白库曼尼亚”分别比定为波罗维茨在第聂伯河和顿河流域的地方，而“外库曼尼亚”在他看来应该是“生波罗维茨”（*polovtsy dikie*），也就是最靠近罗斯的波罗维茨（译按：俄语的本义是“蛮荒的波罗维茨”，此处借用了中国古代的民族志术语“生番”“熟番”）。（Rybakov 1952: 42-44）随后，这一假设在史学界得到了广泛的传播。雷巴科夫关于“黑”“白”库曼尼亚叙述的解读，更是得到了众多学者的支持（Fedorov-Davydov 1966: 149-150; Dobrodomov 1978: 122; Kononov 1978: 167-168; Pletneva 1985: 249, 251-253; Pletneva 1990: 101），他们也在克里米亚和库班河（Kuban River）流域的波罗维茨营地寻找“外库曼尼亚”。（Pletneva 1985: 253）除此之外，还有一种观点认为，“黑库曼尼亚”和“白库曼尼亚”这两个术语没有政治含义，只是纯粹的地理学概念：“白库曼尼亚”似乎指的是波罗维茨草原的中心区域（理论上可以称之为“内库曼尼亚”），而“黑库曼尼亚”被比定为库曼尼亚疆域的外围区域，即所谓的“外库曼尼亚”。（Ciocîltan 1992: 1114-1115）

不过，我们没有理由把“外库曼尼亚”或者“内库曼尼亚”视作波罗维茨草原上的一块具体地方。因为在伊德里西之前，“库曼”一词不见于伊斯兰文献，所以我们可以推测，“外库曼尼亚”这个族名大概是由伊德里西自创的，而不是从他的线人口中听来的，因为这个词不见于书中道里志的部分，只是在本章的引言部分，在枚举将要讨论的各个国家时提到。（al-Idrīsī 1970-1984: 958）此外，“内”“外”

这类形容词，只有与线人所处的方位联系起来才有意义，空间内的若干元素是以他本人为参照来确定的。《云游者的娱乐》第七气候带第六区的不同写本中，这两个概念是可以通用的，恐怕并非巧合。在圣彼得堡藏（俄罗斯国立图书馆编号：Ar. Sc. 176）和巴黎藏（法国国家图书馆编号：Arab. 2222/Suppl. Ar. 893）写本中使用的是“外库曼尼亚”（*Qumāniyya al-khārija*），而现存最早的伊德里西手稿中（法国国家图书馆编号：Arab. 2221/Suppl. Ar. 892）中使用的是“内库曼尼亚”（*Qumāniyya al-dākhila*）。

认为伊德里西笔下的“黑库曼尼亚”和“白库曼尼亚”是波罗维茨人疆域的一部分的观点也并不准确，因为《云游者的娱乐》的文本（al-Idrīsī 1970-1984: 915, 916, 920）和地图（Miller 1927: 56）都清楚地表明了，伊德里西和他的“线人”指的不是某个地区，而是指聚落[城市]。这就是我们接下来要讨论的内容。

被划归为库曼尼亚的城市

伊德里西在书中的不同地方，枚举了若干库曼的城市。几乎所有提到这些城市的地方，都是关于商路的叙述。城市之间的里程以及走向，甚至是某个特定地点的标识与特征，伊德里西统统都做了标注。关于这些聚落的信息，估计都来自于口头情报。大部分库曼城市的具体位置都是含混的，甚至是不准确的。

黑海北部沿岸，有三座库曼人的城市。首先是“白库曼尼亚”和“黑库曼尼亚”：“从哈扎尔里亚（al-Khazariyya）城到基拉（Kīra）城有 25 里，从后者和库曼尼亚城（库曼人的族称就是得名于此，亦被称为‘黑库曼尼亚’[*Qumāniyya al-sawdā*]）有 25 里。在库曼尼亚与基拉之间有一座巍峨的高山。这座城市之所以被称为‘黑库曼尼亚’，是因为有一条河流过它的附近。此河流经库曼尼亚的疆域，然后流入高山里的峡谷，最后汇入大海。河里的水，像烟一样黑。这是众所周知的、无人否认的。从‘黑库曼尼亚’城到马特卢卡（Maṭlūqa）城，也称‘白库曼尼亚’（*Qumāniyya al-bayḍā*），是 50 里。‘白库曼尼亚’是一座繁荣的大城。从这里到马特里卡（Mātrīqā）——亦称为马特拉哈（Maṭrakhā），有数百里的航程。”（al-Idrīsī 1970-1984: 915-916）在地图上，这两座城市都被标注在黑海沿岸，与文本内容一致。（Miller 1927: 56）

关于“黑库曼尼亚”和“白库曼尼亚”的信息，有两面性。一方面，可以从中确认一些具体细节，例如城市之间的里程、关于“白库曼尼亚”和高山的扼要叙述，还有关于从峡谷中流出的那条河的描述。另一方面，所有这些基于伊德里西的线人实际观察的具体细节，都不足以给这些库曼城市定位。很明显，伊德里西的线人不知道当地人是如何称呼这两座城市的，因此，伊德里西就把它们的名字与族名联系了起来。此外，线人试图用流经城市附近的河水“像烟一样黑”，来解释“黑库曼尼亚”一名的由来。把“黑库曼尼亚”城的名称，与流经附近的河水的特征联系起来，或许是有事实依据的。

“白库曼尼亚”是一座繁荣大城市的说法，表明了它是一座真正的贸易港口。它的另一个名字“马特卢卡”，与伊德里西提到的另外两个地名“马特里卡”和“马特拉哈”很相似，后两者指的是刻赤海峡东边的港口城市，在古代罗斯的编年史中被称为“特木托洛干”（*Tmutorocan*）。很明显，伊德里西应该能从多种渠道了解到这座 12 世纪极具战略意义的城市。因此，不能排除“马特卢卡”，也就是“白库曼尼亚”，是地名“特木托洛干”的一种变体；它们之间相距

100里的说法，实际上是在整合从不同渠道获得情报的过程中出现的讹误。普列滕娃（S. A. Pletenva）把“白库曼尼亚”比定为萨克尔城（Sarkel/*Belaia Vezha*）的观点（Pletneva 1975: 294），似乎是错误的，因为在伊德里西的时代，萨克尔城所在的地方只有一处波罗维茨的冬营地。（Beilis 1984: 211）

另一个位于黑海沿岸的库曼城市是雅利塔（Jālīṭa），在第六气候带第五区提到，它是从君士坦丁堡到马特拉哈航线上的节点之一：“从卡尔松纳（Karsūna）城到雅利塔有30里，这个城镇属于库曼人的领土”。（al-Idrīsī 1970-1984: 909）雅利塔与雅尔塔之间的对应关系是非常明显的，雅尔塔在克森尼索（Chersonese，即古代的卡尔松纳）以东50海里。（Konovalova 2006: 177）毫无疑问，伊德里西的情报是从穿梭于这条航线的［商］人那里获取的。

另一组库曼人的城市，距离黑海海岸的里程大致相当：“在库曼人国家或者库曼人疆域内的城市中，有菲拉（Fīra）、纳鲁斯（Nārūs）、弩失（Nūshī）和齐尼裕夫（Qīniyuw）。弩失位于‘白库曼尼亚’以北，两者相距50里。那是一座中等规模的、有活力的城市，粮食丰富。它依河而建，利用河水灌溉城内的大部分农田。从弩失到齐尼裕夫，往东北行100里，或者4站路远。齐尼裕夫是一座位于高山脚下的大城市，人口滋盛，生机勃勃。同样，从弩失到纳鲁斯，往西北行100里。纳鲁斯这座城市很小，有交易的市场。从纳鲁斯向东到撒拉弗（Ṣalāw，俄语是佩列亚斯拉夫［Pereiaslavl’］）有135里，从纳鲁斯向西行50里到菲拉，从菲拉向西行5里到纳毕（Nābī）。”（al-Idrīsī 1970-1984: 916-917）所有这些城市在地图上都被标注在第聂伯河以东，它们的位置大致与文本内容一致。（Miller 1927: 56）

众所周知，波罗维茨人［常年］在佩列亚斯拉夫、切尔尼戈夫和基辅公国的周边游弋；他们了解苏拉河（Sula River）、罗西河（Ros' River）、谢伊姆河（Seim River）和第聂伯河［干流］沿岸的许多古代罗斯人的城市——它们都是波罗维茨人的袭击目标。既然关于库曼城市的叙述位于马特拉哈的记载之后，且从弩失这座城市开始讲起（其间的里程可以从“白库曼尼亚”与特木托洛干的相对位置推算出来），那么我们可以得出结论，库曼人的城市，应该位于从亚速海到罗斯的绥远城市佩列亚斯拉夫、切尔尼戈夫和基辅公国的商路沿线。

由于伊德里西书中的库曼城市名称不能被当作真正的波罗维茨地名，所以它们往往被比定为位于波罗维茨草原边界的古代罗斯公国的城市。（Rybakov 1952: 36-38; Beilis 1984: 213-214, 223-225）事实上，波罗维茨并没有这种［大规模的］城市，只有在冬营地出现过一些小型“城镇”。（Pletneva 1985: 255）据1111年和1116年的编年，有三座这样的城镇，分别是沙鲁干（Sharukan'）、苏格鲁夫（Sugrov）和巴林（Balin）。（PSRL 1998: 266, 284）它们所在的地区，可能是顿涅茨河中游。（Pletneva 1985: 280; Pletneva 1990: 61-62）

菲拉（Fīra，写本中也作“基拉”［*Kīra*］），可与编年史中的弗拉（*Vyr'*）勘同，位于谢伊姆河盆地，经常遭到波罗维茨人的滋扰，处于切尔尼戈夫公国的东南边界。纳鲁斯（*Nārūs*），可与位于佩列亚斯拉夫公国的巴鲁赫（*Baruch*）勘同（Beilis 1984: 213），位于波罗维茨草原的边界，因波罗维茨人而闻名，可能伊德里西的线人因此而把它当作了一座库曼人的城市。此外，游牧的乌古斯部落（罗斯编年史称为妥尔克［Tork］，译按：这是“突厥”一词在罗斯编年史中的形式）为古代罗斯王公效力，并与罗斯的农耕人群毗邻而居，这一事实可能促使［伊德里西的线人］把巴鲁赫视为库曼人的城市。我们知道，1126年波罗维茨发动了一场针对佩列亚斯拉夫的征伐，目的是夺取巴鲁赫的妥尔克居民。在这场袭击中，妥尔克人与罗斯人一道，躲在城墙之内避祸。（PSRL 1998: 289-290; Pletneva 1990: 76）

齐尼裕夫（Qīniyuw），要么是“基辅”的变体（Beilis 1984: 224），要么可与卡尼夫（Kanev）勘同。卡尼夫和基辅一样，也是商旅云集的地方。（Kuza 1989: 73）卡尼夫更有可能被伊德里西的线人误认为是库曼人的城市，因为在12世纪中叶，卡尼夫成为基督教的中心，该教会的目的是为了在包括波罗维茨人在内的游牧民族中传教。（Podskal'ski 1996: 58-59）

纳毕（*Nābī*），也写作纳伊（*Nāy*），作为另一条商路的某个节点[城市]，出现在第六气候带第五区的内容中，穿过第聂伯河地区的古代罗斯城市，距离基辅有六天的路程。（Idrīsī 1970-1984: 913）莱维茨基（T. Lewicki）把这座城镇与游牧部落“寇伊”（*Koui*）的城市联系起来，他们是隶属于基辅王公的“黑帽”（*Chernye Klobuki*）的一部，位于罗西河盆地。（Lewicki 1958: 13-18; Beilis 1984: 224）尽管我们缺乏这座城市的文献记载，但它与第聂伯河流域古代罗斯城市的往事有关，甚至伊德里西的线人将其当作库曼人的城市，仅凭这两点，就足以让我们在波罗维茨草原边界去寻找纳毕这座城市的位置了。

弩失（*Nūshī*）的地理位置似乎也不确定，贝里斯（V. M. Beilis）注意到，这个名称的第三个音节也可按照不带点的方式来读，读成“弩斯”（*Nūsī*），并将其与佩列亚斯拉夫公国的城市诺索夫（Nosov）的名称进行了勘同。（PSRL 1998: 360; Beilis 1990: 92）

在第七气候带第五区和第六区的章节，在讨论库曼尼亚北部地区的内容里，伊德里西还提到了一些库曼地名。据他所说，第聂伯河（*Danābris*）上游有“辛努不里（Sinūbulī）和穆尼实卡（Mūnīshqa），都是库曼尼亚国家的繁荣城市”。（Idrīsī 1970-1984: 957）这两个地名，很可能是同一个聚落的名称，即斯摩棱斯克（Smolensk）。（详见 Konovalova 2006: 203-206）伊德里西把它们视作库曼城市，可能与斯摩棱斯克在波罗维茨草原到第聂伯河的商路上所处的位置有关。在波罗维茨墓葬中出土的波罗的海文化圈的随葬品，正是由波罗维茨人沿着这条商路进口的。（Uspenskiy, Gołębiowska-Tobiasz 2017: 454）12 世纪上半叶，波罗维茨的军事版图在罗斯人的领土上扩张，是由于罗斯王公在混战中使用了波罗维茨军队。譬如，编年史记载，波罗维茨人于 1147 年在斯摩棱斯克出现过。（PSRL 1998: 357-359; Temushev 2017: 131）

最后，伊德里西还提到了位于库曼尼亚北部的两个城市，分别是塔鲁亚（*Ṭarūyā*）和阿克里巴（*Aqlība*）："都是繁荣的城市，两者相似，由同一种石头砌成。从塔鲁亚沿着人烟稀少的草原往南行 100 里，抵达撒拉弗。从塔鲁亚到阿克里巴，有 8 天的里程。这是我们这个时代位于库曼尼亚尽头的地方。"（al-Idrīsī 1970-1984: 958）这些城市与撒拉弗（佩列亚斯拉夫）处在同一条商路上，表明塔鲁亚和阿克里巴与第六气候带第六区的其他库曼城市一样，也可以与罗斯南部各公国的城市相勘同，尤其是切尔尼戈夫，其统治者经常为了自己的利益而调遣波罗维茨军队，还有位于波罗维茨草原边界上的城市沃英（*Voin'*）。（Konovalova 2006: 271-272）

结论

对伊德里西著作中库曼尼亚相关内容的分析表明，他主要使用的是从线人那里获得的最新情报。这些线人要么亲自去过库曼尼亚，要么是从旅人口中听说的。书中关于库曼尼亚的内容，大部分涉及库曼人的城市，而伊德里西提到的这些聚落的典型特征，主要指向它们的商业功能。

同时，伊德里西所掌握的关于库曼城市的信息，往往不够具体，甚至过于简略，以至于地理学家很难据此来确定这些聚落的具体位置。不过，很明显，伊德里西关于库曼尼亚的大部分信息，都与从亚速海到罗斯东南边陲，再沿着第聂伯河向北延伸的商路有关。不少被伊德里西划归库曼人的聚落，实际上是位于边境地带的古代罗斯人的聚落，有些地方则是不同民族杂居，其中也包括突厥语人群。尽管伊德里西将一些罗斯城市误作库曼城市，但他将它们划归为库曼的这一事实本身却是很重要的。所有伊德里西认为是库曼城市的地方，在他的著作中都出现于同一语境中。这个语境就是这些城市是彼此交通的，以及它们与其他聚落连接起来的贸易路线。

伊德里西把“库曼尼亚”描述成一个地理单元和政治单元，是基于库曼尼亚拥有广袤的疆域，但是却得不到地理学材料的支撑，被伊德里西划归为库曼尼亚的一些东欧城市，实际上他本人并不了解。伊德里西借此将关于库曼尼亚不同地区的孤立叙述串联起来，形成了对波罗维茨疆域的全局观，且将这些叙述放置于国际［贸易路线］的语境之中。

（张崧 译　陈浩 校）

参考文献

Beilis, W. M. 1984. Al-Idrisi (12v.) o vostochnom Prichernomor’e i iugo-vostochnoi okraine russkikh zemel’. In: Pashuto, V. T. (ed.) *Drevneishie gosudarstva na territorii SSSR. Materialy i issledovaniia 1982.*

Moscow, Nauka: 208-228.

Brauer, R. W. 1992. Geography in the Medieval Muslim world: Seeking a basis for comparison of the development of the natural sciences in different cultures. In: *Comparative civilizations review* 26: 73-110. Accessed April 30, 2019. https://scholarsarchive.byu.edu/ccr/vol26/iss26/5/.

Ciocīltan, V. 1992. Componenta romāneasca a taratului Asanestilor īn oglinda izvoarelor orientale. In: *Revista de istorie NS 3 (11–12)*: 1107-1122.

Dobrodomov, I.G. 1978. O polovetskikh etnonimakh v drevn-erusskoi literature. In: *Tiurkologicheskii sbornik 1975*. Moskva: 102-129.

Drobný, J. 2012. Cumans and Kipchaks: Between Ethnonym and Toponym. In: Zborník Filozofickej Fakulty Univerzity Komenského XXXIII-XXXIV (Graecolatina et Orientalia). Bratislava: 205-216.

Ducène, J.-Ch. 2008. Poland and the Central Europe in the *Uns al-muḥaj* by Al-Idrisi. In: *Rocznik Orientalistyczny 61 (2)*: 5-30.

Fedorov-Davydov, G. A. 1966. *Kochevniki Vostochnoi Evropy pod vlast'iu zolotoordynskikh khanov*. Moskva.

Al-Idrīsī (Abū ‘Abd Allāh Muḥammad ibn Muḥammad ibn ‘Abd Allāh ibn Idrīs al-Ḥammūdī al-Ḥasanī) 1970-1984. Cerulli, E., et al. (eds.) *Opus geographicum sive "Liber ad eorum delectationem qui terras peragrare studeant"*. Fasc. 1-9. Neapoli, Romae, Leiden: Brill.

Kenderova, S. 1986. Balkanskiiat poluostrov v Geografiiata na al-Idrisi. In: *Bibliotekar* 33 (1): 35-41.

Kononov, A. N. 1978. Semantika tsvetooboznachenii v tiurkskikh iazykakh. In: *Tiurkologicheskii sbornik 1975*. Moskva: 159-179.

Konovalova, I. G. 2006. *Al-Idrisi o stranakh i narodakh Voctochnoi Evropy: Tekst, perevod, kommentarii.* Moskva.

Kuza, A. V. 1989. *Malye goroda Drevnei Rusi*. Moskva.

Lewicki, T. 1958. Sur la ville comane de Qay In: *Vznik a pocatky slovanu 2*. Praha: Nakladatelství ČSAV, 13-18.

Maqbul Ahmad, S. 1992. Cartography of al-Sharīf Al-Idrisi. In: Harley, J. B. & Woodward, D. (eds.) *History of Cartography2 (1)*. Chicago: 156-174.

Miller, K. 1927. *Mappae arabicae: Arabische Welt-und Länderkarten*. Bd. 6. Stuttgart: Selbstverlag des Herausgebers.

Pletneva, S. A. 1975. Polovetskaia zemlia. In: Beskrovnyi, L.G. (ed.) *Drevnerusskie kniazhestva 10-13 vekov*. Moskva: 260-300.

Pletneva, S. A. 1985. Donskie polovtsy. In: Rybakov, B. A. (ed.) *"Slovo o polku Igoreve" i ego vremia*. Moskva: 249-281.

Pletneva, S. A. 1990. *Polovtsy*. Moskva.

Podskal'ski, G. 1996. *Khristianstvo I bogoslovskaia literature v Kievskoi Rusi (988-1237)*. Sankt-Peterburg.

PSRL 1998-*Polnoe sobranie russkikh letopisei 2: Ipat'evskaia letopis'*. Moskva.

Rybakov, B. A. 1952. Russkie zemli po karte Idrisi 1154 goda. In: *Kratkie soobshcheniia o dokladakh i polevykh issledovaniiakh Instituta istorii material'noi kultury AN SSSR* 43: 3-44.

Temushev, S. N. 2017. Geografiia i dinamika polovetskikh nabegov na Rus' (vtoraia polovina 11-nachalo 13 veka). In: Nagirnyy, V. (ed.) *Rus' and the World of the Nomads (the second half of the 9th-16th c.)*(Colloquia Russica. Ser. I, 7). Krakow: 125-139.

Tomaschek, W. 1887. Zur Kunde der Hämus-Halbinsel, II: Die Handelswege im 12. Jahrhundert nach den Erkundigungen des Arabers Idrîsî. In: *Sitzungsberichte der philosophisch-historischen Classe der Kaiserlichen Akademie der Wissenschaften* 113: 285-373.

Uspenskiy, F., Gołębiowska-Tobiasz, A. 2017. Enemy, mercenary, ally?: Rus' and the Polovtsians in the light of the chronicles and archaeology. In: Nagirnyy, V. (ed.) *Rus' and the World of the Nomads (the second half of the 9th-16th c.)*(Colloquia Russica. Ser. I, 7). Krakow: 451-459.

欧亚西部交通图考

〔俄〕玛雅·佩特罗娃（Maya Petrova）撰

在本文中，笔者将关注那些经常被研究欧亚草原民族的学者所忽视的地区，尤其是欧亚大陆西部。我们要讨论的是该地区游牧民族交通路线如何复原的问题。在古代和中世纪之交，这一地区成为大规模民族迁徙的舞台，其中的主体民族实际上过着游牧的生活。

我们要复原的对象是从欧洲西北部的法兰克王国（亚琛）到罗马（意大利）之间的往返道路。在民族大迁徙时期（公元前 4—6 世纪）和中世纪早期（公元前 6—9 世纪），这条路被迁徙的日耳曼部落及其居住在北欧的盟友所用。

复原工作的基础，是对中世纪史家艾因哈德（Einhard）《圣玛策林和圣伯多禄圣骨之巡礼与圣迹》（*The Translation and Miracles of the Saints Marcellinus and Peter*）一书的分析（Einh. 1888: 239-264，译按：指 1888 年出版的拉丁文版本）（这方面的研究还很薄弱），以及相关的行纪（*Itin*. 1600; *Itin* 1965: 175）。

实际上，艾因哈德的书由四部分构成，前两部分具有叙事性的特征，后两部分是圣徒传。书中提到的旅行发生在 827 年，是由四人组成的旅行团，并于同年10月完成。[①]此次行程的四名参与者分别是：一名从事圣骨贸易的商人杜斯多纳（Deusdona）[②]、艾因哈德的仆人拉特雷格（Ratleig）、一个叫雷金巴尔德（Reginbald）的男孩（拉特雷格的仆人）、长老胡努斯（Hunus）（他是修道院院长伊尔杜安［Hilduin］的仆人）[③]和一只驮畜（骡）。

在此，需要简单交代一下这次远行的动机以及参与者的目的。这次任务是由艾因哈德组织的，他以《查理曼大帝传》一书作者的身份闻名于世（Dutton 1998: 15-39; Petrova 2005: 50-151），而不是因为作为朝臣、政治家和教士的身份。（Dutton 1998: xiv-xvi; Petrova 2005: 7-45）这趟旅行的缘起如下：艾因哈德在米歇尔施塔特（Michelstadt）的庄园内建立了自己的教堂（Einh. 1888: I, 1, 40; Dutton 1998: ad loc. I, 1, 40），庄园是虔诚者路易（Louis the Pious）赠送给他的，之后艾因哈德一直在寻找圣骨来提升他所负责教区的人气。他还想要从他在上穆林海姆（Upper Mulinheim）[④]新建的修道院中获得一份稳定的收入。很显然，他想模仿伊尔杜安（他可能很嫉妒他），后者已经拥有了圣塞巴斯蒂安的圣骨[⑤]，并且已经带到了他的教区——苏瓦松（Soissons）

---

① 在《法兰克王家年代记》（*Annales Regni Frankorum*）一书中，对这段行程有详细的记载。（Ann. 1895: ad loc. 827）

② 杜斯多纳，是一名罗马教会的神职人员，也是公元9世纪最有名的圣骨贸易商和一家组织完备的商会首领。他和他的随从不仅被记录在艾因哈德的书中，而且在《富尔达圣殿中圣人们的奇迹》（“The Miracles of the Saints in the Fulda Temples”）中也有提到。（*Mirac. Sanct.*: 329-341）杜斯多纳参与到圣骨交易中，不是一次偶然的事件。835年，他给法兰克顾客“捎了”13名殉难者的遗骸；836年，又是8名殉道者的遗骸；在838年，又是13名。参考乌苏阿德（Usuard）《殉难者传》（*The Life of the Martyrs*）（Dubois 1965）和行纪（*Itin.* 1965: 175）。

③ 伊尔杜安，写作Hilduin或Hildoinus，是虔诚者路易（778—840）圣殿的主教，也是圣德尼修道院（Saint-Denis Monastery）、圣热尔曼·德·普雷修道院（Saint-Germain-des-Prés Monastery）和苏瓦松圣梅达尔修道院（Médard-de-Soissons Monastery）的院长。

④ 后来的名称是塞利根施塔特（Seligenstadt）。

⑤ 圣塞巴斯蒂安的遗骸，于826年从罗马运到苏瓦松的圣梅达尔修道院。遗骸是在12月9日的一个礼拜天，措置于教堂内的。（Ann. 1895: ad loc. 826）

的圣梅达尔（Saint Medard）修道院，既带来了巨大的财富，也带来了无上的荣耀。因为这个原因，艾因哈德出于自己的利益，利用了来到虔诚者路易宫廷的圣骨贩子——杜斯多纳。（Einh. 1888: I, 1, 5; Dutton [tr.] 1998: ad loc. I, 1, 5）

在 827 年之前，艾因哈德派他的仆人拉特雷格（此人本就有意去罗马朝圣）和杜斯多纳去寻找圣骨，最终他们取得了成功。（Ann. 1895: ad loc. 827; Dutton 1998: xxv-xxviii; Petrova 2004: 289-295）

我们应该注意一个事实：在中世纪，圣骨的真伪，通常是由它们是否被盗来证实的。因为，根据美因茨大教堂 813 号条例，未经国王或修道院院长以及教堂本身的许可，禁止将圣骨从一个地方转移到另一个地方（*Conc*. 1906–1908: 272），所以根本没有办法通过正常交易、买卖的渠道获得圣骨。由于这项禁令，偷盗和抢劫圣骨的行为司空见惯。[①] 例如，艾因哈德本人要求杜斯多纳帮助他弄到“真品”的圣骨，这表明“赝品”确实是存在的。总之，艾因哈德的仆人拉特雷格主动获得了圣骨的真迹，实际上是他偷的，这［在中世纪］绝非个案。

于是，艾因哈德发现自己陷入了一个两难的境地。一方面，他必须要以偷盗这一行为来验证圣骨确实是真迹；另一方面，若是承认偷盗的事实，他就有玩忽职守的罪名。无论如何，艾因哈德确实在书中描述了偷盗圣骨的过程，他所提到的人都是盗窃的同伙。（Dutton [ed.] 1998: xxv-xxviii; Petrova 2004: 289-295）

在艾因哈德的书中，只是简单提及了从法兰克（亚琛）到意大利（罗马）的行程。不过，从罗马到上穆林海姆（塞利根施塔特

① 根据帕特里克·格里（P. J. Geary）的观点（Geary 1991: 149-156），在 800—1100 年之间共有 50 起这样的案件。不过，研究者没有说这份名单（他根据圣徒传整理而成）是否完整。

[Seligenstadt]）的回程，却描述得非常详细（一如重要使臣通过的路线）。

在此，我们试图复原他们所走的路线，标注出城市之间的大致距离，并注明这些城市和地点的现代名称（图 1）。

路线

A. 从法兰克（亚琛）到意大利

（1）亚琛—苏瓦松，约 283 千米。现在，是从德国到取道比利时抵法国的路。

（2）苏瓦松—维伦纽夫（Villeneuve）（日内瓦湖畔），约 495 千米。现在，途经法国到瑞士。

（3）维伦纽夫—圣莫里斯修道院（Monastery of Saint Maurice），约 24 千米。现在，在瑞士境内。

（4）圣莫里斯修道院—大圣伯纳德山口（Great St Bernard Pass），约 56 千米。①

（5）大圣伯纳德山口—奥斯塔（Aosta，意大利城市），约 40 千米。目前，这条路沿线有私人道路，可以开车通过，约 50 分钟车程。

（6）奥斯塔—帕维亚（Pavia），约 155 千米。这条路穿过丘陵地带（上坡路程 491 米，下坡路程 892 米）。

（7）帕维亚—罗马，约 617 千米。这条路穿过丘陵地带（上坡路

---

① 这是在阿尔卑斯山的关隘，自罗马帝国以来就是连接意大利北部和欧洲中部的要冲。关隘的海拔是 2469 米，是阿尔卑斯山海拔最高的关道之一。因为在冬季几乎不可能从圣伯纳德山口通过，所以在此还有两处关隘。北道以瑞士的马蒂尼（Martigny）为终点。到达关隘的坡道长约 41.5 千米，平均坡度 4.8%（最陡处 10%），海拔差有 1980 米。这个坡道被认为是欧洲最险的坡道之一。南道以意大利城市奥斯塔为终点。这条道与北道一样险要，常年有积雪。这条坡道长约 33.1 千米，平均坡度 5.7%，海拔差 1874 米。（Pospelov: 1998: 75-76）我们推测，艾因哈德的使者走的是北道。

程 5421 米，下坡路程 5475 米），沿着古代罗马的道路（途经弗拉米尼亚［Flaminia］、卡西亚［Cassia］、艾米丽亚［Aemilia］）。[①]

（8）路的一段，沿用古代罗马的道路。[②]

B. 从意大利（罗马）到法兰克（塞利根施塔特）

（9）罗马—帕维亚—维伦纽夫（日内瓦湖畔），参见上文第 3 和第 8 条。

（10）维伦纽夫（瑞士）—阿劳（Aarau，瑞士城市），大约 168 千米。这条路穿过丘陵地带（上坡路程 1238 米，下坡路程 1225 米）。

（11）阿劳（瑞士）—斯特拉斯堡（法国），约 165 千米。这条路经过丘陵地带（上坡路程 1196 米，下坡路程 1437 米）。

（12）斯特拉斯堡—沃尔姆斯［港］（Worms），水路大约 145 千米。

（13）沃尔姆斯—奥登林山（Odenwald），大约 53 千米。这条路经过丘陵地带（上坡路程 858 米，下坡路程 653 米）。目前，有私人道路。

（14）奥登林山—米歇尔施塔特，大约 7 千米。这条路经过丘陵地带（上坡路程 50 米，下坡路程 157 米）。

（15）米歇尔施塔特—上穆林海姆（塞利根施塔特），大约 467 千米。此路穿过丘陵地形的路（上坡路程 236 米，下坡路程 329 米）。

下面的地图，复原了艾因哈德的使者从法兰克（亚琛）到罗马，以及返回法兰克上穆林海姆的路线。（Dutton 1998: 74，略有改变）

可以计算出来，从亚琛（法兰克）到罗马（意大利）约 1670 千米，从罗马返回上穆林海姆（法兰克）约 1387 千米，共计 3057 千米。

---

① 大圣伯纳德关到罗马（至今仍然使用）是 949 千米。

② 从大圣伯纳德关到罗马的道路，可以在暖和的季节通过。

走完这段路程，需要花费多长时间呢？很难给出确切的答案。假设在白天的 8 小时时间内，他们平均每天步行约 10—15 千米，那么整段路程可能会要 200—300 天。考虑到社会、经济、地理、气象和速度等因素，以及旅行者的生理和身体条件，似乎整段路程所需的时间要

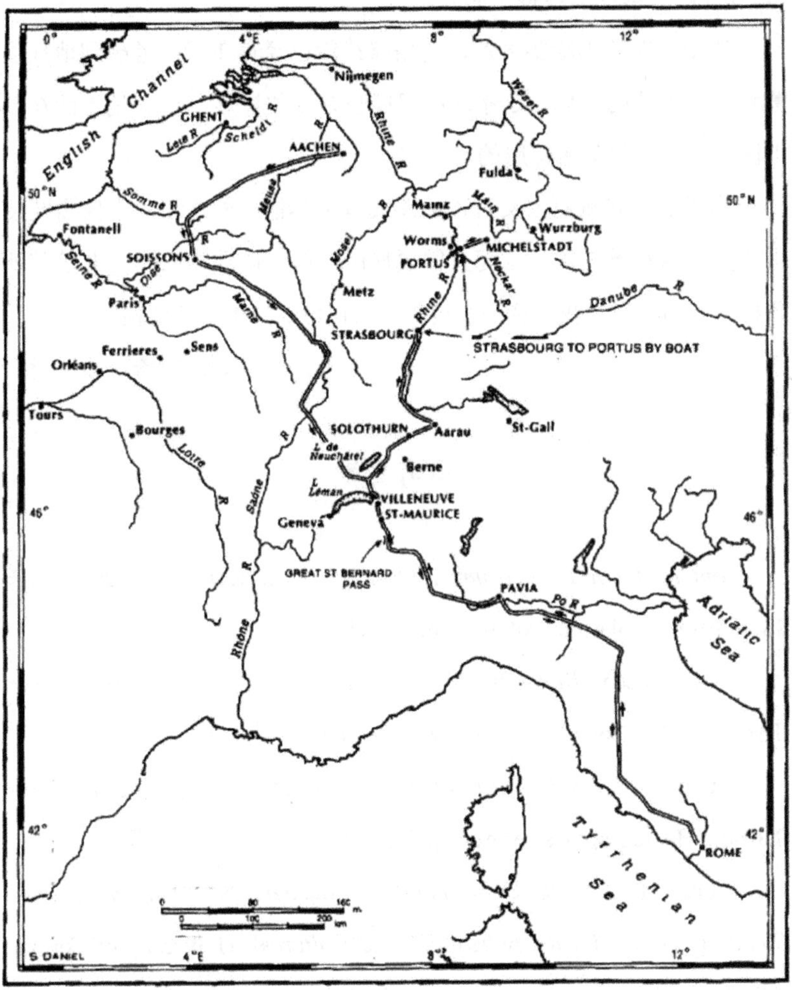

图 1　从法兰克（亚琛）到罗马，再返回法兰克（上穆林海姆［塞利根施塔特］）的交通复原图

乘以 1.2 的系数，即大约 240—360 天，也就是差不多一年的时间。由于从罗马返回法兰克的回程对于艾因哈德来说是最重要的，所以返程可能是在暖和的季节。返程可能用了约 6 个月，于 827 年 10 月结束。

以上就是复原出来的交通图，此路线图将中世纪时期的法兰克（以及北欧）与罗马连接了起来。

似乎早在艾因哈德之前，这条路线就已经存在了。考虑到地理位置和气候条件的变化，这条路线可能也是游牧民族，特别是生活在该地区的日耳曼部落所使用的。

为了追溯并复原上文讨论的路线以及其他一些路线，不仅需要使用历史文献和圣徒传记，而且需要使用书信、诗歌和法律文书等其他各种性质的史料。我们认为，这种方法也可以应用于其他相关的研究。

（张文婷 译　陈浩 校）

参考文献

Annales Regni Francorum. 1895. Petz, G. H.; Kurze, F. (eds.). MGH: SS in usum scholarum. Vol. 6. Hanover: Hahn.

Concilia aevi Karolini [742-842]. 1906-1908.Werminghoff, A.,von (Hrsg.). MGH: Concilia. T. 2 [819-842]. Hanover.

Dubois, J. 1966. *Le martyrologe d'Usuard*, texte et commentaire [The Subsidia Hagiographica series 40]. Bruxelles.

Dutton, P. E. 1998. *Charlemagne's Courtier: The Complete Einhard (Readings in Medieval Civilizations and Cultures)*. University of Toronto Press.

Einhardus. *Translatio et miracula sanctorum Marcellini et Petri.*

1997. Waitz, G. (ed.). MGH: SS. T. 15. Part 1. Hanover: Hahn: 239-264.

Geary, P. J. 1991. *Furta Sacra. Thefts of Relics in the Central Middle Ages*. Princeton University Press.

Itinerarium Antonini Augusti, et Burdigalense. 1600.

Itineraria et alia geographica. 1965. Geyer, P.; Cuntz, O.; Francheschini, A. et alii (eds.). CCSL 175. Turnhout: Brepols Publishers.

Petrova, M. S. 2004. Einkhard i ego svyatye mertvetsy. In: *Srednie veka* 65: 289-295.

Petrova, M. S. 2004. *Einkhard. Perenesenie moshchei i chudesa svyatykh Martsellina i Petra. Kniga 1*. Perevod i kommentarii. In: *Srednie veka* 65: 295-310.

Petrova, M. S. 2005. *Einkhard. Zhizn' Karla Velikogo.* Vstupitel'naya stat'ya, tekst, perevod, kommentarii. Moskva.

Pospelov, E. M. 1998. *Geograficheskie nazvaniya mira: toponimicheskii slovar'*. Moskva.

Rudolfus. *Miracula Sanctorum in Fuldenses ecclesias transl-atorum*. 1887. Waitz, G. (Hrsg.). MGH: Scriptores. T. 15. Part 1. Hannover: Hahn: 328-341.

宗教篇

Religions

关于“腾格里教”的一条可疑史料

〔匈〕埃迪娜·达洛斯（Edina Dallos）撰

关于“腾格里教”的概念

尽管早在20世纪30年代乌诺·哈尔瓦（Uno Harva）就已经使用“腾格里教”这一术语（Harva 1938），但是“腾格里教”为人所知并得以传播，则是经由法国学者让·保罗·鲁克斯（Jean-Paul Roux）的研究。（Roux 1956, 1957, 1962, 1984）不过，对这一课题的深入分析和评论却是寥寥无几。虽然扼要概括鲁克斯的观点委实不易，但是我们可以说他重建了某种一神论宗教，该宗教是突厥语和蒙古语人群在社会组织达到较高水平时的特征。简言之，鲁克斯主张曾经存在过某种一神论的国家宗教，它是以信奉“腾格里”（*tängri*）为核心的。

笔者曾仔细研究过8世纪鄂尔浑碑铭中与腾格里信仰有关的内容，并把后世的文献排除在外。（Dallos 2004）这种路径似乎是必要的，因为尽管鲁克斯是基于同样的文本来阐述他关于腾格里教的理论，但是囿于文献的题材（它们是三块纪年碑文），以其为基础所形成的叙述，几乎不能深挖文本背后的信仰或宗教。于是，鲁克斯试图使用在年代和地域上跨度都比较大的文献资料，来充实他的论证。笔者当时的研究，主要是为了检验如果仅以鲁克斯所使用的文献作为出发点，那么他所重构的结果是否有效。

虽然我之前已经对鲁克斯的理论提出过不少批评，并且我至今依旧认为这些批评是允当的，但是在这篇论文中我仍然接受鲁克斯的核心观点，并以此作为讨论的出发点。首先，我要描述一下研究此课题的难点，然后我将提供一份迄今尚未引起学界重视的史料，并试图从中得出一些结论。

研究中的难点

需要指出的是，笔者自2004年以来就没再碰过这项课题，如今重新回归，则是在一项匈牙利国家研究项目（丝绸之路研究小组）的框架内进行的。因此，在此提出的问题和议题，也是出于自己研究的兴趣。

如果我们假定鄂尔浑碑铭所反映的信仰背后存在着某种一神论的国家宗教，那么研究者面临着诸多有待回答的问题，譬如：

（1）它起源于哪里？是否有可能把它与早期匈奴人的宗教观念联系起来？它存续了多久？

（2）它与当地人群（特别是东部突厥语人群，甚至是蒙古语人群［年代或早或晚］）的宗教信仰有何联系？

（3）与上一条相关，但是从另一个角度提出的问题：这种宗教现象只属于统治阶级吗？以及在权力结构的层面，它在权力更迭迅速的草原帝国里会在统治阶级内部传承吗？

（4）它有仪轨吗？如果有的话，它们是否只与国家和精英阶层有关？

（5）是否有可能了解它的宗教本质：它有教义吗？是否有象征性的表述（无论是语言的或者非语言的符号）与之相关？是否有基于日

常或宗教节日的宗教活动？他们究竟是否向“腾格里”祈祷？

上述问题不能仅仅依靠鄂尔浑碑铭来回答。如果我们像鲁克斯一样拓展史料的范围，那么我们首先必须要处理文献的遗存问题。虽然我们不能确切知道哪些文献会成为我们的研究对象，但是我们还是可以将书面史料分成两组：内部史料（奉行腾格里宗教的人自己留下的史料）和外部史料（由信仰其他宗教的人撰写的史料）。

就内部史料而言，笔者只想重点讨论其中三份重要的史料（它们充分到足以从中得出结论）。第一是上文提到的鄂尔浑碑铭（还可以用若干规模较小的突厥如尼文碑铭来补充），第二是《蒙古秘史》，第三是回鹘文（或前伊斯兰）的《乌古斯可汗传》。

在上述所有的文本中，“腾格里”（Tängri）都处于某种特殊的地位，是“长生天”的意思。不过，上述文本之间也显示出若干差异。举几个例子。在鄂尔浑碑铭中，Tängri 有修饰词 *kök*“天青色”；出现在前伊斯兰时期《乌古斯可汗传》中的是词组 *kök tängri*；在《蒙古秘史》中，Tängri 被称为 *möngke*，意思是“永恒”，这层含义在另外两种与 Tängri 相关的文献中都没有出现。在鄂尔浑碑铭中，并没有提到他们是否会向“腾格里”祈祷，也没有提到“腾格里”是否具有预卜的功能，但是在《蒙古秘史》和回鹘文《乌古斯可汗传》中却有所提及。

这里出现了一个方法论的问题。如果我们预设上述三种史料的宗教背景都是腾格里教，那么又该如何解释它们之间的差异呢？我们是否只把三者之间共同的成分视为腾格里教的内涵（和其他涉及一些当地其他宗教信仰或外来宗教文化的元素），还是把所有的成分都视为腾格里教的内涵，并把它们解释成不同时空背景下的变种？换句话说，我们是否承认曾经有过这样一种宗教，它既有其自身的历史，又有不同的版本？

内部史料与外部史料之间的关系，构成了本研究的另一难点。就东突厥汗国而言，汉文史料保存了一些与他们宗教背景相关的段落（例如突厥起源的两种传说，关于可汗继位和葬礼的叙述）。不过，这些外部史料与其文化内部［产生］的鄂尔浑碑铭之间却没有任何对应关系。

一份尚未见使用的外部史料

尽管面临困难，但我们仍不能摈弃外部史料。一方面是因为内部史料稀少，另一方面是因为来自外部观察者的描述可能包含很多有价值的信息，即便这些外部观察者带有很大的偏见。

就匈奴和东突厥汗国而言，我们主要依靠的是汉文史料，但是关于晚期的蒙古人以及其他突厥语民族，则有不少欧洲和中东的史料能够为我们提供重要的信息。

目前，我们所能做的就是尽可能从不同方面、尽可能彻底地研究现有的外部和内部史料。（有几项工作要做：对可能属于“腾格里教”的文本进行全面的语文学和宗教民族学研究，同时追踪文献中所使用的术语和表述的内涵变化。）必须尽可能广泛地搜集外部史料（尚未实现），并对其进行细致的分析。另一件需要牢记在心的事情是：在分析外部史料时，我们必须要意识到特定文本的文化背景，以及特定文本题材的传统特征。例如，中世纪穆斯林地理志和历史文献提到有好几个民族是“崇拜火的”。然而，这并不意味着他们全都是琐罗亚斯德教徒。事实上，穆斯林史家用这个术语来指代那些不遵循他们所了解的独立宗教（例如伊斯兰教、基督教、犹太教或佛教）的人群。用欧洲的观念来表述，最好将其理解为“异教徒”。

对腾格里教的研究，迄今主要集中在汉文和穆斯林史料上，不过笔者在一个学界相对较少关注的对象——叙利亚文献中发现了一份非常有意思的材料。这份史料看上去似乎比较简短，显得无足轻重。况且，我们还不能确定它形成的年代。虽然它的作者是为人所知的，但我们不知道他是从何处获得此份材料的。

叙利亚人米海尔（Michael Syrus）是一名东方教会（叙利亚正统教会）基督徒，雅各叙利亚基督教会长老，生活在1126—1199年间。他于1166年成为长老，并著有一部21卷的大部头编年史。[①] 这部编年史基本上是一部教会史，但其中也包含了一份世界历史编年。史家把他的作品分成三栏书写，世界历史编年处于中间一栏。他在第14卷的第2章中专门叙述了突厥语人群（原文中写作 *Tūrkāy*）的生活方式。在该部分的最后两句话中，他谈到了突厥人的宗教：

> 他们相信天上有一个神，但却是盲目的，因为他们把看得见的苍穹当作神。他们对其他事物一无所知，也没有能力去了解任何其他的[宗教]思想。(Kmoskó 2004: 222) [②]

尽管这段史料甚为简略，但却是非常有意思的，因为它尽可能扼

① 全文、注释和法译文，见 Chabot 1899-1910。

② 笔者的译文（此段以及下面引用的一段文字）是根据匈牙利语译本。(Kmoskó 2004) 马克·狄更斯（Mark Dickens）在他的学位论文中是如此翻译的：“他们认天空中的一个神，却不了解祂，只是觉得天上的就是神，他们对其他的东西没有意识，也不了解。”(Dickens 2004: 52) 需要指出的是，米海尔的编年史是在中世纪译成亚美尼亚语的，我们知道它有好几个亚美尼亚语的版本（译本和节本）。其中一个版本是这样说的：“他们崇拜一个神，称之为 Ko’k’tanghri，意思是‘蓝天神’，因为他们相信天空就是一个神。”(Bedrosial n.d.: 171; Schmidt 2013)

要地归纳了我们对腾格里教所了解的内容，或者我们以为所了解的内容。不过，这份史料的可靠性却是有问题的。与其他叙利亚基督教编年史家一样，米海尔在他的著作中使用了很多早期的史料，却没有注明其来源。叙利亚人米海尔书写的主要是塞尔柱人从他们原来的驻地往外迁徙的历史（也就是说，书中涉及的是他自己所处的年代以及稍早时期的历史），但他也在自己的编年史中收录了一些较早时期作品内的叙述（Ginkel 1998, 2006），例如6世纪以弗所的约翰（Joannes Ephesus）和托名札察利亚斯·雷托儿（Pseudo Zacharias Rethor）的著作。虽然他列出了一些他参考过的作者和作品，但是在文中具体的位置他并没有标注出处。

实际上，我们并不清楚上述引文源自哪个时代或者与哪个时代有关。但我们仍然认为它是很重要的，因为我们从中深刻地了解到某个曾经存在过的突厥语人群所信奉过的腾格里教。为了评估这段史料，下面引用同一作品的另一段落：

> 他们不习惯用麻布和棉布为自己做衣服，他们的衣服和帐篷是用绵羊毛和山羊毛做的。即便他们的营地内充斥着形形色色的马、牛和羊，他们仍能毫不受阻地驱赶它们。以这种方式来驯养牲畜是他们的特殊技能。（Kmoskó 2004: 222）

这是对某个游牧共同体的叙述，且不是对某位游牧贵族阶层的叙述。且不管米海尔是从何处以及哪个历史时期获得这些信息的，他在描述过一个游牧营盘之后，总结道："他们相信天上有一个神，但却是盲目的，因为他们把看得见的苍穹当作神。"

我经常质疑鲁克斯在他提出的理论中宣称"腾格里教"是一种国

家宗教的说法。不过，我只有间接的证据，那就是 *tängri* 这个词直到现在仍然保存在突厥语族的所有语言中（Doerfer 1965: 577-585），而且它在某种程度上是与超验有关的。举个例子：每一个皈依了某种一神论宗教的突厥语人群都会用 *tängri*（或者是它在当时语言中的变体）作为“神”的称谓之一。一个规模相当有限的精英阶层——其构成总是处于变化之中，且在时间上跨越了上千年，在空间上跨越了上千公里，根本无法保障这一传统的赓续。本条史料作为另一项证据表明，“蓝天”（有时候等同于“长生天”[神]，有时候是“长生天”的隐喻）是草原游牧突厥语人群最根本的宗教体验之一。

几乎在每一种宗教中“天”都包含了某种超验的特性，但对于游牧民族来说，它所带来的超自然体验可能更为强烈。草原游牧民族在冬夏两季的牧场之间不停地迁徙，所以他们的家园不稳定，也不固定在某一个地方。与此形成对比的是，在草原之上总是有那遥不可及、无边无际、变幻莫测，却是永恒存在的天空。

当然，气候、生活方式和社会结构都是影响某个特定人群的信仰或宗教的因素。我们称之为“腾格里教”或“腾格里信仰”的现象，或许在某个特定的历史时期被某位君主赋予了一些关乎正统性或合法性的额外含义，但它绝不是独立于与天空相关的日常基本体验的，更不能脱离后者。

（张文婷 译　陈浩 校）

参考文献

Bedrosian, R. (n.d.) *The Chronicle of Michael the Great, Patriarch of the Syrians. Translated from Classical Armenian by Robert Bedrosian.*

https://archive.org/details/ChronicleOfMichaelTheGreatPatriarchOfTheSyrians (24. 04. 2019.)

Chabot, J.-B. 1899-1910. *Chronique de Michel le syrien patriarche jakobite d'Antioche (1166-1199). Editée pour la première fois et traduite en français par J.-B. Chabot.* Tome I-IV. Paris.

Dallos, E. 2004. Shamanism or Monotheism? Religious Elements in the Orkhon Inscriptions. *Shaman* 12/1-2, 63-85.

Doerfer, G. (1965). *Türkische und mongolische Elemente im Neupersischen.* Band II. Franz Steiner Verlag.

Dickens, M. 2004. *Medieval Syriac Historians' Perceptions of the Turks.* [MPhil Dissertation, University of Cambridge.]

Ginkel, J. J. van 1998. Making History: Michael the Syrian and His Sixth-Century Sources. In: Lavenant, R. (ed.) *Symposium Syriacum VII.* (Orientalia Christiana Analecta 256.) 351-358.

Ginkel, J. J. van 2006. Michael the Syrian and his Sources: Reflections on the Methodology of Michael the Great as a Historiographer and its Implications for Modern Historians. *Journal of the Canadian Society for Syriac Studies* 6, 53-60.

Harva, U. 1938. *Die Religiöse Vorstellungen der Altaischen Völker.* (Folklore Fellows Communications 125.) Werner Södertröm Osakeyhtiö.

Kmoskó, M. 2004. *Szír írók a steppe népeiről.* (Magyar Őstörténeti könyvtár 20.) Balassi Kiadó.

Roux, J. P. 1956. Tängri. Essai sur le ciel=dieu des peuples altaiques. *Revue de l'Histoire des religions.* CXLIX. No. 1-2. 49-82. CL. No. 1-2. 197-230.

Roux, J. P. 1957. Tängri. Essai sur le ciel=dieu des peuples altaiques. *Revue de l'Histoire des religions. CL.* No. 1-2. 197-230.

Roux, J. P. 1962. La religion des Turcs de l'Orkhon des VIIe et VIIIe siecles. *Revue de l'Histoire des religions.* CLIX. No. 1-2. 1-24.

Roux, J. P. 1984. *La religion des Turcs et des Mongols*. Paris.

Schmidt, A. 2013. The Armenian Versions I and II of Michael the Syrian. *Journal of Syriac Studies*, Vol. 16/1, 93-128.

13 世纪中叶欧洲基督教军事-宗教团体与蒙古人的关系

〔匈〕佐尔特·匈雅提（Zsolt Hunyadi）撰

本文旨在分析 13 世纪中叶蒙古入侵时期（公元 1240—1260 年）三个主要军事修士会（医院骑士团［Hospitallers］、圣殿骑士团［Templars］和条顿骑士团［Teutonic Knights］）的活动。此项研究的地理范围包括中东欧和黎凡特地区，因为这些地区在此时期处于基督徒与蒙古人斗争的前线。虽然这些宗教团体的背景在学术界是众所周知的，但为了［读者］更好地理解他们在与蒙古人的斗争中所起的作用，我们还是简要介绍一下这些修士会的主要情况。同样重要的是，要区分出军事修士会与十字军之间的差别，因为最近几十年来，舆论对公开表明［基督教］信仰的修士和那些"拿起十字架"的人（译按：指向十字架宣誓参加十字军的人）身份的理解上存在偏差。

医院骑士团（也被称为圣约翰骑士团［Knights of St. John］）于 1114 年从耶路撒冷"圣墓守护团"（Holy Sepulchre）中独立出来。该组织从一个附属于耶路撒冷"圣玛丽亚拉丁本笃会"（Santa Maria Latina Benedictine Community）的世俗团体发展而来。团体成员经营着一家客房（*hospitium, xenodochium*），最初（大约从 11 世纪 70 年代开始）的服务对象是来自阿马尔菲（Amalfi）的意大利商人，在第一次十字军东征（1099 年）成功后，开始接待越来越多的朝圣者。15 年后，该团体开始在欧洲到耶路撒冷的朝圣之路（包括陆路和海陆）沿线设置旅店。为了促成医院骑士团的行动，教皇（帕斯卡利斯二世［Paschalis II］和他的继任者）不仅为这一新成立的自治团体提供了庇护，而且还颁布了许多特权，以保证他们能够满足朝圣者的需求。要强调的是，医院骑士团的主要目的不是照顾病人，而是向那些为了基督的事业而前往圣城耶路撒冷的人提供住所。[①]（Riley-Smith 2010; Riley-Smith 2012）尽管对［医院骑士团的］历史编年尚存争议，但该领域内的大多数学者都同意，截至 12 世纪 60 年代，医院骑士团已经经历了长达数十年的军事化进程。到了 12 世纪的后三分之一时间内，医院骑士团具备了几乎可与圣殿骑士团相媲美的军事功能。医院骑士团的宗旨转变得如此彻底，以至于 12 世纪 70 年代罗马教廷警告它的"爱子们"，它们的主要责任依然是为贫苦大众服务。（Riley-Smith 2012: 36）所以，从 12 世纪 20 年代起，它们的军事活动主要是：参加战争委员会、由骑士团负责招募和部署军队、保卫或控制［军事］据点，还有最根本的 —— 与异教徒作战。

对于"所罗门圣殿"穷困潦倒的骑士们（从 12 世纪初开始，他们被称为"圣殿骑士"）而言，他们的基本活动也是为他人提供服务。从穆斯林手中夺回耶路撒冷之后，若干欧洲骑士留在了圣城，尽管他们已经兑现了参加十字军的誓言。在 1119—1120 年之际，他们在圣城建立了一个与医院骑士团类似的世俗团体。他们从耶路撒冷国王那里获得了一栋建筑作为总部，位于据说是几百年前"所罗门圣殿"所在的地方。现在我们知道，这里（在阿克萨清真寺［al-Aqsa mosque］

① 在本文中，笔者尽量参考国际上的研究文献，但有时只有匈牙利语的文献可用。

附近）并不是传说中的圣殿，无论如何，骑士们以及骑士团使用了该总部近两百年的时间。十年以后，圣殿骑士团在1129年举行的特鲁瓦主教会议（Council of Troyes）上得到了教皇的庇护，他们的宗旨也从此确定了下来。圣殿骑士团的主要职责是保卫那些抵达耶路撒冷和在圣城拜访的朝圣者。即便是在那些由基督徒控制的领土上，对于手无寸铁的旅行者来说，都是不安全的。满足了这些需求，圣殿骑士团很快便担负起与医院骑士团相同的使命，即与异教徒作战，并守卫“海外”（Outremer，译按：“海外”是指十字军在伊斯兰境内建立的基督教政权和军事堡垒）的据点。（Barber 1994）圣殿骑士团与医院骑士团最主要的一个区别是，圣殿骑士团的成员主要是法国人，而医院骑士团则以意大利人为主。在第三个主要军事修士会——条顿骑士团建立之后，［军事修士会］在疆域上的分布格局有了显著的变化。

“日耳曼”条顿骑士团建立的时间，与十字军从穆斯林手中夺回阿卡（Acre）的时间（1190—1191年）重合。不来梅和吕贝克的商人和朝圣者，在阿卡为日耳曼朝圣者设立寓所，与几十年前医院骑士团在耶路撒冷的做法如出一辙。有一个流行的说法，认为条顿骑士团是12世纪20年代在耶路撒冷建立的，但迄今为止还没有找到令人信服的证据。在［拉丁］帝国的支持下，新成立的条顿骑士团在特权和豁免权方面，很快便达到了几十年前医院骑士团和圣殿骑士团的水平。到12世纪末期，它从早期的以“服务”为中心的团体，发展成为了一个卓越的军事组织，于是它的活动便与圣约翰骑士团的活动类似了。两者之间的本质区别在于地理方面，而不是功能方面。如果从“圣玛丽亚条顿骑士团”的晚期活动来看，多数读者可能会自动联想起［条顿骑士团］在普鲁士或波罗的海地区［的行动］，但从历史上看，他们“早期”的活动范围则是在圣地和意大利南部，即阿普利亚

和西西里。（Militzer 2005: 35-38）

在条顿骑士团创建的同时，圣殿骑士团和医院骑士团的总部于1191 年迁至拉丁帝国的首都阿卡，一直到 1291 年为止。到了这个时期，“海外”的局势已经发生了根本的变化。1174—1192 年间，穆斯林重新夺回了叙利亚和巴勒斯坦的一大片领土。法兰克人手中剩下的只有地中海沿岸的港口城市：从亚实基伦（Ascalon）到贾柏莱（Jabala）。不可否认的是，对于从远东到欧洲的长途贸易而言，这是一条狭窄但非常重要的走廊。13 世纪的前三分之一时间内，在黎凡特发生了若干次冲突，[主要是] 出于对这些城镇的争夺和控制，或者出于贸易摩擦。（Balard 1998）从我们当下的视角来看，条顿骑士团是历史上第一个与蒙古军队发生关系的，尽管最初只是间接的关系。匈牙利国王安德鲁二世（Andrew II，1205—1235 年在位）于 1211 年邀请条顿骑士团进入喀尔巴阡盆地东南缘的布尔岑兰（Burzenland，译按：一名布拉索夫 [Brasov]），保护这个地区不受游牧民族库曼人的侵袭，他们在蒙古人从草原向西进军之前就逃离故土了。（Hunyadi 2008, Zimmermann 2011）在经过几次争端以后，再加上与教皇作对，匈牙利国王于 1225 年将条顿骑士团驱逐出境。在 13 世纪 20 年代，由于蒙古人曾于 1222 年击败了库曼军队，所以库曼对匈牙利人的滋扰逐渐停息了。在这种情况下，匈牙利统治者选择了一种新的外交层面的途径，而库曼人（可能是在强大的压力之下）似乎开始皈依基督教。多明我会自 1221 年起在库曼人当中传教，不过值得注意的是，1221—1223 年的第一波传教活动是在条顿骑士团的支持下完成的，但必须要承认，收效甚微。（Kovács 2014）最终，库曼首领接受了基督教，并在 1227 年承认了匈牙利的统治 [地位]。尽管教皇又一次对匈牙利国王进行了斗争和谴责，但骑士团还是没有机会返回匈牙利，于是他们将重心转向了普鲁士。他们在“里米尼金玺诏书”（Golden Bull of Rimini，1226年颁布）的加持下，在那里与异教徒斯拉夫人作战。（Militzer 2005: 64）

大约在同一时期，位于圣地的军事修士会也开始间接感受到蒙古人的威胁。十字军国家在13世纪30年代并没有受到［蒙古人的］直接威胁，但是由于来自东方的两个游牧政权的消息［传来］，［对他们］形成了潜在的威胁，于是气氛日趋紧张。那时更迫切的威胁，似乎来自花剌子模突厥人。圣殿骑士团和医院骑士团在13世纪30年代的军事行动，更多的是关注［耶路撒冷］本地的问题。1233年，圣殿骑士团和医院骑士团从耶路撒冷、塞浦路斯和安条克出发，去攻打哈玛（Hamah）的［马穆鲁克］苏丹，其目的显然是为了获得每年一次的纳贡。（Barber 1994: 137）不过，其他学者则认为，由于蒙古军队的推进，从13世纪30年代开始，可以发现黎凡特的商路以及拉丁人在黎凡特的商业活动有一个转向。（Irwin 1980: 73; Bronstein 2005: 22）圣地的局势每况愈下。法兰克人将要面临埃及马穆鲁克人的兴起，以及东北蒙古人的入侵所带来的持续威胁。蒙古的威胁不仅是军事上的祸害，还有经济上的影响。它导致了阿卡以及其他作为长途贸易之核心的沿海城市的影响力下降，且从长远来看，它导致了贸易路线向地中海北部沿海地区的转向，甚至在某种程度上也转向了中亚。（Bronstein 2005: 27）就像出现在喀尔巴阡盆地外的库曼人一样，花剌子模人出现在了黎凡特。几十年前，花剌子模人统治着河中的大部分疆域，但是在蒙古人的胁迫下［他们不得不］往东南方向迁徙。他们的活动范围转移到了西里西亚（Silesia）、叙利亚北部，他们甚至开始着手建立一个新的帝国，但是这一进程却因沙赫札兰丁（Shah Djalāl al-Dīn）在1231年的逝世，戛然而止。（Hamilton 1980: 263; France

2005: 192; Berkovich 2011: 34-35）

虽然蒙古人的入侵最初是在黎凡特被感受到的，但是他们的第一波攻击却选择了中欧。1241 年的春天，蒙古人进攻并入侵波兰的部分地区（库亚维亚［Kuyavia］、小波兰［Lesser Poland］、西里西亚）以及匈牙利。他们入侵的过程，以两场决定性的战役为标志，分别是 4 月 9 日的莱格尼察（Legnica）（一名利格尼茨［Liegnitz］）战役和 4 月 11 日的穆希（Muhi）战役。关于这两次战役的经过，学者们有过长期的研究（最早的是 Strakosch-Grassmann 1893，最近的是 Laszlovszky et al. 2018），所以本文只聚焦军事修士会在该事件中的作用。国际学术界讨论了莱格尼察战役中的圣殿骑士团和条顿骑士团的存在，但就穆希战役（Battle of Muhi）而言，目前只有圣殿骑士团的贡献得到了承认。圣殿骑士团的意义，已经被该领域内的学者讨论过很多次了，以往的历史学家把圣殿骑士团的地位拔得过高，但最近的观点（Borchardt 2001）认为，圣殿骑士团成员所发挥的军事作用，实在是微不足道。据史料记载，1241 年圣殿骑士团派了 500 名战士到莱格尼察与蒙古人作战，但他们都是来自圣殿骑士团庄园内的农民，而不是训练有素的骑士。（Borchardt 2001: 237）据［圣殿骑士团］大首领庞塞·德·奥蓬（Ponce d'Aubon）给法王路易九世（Louis IX）的一封信可知，只有三名圣殿骑士团的骑士在莱格尼察战役中被杀，两名士兵阵亡。（Irgang 1977: 133 no. 219; Chambers 1979: 99; Jasiński 1991: 122; Weber 1991: 130; Gładysz 2012: 266）信中还提到，有三名骑士临阵逃脱了。可以说，圣殿骑士基本上没有在中东欧与异教徒作战，他们根本就没有准备参与当地的军事活动。圣殿骑士团必须仰赖驻扎在西里西亚的教团，而那里的骑士比例可能非常低。（Burzyński 2010; Gładysz 2012）此外，由于跟匈牙利国王贝拉四世（Béla IV,

1235—1270年在位）作对，西里西亚的公爵亨利二世（Henry II, 1238—1241年在位）对蒙古入侵的严峻形势不甚了解。他几乎没有机会招募军队，当地的圣殿骑士团亦是如此。

争议更大的是，条顿骑士团是否现身于莱格尼察战役，以及他们在反抗蒙古人的战斗中究竟扮演了何种角色。根据一些历史学家的说法，在普鲁士［条顿骑士团］首领鲍勃·冯·奥斯特纳（Poppo von Osterna）的率领下，条顿骑士团在莱格尼察战役中为亨利二世公爵提供了军事援助。（Chambers 1979: 98; Morton 2009: 97）根据莫顿（N. E. Morton）的考证，鲍勃于1241年被任命为普鲁士的［条顿骑士团］首领，据说他曾带领骑士团成员抵抗入侵匈牙利和波兰的蒙古人。根据莫顿的说法，鲍勃在惨败之后遭废黜，但是在普鲁士人起义后，他于1244年被重新启用。鲍勃在1252年被任命为驻阿卡［条顿］骑士团的大首领，但上任之后随即前往波罗的海地区，直到1256年去世。（Morton 2009: 120）几十年前，托马斯·亚辛斯基（Tomasz Jasiński）清楚地证明了，当时的资料没有一处提到［条顿骑士团的］这些贡献，只有15世纪条顿骑士团的历史编纂以及15世纪波兰和西里西亚的史料，提到了条顿骑士团参与过莱格尼察战役，而这一传统的观点直到1827年才有人质疑。（Jasiński 1991: 117）真实的情况是：鲍勃·冯·奥斯特纳在1244—1246年间担任普鲁士［条顿骑士团］首领，几年之后，他于1253—1256年间成为大首领。（Sarnowsky 1994: 254-255; Militzer 2005: 27）在莱格尼察战役期间，条顿骑士团很可能没有首领，因为大首领康拉德·冯·图林根（Konrad von Thüringen）于1240年夏天去世，而继任的格哈德·冯·马勒堡（Gerhard von Malberg）（1241—1244年在位）直到1241年年底才当选大首领。总之，我们可以得出这样的结论：传统史家对鲍勃·冯·奥斯特纳历史地位的观点，不是基于严格意义上的当时史料，而是考虑到他的墓地与公爵亨利二世的墓地毗邻，以及认为条顿骑士团与西里西亚公爵往来密切的这一根深蒂固的观念。（Jasiński 1991: 127; Sarnowsky 1994: 254-255）

对当时史料和 15 世纪史料的解读，揭开了另一个重要的问题，即对 *cruciferi* 和 *crucesignati* 这两个概念的理解，它们的意思分别是“军事修士会成员”和“十字军战士”。如果把这个问题放置于具体的语境中，它似乎是一个涉及中欧的术语问题。（Laszlovszky 2001）虽然本人没有过多地介入这一争论，但在我看来，那些把军事修士会成员界定为 *cruciferi*，以及把十字军战士界定为 *crucesignati* 的学者，更有说服力。（Jackson 1991: 6-7; Gładysz 2012: 264-268）一些学者倾向于把这两个术语作为同义词，这很明显是不妥的。诚然，这两个术语的含义或指代对象可能会随时间的推移有所改变，但它们的“法定属性”在当时的社会成员中应该是众所周知的。一方面，十字军是要起誓的。要宣誓为了他们的信仰，与穆斯林、异教徒、异端者，以及基督教的其他敌人作战，这是在洗罪层面或法律层面的一种约束性义务。（Bird 2006: 1233）教皇们一般会在教谕中为前往圣地的十字军确定一个期限，一到三年不等。13 世纪初，十字军战士的效忠期逐渐缩短，一般只有一年——不管十字军是否动身前往了圣地。另一方面，*cruciferi*，即医院骑士团、圣殿骑士团和条顿骑士团的成员，要以公开兄弟会成员的身份进行三重起誓：服从、贞洁和（个人）清贫。这个誓言自动阻断了军事修士会成员再起誓成为十字军战士。不过，与蒙古人的斗争动摇了教皇的态度，他倾向于也给予军事修士会成员以及他们的属民（佃户、武士等）绝对的宽恕（这本来是赋予十字军战士的）。对于本项研究来说，这是非常重要的一点。这一进程始于1241年夏，当时教皇第一次给那些跟蒙古人作战的人颁布了大赦（译按：即将身上的罪一笔勾销），包括匈牙利国王贝拉四世在内。（Fejér IV/3: 216-17; Theiner 1863 1: no. 337: 183; Veszprémy 2003: 388; Gładysz 2012: 258）这一宽赦，在1243年被教皇英诺森四世（Innocent IV）所强化（Purcell 1975: 68），且他将这一议题提交到第一次里昂公会议上进行讨论。（Tanner 1990: 297）这一进程在1248年达到顶峰，当时教皇敦促匈牙利境内的医院骑士团成员捍卫［基督教］领土，抵抗蒙古人的进攻。他以里昂公会议为据，为那些在匈牙利跟蒙古人作战的医院骑士团成员以及加入他们的人，授予了与那些为圣地而战的十字军同样的宽赦：*Praeceptorem et fratres Hospitalis Hierosolymitani in Hungaria rogat et hortatur ut ad gentem Tartarorum saevissimam conterendam... familiae eorum ac omnibus aliis qui assumpta cruce in Hungariam contra Tartaros processerint illam indulgentiam elargitur quae transeuntibus in subsidium Terrae Sanctae in generali concilio concessa est.*（Fejér CD 4/1: 465-467; MVH 1: 206; Wenzel 1860 2: 205-206; Delaville le Roulx 1896 no. 2477. Luttrell 2001: 29. Bronstein 2005: 118. Hunyadi 2010: 40）为了更好地理解在十字军宽赦待遇的受众面逐渐扩大的过程中，驻匈牙利的医院骑士团成员究竟起到了什么样的作用，我们还是要回到1241—1242年蒙古的入侵。

驻匈牙利地方的圣殿骑士团参与了穆希战役，这在历史书写中是公认的。（Stossek 2001, Stossek 2006）斯巴拉托（Spalato，译按：即克罗地亚城市斯普利特［Split］）的会吏长——托马斯，为圣殿骑士团参与穆希之战的情况提供了一份简短但翔实生动的记载："圣殿骑士团首领和他的拉丁骑士大肆杀敌。不过，他们还是寡不敌众，最后科洛曼（Coloman）和大主教都受了重伤，他们艰难地带领部队退到了后方。圣殿骑士团的首领和他的侍卫［……］”（Karbić 2006: 266-267）由于这一时期的史料比较稀少，参战的圣殿骑士人数没有可靠的数据统计，但是应该与参与莱格尼察战役的人数相当，也就是说只有少数的宣誓骑士和士兵。他们的首领，很可能是伦巴拉德斯·德·卡罗诺（Rembaldus de Carono，亦称卡伦布［Carumb］），他自1235年起领导匈牙利境内的圣殿骑士团，最后一次在史料中被提及是在1240年4月。（Stossek 2001: 247; Stossek 2006: 184）

由于匈牙利国王贝拉四世非常有远见地提前集结了他的部队，或许有人会认为，医院骑士团成员也曾在穆希之战中与蒙古人作战。[但是,] 尚不清楚医院骑士团在蒙古入侵期间，究竟为贝拉四世提供了何种军事支持。很可能，［医院骑士团］首领罗格里乌斯（Rogerius）的报告不可尽信，[①] 原文提到："在蒙古人撤退之际，贝拉国王在罗德岛（Island of Rhodes）骑士的帮助下，从沿海地区回到了匈牙利。"（*...rex Bela marittimis de partibus per cruciferos de insula Rodi* [...] *de recessu Tartarorum in Hungariam venit...*）（Jackson 1991: 16-17; Bak-Rady 2010: 224-225; Hunyadi 2010: 38）把13世纪中叶的罗德岛骑士与医院骑士团联系在一起，是一个明显的时代错位，因此这条史料显然是后世增补的。不过，有一种可能性不能排除，即"原文"中的 *cruciferos* 只是指医院骑士团，而没有"罗德岛"（*de insula Rhodi*）的字样，因为医院骑士团在1309—1310年之前没有到过罗德岛。这与杨·杜古斯（Jan Długosz）在涉及15世纪 *cruciferi* 和 *crucesignati* 两个概念混淆的问题上，所犯的年代错位类似。（Długosz 1975: 33-34; Gładysz 2012）不过，其他当时的史料却表明，医院骑士团参与了

① *Epistle to the Sorrowful Lament upon the Destruction of the Kingdom of Hungary by the Tartars*; edition and translation: Bak-Rady 2010.

这件事。贝拉四世在他写给教皇的信（很可能写于1247年）中抱怨道（Senga 1987: 606-609），面对蒙古的威胁，他没有得到任何欧洲君主的帮助，只有耶路撒冷的医院骑士团伸出了援助之手……（*a nullo christianorum Europe principe, nisi a domo Hospitalis iherosolimitani, cuius fratres ad requisitionem nostram nuper arma sumpserunt contra paganos.*）这位匈牙利国王在蒙古入侵几年之后所说的话中，甚至没有一处提及圣殿骑士团的功过得失。真实的情况很可能是，医院骑士团陪同匈牙利国王在蒙古人来临之际逃到了达尔马提亚海岸的特劳（Trau）（即今克罗地亚的特罗吉尔［Trogir］）。（Sweeney 1994: 46-48）这一假设有两条间接的佐证。现存最早的圣殿骑士团塞克什白堡（Székesfehérvár，译按：匈牙利城市，公元10—16世纪是匈牙利王国的首都）支部章程的落款处写道：由于害怕蒙古人（*propter metum tartarorum*），所以我们的印章在沿海地区。（Wenzel 1860 7: 144-145）另一份章程显示，至少在1243年11月之前，匈牙利-斯拉夫尼亚长老——沃宗的莱姆鲍德（Raimbaud of Voczon），仍然留在特劳处理一场诉讼案件。（Smičiklas 4: 205-206）

1247年匈牙利国王贝拉四世的想法，似乎是想实现类似于他父亲安德鲁二世在1211—1225年间力邀条顿骑士团来到布尔岑兰时（见上文）所设想的那种防御计划。贝拉四世试图把医院骑士团成员安置在一个叫“塞韦林”（Severin）的地方，一直延伸到奥尔特河（River Olt）。根据一封写于1247年11月的信，医院骑士团在某种意义上占领了这片地区：“我们已经把这些［兄弟会成员］安置在一片非常不可靠的区域，即在跨过多瑙河的库曼人和不里阿耳人的边境。”（*quos [fratres] iam partim collocavimus in loco magis suspecto, videlicet in confinio Cumanorum ultra Danubium et Bulgarorum.*）（Fejér

CD 4/1: 447-454; Jakó 1997 1: 191; Delaville le Roulx 1896 no. 2445）不过，至于为什么医院骑士团在1250年[①]后不久便离开了该地区（Fejér CD 4/2: 75-76; MVH 1: 208-211; Jakó 1997 1: 195），尚不清楚。需要强调的是，这并不是一次真正意义上的赠予，而是特许他们驻扎并生活在该地区，且对这些可能留下来的人群给予了一般性的赋税优惠政策。它有点类似于一份契约，因为它明确规定了医院骑士团的军事义务，包括在匈牙利国王受到威胁时，他们要在什么地方驻守多少武装人员。医院骑士团拟提供60名“兄弟”（*fratres*），来支援抵抗蒙古人的前线。

尽管对蒙古人再度返回的担忧一直没停，东欧还是逃过了像1241—1242年那样的劫难。1248—1254年间，教皇曾多次计划组织一次由条顿骑士团领导的反蒙古十字军，但这些想法最终都没有实现。（Sarnowsky 1994: 256; Bárány 2009: 252; Gładysz 2012: 303）真正的威胁于1259年来临，即所谓的“第二次蒙古入侵”，别儿哥汗（Berke Khan）威胁包括匈牙利在内的中东欧，在给国王贝拉四世发出的最后通牒中提到了他的计划。（Bárány 2009: 253）教皇亚历山大四世（Alexander IV）组建了一个看似有望实现的联盟，但是条顿骑士团的领导不足以把行动变成一次有效的征伐。（Gładysz 2012: 328）由于金帐汗国的解体，以及战事的扩大（蒙古人攻击了黎凡特），形势变得更加复杂。但这些事件的［因果］链，要到更早的历史时期去寻找。

蒙古入侵东欧之后，他们旋即于1243年夏迫使花剌子模人背井离乡（Jackson 1987: 55; Berkovich 2011: 20），并由此带来了长时期的

---

① 教皇英诺森四世在1250年确认了与国王贝拉四世的契约。

混乱，直到1260年的阿音札鲁特（Ayn Jālūt）战役才终结。（Amitai-Preiss 1992, 2006）虽然蒙古人在1243年还成功组织了一场针对安纳托利亚塞尔柱人的军事行动（Berkovich 2011: 20），但从短期来看，对于在叙利亚和巴勒斯坦的拉丁人来说，流亡的花剌子模人才是关键。花剌子模人在“逃亡”的过程中，很快与萨利赫·阿尤布（al-Salih Ayyub）结盟，转而对付黎凡特的法兰克人。（Bulst 1966: 220; Richard 1999: 329）其后果是令人震惊的：基督徒于1244年8月失守耶路撒冷（Tyerman 2006: 771）[①]，10月，拉丁军队在加沙之战（Battle of Gaza，又称拉佛比埃战役［Battle of La Forbie］）中被击败和歼灭。（Berkovich 2011, Hunyadi 2016）军事修士会的部队几乎全军覆没，迅速、有效的重新募兵在欧洲受到了阻碍，当然也是因为遭到了蒙古人的破坏。蒙古人于1244年袭击了阿勒颇（Jackson 1987: 56-57），从此开始出现在叙利亚，但是穆斯林势力已经足够应付了：1246年，阿勒颇的埃米尔在没有任何法兰克人帮助的情况下，击败了花剌子模人。（Tyerman 2006: 771）与此同时，欧洲的教会在1245年召开的第一次里昂公会议上提出倡议：十字军与那些跟蒙古人作战的基督徒享有同等的［宽赦］好处。（详见上文）可惜，军事修士会很难再从13世纪40年代的失利中缓过神来。（Lotan 2012）条顿骑士团的活动重心，转向了波罗的海和欧洲中东部，留在圣地的是医院骑士团、圣殿骑士团和条顿骑士团之间的激烈内斗，后来升级为一场严重的冲突，即圣萨巴斯之战（War of St. Sabas）。（Militzer 2005: 27-28; Bronstein 2006: 32; Sarnowsky 2012: 79-80）这场冲突在1258年以一项协议的签订而终结，此后军事修士会能够再度将精力集中到对付异教徒上来。

---

① 自1229年腓特烈二世通过谈判重新夺回圣城起，圣城一直由拉丁人控制。

即便是这次的复兴，也没能使圣殿骑士团在1260年1月[①]保住沿海城市 —— 西顿（Sidon），当时旭烈兀汗领导下的蒙古大军摧毁了西顿城墙。（Bronstein 2006: 32, 59; Gładysz 2012: 346）这一事件给拉丁帝国的首都阿卡造成了直接的威胁，虽然最终什么都没有发生。其原因或许是：埃及的马穆鲁克人在阿音札鲁特之役（1260 年 9 月 3 日）和歆姆斯之役（Battle of Homs，1260 年 12 月 10 日）中成功阻挡了蒙古人的入侵。蒙古人离开了叙利亚和伊拉克，并且再也没有回来过。从长期来看，这一点既没有拯救拉丁帝国，也没有拯救军事修士会。在第二次里昂公会议（1274 年召开）上，彻底整顿军事修士会，成为一项议程。

综上所述，我们可以肯定地讲，蒙古人的威胁深刻影响了军事修士会的活动。天主教廷的“新”敌人（即异教徒）使他们调整了最初的目标，这一点可以从 13 世纪 40 年代十字军宽赦对象的扩展上看出端倪。此外，条顿骑士团在东欧对抗蒙古人的斗争中所起的决定性作用，让“常备十字军”的说法一度甚嚣尘上，这一说法最初是在对付波罗的海地区异教徒的过程中提出的。这一行动，在几十年内都十分重要，但它已经不在本文讨论的范围内了。

（申雅丽 译　陈浩 校）

参考文献

史料

Bak, J. M., Rady, M. C. (Eds.), 2010. Epistle to the Sorrowful Lament

① 大马士革在两个月后沦陷。

upon the Destruction of the Kingdom of Hungary by the Tartars of Master Roger, in: *Epistle to the Sorrowful Lament upon the Destruction of the Kingdom of Hungary by the Tartars of Master Roger*, Central European Medieval Texts. Central European University Press, Budapest; New York: 132-228.

Jakó, Z. (Ed.), 1997. *Erdélyi okmánytár: oklevelek, levelek és más írásos emlékek Erdély történetéhez*. IV: 1360-1372, 1. kiad. ed, A Magyar Országos Levéltár kiadványai. Akadémiai Kiadó, Budapest.

Delaville le Roulx, J., 1896. *Cartulaire général de l'ordre des Hospitaliers de Saint-Jean de Jérusalem*. n.p.

Długosz, J., 1975. *Annales seu Cronicae incliti regni Poloniae*. Liber septimus et octavus. Annales Poloniae. Varsaviae: Państwowe Wydawnictwo Naukowe.

Fejér, G. (Ed.), 1828. *Codex diplomaticus Hungariae ecclesiasticus ac civilis*. Budae.

Karbić, D. (Ed.), 2006. *Historia Salonitanorum atque Spalatinorum pontificum =: History of the Bishops of Salona and Split*, Central European Medieval Texts. Central European Univ. Press, Budapest New York.

Irgang, W. (Ed.), 1977. *Schlesisches Urkundenbuch*. 2: 1231-1250. Böhlau, Wien.

Smičiklas, T., 1904. *Codex diplomaticus regni Croatiae, Dalmatiae ac Slavoniae. Diplomatički zbornik kraljevine Hrvatske, Dalmacije i Sslavonije*. Zagrabiae.

Tanner, N. P. (Ed.), 1990. *Decrees of the Ecumenical Councils*. Sheed & Ward; Georgetown University Press, London: Washington, DC.

Theiner, A. (Ed.), 1863. *Vetera monumenta Slavorum meridi-onalium historiam illustrantia*. Roma.

Wenzel, G., 1860. *Árpádkori új okmánytár. Codex diplomaticus Arpadianus continuatus*. Pest.

研究论著

Amitai-Preiss, R., 1992. Mamluk Perceptions of the Mongol-Frankish Rapprochement. *Mediterranean Historical Review* 7: 50-65.

Amitai-Preiss, R., 2006. Ayn Jālūt Revisited, in: France, J. (Ed.), *Medieval Warfare 1000-1300*. Ashgate, Aldershot: 363-394.

Balard, M., 1998. *L'impact des produits du Levant sur les économies européennes*. Prodotti e tecniche d'Oltremare nelle economie europee (XIII-XVIIIs.), Settimana Datini, Prato 1997.

Bárány, A., 2009. Magyarország, Anglia és a tatár veszély a XIII. század második felében. *Hadtörténeti Közlemények* 122: 251-280.

Barber, M., 1994. *The New Knighthood: a History of the Order of the Temple*. Cambridge University Press, Cambridge; New York, NY, USA.

Berkovich, I., 2011. The Battle of Forbie and the Second Frankish Kingdom of Jerusalem. *The Journal of Military History* 75: 9-44.

Bird, J., 2006. Vow. In Murray, A.V. (Ed.), 2006. *The Crusades: An Encyclopedia*. ABC-CLIO, Santa Barbara, Calif: 1233-1237.

Borchardt, K., 2001. The Templars in Central Europe, in: Hunyadi, Z. and L., József (Ed.), *The Crusades and the Military Orders: Expanding the Frontiers of Medieval Latin Christianity*, CEU Medievalia. Department of Medieval Studies, Central European University, Budapest: 233-244.

Bronstein, J., 2006. The Mobilization of Hospitaller Manpower from Europe to the Holy Land in the Thirteenth Century, in: Burgtorf, J., Nicholson, H. J. (Eds.), *International Mobility in the Military Orders (Twelfth to Fifteenth Centuries): Traveling on Christ's Business*. University of Alabama Press, Tuscaloosa: 25-33.

Bronstein, J., 2005. *The Hospitallers and the Holy Land: Financing the Latin East, 1187-1274*. Boydell Press; Boydell Press, Woodbridge, Suffolk, UK: Rochester, NY.

Bulst, M.-L., 1966. Zur Geschichte der Ritterorden und des Königreichs Jerusalem im 13. Jahrhundert bis zur Schlacht bei La Forbie am 17. Okt. 1244. *Deutsches Archiv für Erforschung des Mittelalters* 22: 197-226.

Burzyński, E., 2010. *Zakon rycerski templariuszy na ziemiach Polski piastowskiej i na Pomorzu Zachodnim* [Knights Templar in Piast Poland and Western Pomerania], Wyd. 1. ed, Nowe Średniowiecze. Wydawn. Templum, Wodzisław Śląski.

Chambers, J., 1979. *The Devil's Horsemen: The Mongol Invasion of Europe*, 1st American ed. Atheneum, New York.

France, J., 2005. *The Crusades and the Expansion of Catholic Christendom, 1000-1714*. Routledge, London; New York.

Gładysz, M., 2012. *The Forgotten Crusaders: Poland and the Crusader Movement in the Twelfth and Thirteenth Centuries, The Northern World: North Europe and the Baltic c. 400-1700 A.D.: Peoples, Economies and Cultures*. Brill, Leiden; Boston.

Hamilton, B., 1980. *The Latin Church in the Crusader States: The*

Secular Church. Variorum Publications, London.

Hunyadi, Z., 2016. Az elfeledett gázai csata: La Forbie (1244), in: Pósán, L., Veszprémy, L. (Eds.), *Elfeledett Háborúk: Középkori Csaták És Várostromok, 6-16. Század*. Zrínyi Kiadó, Budapest: 65-78.

Hunyadi, Z., 2010. *The Hospitallers in the Medieval Kingdom of Hungary: c. 1150-1387*, CEU Medievalia. Magyar Egyháztörténeti Enciklopédia Munkaközösség, Budapest.

Hunyadi, Z., 2008. The Teutonic Order in Burzenland (1211-1225): New Re-considerations, in: Houben, H., Toomaspoeg, K. (Eds.), *L'Ordine Teutonico Tra Mediterraneo e Baltico: Incontri e Scontri Tra Religioni, Popoli e Culture*. Mario Congedo Editore, Galatina: 151–170.

Irwin, R., 1986. *The Middle East in the Middle Ages: The Early Mamluk Sultanate, 1250-1382*. Southern Illinois University Press, Carbondale.

Jackson, P., 1991. The Crusade Against the Mongols (1241). *The Journal of Ecclesiastical History* 42, 1.

Jackson, P., 1987. The Crusades of 1239-41 and Their Aftermath. *Bulletin of the School of Oriental and African Studies, University of London* 50: 32-60.

Jasiński, T., 1991. Zur Frage der Teilnahme des Deutschen Ordens an der Schlacht von Wahlstatt, in: Schmilewski, U. (Ed.), *Wahlstatt 1241*. Bergstadtverlag W. Gottlieb Korn, Würzburg: 117-127.

Kovács, S., 2014. *A kunok története a mongol hódításig*, Magyar Őstörténeti Könyvtár. Balassi Kiadó, Budapest.

Laszlovszky, J., 2001. Crusades and Military Orders: State of

Research, in: Hunyadi, Z., Laszlovszky, J. (Eds.), 2001. *The Crusades and the Military Orders: Expanding the Frontiers of Medieval Latin Christianity*, CEU Medievalia. Department of Medieval Studies, Central European University, Budapest. xiii-xix.

Lotan, S., 2012. The Battle of La Forbie (1244) and its Aftermath-Re-examination of the Military Orders' Involvement in the Latin Kingdom of Jerusalem in the mid-Thirteenth Century. Ordines Militares. *Yearbook for the Study of the Military Orders* 17: 53-67.

Luttrell, A., 2001. The Hospitallers in Hungary before 1418. in: Hunyadi, Z., Laszlovszky, J. (Eds.), 2001. *The Crusades and the Military Orders: Expanding the Frontiers of Medieval Latin Christianity*, CEU Medievalia. Department of Medieval Studies, Central European University, Budapest.

Militzer, K., 2005. *Die Geschichte des Deutschen Ordens*. Kohlhammer, Stuttgart.

Morton, N. E., 2009. *The Teutonic Knights in the Holy Land, 1190-1291*. Boydell Press, Woodbridge, U. K. ; Rochester, N. Y.

Purcell, M., 1975. *Papal Crusading Policy*. The Chief Instruments of Papal Crusading Policy and Crusade to the Holy Land from the Final Loss of Jerusalem to the Fall of Acre. 1244-1291.

Richard, J., 1999. *The Crusades, c. 1071-c. 1291*, Cambridge Medieval Textbooks. Cambridge University Press, Cambridge, U. K. ; New York, NY.

Riley-Smith, J., 2010. *Templars and Hospitallers as Professed Religious in the Holy Land*, The Conway Lectures in Medieval Studies. University of Notre Dame Press, Notre Dame, Ind.

Riley-Smith, J. S. C., 2012. *The Knights Hospitaller in the Levant, c.1070-1309*. Palgrave Macmillan, Houndmills, Basingstoke, Hampshire; New York.

Sarnowsky, J., 2012. Die Ritterorden und der Krieg von St. Sabas. Ordines Militares - *Colloquia Torunensia Historica* 17: 69-80.

Sarnowsky, J., 1994. The Teutonic Order Confronts Mongols and Turks, in: Barber, M. (Ed.), *The Military Orders. Fighting for the Faith and Caring for the Sick*. Ashgate, Aldershot: 253-262.

Senga, T., 1987. IV. Béla külpolitikája és IV. Ince pápához intézett "tatár-levele." *Századok:* 584-611.

Stossek, B., 2006. A templomosok Magyarországon, in: Laszlovszky, J. (Ed.), *Magyarország És a Keresztes Háborúk. Lovagrendek És Emlékeik*. Attraktor, Máriabesnyő: 180-194.

Stossek, B., 2001. Maisons et Possessions des Templiers en Hongrie, in: Hunyadi, Z. and L., József (Ed.), *The Crusades and the Military Orders: Expanding the Frontiers of Medieval Latin Christianity*, CEU Medievalia. Department of Medieval Studies, Central European University, Budapest: 245-252.

Strakosch-Grassmann, G., 1893. *Der Einfall der Mongolen in Mitteleuropa in den Jahren 1241 und 1242*. Wagner, Innsbruck.

Sweeney, J. R., 1994. Identifying the Medieval Refugee: Hungarians in Flight during the Mongol Invasion, in: Sweeney, J. R. (Ed.), *Forms of Identity* (Definitions & Changes). József Attila University, Szeged.

Tyerman, C., 2006. *God's War: A New History of the Crusades*. Allen Lane Penguin, London.

Veszprémy, L., 2003. Újabb szempontok a tatárjárás történetéhez. in: Nagy, B. (Ed.), *Tatárjárás*. Osiris Kiadó, Budapest: 384-394.

Weber, M., 1991. Die Schlacht von Wahlstatt und ihre Bewertung im Wandel der Zeiten, in: Schmilewski, U. (Ed.), *Wahlstatt 1241*: Beiträge Zur Mongolenschlacht Bei Liegnitz Und Zu Ihren Nachwirkungen. Bergstadtverlag Korn, Würzburg.

Zimmermann, H., 2011. *Der Deutsche Orden in Siebenbürgen: eine diplomatische Untersuchung*, 2., durchges. Aufl. ed, Studia Transylvanica. Böhlau, Köln.

突厥史诗的伊斯兰化
——以《乌古斯史》为例*

〔匈〕埃娃·肯西斯–纳吉（Éva Kincses-Nagy）撰

《乌古斯史》（*Oghuznāma*，译按：《乌古斯史》是对乌古斯传说的一般性称谓，回鹘文版的则称为《乌古斯可汗传》）代表了突厥语族乌古斯语支人群的史诗传统。它是关于该人群的祖先——乌古斯（此部落的名称，亦得名于他）及相关人物的事迹汇编。不同版本的乌古斯传说，为历史语言学和文献学领域内的众多问题提供了丰富的资料。此外，尽管它不能作为一般意义上的历史文献来使用，但是其中的一些故事也在某种程度上反映了历史真实。该传说的内核，跟着乌古斯部落和他们的吟唱诗人（即所谓的 *ozan*），一路从内陆亚洲的故乡来到安纳托利亚，抵达后来的奥斯曼帝国疆域内。根据新的环境而对其内容做出的调整，都是可以看出来的。这是关于不同时期、不同地区、不同突厥语人群起源的第一部见于记载的传说。不同版本的乌古斯传说，有口头的，有文字的，在广袤的突厥语世界内流传着。（Orkun 1935）

* 本项研究得到了“关于智能、可持续和包容的社会发展的诸方面：社会、技术，以及就业和数字经济中的创新网络”（项目号：EFOP-3.6.2-16-2017-00007）的资助。该项目得到了欧盟的支持，并由欧洲社会基金和匈牙利政府预算的共同资助。

我们所掌握的关于乌古斯的材料，最早源于第一突厥汗国和第二突厥汗国的时代。他们的名号，可以在公元8—9世纪的突厥如尼文碑铭上找到，乌古斯是作为突厥的北方近邻的身份出现的，且他们的部落联盟被称为“九姓乌古斯”（*Toquz-Oghuz*）。（译按：汉文史料中作“九姓”）[①] 在《阙特勤碑》中，“乌古斯”还作为一个名号的组成部分而出现：*Oġuz Bilgä Tamġačï*“乌古斯·毗伽掌印人”，它是参加阙特勒葬礼的一名使节的名号。[②] 在《希乃乌苏碑》（*Šine-Usu*，译按：又称《磨延啜碑》）（760年）中，除了前面提到的“九姓乌古斯”之外，还提到了“八姓乌古斯”（*Sekiz Oghuz*）的部落联盟名称。[③] 史料中还有一些关于乌古斯与突厥和回鹘之间关系的记载，他们时或是盟友，时或是敌人。回鹘汗国崩溃（840年）之后，乌古斯人群从内陆亚洲的故乡向西迁徙。8—11世纪之间，锡尔河以北的地域，被穆斯林史家称为“古兹草原”，因为他们是这片地域的主体人群。“古兹”这一术语是“乌古斯”的阿拉伯语形式。在10—11世纪之际，他们形成了一个由24部构成的强大联盟。10世纪末，一群乌古斯人在塞尔柱的率领下，皈依了伊斯兰教，乌古斯的统治者本人在稍晚时候也皈依了伊斯兰教。不久之后，“突厥蛮”的称谓开始被用于指代这个信仰伊斯兰教的乌古斯人群。11世纪，乌古斯部落侵袭了河中、花剌子模、呼罗珊、阿塞拜疆、伊朗和伊拉克，且成为当时伊斯兰世界内最强大的一股势力。在11—12世纪，塞尔柱人继续向西迁徙和征服。

---

① 建于726年的《暾欲谷碑》，西面第7行，南面第9行、第12行、第14—16行，东面第22行；建于732年的《阙特勤碑》，南面第2行，东面第14行、第28行，北面第4行、第6行、第8—9行；建于734/735年的《毗伽可汗碑》，东面第29行、第32—36行、第38行，参见Berta 2004。

② 北面第13行，参见Berta 2004。

③ 北面第3行、第5行，东面第1行、第3行、第10行，南面第8行，西面第8行，参见Berta 2004。

随着塞尔柱人于1071年在曼齐克特（Manzikert）击败了拜占庭帝国，他们完成了对安纳托利亚和叙利亚的征服。130年后，奥斯曼王朝建立。在11—12世纪之际，突厥蛮（译按：今天的民族国家一般译成“土库曼［斯坦］”，历史上的民族则称为“突厥蛮”）和阿塞拜疆部落，迁移到了他们至今仍在生活的地区。（Sümer 1967; Golden 1972）

乌古斯各部落的神话祖先是乌古斯可汗，他的生平和事迹见于各种版本的《乌古斯史》中。关于这一突厥语史诗传统存在的最早记载，见于埃及马穆鲁克史家伊本·达瓦达里（Ibn ad Dawādarī）于公元1336年完成的作品中。在他关于公元1230—1231年（伊历628年）历史的叙述中，他提到他的史源之一是一部关于突厥语人群的书，讲述的是他们的历史，以及他们的首位、也是最伟大的统治者。根据他的说法，这部书在突厥语人群中非常流行，广为流传，突厥语人群中的智者都用心学习其中的事迹，并表演出来。他的批注表明了，文字版的乌古斯传说在当时也在流传。他还提到，吟唱人（或诗人）的表演会用一个类似于琉特琴的拨弦乐器 *qopuz* 来伴奏。（Graf 1990: 182-183; Ercilasun 1986: 9）伊本·达瓦达里的叙述，也表明了文字版和口头版乌古斯传说之间的相互影响，我们还可以提到另外两份来自15世纪的史料，涉及现存的乌古斯叙事。其中一份是雅兹吉奥卢·阿里（Yazïǰïoġlu ‘Ali）写于15世纪的奥斯曼编年史《塞尔柱史》（*Tavārih-i Āl-i Selǰuk*），他任职于苏丹穆拉德二世（Murad II）（1421—1444年和1446—1451年在位）统治期间。在他关于乌古斯和塞尔柱历史的叙述中，他提到了一部用回鹘文书写的乌古斯传说。他还引用了一段押韵的内容，可能由吟唱人表演过。（Orkun 1935: 70-72; Sümer 1959: 366; Bakır 2008）一位与他同时代的人——苏克鲁拉赫（Šukrullāh），在15世纪中期作为穆拉德二世的使节出现在大不里士。在那里，他也看到了一部用回鹘文书写的乌古斯史。（Orkun 73-74; Sümer 1959: 387）17 世纪下半叶，希瓦汗国的统治者——阿布尔·哈齐·把阿秃儿汗（'Abu'l-Ġāzī Bahādur Khan），也是编年史《突厥蛮世系》（*Šaǰara-i Tarākima*）和《突厥世系》（*Šaǰara-i Türk*）的作者，留下了关于乌古斯 / 突厥蛮人的世系史料。在《突厥蛮世系》的前言中，他提到了突厥蛮部落的上层要求他为他们编写一部确切的世系：

突厥蛮的毛拉、谢赫和部落首领听说我精于历史，于是，有一天他们都来找到我，并指出有许多已知的乌古斯史版本，但没有一个版本是好的，它们都是不准确的，且互相矛盾。如果能有一部统一、准确和可靠的乌古斯史，那该多好。他们请求我，我答应了他们的要求。[①]（Kononov 1958，第 23—28 行）

从这段引文中我们可以看出，到了 17 世纪，在花剌子模仍然存着不同版本的乌古斯突厥语人群的口头史诗传统。至于书面的乌古斯史版本，我们可以大致地分成两组，分别是：以回鹘文《乌古斯可汗传》为代表的前伊斯兰传统和自 14 世纪以来形成的伊斯兰化的传统。前伊斯兰的传统，即所谓的"异教"《乌古斯可汗传》[②]是在蒙古入侵后书写的，它的抄写年代和地点仍有争论。根据伯希和（Pelliot 1930）的说法，现藏于巴黎国家图书馆的海内外孤本——回鹘文《乌古斯可汗传》，是一部晚期的抄本。它的底本已佚失，底本大致写于公

① 阿布尔·哈齐书中的引文，来自于 Kononov 1958 和 Desmaisons 1970 的版本，转写和翻译是笔者所加。

② 与 DeWeese 1994: 501 相似，丹卡（B. Danka）也使用了"异教"这一术语。后者强调，它没有任何贬义的色彩，只是想表达与伊斯兰化版本之间的对立，也就是说从穆斯林的观点来看，它属于异教的东西。（Danka 2019: fn. 1）

元 1300 年的吐鲁番地区。[①] 有学者认为该抄本完成于 15 世纪初的花剌子模。（Clauson 1962: 48, 184; Clauson 1972: xxiii）其故事的内核是非常古老的，某种程度上来自前伊斯兰时代的图腾性文本，反映的是突厥萨满教和腾格里教的古老信仰。

最早的伊斯兰化的乌古斯史，保存于拉施特（Rashīd al-Din）的编年史《史集》（*Jāmi' al-Tawārīkh*，写于 1310—1311 年）[②] 和希瓦汗国的统治者阿布尔·哈齐汗（1603—1663）的作品中。《突厥蛮世系》于 1659 年或 1661 年定稿，《突厥世系》于 1665 年定稿。[③] 除了口头传统外，阿布尔·哈齐汗主要取材于《史集》。[④] 我们还掌握其他两部引用拉施特《史集》的文献，一个就是上文提到的雅兹吉奥卢·阿里于 15 世纪上半叶写成的《塞尔柱史》中一段来源不明的乌古斯史，其中有 65 行的内容提要；另外一个是在［土耳其］乌尊克普吕（Uzunköprü）私人收藏中发现的一部抄本，可能是 18 世纪的本子。[⑤]

从文化史的视角来看，不同版本之间的比较研究是有意义的。接下来，我将就一些主题和意象，在前伊斯兰的版本和伊斯兰化的版本之间作对比。我研究了以下一些主题，例如乌古斯的出生和特征，他的成长、婚姻和帮手。[⑥]

---

① 最近的研究综述，参考 Ratcliffe 2013: 2-4 和 Danka 2019 第一章。

② 拉施特《史集》的译文有好几个版本，笔者使用的是 Thackston 1998。

③ Kononov 1958; Kargı Ölmez 1996; 戴美桑（Desmaisons 1871, 1874）整理了圣彼得堡写本，该书于 1970 年重印。《突厥世系》是在阿布尔·哈齐汗去世之后，由他的儿子定稿的。

④ Desmaisons 1970: 34-36; Text 35-37.

⑤ 雅兹吉奥卢的《塞尔柱史》（1423 年定稿），校订本已出版，见 Bakır 2008。同时参考 Eraslan 1992 (1995)。关于乌尊克普吕的残本，参考 Orkun 1935: 96-120 和 Eraslan: 1976: 169-175。笔者的引文是来自 Eraslan 1976: 176-190。

⑥ 回鹘文的《乌古斯可汗传》，我采用了 Danka 2019 的译文。

出生

有一天，月亮可汗 (ay qaγan) 待产了（直译：她的眼睛一亮）。她生了一个男孩。孩子的皮肤和脸是蓝色的，嘴巴是火红色的，眼睛是鲜红色的，头发和眉毛是黑色的。他比动人的精灵还要俊美。那个孩子从他母亲的乳房里喝了初乳（aγuz），之后他就不再喝了。他想要肉、食物和酒。（Danka 2019: fol. 1-2）

在突厥语人群的信仰中，“天”具有非常高的地位（即腾格里教）。可汗们从“天”或“蓝天”（*kök* 或 *kök tengri*）获得统治的力量。孩子的肤色是蓝色的（或是像天一样的颜色），是一种隐喻，暗示出他的高贵，以及他从天上来。“鲜红色的眼睛”（*közläri al*），在突厥语寓言中往往是用来描述勇敢的，而“火红色的”嘴巴或嘴唇（*aγïzï ataš qïzïl*）可能是象征他的智慧，例如在西伯利亚的寓言中就有“火从某人的嘴中喷出”的表述，指的是智慧和聪明。（Ögel 1989. I: 133-7）此后讲述了乌古斯在出生后的几天内便停止了喝奶，却异乎寻常地想吃肉和喝酒。由于写本的开头部分不完整，所以我们对于乌古斯的父亲一无所知，对于他的母亲，也只是知道她的名字叫月亮可汗，这一点实际上也再次说明了乌古斯是从天而降的。值得注意的是，大部分突厥语人群认为太阳是阴性，月亮是阳性。（Ögel 1989. I: 129-132）写本中说，月亮可汗是乌古斯的母亲——她的名字也暗示了乌古斯具有超自然的［生性］，也就是说，乌古斯是从神圣的月光中出生的。根据学者（Adaeva & Makulbekov 2014）的研究，在哈萨克的神话中，月亮（与太阳一起）也可以视作阴性。

如果我们将这一点与伊斯兰化的版本进行比较的话，就会发现一幅完全不同的景象。在《史集》中，我们看到：

喀喇汗继承了他的父亲，且他有一个三天三夜不喝母亲奶的儿子。于是，孩子的母亲哭泣着恳求，每晚在梦中听到孩子对她说不："母亲，如果你变成了安拉的热爱者和崇拜者，我就喝你的奶水。"由于她的丈夫和所有的部落成员都是异教徒，所以这个女人担心如果她公开崇拜安拉，他们会杀死她和她的孩子。因此，她偷偷地信仰安拉，并且真诚地热爱安拉。这样，孩子就吮吸他母亲的乳房了。（Thackston 1998: 28）

几乎同样的故事，可以在《突厥世系》中找到，《突厥蛮世系》亦同①：

喀喇汗的第一任妻子生了一个孩子。他的俊美超过了太阳和月亮。他已经三天三夜不吮吸他母亲的乳房了。这个孩子每晚都出现在他母亲的梦中，对她说：啊，母亲，成为穆斯林吧！如果你想让我吮吸 [你的乳房]，那就成为穆斯林并且向唯一的神宣誓信仰吧，宣布祂是最伟大的。如果你不皈依正道，那我死也不会吮吸你的乳房。这位母亲不敢谈论她的梦，私下里皈依了伊斯兰教。她举起双手，并祈祷：哦，安拉，请保佑我的奶水甜蜜，给我的宝贝儿子喝。于是，孩子立即开始吮吸他母亲的乳房了。这位母亲既没有跟任何人说起她的梦，也没有提到她皈依了伊斯兰教。这是因为突厥人自雅弗到阿林加汗（Alinja Khan）的时代一直都是穆斯林……但是在那时，人们的数

① Desmaisons 1970[2]: Text p. 13-14.

量和财富增加了太多，以至于他们沉醉于财富而忘记了安拉，成了异教徒。在喀喇汗的时代，异教的势力如此之强大，以至于如果一个孩子听说他的父亲是穆斯林，就会杀了父亲，如果一个父亲听说儿子是穆斯林，就会杀了儿子。（Kononov 1958，第 166—177 行）

在伊斯兰化的版本中，乌古斯的世系追溯到了人类的始祖亚当，并列举了一大堆乌古斯的祖先。据说，所有的突厥人都起源于雅弗，即先知诺亚的儿子。在拉施特的《史集》中，喀喇汗是诺亚之后的第六代人，但是在阿布尔·哈齐汗的作品中，从人类始祖亚当之后列举了更为详细的世系，喀喇汗是蒙兀汗（Mogol Khan）的儿子。如果考虑到当时的蒙古-突厥史诗传统，这点就不足为奇了。与回鹘文《乌古斯可汗传》不同，伊斯兰化的版本中乌古斯的父母都是实实在在的人，分别是喀喇汗和他的第一任妻子。很重要的一点是，根据拉施特和阿布尔·哈齐汗的说法，突厥人在早期的历史中都是穆斯林，但是财富腐蚀了他们。最初的一口奶水，也是很重要的主题。在回鹘文版本的乌古斯史中，新生儿在吮吸过初乳之后想要吃肉，意味着天赋异禀；而在伊斯兰化的版本中，乌古斯是一个用不喝奶水来胁迫他母亲皈依伊斯兰教的“原生”穆斯林。母亲为了伊斯兰教，也是为了她那穆斯林的儿子，冒了风险，我们可以说她是在异教长期盛行后的第二个伊斯兰教追随者。拒绝一位非穆斯林母亲的奶水，这一主题也可以在奥特米什·哈吉（Ötemiš Haji）关于别儿哥出生的叙述中找到。别儿哥也是原生穆斯林，他没有吮吸他自己母亲的奶水，也没有吮吸任何其他异教徒女性的奶水。他被领到了算命的跟前，算命的说他是穆罕默德和穆斯林的后代，不喝异教徒女性的奶水。于是，他们找来了一位穆斯林女性，他就开始吮吸她的乳房了。（Kamalov 2009: 41）德韦斯（DeWeese 1994: 85）指出，在关于别儿哥信仰［伊斯兰教］的其他叙述中，可以找到类似的故事。

乌古斯的外貌特征

前伊斯兰传统的乌古斯传说，给新生的乌古斯赋予了超自然的力量：

他开始说话（直译：他的舌头开始动）。许多（直译：四十）天后，他长大了，能走路和玩耍了。他的脚像牛的脚一样，他的腰像狼的腰一样，他的肩像貂的肩一样，他的胸膛像熊的胸膛一样。他全身长满了毛。他总是放牧，总是骑马，总是打猎。若干日夜之后，他成了年轻小伙。（Danka 2019: fol. 2）

正如卡尔·莱希儿（Karl Reichl）在参考斯蒂特·汤普森（Stith Thompson）的《母题索引》时所指出的，人物早熟是世界上所有史诗中常见的主题。乌古斯的体毛，以及动物一般的外表（参见穆斯林圣贤巴巴·图克勒斯［Baba Tükles］的身体，DeWeese 1994: 330-1），让人联想起图腾信仰。他的非凡力量和其他特性，促使人相信他的天赋异禀，他天生就是干大事的。

伊斯兰化的版本，当然没有将乌古斯与动物比拟，因为这是违反伊斯兰教教义的，不过却强调了这个男孩绝世的纯洁和俊美，这指的是他的宗教特性："一年过去后，这个孩子无比的纯洁和俊美。宗教的启示和爱，从他的额头上显露出来。"（Thackston 1998: 28）在阿布尔·哈齐汗看来，这个新生的孩子是俊美的："他的俊美超过了太阳和月亮。”（Kononov 1958，第 167 行）在 18 世纪的乌尊克普吕版本中，乌古斯是任何人都无法比拟的。（Eraslan 1976: 179）

在前伊斯兰版本的乌古斯传说中，我们可以发现腾格里教的痕迹。乌古斯向上天祈祷，以及下文我们要指出的，他的第一位妻子是从天上掉下来的，降临在光中。

乌古斯可汗正在向上天祈祷，当时天变黑了，从天上降临一道光。它比太阳和月亮还亮。乌古斯可汗走进了光。他在光中看见一位姑娘。（Danka 2019: fol. 6–7）我已经履行了对苍天的义务，（因而）我（特此）把我的国家交给你。（Danka 2019: fol. 6; fol. 42）

当然，伊斯兰化的版本强调乌古斯作为穆斯林的特性，这些［腾格里教的内容］都完全消失了。在伊斯兰化的版本中，孩童乌古斯用阿拉伯语（宗教语言）重复着安拉的名字，作为异教徒的突厥语人群以为他在胡言乱语：

他嘴里不停地说出神的名字，即阿拉伯语的“安拉”，但是没有人知道这个词是什么意思。虽然他不停地发出优美的声音“安拉”，但部落成员以为他是在纵情高歌，这都成了他的一个习惯。（Thackston 1998: 29）

在阿布尔·哈齐的作品中，我们发现有一段非常类似的叙述。但是在他的文本中，强调了乌古斯是被安拉拣选去从事伟大事业的：

当他说话时，他总是念“安拉、安拉”。由于这个词是阿拉伯语，而蒙古人的祖先们没有一个听过阿拉伯语，因此，大家听了之后就说："他是个孩子。因为他不会讲话，所以他不知道他在说什么。"安拉让乌古斯天生就是穆斯林，[为了]让安拉获得赞美，安拉把他自己的名字放在了乌古斯的心里和嘴上。(Kononov 1958，第 192—197 行)

乌古斯的斗争

无论是在前伊斯兰的版本中，还是伊斯兰化的版本中，接下来的内容都是乌古斯与他人的斗争。但两者还是有一个很大的不同。在回鹘文的乌古斯传说中，他先是与吃人的神话怪物斗争。乌古斯宣称自己是可汗，他的目的是征服整个世界和臣服所有百姓，让他们纳税和朝贡。他杀死和消灭了那些不服从他的人。乌古斯具有征服世界的一切游牧特质，他的生命是一场无休止的斗争。在伊斯兰化的版本中，他最早遇到的冲突对象，是他父亲为他挑选的两位妻子。由于她们不跟随他信仰安拉，所以他断绝了与她们的往来："我不爱她们，因为她们是异教徒，而我是穆斯林。"(Kononov 1958: 212）根据乌尊克普吕的版本，他甚至对她们施暴。(Eraslan 1976: 180/12, 2）乌古斯有自己的意志，有自己的主张。他自己选了一位妻子，并让她皈依了伊斯兰教。对他而言，宗教是生命中最有价值的东西，比家族关系更重要。他与家族（他的父亲、叔叔和亲属们）的对立，导致了一场公开的信仰之战。在长期的斗争之后，由于安拉的帮助，乌古斯赢了，成为部落联盟的可汗。(Thackston 1998: 29)"乌古斯要求所有的人都皈依伊斯兰教。他对那些成为穆斯林的人加以爱护，对那些没有成为穆斯林的人加以攻击，杀害他们，并抓走他们的孩子。"(Kononov 1958，第 248—249 行）之后，他开始了对世界的征服，在这场战争

（或许我们可以称之为“圣战”）中，安拉帮助他建立了一个基于真正信仰之上的帝国。他是一个很好的骑手和弓箭手，一个好的策略家，且从不伤害穆斯林，但杀害异教徒。（Kononov 1958，第 333—334 行）

乌古斯的帮手

我们接下来要回答的问题是，是谁帮助了乌古斯征服世界？正如我们上文已经指出的，乌古斯崇拜苍天腾格里，并且向祂祈求帮助。此外，在乌古斯传说中还有另一个图腾信仰的底层残余，即一匹灰色公狼。

在破晓时分，一束像太阳一样的光，进入乌古斯可汗的帐篷里。从那光束中，走出一匹灰色皮毛、灰色鬃毛的大公狼。那匹狼向乌古斯可汗做出了一个承诺（直译：给他话）。狼说：“嗷，嗷，乌古斯，你要去征讨罗姆人（Urum，译按：即拜占庭）！嗷，嗷，乌古斯，我会伴你前行！”它这样说。在那之后，乌古斯便拔营出发。他看见部队（较为辽阔的）的不远处，有一匹灰色皮毛、灰色鬃毛的大公狼在行走。他们（几乎）跟在那匹狼的后面。几天过后，这匹灰色皮毛、灰色鬃毛的大公狼停了下来。乌古斯也让军队停下。（Danka 2019: f. 16-18）

这匹领头的狼，指引着人们何时前进、何时停下、何时征服。从引文中我们可以清楚地看到，它是一个从天而降的非凡之物，是天神所赐。它在乌古斯的征伐中，提供了帮助。

乌古斯可汗［看见］这匹灰色皮毛、灰色鬃毛的公狼。那匹灰狼告诉乌古斯可汗："现在，可汗，率军出发吧，带上你的百姓和伯克（一起）。[①]我会引导你，给你指路！"它说。当黎明到来的时候，乌古斯可汗看见这匹公狼走在部队附近。他很高兴，便出发了。（Danka 2019: f. 24-25）

之后某天，这匹灰色皮毛、灰色鬃毛的公狼不再（往前）走了，它停了下来。乌古斯可汗也停了下来。乌古斯安顿好营地，他驻扎了下来。那是一片荒芜的平地。他们（一般）称之为女真（Jurched）……（Danka 2019: f. 29）

德韦斯认为，"狼指路"的主题，一定是源自乌古斯部落，因为一些类似的故事片段，也可以在12世纪叙利亚人米海尔关于乌古斯人群的编年史中找到。（DeWeese 1994: 278, 496. fn. 8[②]）塞诺（Sinor 1982）提到了保存在汉文史料中的三则突厥起源传说。第一个，塞诺称之为"狼种说"，见编纂于629年的《周书》，里面也有一匹狼的主题。与此稍微不同的版本，见编纂于659年的《北史》，以及编纂于629—636年的《隋书》中。这个故事的梗概是，一个男孩的部落全部被杀，只有他被一匹灰白色的母狼拯救，并抚养成人。他们逃到了高昌，在那里他与这匹母狼交配，并使之怀孕。灰狼生下了十个儿子，其中之一就是后来的阿史那部落，即古代突厥人的祖先。[③]在建

① "伯克"（*beg*）指的是部族首领。

② 德韦斯也提到，志费尼关于回鹘人的记载中有神兽指路的情节。

③ 《周书·突厥传》载："突厥者，盖匈奴之别种，姓阿史那氏，后为邻国所破，尽灭其族。有一儿，年且十岁，兵人见其小，不忍杀之，乃刖其足，弃草泽中。有牝狼以肉饲之。及长，与狼合，遂有孕焉。彼王闻此儿尚在，重遣杀之。使者见狼在侧，并欲杀狼。狼遂逃于高昌国之西北山。山有洞穴，穴内有平壤茂草，周回数百里，四面俱山。狼匿其中，遂生十男。十男长大，外托妻孕，其后各有一姓，阿史那即一也。"（转引自Sinor 1982: 224-225）狼的主题，也出现在了突厥的第二种起源叙事中，"能征召风雨"。（Sinor 1982: 226）

于公元6世纪的《布古特碑》(三面刻有粟特文)顶部，有孩子吮吸母狼乳汁的浮雕。(Kljaštornyj-Livšic 1972: 71)毫无疑问，这也与古代突厥人的世系神话有关。[①](译按：一般认为是螭首的形象)

当然，在伊斯兰化的版本中，我们找不到这一主题。对于一个穆斯林来说，图腾动物是不可接受的。这是说得很清楚的：只有安拉、个人的本事、国家的财富和实力，以及大量部落和国家的联盟，才会有助于征服世界。

妻子

另一个重要的主题，是[乌古斯的]妻子们和她们所扮演的角色。在前伊斯兰的乌古斯史中，乌古斯有两任妻子，一位从天而降，一位由地而生：

某天，在一个地方，乌古斯可汗正在向上天祈祷，[这时]天变黑了，[并]从天上射下一道蓝光。它比太阳和月亮还要闪亮。乌古斯可汗走[近了]。他看到在光束的中间有个姑娘。她独自坐着。她是一位非常漂亮的姑娘。在她的头上，有一颗火红的、闪烁的痣，就像是北极星(直译：金座)。那位姑娘如此美丽，以至于每当她笑的时候，苍穹也笑，当她哭的时候，苍穹也哭。乌古斯可汗一眼见到她，他就失去了理智，他爱上了她，且把她带走了。他躺在她身边，得到了他想要的。[姑娘]怀孕了。若干天后，她生产了。她生下了三个男孩。他们给第一个男孩起名为“昆”(Kün，译按：突厥语里的

① 现在，这个神话得到了复兴。这也是为什么土耳其民族主义者自称“灰狼”的原因。

意思是“太阳”)。他们给第二个男孩起名为艾（Ay，译按：突厥语里的意思是“月亮”)。他们给第三个男孩起名为聿尔都兹（Yultuz，译按：突厥语里的意思是“星星”)。之后某天，乌古斯可汗去打猎了。在一个湖的中央，在他面前出现了一棵树。在树洞里，有一个姑娘。她独自坐着。她是一位非常漂亮的姑娘。她的眼睛比蓝天更蓝。她的头发如流水一般。她的牙齿像珍珠一样。她是如此美丽，以至于只要世人见到她，就会说：“呀，呀，真要命！”然后，他们就［像］牛奶变成了酸奶。乌古斯一看到她，便失去了理智，火苗蹿进了他的心里，他爱上了她。他带走了她，躺在她的身边，得到了他想要的。她怀孕了。几天后，她生产了。她生下了三个男孩。他们给第一个男孩起名为“库柯”（Kök，译按：突厥语里的意思是“天空”)。他们给第二个男孩起名为“塔克”（Taɣ，译按：突厥语里的意思是“大山”)。他们给第三个男孩起名为“腾吉斯”（Täŋiz，译按：突厥语里的意思是“海洋”)。（Danka 2019: ff. 6-8）

光束从天而降的主题，也可以在志费尼（Juvainī）关于回鹘人（Boyle 1958: 55-57）的记载以及关于成吉思汗非凡出生（Rachewiltz 2004: 2-5; 263-266）的记载中找到，也让人联想起耶稣的降临。但还是有一个不同。一般情况下，都是光让女孩怀孕，但在《乌古斯可汗传》中是乌古斯让女孩怀孕，光的作用是带来了精灵般的美人。根据德韦斯的研究，与精灵媾和生出初人，是世界上起源神话中较为常见的主题。（DeWeese 1994: 272-278, 353）乌古斯通过与精灵结婚并跟她们拥有孩子，似乎在反复进行着［宏观上］宇宙和［微观上］大地的创造。他成了类似于造物主的角色。

在伊斯兰化的版本中，这一内容当然都不见了。大地和人类的创造者是安拉，乌古斯只是先知诺亚的后代。在这一叙事框架中，精灵们显然都是异教徒。在伊斯兰化的版本中，一段美好婚姻的关键，是两个人在信仰上达成一致。妻子不得不服从于丈夫的利益，哪怕要得罪她自己的家族。（Thackston 1998: 29; Kononov 1958: 223-229）乌古斯的孩子们都成为优秀的领导者，长子继承了他的帝国——他与24个乌古斯部落一起治理国家。如果大家能和睦相处，乌古斯王朝就会繁荣昌盛。（Thackston 1998: 31-32; Kononov 1958: 第453—470行）

结论

在不同版本乌古斯传说的对应叙述之间，彼此有所关联。[①] 史诗的传统，处于不断演进、改变和更新之中。在乌古斯人群迁徙的进程中，以及与其他民族接触的过程中，新的主题会产生，旧的主题会消失。就像在其他游牧民族口头传说中一样，这些故事是用来强化起源不同的部落和氏族之间的凝聚力和认同感的。这些叙事之间的相似性和差异性都表明了，共同点和不同点都与社会环境的变化有关。随着［乌古斯部落］皈依了伊斯兰教，他们的起源神话也经历了多层次的转变，主人公的特质也被一再修改，在信仰伊斯兰教的乌古斯史家的解读下，它成了立足于伊斯兰教政治合法性的文学表述。

（宋心悦 译　陈浩 校）

① 例如，撒鲁尔（Salor）在早期的版本中，是乌古斯一个部落领袖的名字，但在伊斯兰化的版本中，他是先知穆罕默德时代的一位英雄。在《先祖阔尔库特书》中，他再次以乌古斯可汗部队首领的身份出现。雅兹吉奥卢在《塞尔柱史》一书中，将奥斯曼人与乌古斯可汗的传说联系了起来。

参考文献

Adaeva, G. A. & Makulbekov, A. T. 2014. Obraz ženščin v tjurkojazyčnoj kul' ture: *Nauka i Mir* 3/2(6): 215-217.

Aigle, D. 2008. The Transformation of an Origin Myth: From Shamanism to Islam. URL: https://hal.archives-ouvertes.fr/hal-00387056/document. (Date of access: 22. 10. 2018)

Berta, Á. 2004. *Szavaimat jól halljátok... A türk és ujgur rovásírásos emlékek kritikai kiadása.* Szeged. [The Turkish translation of the book: Berta, Á. 2010. *Sözlerimi İyi Dinleyin... Türk ve Uygur Runik Yazıtlarının Karşılaştırmalı Yayını.* Çeviren E. Yılmaz. Ankara.]

Bakır, A. 2008. Tevārīḫ-i Āl-i Selçuḳ Oġuz-nāme' si: *Turkish Studies. International Periodical for the Languages, Literature and History of Turkish or Turkic.* Volume 3/7 Fall 2008: 165-199.

Boyle, J. A. 1958. *The History of the World-Conqueror by Ala-ad-Din Ata-Malik Juvaini.* Translated from the text of Mirza Muhammad Qazvini by-. Vol. 1 Manchester.

Clauson, G. 1962. *Turkish and Mongolian Studies*. London.

Clauson, G. 1964. Turks and Wolves: *Studia Orientalia* 28/2: 1–22.

Clauson, G. 1972. *An Etymological Dictionary of Pre-Thirteenth Century Turkish.* Oxford.

Danka, B. 2019. *The Pagan Oɣuz-nāmä. A Philological and Linguistic Analysis*. Wiesbaden.

Desmaisons, P. I. 1970. *Historie des Mongols et des Tatares par Aboul-Ghâzi Bèhâdour Khân.* Amsterdam.

DeWeese, D. 1994. *Islamization and Native Religion in the Golden Horde – Baba Tükles and Conversion to Islam in Historical and Epic Tradition*. Pennsylvania.

Eraslan, K. 1976. Manzum Oğuznâme: *Türkiyat Mecmuasi* 18: 169-244.

Eraslan, K. 1992 (1995). Yâzıcı-zâde'nin Oğuz-nâme'si. *Türk Dili Araştırmaları Yıllığı Belleten* 1992: 29-35.

Ercilasun, A. B. 1986. [1988] Some Remarks on the Oğuz Khagan Epic: *Türk DiliAraştırmaları Yıllığı Belleten* 1986: 13-16.

Golden, P. B. 1972. The migrations of the Oguz. *Archivum Ottomanicum* 4: 45-84.

Graf, G. 1990. *Die Epitome der Universalchronik Ibn ad-Dawādārīs im Verhältnis zur Langfassung: eine quellenkritische Studie zur Geschichte der ägyptischen Mamluken*. Berlin.

Kamalov, İ. 2009. *Ötemiş Hacı: Çengiz-Nâme*. Ankara.

Kargı Ölmez, Z. 1996. (ed.), *Ebulgazi Bahadır Han, Şecere-i Terākime* (*Türkmenlerin Soykütüğü*). Ankara.

Kljaštornyj, S. G. – Livšic, V. A. 1972. The Sogdian Insription of Bugut Revised: AOH XXVI/ 1: 69-102.

Kononov, A. N. 1958. (ed.) *Abu- 'l-Ġāzī Bahādur Ḫān: Rodoslovnaja turkmen. Sočinenie Abu-l-Gazi, hana hivinskogo*. Moskva – Leningrad.

Mélikoff, I. 1995. Oghuz. Nāma. In: Bosworth, C.E. et al. (Eds.) *The Encyclopaedia of Islam. New Edition.* Assisted by P. J. Bearman and Mme S. Nurit Under the patronage of the International Union of Academies. Vol. VIII. Leiden.

Orkun, H. N. 1935. *Oğuzlara Dair.* Ankara.

Ögel, B. 1989. *Türk Mitolojisi I-II.* Ankara.

Pelliot, P. 1930. Sur la légende d'Uġuz–Khan en écriture ouigoure. *T'oung Pao* 27: 247-358.

Rachewiltz, I. de 2004. *The Secret History of the Mongols. A Mongolian Epic Chronicle of the Thirteenth Century*. Translated with a historical and Philological commentary by Igor de Rachewiltz. Leiden.

Ratcliffe, J. 2013: Reappraising the Strata and Value of the Turfan Oguz Nāme. URL: http://www.academia.edu/ 5357144/Turfan_Oguz_Name_Preliminary_English_Translation_Introduction_and_Commentary. (Date of access: 04.11.2018)

Reichl, K. 1992. Turkic Oral Epic Poetry: Traditions, Forms, Poetic Structure. Routledge.

Simon, A. 2008: *Motívumok vizsgálata az oguz-námékban.* Szeged. [The examination of motifs in the Oghuznāmas. Unpublished MA thesis]

Sinor, D. 1982. Legendary origin of the Turks. In: Žygas, E. V. & Voorheis, P. (Eds.) *Folklorica: Festschrift for Felix J. Oinas*. Bloomington: 223- 257.

Sümer, F. 1959. Oğuzlar'a Ait Destani Mahîyetde Eserler: *Ankara Üniversitesi Dil ve Tarih-Coğrafya Fakültesi Dergisi* 17/3-4: 359-456.

Sümer, F. 1967. *Oğuzlar (Türkmenler)*. Ankara.

Thackston, W. M. 1998. *Rashiduddin Fazlullah: Jami'u't-Tawarikh. Compendium of Chronicles. A History of the Mongols*. Translated and Annotated by W. M. Thackston. Harward University.

Togan, Z.V. 1982. *Oğuz Destanı*. İstanbul.

Vásáry, I. 2003. *A régi Belső-Ázsia története*. Budapest. [The history of old Inner-Asia]

金帐汗国内一个不知名的犹太人群体

〔以色列〕丹·沙匹拉（Dan Shapira）撰

大约在2001年或2002年的时候，后来又在2015年年底，我都在研究《摩西五经》（Pentateuch）的一部不完整的犹太-突厥语译本，该文本属于保存在圣彼得堡的“第一批菲尔科维奇藏品”（First Firkowicz Collection），编号Evr.I.Bibl.143。此外笔者还研究了该批藏品中其他译自《圣经》的犹太-突厥语写本。在研究该写本的时候，我感到震惊的是，它不同于这类写本中其他任何一件（那时我在考虑“这类”写本究竟是属于哪一类）。现在，我知道这件写本是目前已知的年代最早的犹太-突厥语写本，它让我们窥见金帐汗国内一个此前不为人知的犹太人群体。

我没有料到会在“第一批菲尔科维奇藏品”的犹太-突厥语文书中发现任何18世纪以前的东西。Evr.I.Bibl.143写本抄写在1470—1480年产于威尼斯共和国维罗纳（Verona）的纸上[①]，书写年代是在蒙古帝国的后继者——金帐汗国最后的20年内。

对于该写本的内容，以及该写本的作者和抄写者的文化背景，笔

① 亚历山大·格里希申科（Alexander Grishchenko）博士和亚历山德拉·索伯列娃（Alexandra Soboleva）博士检查了写本内的水墨印记；以色列国立博物馆的马拉奇·拜特-阿里耶（Malachi Beit-Arié）教授和亚历山大·戈尔丁（Alexander Gordin）先生认定了格里希申科博士和索伯列娃博士的结论。笔者在此谨对他们表示感谢。

者已经完成了一本专著。（该写本是从几十年前的一部原始版抄写而来的，原始版的年代在《库曼语汇》[*Codex Cumanicus*] 成书后不久。）笔者希望研究 Evr.I.Bibl. 143 写本的拙作能够早日付梓，在此先向学界透露书中的几点创获。

突厥语和犹太-突厥语

犹太人所讲的突厥语族克普查克语支内，曾经有若干个（现在还有一个）变种。其中就包括所谓“卡拉伊姆语”（Karaim）的两种方言（在几个世纪以前或许有更多）。卡拉伊姆语是居住在立陶宛（主要聚居于特拉凯 [Troki]）、波兰加利西亚（Galicia，主要聚居于加利奇 [Halicz]）、乌克兰沃伦州（Wohlynia，主要聚居于卢茨克 [Lutsk]）等地“卡拉派”（Karaite）犹太人所使用的克普查克突厥语。关于东欧地区另一支讲突厥语的犹太人 —— “拉比派”（Rabbanite），参见 Shapira 2007。

特拉凯方言迄今仍然存在，而加利奇方言却随着最后一名使用者在十年前的离世而永远消失了。根据 19 世纪卡拉派学者的观点，波兰和立陶宛的卡拉派信徒（以及他们所使用的突厥语方言）来自克里米亚半岛。该观点在形成之初是由政治因素所驱动的，却被 20 世纪和 21 世纪的绝大多数研究者未加审辨地接受了。笔者认为，这些方言可以追溯到金帐汗国内两种联系紧密但并不完全相同的语言（参见 Pritsak 1959: 320）。我们不能具体说出，立陶宛和加利西亚的卡拉派信徒的祖先究竟来自于金帐汗国的何地，但我们要记住，五百年前，从多瑙河下游到基辅（Kiev），再到梁赞（Ryazan），经过伏尔加河的河曲，到鄂毕河（Ob River）的中游，抵阿尔泰山、巴尔喀什湖（Lake Balkhash）、花剌子模、里海，再从达吉斯坦（Daghestan）北部到库班河，直抵克里米亚的塔乌利山（Taurian Mountains）北缘，都是讲克普查克突厥语的。

下文中的《圣经》引文，出自英王詹姆斯一世（James I）钦定版。钦定版《圣经》译自希伯来语。下文中的犹太-突厥语文本，以拉丁换写的方式注出。

写本中的斯拉夫语词汇

种种迹象表明，该写本来自一个突厥语和斯拉夫语有接触的地区，因为里面包含了不少斯拉夫语词汇。不过，这些从东斯拉夫语借来的词汇中，有三个具有非斯拉夫语的词源（其中一个可能来源于突厥-哈扎尔语），且它们迄今都存在于曾经属于沙俄和苏联疆域内的不同突厥语中。

这些词汇分别是：

（1）*ny* ... *ny* ...，“既非……也不……”

《民数记》22: 26：

耶和华的使者又往前去，	d-”rṭṭy ml’xy ywy nyg ...	וַיּוֹסֶף מַלְאַךְ ה' עֲבוֹר
站在狭窄之处，	d-ṭwrdy ṭ’r yrd’	וַיַּעֲמֹד בְּמָקוֹם צָר
左右***都没有***转折的地方。	ky ywx ṭyr ywl m’yl’yṭm’ ***ny***’wng ***ny*** swl	אֲשֶׁר אֵין דֶּרֶךְ לִנְטוֹת יָמִין וּשְׂמֹאול.

（2）*kun*，这个词可能来自斯拉夫语的 *gunja* / *gun’ia* / *hun’ia* (гуня)，指的是哈兹尔兹人（Hutsuls）和哥萨克人（Cossacks）中流行的一种大衣。[①] 它是用来翻译希伯来语的 עור, *‘or*，本义是“皮肤”，

① *Histarychny sloŭnik belaruskai movy*, Iss. 7 (Minsk, 1986): 198; *Slovnyk ukraïns'koï movy XVI–pershoï polovyny XVII st.*, Iss. 7 (Lviv, 2000): 119.

但是在这里可能是指代某种外衣。对应希伯来语 אדרת, *'aderet* 这个词的 *gunja*“长袍”，在 15 世纪下半叶希伯来语手册《创世纪》25: 25 的鲁塞尼亚语（Ruthenian）译本中也能找到，参见：'... ibo izo jutroby matere vyšol [Isav] pr″veje čr″měn″ ves′, jako *gounę* volosataja（Temchin 2014）。现代希腊语中的 γουνια 意思是“皮毛”。

它另外一个可能的词源是斯拉夫语的 *kun* / *kuna* / *kunica* (кун / куна / куница)，意思是“貂皮”。这些貂皮在东欧地区是某种货币（至今克罗地亚的货币仍然是以此命名的）①。

《利未记》11: 32：

其中死了的，掉在什么东西上，这东西就不洁净。无论是木器、衣服、***皮子***、口袋，不拘是做什么工用的器皿，须要放在水中，必不洁净到晚上；到晚上才洁净了。	d-brṣ' ky ṭwšky nym'nyg 'wsṭyn' 'lrdn 'wlylryndn mwrdr bwlgy brṣ' 'gṣ sbwṭyndn y' ṣykmn y' *kwn* y' qpṣwq brṣ' sbwṭ ky 'yṭylgy 'lr bl' 'yš swbd' klṭyrylgy d-mwrdr bwlgy 'yngyr g' dy'yn d-'rwb bwlgy	וְכֹל אֲשֶׁר יִפֹּל עָלָיו מֵהֶם בְּמֹתָם יִטְמָא מִכָּל כְּלִי עֵץ אוֹ בֶגֶד אוֹ עוֹר אוֹ שָׂק כָּל כְּלִי אֲשֶׁר יֵעָשֶׂה מְלָאכָה בָּהֶם בַּמַּיִם יוּבָא וְטָמֵא עַד הָעֶרֶב וְטָהֵר.

另一个例子是《出埃及记》26: 14：

又要用染红的公羊皮作罩棚的盖，	da-yasagayəsēn yapuwḇ ṣaṭiyrəga' ṭēyriylariy qowṣəqarəlar niyg qiyziyl 'ēyṭəkan	וְעָשִׂיתָ מִכְסֶה לָאֹהֶל עֹרֹת אֵילִם מְאָדָּמִים
再用海狗***皮***做一层罩棚上的顶盖。	da-yapuḇiy ṯəḥaṣiym *ğ*② *wn*lry yuwğarəṭiyn	וּמִכְסֵה עֹרֹת תְּחָשִׁים מִלְמָעְלָה.

（3）*'išṭan lar*，“裤子”，用来翻译 מכנסים, *miknāsayim*（从词源上来讲，它来源于东伊朗语的斯基泰语或萨尔马提亚语）；

① *Historychny sloŭnik belaruskai movy*, Iss. 16 (Minsk, 1997): 219-220.

② 

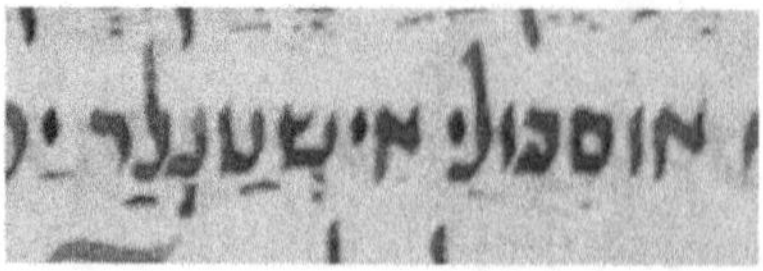

《出埃及记》28: 42：

要给他们做***细麻布裤子***，遮掩下体，	da-asagaysan ’alarga’ *’uskuli ’ištanlar* yapmaga’ ’ol ṭanin ’uyaṭnig	וְעֲשֵׂה לָהֶם *מִכְנְסֵי בָד* לְכַסּוֹת בְּשַׂר עֶרְוָה
裤子当从腰达到大腿。	bēylindēn ṭizlarga’ di’in bolgaylar	מִמָּתְנַיִם וְעַד יְרֵכַיִם יִהְיוּ.

（4）*syrg’*，“耳饰”（在现代克普查克语言中都存在，是一个俄语借词），用来翻译 נזם זהב, *nezem-zāhāḇ*。

《出埃及记》32: 3：

百姓就都摘下他们***耳上的金环***，	d-yyryldylr brṣ’ ’wlws ’wl *’lṭyn syrg’lr* ky qwlqlrynd’	וַיִּתְפָּרְקוּ כָּל הָעָם אֶת *נִזְמֵי הַזָּהָב* אֲשֶׁר בְּאָזְנֵיהֶם
拿来给亚伦。	d-klṭyrdylr ’hrn g’	וַיָּבִיאוּ אֶל אַהֲרֹן.

《出埃及记》35: 22：

凡心里乐意献礼物的，连男带女，	d-kldylr ’yrlr xṭwn lry bl’	וַיָּבֹאוּ הָאֲנָשִׁים עַל הַנָּשִׁים
各将金器，就是胸前针、***耳环***（或作“鼻环”）、打印的戒指和手钏，	brṣ’ gwmrṭ kwngwlly klṭyrdy *qwlx syrg’*d- ① *syrg’* d-ywzwk d-byzlyk brṣ’ ’lṭyn sbwṭlry	כֹּל נְדִיב לֵב הֵבִיאוּ *חָח וָנֶזֶם* וְטַבַּעַת וְכוּמָז כָּל כְּלִי זָהָב
带来献给耶和华。	d-brṣ’ kyšy ky kwṭrdy ’lṭyn kwṭrmky ywy g’	וְכָל אִישׁ אֲשֶׁר הֵנִיף תְּנוּפַת זָהָב לה'.

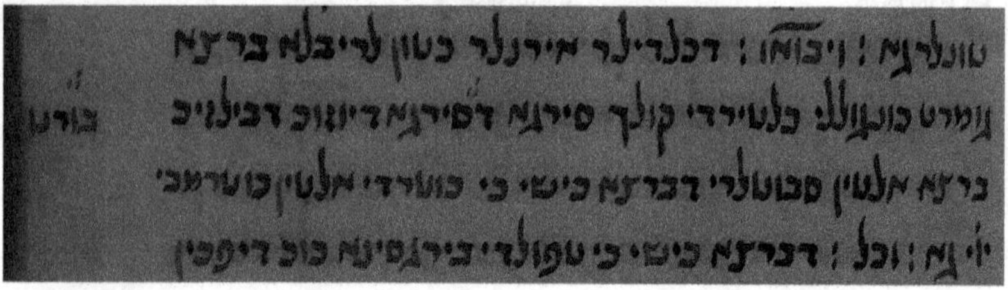

① 作为旁注插入：*bwrnw*，意思是“戴在鼻子上的”。

（5）*pwsṭ'*，用来翻译 מדבר, שממה, שומם, לשומם, להישום，“沙漠、荒野；废弃、被废弃”（还有一处用来翻译 השמד“破坏、消灭”）。《利未记》26: 30—35 有一个段落里，*pwsṭ'* 与其他两个动词连用，一个是波斯语 *wyran et-*，一个是突厥语 *ṭngl-*。

30. 我又***要毁坏***你们的邱坛，	30. *d-pwsṭ' 'yṭxy mn* ṣrdqlryny 'bqlryngyznyg	*וְהִשְׁמַדְתִּי* אֶת בָּמֹתֵיכֶם
砍下你们的日像，	*d-xsṭyrgymn 'wl qwyyš swrtlryngyzny*	וְהִכְרַתִּי אֶת חַמָּנֵיכֶם
把你们的尸首扔在你们偶像的身上。	d-qyydwrgy 'wlylryngyzny gwbdlry 'wsṭyn' 'bqlryngyznyg	וְנָתַתִּי אֶת פִּגְרֵיכֶם עַל פִּגְרֵי גִּלּוּלֵיכֶם
我的心也必厌恶你们。	d-'yrngy kwnglym syzny	וְגָעֲלָה נַפְשִׁי אֶתְכֶם.
31. 我要使你们的城邑***变为荒凉***，使你们的众圣所成为荒场。我也不闻你们馨香的香气。	31 d-qwyygy mn šhr-lryngyzny wyrn *d-pwsṭ' 'yṭxy mn* mqdšlryngyzny d-'yyskmgy mn qbwl 'yysyngyzny	וְנָתַתִּי אֶת עָרֵיכֶם חָרְבָּה *וַהֲשִׁמּוֹתִי* אֶת מִקְדְּשֵׁיכֶם וְלֹא אָרִיחַ בְּרֵיחַ נִיחֹחֲכֶם.
32. 我要使地***成为荒场***，住在其上的仇敌就因此诧异。	*32. d-wyrn 'yṭxy mn* 'wl yyrny d-ṭnglgylr 'ngr dwšmnlryngyz ky 'wlṭwrwr 'ydylr 'wsṭynd'	*וַהֲשִׁמֹּתִי* אֲנִי אֶת הָאָרֶץ וְשָׁמְמוּ עָלֶיהָ אֹיְבֵיכֶם הַיֹּשְׁבִים בָּהּ.
33. 我要把你们散在列邦中，我也要拔刀追赶你们。你们的地要***成为荒场***，你们的城邑要变为荒凉。	33. d-syzny swḇwrgy mn 'wlwslrd' d-ṭrṭqy mn 'rṭyngyz-dn qylyṣ d-bwlgy yyryngyz pwsṭ' d-šhrlryngyz bwlgy wyrn	וְאֶתְכֶם אֱזָרֶה בַגּוֹיִם וַהֲרִיקֹתִי אַחֲרֵיכֶם חָרֶב וְהָיְתָה אַרְצְכֶם *שְׁמָמָה* וְעָרֵיכֶם יִהְיוּ חָרְבָּה.
34. 你们在仇敌之地居住的时候，你们的地***荒凉***，要享受众安息，正在那时候，地要歇息，享受安息。	34. 'wlkyz swḇg̱y 'wl yyr šbtlryny brṣ' *wyrn bwlgn* kwnlrynd' d-syz yyrynd' dwšmnlryngyznyg 'wl kyz ṭyngy 'ol yyr d-qbwl 'y ṭxy šbtlryny	אָז תִּרְצֶה הָאָרֶץ אֶת שַׁבְּתֹתֶיהָ כֹּל יְמֵי *הֳשַּׁמָּה* וְאַתֶּם בְּאֶרֶץ אֹיְבֵיכֶם אָז תִּשְׁבַּת הָאָרֶץ וְהִרְצָת אֶת שַׁבְּתֹתֶיהָ.
35. 地多时为***荒场***，就要多时歇息。地这样歇息，是你们住在其上的安息年所不能得的。	35. brṣ' *pwsṭ' bwlgn* kwnlry ṭyngy 'ny ky ṭynmdy šbtlryngyzd' 'wlṭwryngyzd' 'nyg 'wsṭyn'	כָּל יְמֵי *הָשַּׁמָּה* תִּשְׁבֹּת אֵת אֲשֶׁר לֹא שָׁבְתָה בְּשַׁבְּתֹתֵיכֶם בְּשִׁבְתְּכֶם עָלֶיהָ.

这并非孤例，因为同一个词还出现在《民数记》21: 30：

[①]从希实本直到底本，他的土地尽皆毁灭。我们使地***变为荒场***，直到挪法，这挪法直延到米底巴。	dā-ṭarlāḇi ṭā's boldu ḥešbon dan diḇon gā' də'in ***dā-pusṭā' boldi*** nop̄aḥ-qā' də'in ki mēdḇā' ğā' də'in.	וַנִּירָם אָבַד חֶשְׁבּוֹן עַד דִּיבֹן **וַנַּשִּׁים** עַד נֹפַח אֲשֶׁר עַד מֵידְבָא.

一个有趣的事情是，在教会斯拉夫语的《圣经》译本中，同一个地方也用到了词根 *-pust*，例如，'i postavlju grady vaša *pusty*（《利未记》26: 31），'i budet zemlę vaša *pusta* i grade vaši budut *pustě*, i blagovolit' zemlę suboty svoę v" vsę dni o*pustě*nïa eę（《利未记》26: 33—34），但是，《民数记》21: 30 却没有 *pust-*，此处的希伯来语原文可以用其他方式来解读。［A. Grishchenko (forthcoming); Grishchenko 2016a, Grishchenko 2018a.］[②]

需要强调的是，*pusta* 在卡拉伊姆语的特拉凯和加利奇两种方言中都能找到，其派生形式分别是 *pustalyk*（加利奇方言）和 *pustalyx*（特拉凯方言），意思是"荒芜、沙漠、荒地"，动词 *pustalan-*（加利奇方言），意思是"废弃"。[③] 在东意第绪语中也是指"废墟"。因此，这是把该写本与卡拉伊姆语的特拉凯和加利奇两种方言联系起来的原因之一。

---

① 英王钦定版《圣经》："我们射了他们，希实本直到底本尽皆毁灭。我们使地变为荒场，直到挪法，这挪法直延到米底巴。"

② 《民数记》21: 30，用希伯来语的 *Khežbon* 代替了 Ḥešbon（*šb*>*žb* 语音变化）。

③ KRPS: 449a. 参考 KRPS: 142b, *bustalıq*, 以克里米亚语的形式引用，意思是"废墟、荒漠"。很明显，这个克里米亚语形式，是从北部卡拉伊姆写本中借来的，有一个 **p*>*b* 的语音变化。"废墟"的意思显然指的是希伯来语שממה。克里米亚语中 *p*>*b* 的语音变化，可以这样来解释：这个词的斯拉夫语词源被人忘记了，又在一定程度上受到突厥语 *boš*"空虚"的影响。不过 *p*>*b* 的语音变化，在加利奇方言中也存在，例如 *bosacka*，来自波兰语 *posadzka*（KRPS: 132b）或者 *bostak*（KRPS: 132b），意思是"无用"（在意第绪语中也有），来自波斯语 *puštak*"恋童癖"。克里米亚卡拉派文本中的斯拉夫因素，能证明他们对北卡拉伊姆语写本进行了再加工的例子还有 *polov*，"麦秸、干草"（KRPS, p. 125b）和 *salam*，"草"（KRPS, pp. 448b, 462b）。

（6）就斯拉夫语借词而言，我们更有把握的是 *qwrp*，它用来翻译希伯来语的 גרש。《利未记》2: 14—16：

若向耶和华献初熟之物为素祭，要献上**烘了的禾穗子，就是轧了的新穗**子，当作初熟之物的素祭。	d-’ygr klṭyrsng ṭwngwṣly ṭyrky ywy g’ ① **yymyšly qwbwrgn’wṭṭ’ qwrply dnly** klṭyrgy sn ṭyrkysyn ṭwngwṣlykyngnyg	וְאִם תַּקְרִיב מִנְחַת בִּכּוּרִים לה' **אָבִיב קָלוּי בָּאֵשׁ גֶּרֶשׂ כַּרְמֶל** תַּקְרִיב אֵת מִנְחַת בִּכּוּרֶיךָ.
并要抹上油，加上乳香，这是素祭。	d-ṭwṭṭky ’wl khn ’ngmkyny **qwrp**syndn d-’yb ② yndn brṣ’ ṭymyyny ’wsṭyn’ qrbn ywy g’	וְהִקְטִיר הַכֹּהֵן אֶת אַזְכָּרָתָהּ **מִגִּרְשָׂהּ** וּמִשַּׁמְנָהּ עַל כָּל לְבֹנָתָהּ אִשֶּׁה לה'.

英王钦定版《利未记》2: 14 将加粗的五个希伯来语单词翻译成“烘了的禾穗子，就是轧了的新穗子”，但是 Evr.I.Bibl. 143 写本里的意思明显是“大麦”。其中 *qurpa* 这个单词，来自斯拉夫语 *krupa*，可以在卡拉伊姆突厥语的特拉凯方言和克里米亚突厥语中找到。同一个词既在这里出现，也在 1840 年印刷的卡拉派犹太-突厥语版的《圣经》译本中出现。③

此外，这里可能不仅是一个借词的问题，在文本上可能也受到了东斯拉夫语《摩西五经》（Grishchenko 2018b）的影响，后者在同一个地方以及其他地方有 *krupa* 这个词：‘ašče li prineseši trebu verkh″ žita Gospodevi novu i sprężenu ot *krup″* pšeničen″（《利未记》2: 14），‘i da s″tvorit žrec′ pamęt′ eę ot *krup″* s maslom′ drevęnym′（《利未记》2: 16）。在校订本《摩西五经》中，有用 *krupa* 校改 *muka*“面粉”的现象（《利未记》2: 1, 7,《申命记》28: 12），说明校订本《摩西五经》的斯拉夫语校订者对这个词给予了特别的关注。

---

① 旁注：*byš*...。

② 系抄写者的讹误，当作 **y’b*，“油”。

③ Jankowski et alii 2019, Vol I, p. 167; Vol II, pp. 130-131.

下面要讨论的词实际上是一处讹误。我们还记得 Evr.I.Bibl. 143 是一部抄本，此处可能是抄写者犯的一个错误。在《民数记》25: 7，我们读到：

祭司亚伦的孙子、以利亚撒的儿子非尼哈看见了，就从会中起来，	d-kwrdi pynḥs 'l'zr 'wgly 'hrn khn 'wgly d-ṭwrdy 'wrṭsyndn jm't nyg	וַיַּרְא פִּינְחָס בֶּן אֶלְעָזָר בֶּן אַהֲרֹן הַכֹּהֵן וַיָּקָם מִתּוֹךְ הָעֵדָה
手里拿着***枪***	d-' ldy ***kypm'*** qwlwn'	וַיִּקַּח **רֹמַח** בְּיָדוֹ

突厥语里没有表示“枪、矛”（希伯来语 רמח）的 *kypm'* 这个单词。实际上，这些都不是游牧民族的武器[①]，而是东部斯拉夫人的武器，他们称之为 *kopie* / *kopio* (*копие*)，用于步兵作战。我们推测，这里是因为抄写者把原文中的两个 *yod* יי 读成了 *mem* מ。

（7）Evr.I.Bibl. 143 写本中的读法，至少有三处与东斯拉夫语版校订本《摩西五经》是雷同的，很可能是来自校订本编纂者的疏证和校改。

其中最显著的例子是 שפן, *šāpān*，意思是“锥”，旁边注“刺猬” *kirpi*。这个词汇可以追溯到首部捷克语版《圣经》，[②] 后来被吸收进东斯拉夫语版的校订本《摩西五经》中。

《利未记》11: 5：

沙番，因为倒嚼不分蹄，就与你们不洁净。	d-'w l *špn*[③] ny ky ṣyxrwbṣy kwbšnmkṭyr 'wl d-ṭwyyq 'yyrmdy mwrdr dyr 'wl syzg'	וְאֶת הַשָּׁפָן כִּי מַעֲלֵה גֵרָה הוּא וּפַרְסָה לֹא יַפְרִיס טָמֵא הוּא לָכֶם.

① 诸多突厥语和匈牙利语中都有源自阿拉伯语、波斯语或意大利语表示“枪、矛”的借词。

② 例如 1417 年版奥洛穆茨《圣经》（fol. 82a，电子版链接 http://www.digitalniknihovna.cz/）有 *giežka* (= *ježka*)“刺猬”（宾格形式），参考 Grishchenko 2017: 617, n. 13。

③ 旁注：*kiyrpiy*。

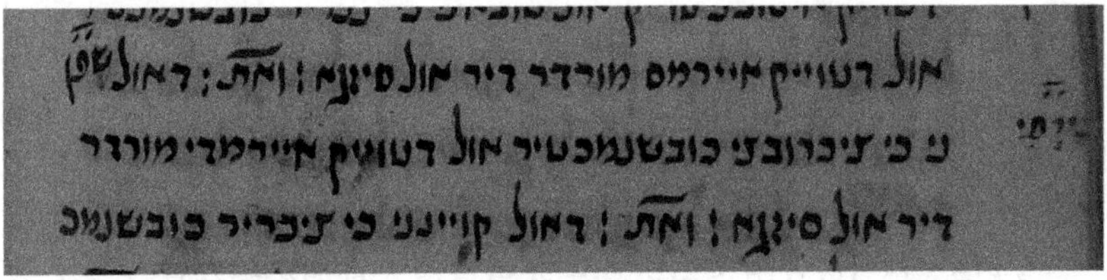

该写本是拉比派，而非卡拉派的产物

《民数记》6: 18（其中希伯来文是借助《密西拿 · 拿细耳》（Mishnah, Nazir）2: 5-6 来理解的）：

拿细耳人要在会幕门口剃离俗的头，	d-ywlygy ’wl nzyr ny[①] ’yšygynd’ ’hl mw‘d nyg nzyrly bšyny	וְגִלַּח הַנָּזִיר פֶּתַח אֹהֶל מוֹעֵד אֶת רֹאשׁ נִזְרוֹ
把离俗头上的发，放在平安祭下的火上。	d-’lgy ’wl sṣyn bšynyg d-qwyygy ’wṭ ’wsṭyn’ ky šlmym nyg dbḥ-synyg ṭybynd’	וְלָקַח אֶת שְׂעַר רֹאשׁ נִזְרוֹ וְנָתַן עַל הָאֵשׁ אֲשֶׁר תַּחַת זֶבַח הַשְּׁלָמִים

单词 שכינה, Shechinah，是用来注解阿拉伯—波斯语词 *ndr* 的词，*ndr* 对应的部分是“［耶和华］亲自”，见《出埃及记》33: 14—15：

耶和华说：“我必亲自和你同去，使你得安息。”	d’yṭṭy *ndr*ym[②] brgy d-’syyš ’yṭky mn sg’	וַיֹּאמַר **פָּנַי** יֵלֵכוּ וַהֲנִחֹתִי לָךְ
摩西说：“你若不亲自和我同去，就不要把我们从这里领上去。”	d-’yyṭṭy ’ngr ’ygr *hdr*tyng brms’ myndyr mgyn byzny mwndn	וַיֹּאמֶר אֵלָיו אִם אֵין **פָּנֶיךָ** הֹלְכִים אַל תַּעֲלֵנוּ מִזֶּה

《密西拿 · 瘟疫书》（Mishnah Nega‘im）1: 1，是一份拉比派的文本，引文（fol. {48.2} / 49a）如下：

---

① 理解成宾格。

משנה מסכת נזיר פרק ב (ה) הֲרֵינִי נָזִיר וְעָלַי לְגַלֵּחַ נָזִיר, וְשָׁמַע חֲבֵרוֹ וְאָמַר וַאֲנִי וְעָלַי לְגַלֵּחַ נָזִיר, אִם הָיוּ פִקְחִים, מְגַלְּחִים זֶה אֶת זֶה. וְאִם לָאו, מְגַלְּחִים נְזִירִים אֲחֵרִים:

(ו) הֲרֵי עָלַי לְגַלֵּחַ חֲצִי נָזִיר, וְשָׁמַע חֲבֵרוֹ וְאָמַר וַאֲנִי עָלַי לְגַלֵּחַ חֲצִי נָזִיר, זֶה מְגַלֵּחַ נָזִיר שָׁלֵם וְזֶה מְגַלֵּחַ נָזִיר שָׁלֵם, דִּבְרֵי רַבִּי מֵאִיר. וַחֲכָמִים אוֹמְרִים, זֶה מְגַלֵּחַ חֲצִי נָזִיר וְזֶה מְגַלֵּחַ חֲצִי נָזִיר:

② 旁注：*šxynh*。Shechinah 系拉比派犹太教耶和华的本尊。

שאת הוא הנגע שאינו בלובן כמו הבהרת שהוא בתכלית הלובן והוא כמו
צמר נקי ונקרא שאת לפי שאין מראהו עמוק מן העור אבל נראה יותר גבוה :
ספחת הוא למטה בלובן מהשאת והיא טפלה לשאת כמו לובן קרום ביצה

《利未记》18: 9 中“无论是生在家，生在外的”被译成了“无论其出生是有 *qiddushin* 的，还是没有 *qiddushin* 的”（*qiddushin* 是拉比派合法婚姻的一个组成部分）：

你的姐妹，不拘是异母同父的，是异父同母的，无论是生在家，生在外的，都不可露她们的下体。	’yybyn+qyz+ qrdšyngnyg ’ṭng nyg qyzyn y’ ’nng nyg qyzyn *qdwš bl’ ṭwbgn* y’ *qdwš syz* ’ṣmgy sn ’yybyny	עֶרְוַת אֲחוֹתְךָ בַת אָבִיךָ אוֹ בַת אִמֶּךָ מוֹלֶדֶת בַּיִת אוֹ מוֹלֶדֶת חוּץ לֹא תְגַלֶּה עֶרְוָתָן.

《利未记》19: 20，拉比派的“鞭刑”（מלקות）观念被添加入译文中，而不是 *biqqoreṯ*，译文作 *malqutli bolsun* “他要受到鞭刑（מלקות）”：

婢女许配了丈夫，还没有被赎得释放，	d-kyšy ’ygr yṭs’ ’’wrṭ bl’ yṭmky ’wrlwx nyg d-’wl qrbš klškn ’yrg’	וְאִישׁ כִּי יִשְׁכַּב אֶת אִשָּׁה שִׁכְבַת זֶרַע וְהִוא שִׁפְחָה נֶחֱרֶפֶת לְאִישׁ
人若与她行淫，二人要受刑罚，却不把他们治死，因为婢女还没有得自由。	d-ywlwmg’ ywlwnmdy y’ ’zṭlyq brmgn dyr ’ngr *mlqwt ly bwlswn* ’wlṭyrmsyn lr ’lrny ky ’z’ṭ bwlmdy	וְהָפְדֵּה לֹא נִפְדָּתָה אוֹ חֻפְשָׁה לֹא נִתַּן לָהּ **בִּקֹּרֶת** תִּהְיֶה לֹא יוּמְתוּ כִּי לֹא חֻפָּשָׁה

《民数记》7: 3，עגלות צב，按照拉比派注释家拉什（Rashi, 1040-1105）的方式翻译的[①]：

① 关于拉什对东斯拉夫语校订本《摩西五经》中注解的影响，参考 Grishchenko 2016b。

他们把自己的供物送到耶和华面前	d-klṭyrdylr ’wšwl qrbn lryny ywy nyg ’lnyn’	וַיָּבִיאוּ אֶת קָרְבָּנָם לִפְנֵי ה'
就是六辆篷子车	’lṭy **ypwlmyš ’rblr**	שֵׁשׁ **עֶגְלֹת צָב**
和十二只公牛	d-’wn ’yky sygyr	וּשְׁנֵי עָשָׂר בָּקָר
每两个首领奉献一辆车	byr ’rb’ ’yky wzyr dn	עֲגָלָה עַל שְׁנֵי הַנְּשִׂאִים
每首领奉献一只牛	d-’wgwz byrysyn’	וְשׁוֹר לְאֶחָד
他们把这些都奉献到帐幕前	d-ywḇwṭṭylr ’lrny mškn nyg ’lnyn’	וַיַּקְרִיבוּ אוֹתָם לִפְנֵי הַמִּשְׁכָּן

当然，所有上述实例，也可能是出自一部深受拉比派影响的卡拉派文本。但是，最能证明 Evr.I.Bibl. 143 写本是拉比派文本的证据是《利未记》23: 40，下面并举出 1841 年 Tirishqan 刊印的卡拉派经典的引文：

英王钦定本	Tirishqan 本	Evr.I.Bibl. 143 写本	
第一日，要拿	da-’liygiyz ’ozugiyzgah ’ol **burunji** gundan burun (sabaḥliyq)	d-’lgysyz knsyngyz g’ bwrwngy kwnd’	וּלְקַחְתֶּם לָכֶם בַּיּוֹם הָרִאשׁוֹן
美好树上的果子和	yēmiyšiyn siyliy ’agaṣniyg（**尊贵的树的果实**）	ymyšyn **’trwg**（**香橼果**）	פְּרִי עֵץ הָדָר
棕树上的枝子	xurmalar apraqlariyniy（**枣叶**）	**lwlbyn tmr** nyg（**椰枣树枝**）	כַּפֹּת תְּמָרִים
与茂密树的枝条	da-buṭagiyn qaliyn yapraqliy ṭērakniyg（**有厚树叶的树枝**）	d’ bwṭkyn **hds** nyg（**香桃木叶**）	וַעֲנַף עֵץ עָבֹת
并河旁的柳枝	da-ṭallariyn ’ozanniyg（**小溪的柳树枝**）	**‘rbh** syn ṣwgrq nyg（***‘araḇah***[①]**当然是水**）	וְעַרְבֵי נָחַל

① 注意希伯来语中 FEM.SG 与 PL.MSC 的相对。

续表

在耶和华你们的神面前欢乐七日	da-sēwiyniygiyz 'aldiynah ywy niyg yədiy gunlar①	d-šṭyr bwlgy syz ywy ṭngry-ngyz 'lnyn' ydy kwn	וּשְׂמַחְתֶּם לִפְנֵי ה' אֱלֹהֵיכֶם שִׁבְעַת יָמִים

卡拉派文本译自希伯来语原文。Evr.I.Bibl. 143 写本则根据拉比派传统对此进行了解释。没有一部卡拉派文本中有 *lulav*, *'etrog* 和 *hadas* 这些词汇，它们是植根于拉比派传统的，不为卡拉派犹太人所使用。

另一处能够证明 Evr.I.Bibl. 143 写本具有拉比派特征的地方是《民数记》24: 24，该写本把原文中的"船从基提（Chittim）界而来"译成了"船从罗马境内而来"，这与库姆兰（Qumran）圣经残卷和阿拉米语（Aramaic）译的《旧约圣经》（拉比派）"塔古姆"（Targum）同。

英王钦定本	Tirishqan 本	伊斯坦布尔 1831—1833 年版	Eidlisz	Evr.I.Bibl. 143	
必有人乘船从基提界而来	da-gemilar gelirlar 'ornindan kittim nyg	ve-quraq [ve-gemiler] yerdekiler yerinden kitimin	d-gmylr 'wrnyndn ktym nyg	d-kyrplr rwm' qwlyndn	וְצִים מִיַּד כִּתִּים
苦害亚述	da-qiyynarlar 'ashur ḥalqini	ve-'izyyeṭ vrirler 'ašura'	d-qyynrlr 'šwr ny	d-qyyngylr 'šwr ny	וְעִנּוּ אַשּׁוּר
苦害希伯	da-qiyynarlar 'eber ḥalqini	ve-'izyyeṭ vrirler 'eḇere'	d-qyynrlr 'br ny	d' qyyngylr 'br ny	וְעִנּוּ עֵבֶר
他也必至沉沦	da-dagin 'ol 'ozi qiyynalir gayyip 'olunĵa'	ve-daḥin 'o gayyib 'olunĵadeq	d-dḥyn 'wl 'wmwrg' dgyn ṭs bwlyr	hm 'wl 'wmwry ṭ's bwlwr	וְגַם הוּא עֲדֵי אֹבֵד

① 比较《尼希米记》8: 15，Tirishqan 版是：*da-kiy 'ēšiyṭṭiyrgylr d-kēṣiyrgaylar 'awaz jumla' šaḥarlariyndah da-yərušālaim da' dēmah ṣiygiygiyz 'ol ṭaggah da-kēṭiyrirgiyz yapraqlariyn zaytuwnnig da-yapraqlariyn 'agaṣiyniyg yagniyg da-yapraqlariyn hadās niyg da-yapraqlariyn xormalarniyg da-yapraqlariyn qaliyn yapraqliy ṭērakniyg qiylmah 'alaṣiyqlar nēṣiykky yaziylgandiyr*

וַאֲשֶׁר יַשְׁמִיעוּ וְיַעֲבִירוּ קוֹל בְּכָל עָרֵיהֶם וּבִירוּשָׁלַםִ לֵאמֹר צְאוּ הָהָר וְהָבִיאוּ עֲלֵי זַיִת וַעֲלֵי עֵץ שֶׁמֶן וַעֲלֵי הֲדַס וַעֲלֵי תְמָרִים וַעֲלֵי עֵץ עָבֹת לַעֲשֹׂת סֻכֹּת כַּכָּתוּב.

用来翻译“船”的单词 *kyrp-lr*，其中的 *kyrp* 具有希腊语的语源。我们需要回答的是：它是直接从黑海盆地的希腊语借来的，还是从斯拉夫语中借来的？其他版本的译本都是用突厥语词汇来翻译“船”。

结论

总之，该写本是在某个突厥语和斯拉夫语有接触的地区翻译的。抄写者或注释家能够接触到 15 世纪下半叶在鲁塞尼亚（可能是在基辅）成书、后在诺夫哥罗德（Novgorod）和莫斯科修道院抄录的东斯拉夫语版《摩西五经》。出于某种原因，这个校订本《摩西五经》被注释家奉为圭臬。（Grishchenko 2018b）该写本是在一个拉比派社区内翻译的，而不是卡拉派。尽管写本的语言与晚期的加利奇和特拉凯（当时在波兰王国和立陶宛大公国的境内）等地使用的所谓“卡拉伊姆语”的卡拉派犹太-突厥语高度相似，但是不能将二者等同。在金帐汗国内有一个拉比派犹太人群体，他们说的语言与后来的“卡拉伊姆语”相似，该人群与金帐汗国内的卡拉派犹太人一样，可能后来迁徙到了波兰或立陶宛（譬如基辅）。Evr.I.Bibl. 143 写本是该拉比派社区曾经存在过的唯一直接证据。

（陈浩 译）

参考文献

Grishchenko, A. I. 2016a. Turkic Loanwords in the Slavonic-Russian Pentateuchs: Edited According to the Masoretic Text, *Studia Slavica Academiae Scientiarum Hungaricae*, 61.2 (2016): 253-273.

Grishchenko, A. I. 2016b. The Traces of Rabbinic Exegesis for Jacob's Blessing to his Sons (Gen 49) in the Apocryphal Versions of the *Palaea Interpretata* and Slavonic-Russian Pentateuch Edited According to the Masoretic Text, *Slavia. Časopis pro slovanskou filologii*, Roč. 85, S. 3-4: 321-332.

Grishchenko, Alexander I. 2017. The 'Wild Beasts' of Sigismund von Herberstein and the List of Clean Ungulates in the Edited Slavonic-Russian Pentateuch (Russian), *Slavistična revija* 65/4: 611-628.

Grishchenko, A. I. 2018a. What Were the Sturlabi Stolen by Rachel from Laban? (On the Sources of Glosses of the Slavonic-Russian Pentateuch from the 15th Century), *Drevnyaya Rus-Voprosy Medievistiki*, 2018, No 1 (71): 105-115.

Grishchenko, A. I. 2018b. А. И. Грищенко, *Правленое славяно-русское Пятикнижие XV века: предварительные итоги лингвотекстологического изучения* = A. I. Grishchenko, *The Edited Slavonic-Russian Pentateuch from the Fifteenth Century: The Preliminary Results of the Linguistic and Textological Study*, Moscow, 2018= A. I. Grishchenko, *Pravlenoe slaviano-russkoe Piatiknizhie XV veka: predvaritel'nye itogi lingvotekstologicheskogo izucheniia.*

Grishchenko, A. (forthcoming). The Textual Influence of the Old Kipchak *Targum* on the Slavonic "Edited Pentateuch".

Jankowski, Henryk, with Gulayhan Aqtay, Dorota Cegiolka, Tülay Çulha and Michal Németh [eds]. 2019. *The Crimean Karaim Bible. Vol. 1: Critical edition of the Pentateuch, Five Scrolls, Psalms, Proverbs, Job, Daniel, Ezra and Nehemiah. Vol. 2: Translation*, Turcologica 119,

Harrassowitz Verlag.

Pritsak, Omelian. 1959. "Das Karaimische". *Philologiae Turcicae Fundamentae*, ediderunt Jean Deny et al., vol. I, Aquis Mattiacis apud Francisum Steiner, Wiesbaden: 318-340.

KRPS = Karaimsko-russko-pol'skij slovar' / Słownik karaimsko-rosyjsko-polski, edited by N.A. Baskakov, A. Zajączkowski, S. M. Szapszał, Moscow 1974.

Shapira, Dan. 2007. Some Notes on the History of the Crimean Jewry from the Ancient Times Until the End of the 19th Century, With Emphasis on the Qrımçaq Jews in the First Half of the 19th Century, *Jews and Slavs* 19 (2007), ed. by W. Moskovich and L. Finberg, Jerusalem–Kyiv: Hebrew University; [Ukrainian] Institute of Jewish Studies: 65-92.

Temchin, Sergey Y. 2014. Learning Hebrew in the Grand Duchy of Lithuania: An Evidence from a 16th-Century Cyrillic Manuscript, in *The Knaanites: Jews in the Medieval Slavic World* (= *Jews and Slavs*, 24), ed. W. Moskovich, M. Chlenov, A. Torpusman. Moscow, Jerusalem: 267-268.

文化篇

Cultures

欧亚游牧世界的个人卫生和沐浴文化*

〔匈〕萨博尔茨·费弗尔迪（Szabolcs Felföldi）撰

有关游牧人群的传世文献往往关注这些部落的外貌，包括他们的服饰、发式和个人卫生方面。不过，在许多情况下，很难去揭示史家对游牧民个体的服饰、发式和个人卫生方面的看法。① 在多数情况下，这些史料反映的只是一般性的看法。此外，一个不争的事实是，记录这些游牧民的史家本人是没有真正见过任何一个游牧民的。因此，这些史料中充满了刻板印象和仇视话语就不是偶然的了。

在过去的几十年中，大量的学者已经研究过自古典时代以来游牧民族的"一般性形象"。其中绝大多数研究者注意到，我们需要对这一传统形象进行反思。（Kradin 2002, Beckwith 2009 etc.）即便如此，我们也不能认为这些文献中凝练的所有观念都是刻板的。其主要的一个原因是，在涉及游牧民的个人清洁问题时，这些记载彼此之间大相径庭。

文献中对游牧民穿着邋遢的记载，与定居文明对游牧世界的歧

---

* 本文是匈牙利科学院、罗兰大学和塞格德大学的丝绸之路合作项目（"丝绸之路研究小组"）的阶段性成果。

① 关于传世文献中对发式的记载，以及古典时期和中世纪不同发式所具有的民族特征，参考 Bálint 2006: 332。

视性形象是吻合的，即这些游牧民是野蛮的、残忍的、没有人性的，等等。

希腊史家阿嘎塞阿斯（Agathias）说过："突厥人和阿瓦尔人的头发凌乱，很干燥，脏兮兮的，而且打了一个难看的结。"（Szádeczky-Kardoss 1998: 18; cf. Nechaeva 2011: 176）

根据伊本·法德兰（Ibn Fadlān）的说法："我们在一个称为巴什基尔的突厥语部落的国家内逗留，我们离他们远远的，因为他们是突厥语人群中最恶、最脏，以及在杀人时最不眨眼的。"（Simon 2007; Györffy 1986: 96-99; Kmoskó 1997: 48-49）

我们还可以举出不少这样的例子，但是有趣的是，不是我们所见到的文献都是如此记录他们的。

例如，根据加尔迪兹的说法："游牧的马扎尔人很帅，很耐看，他们的身材壮硕。"（Kristó et al. 1995: 38, cf. Zimonyi 2005: 259-260）

或许有人会问：为何会存在这种截然相反的态度呢？

这份差异或许可以如此来解释，即不同游牧民族的卫生状况是大不相同的。其背后，除了历史和地理的原因之外，可能还有其他的因素。但问题是，对于同一个游牧人群而言，同时存在着非常正面和非常负面的评价，譬如内陆亚洲的突厥语人群和早期的匈牙利人。这就是为何我们不能把这个问题教条化，认为只是历史和地理的客观因素。总之，这个问题比想象的要复杂得多。

当然，判断一个人群在特定历史时期究竟是干净的还是脏的，是不可能的事情，因为我们不能用21世纪的卫生标准去评价历史长河中的古人。古代或中世纪的整洁和干净，用今天的标准来看，就是不干净的。因此，干净是一个相对的范畴。某个特定游牧人（譬如，在拜占庭宫廷的某个游牧人）的干净程度，很难说究竟是反映了个人的卫生习惯，还是这个民族的一种普遍性特点。笔者认为，这个问题是无解的。但是，与此主题相关的还有一个社会问题。历史上的外交使臣，往往都是贵族或者显贵的人物，因此他本人是否干净能证明他所处社会内每一名男女都是干净的吗？每一个社会阶层都保持同样的卫生状况吗？恐怕不会。

笔者认为，只有游牧民族自己的史料，以及他们的考古遗存，才能帮助我们解决上述问题。可惜，游牧民族自己编纂的文献少之又少，例如鄂尔浑碑铭和《蒙古秘史》（Berta 2004; Ligeti 1962; Rachewiltz 2006）。[①] 在《蒙古秘史》中有一段有趣的记载，铁木真最后一个主要的对手——乃蛮人，说蒙古人的体味很重，他们的衣服灰暗，意思是很脏。（Rachewiltz 2006, 98）托马斯·阿尔森（Thomas T. Allsen）就这段记载提到，这与游牧人群长久以来的水禁忌有关。在蒙古时代，有许多行纪和编年史都提到蒙古人禁止洗澡和洗衣服。（Allsen 1997, 89）或许是因为水被认为是自然界的四种基本元素之一，对于突厥人和蒙古人而言，水具有玄学的意义。“此外，雨水来自于天，也就是从游牧民族的主神和天神——腾格里而来。把水用于洗澡或洗衣服，是对这种宇宙元素的亵渎。”（Allsen 1997, 89）[②]

阿尔森的说法适用于多数游牧民族，但是上文中我们引用的史料却是与他的说法略有相悖。更何况，他的观点并不能解释我们在文章开头提出的问题，即为何有些史料认为某一游牧民族是干净的，而另

---

① 在这些史料中，有几条间接提到不同香水和油膏的记载，例如“麝香味的织锦”。（Bilgä Qaɣan N 11, Berta 2005: 192, cf. King 2017: 27-28）

② “身体的气味在某种程度上是与个人的精神或灵魂联系在一起的，这种观念似乎进一步强化了这项禁忌。人的精神需要保护，不能拿开。就像影子、思想和呼吸一样，体味是不可替代的和可辨识的，因此在某些文化中被等同于个人的灵魂或精神。”（Allsen 1997, 89）感谢胡玫博士（Florence Hodous）提醒我阿尔森的重要著作。

外一些史料却认为他们是脏的。

相关的考古发现，在数量上也并不足观。我们知道，游牧人群墓葬中出土的镜子[①]、梳子、镊子和香奁，都是来自女性墓室。（Pálóczi Horváth 1996: 17; Révész 1998: 524-525; Garam 2001: 165; Lőrinczy–Straub 2003: 172 etc.）考虑到这些随葬品的数量少和性别差异大，我们不能据此来推断一个更大的人群甚至是整个游牧民族的卫生习惯。但是，相关考古资料的稀缺，并不意味着游牧人就不搞个人卫生。例如，希罗多德是这样描述斯基泰人的：

> 斯基泰人如此自我清洁，他们支起三根木桩，互相靠拢着，在其上面铺一层羊毛皮，将其尽可能关闭之后，他们往一个放置于木桩和皮毛中间的盆子内扔烧得火红的石头。（IV, 73）（Muraközi 2000; cf. Fritsche 1978: 3-8）
>
> 斯基泰人拿大麻籽放在毛皮下面，然后把籽撒到烧得火红的石头上，烧得跟香一样，并产生蒸汽，蒸汽很重，希腊的蒸汽浴根本无法企及。斯基泰人在蒸汽浴中欢欣鼓舞，像狼一样嗷嗷叫。他们就是用这种方法洗澡，实际上他们根本就不用水洗澡。斯基泰的女人们用一块粗糙的石头拍打柏树、雪松和乳香树，然后往上面灌水，接着用这个厚厚的东西在全身和脸上抹，这样不仅身上留有余香，而且皮肤会干净光滑。（IV, 75）（Muraközi 2000; cf. Fritsche 1978: 3-8）

不难发现，这种沐浴装置（一座皮帐篷内有滚烫的石头和香）几乎不见于考古遗存。但是，我们在公元 10 世纪君士坦丁七世的书中

① 喀尔巴阡盆地上出土的从古代到中世纪的蛮族的镜子，已经被学者收集起来。（Istvánovits–Kulcsár 1993: 9-58）这也是最近一篇博士论文的题目。（Moyer 2012）

提到的“突厥浴”，能找到类似之处：

（还带来了）一件突厥浴帐，叫“斯基泰浴帐”tzerga/τζεργὰ，是一件盖有红色皮革的皮质蓄水装置，浴池有12只壶和12根炉条，还有砖砌的炉膛和折叠的椅子……（*De ceremoniisaulae Byzantinae* $466_{4\text{-}5}$; Moravcsik 1988: 34; Kristó et al 1995: 136）

估计 *tzerga* 是一种特殊的带有“移动浴”装置的浴帐。（Gyóni 1943: 133; Németh 1965: 231-234; Berta–Róna-Tas 2011）但是这些物件都已经消失在土壤里了，所以我们无法知晓这些卫生用品在游牧社会内传播的程度。既然君士坦丁七世说拜占庭士兵使用 *tzerga*，就说明这个装置在游牧世界内也是有知名度的。[①]

有一件事是肯定的：游牧人群疆域内建造的某座浴池的附属构件，例如石头和砖头，或许会带来重要的线索。这种可能性不是没有。在公元5世纪拜访过匈人统治者阿提拉营帐的修辞家普里斯库斯（Priscus）提到：

奥涅格西奥（Onegesio，译按：匈人王国内地位仅次于阿提拉的人）的林苑在恢弘程度上仅次于国王阿提拉的宫苑，也有一圈围墙。但是他的林苑不像阿提拉的，没有配高塔，不过却有一座浴池，在离围墙不远处。围墙是由奥涅格西奥从潘诺尼亚搬来的石块建造的，很

① 在喀尔巴阡盆地发掘的与阿瓦尔人同时代的墓葬中，我们可以发现一种特别的东西，即骨头制作的衔口。不能排除一种可能性，即这些东西是用来把君士坦丁七世所提到的皮质水池密封起来的工具。（Erdélyi–Németh 1969: 180; Tomka 1971: 72, 80; Balogh–P. Fischl 2010: 203-204, 222, 253, 396, 404. etc.）

大。这个地区的野蛮人没有石头或树木，都是从外地运来的。浴池的建筑师是从西尔米乌姆掳掠过来的战俘，他希望通过自己巧夺天工的技术能够重获自由，但是他出人意料地陷入了比斯基泰人中的奴隶还艰难的困境。奥涅格西奥让他做沐浴的侍者，当奥涅格西奥和随从在沐浴时，让他服务。（Blockley 1981-1983）

如果我们遵循学界对阿提拉牙帐所在地的流行观点，我们就要把奥涅格西奥的石砌建筑定位在匈牙利大平原上靠近蒂萨河的周边。（Bóna 1993: 59-62; Thompson 2003: 91-103 etc.）[①] 可惜，迄今为止，匈牙利的考古学家既没有发现阿提拉牙帐的遗存，也没有发现奥涅格西奥的浴室。

此外，我们也不清楚奥涅格西奥的族属。很可能他不是匈人（Maenchen-Helfen 1973: 389; Martindale 1980; Pritsak 1982: 459-460），所以我们还不能证明匈人曾使用过浴室。但是我们有几条关于其他游牧人群的证据，例如公元6—7世纪的阿瓦尔，以及11世纪的库曼。拜占庭史家塞奥非拉克特（Theophylact Simocatta）记载了一个关于阿瓦尔人侵扰的故事：在攻陷了奥古斯特（Augustae）和费米拉孔（Viminacium）之后，阿瓦尔可汗立刻扎营，并封锁安基阿卢斯。据说，他没有毁掉热水浴室。有则逸事传到我们耳朵里，说可汗的女眷们在那里洗澡，为了让她们开心，他才没有破坏浴室。听说那里的水对沐浴的人很有益，对他们的健康有好处。（Theophylactus Simocatta

① 此外，我们知道在匈人到来之前，在外多瑙河地区有不少罗马帝国时期的浴池，那里在公元5世纪上半叶是罗马的行省潘诺尼亚。一般的观点认为，罗马时代的基础设施，例如道路和某些建筑，在匈人统治时期得到了继续使用。因此，我们不能排除这样的可能性，即匈人在迁徙到外多瑙河地区的时候，它们在那里也见到了早期罗马帝国的浴池。

I, 3-4 cf. Szádeczky-Kardoss 1998: 60; Olajos 2012: 78）

有可能阿瓦尔人的可汗巴颜曾向拜占庭皇帝要求派几名工匠来到他的国土内建筑浴池，他的请求并没有让拜占庭宫廷惊讶。我们是知道故事结局的：巴颜没有建成任何一座浴池，但是在这些工匠的帮助下他在萨瓦河上建造了一座桥，并因此最终征服了西尔米乌姆。①

以下的章节摘录自基辅罗斯人的早期编年史，即《往年纪事》（*Poveszty vremennih let*）。它所记载的事情，发生在西尔米乌姆被围之后的500年：

弗拉基米尔后来采纳了他们的建议，并在那天夜里将斯拉弗亚塔（Slavyata）派出到城墙之间，只有一小群扈从和一些妥尔克人（Torks，即库曼人，亦称波罗维茨）在陪同。他们首先劫走了斯维亚托斯拉夫（Svyatoslav），然后杀掉了基坦（Kytan），又灭了他的随从。那是一个礼拜六的夜晚。伊特拉（Itlar）在拉提博尔（Ratibor）宫廷内与他的随从渡过宁静的夜晚，对基坦的命运浑然不知。礼拜天，即第二天，大约在晨课之后，拉提博尔让他的随从武装起来，命令他们把一个房间弄暖和起来。然后弗拉基米尔派他的佣人班迪乌克（Bandyuk）去伊特拉的部队，邀请他们先在加热好的房间内穿戴整齐，并与拉提博尔共进早餐，之后加入他们的军队。伊特拉接受了邀请。但是，当他们进入暖房时，他们被锁在里面了。然后罗斯人爬到了顶上，在屋顶打了个洞。拉提博尔的儿子奥尔伯（Ol'beg）拿起他的弓，搭上一支箭，射穿了伊特拉的心脏。他们也杀掉了伊特拉的随从。于是，伊特拉在2月24日丢掉了性命，那是大斋期的第一个礼拜天，当天的第一个时辰。（Ferincz et al 2015: 167-168; Kovács 2014）

---

① 出现在佐纳拉斯的作品中，Zonaras XIV, 11, 18-19；以弗拉伊姆（Ephraim）和约翰尼斯·以弗西努斯（Iohannes Ephesinus）也提到过。（Szádeczky-Kardoss 1998: 228）

基于以上所提到的细节，我们认为，这些迁移到邻近定居文明的游牧民，喜欢使用希腊人、罗马人和罗斯人的浴室。（Szádeczky-Kardoss 1998: 228）距离这些文明中心越远的游牧民，他们使用文明世界这些成果的可能性就越低。或许，这也是造成游牧人群洗澡不勤的原因之一。

因此，拜访过远离定居文明社会的伏尔加河不里阿耳人的伊本·法德兰，他于 921 年表达了对这些游牧人群的极度不适感：

他们刮掉胡子，把虱子吃了。其中一个人检查上衣的接缝处，然后用牙齿咬虱子。与我们在一起的一个人皈依了伊斯兰教，他曾经服侍过我们。我见到他在衣服里找到一只虱子。他用指甲盖捏死后舔了吃掉，然后对我说："味道不错。"（Simon 2007）

他脱下身上穿的织锦外套，是为了穿上前面我们提到过的荣誉之袍。我看见外衣下面的接缝处因为脏而破掉了。这是因为他们的习俗是这样的，一个人在衣服烂掉之前，是不会从身上脱下来的。（Simon 2007）

他们在大小便之后不洗，在主要的仪式性不洁行为之后（即性交）也不洗。他们几乎不碰水，尤其是在冬天。（Simon 2007）

最后一条史料尤为重要，因为它为我们在文章开头提出的问题提供了解决的答案。问题就是，除了不同人群的客观条件不同之外，还有什么其他的因素，例如地理的或区域性差异（也就是他们相对定居文明中心的距离）或者社会差异，甚或性别差异，能够解释一些史料说某个特定的游牧人群不干净，而另一些史料却说这个人群干净、整洁和帅气的现象？

伊本·法德兰的记载揭示了一个事实，即史家的族属、文化背景和心理是很重要的。10世纪的伊本·法德兰，来自一个到处可以见到浴室的世界。穆斯林使用浴室是一项宗教要求。（Kiby 1995; Kéri 2002; Wirth 2011）他们认为应该把自己的身体当作安拉的礼物一般对待。

公元10世纪，在欧洲也是一个在日常生活中个人卫生不甚重要，甚至可有可无的时代。在中世纪的欧洲，史家不吝用敌视的言辞去描述游牧民族所带来的侵扰和破坏，以及他们的心理状态，但是却很少提及他们的干净程度。这是因为在罗马帝国沐浴文化盛行了几个世纪之后，中世纪关于个人卫生的普遍观点是建立在圣哲罗姆的看法之上的。他提到，对于一名基督徒来说，沐浴是不被允许的。因此，就个人卫生而言，游牧民与欧洲经院学者之间几乎是半斤八两。

（陈浩 译）

参考文献

Allsen, T. T. 1997. *Commodity and exchange in the Mongol Empire. A cultural history of Islamic textiles*. Cambridge.

Bálint, Cs. 2010. A Contribution to Research on Ethnicity: A View from and on the East. In: Pohl, W. & Mehofer, M. (eds.) 2010. *Archaeology of Identity – Archäologie der Identität*. [Österreichische Akademie der Wissenschaften Philosophisch-historische Klasse Denkschriften, 406. Band. Forschungen zur Geschichte des Mittelalters Band 17.] Wien: 145-182.

Balogh, Cs. & P. Fischl, K. 2010. *Felgyő, Ürmös-tanya*. [A Móra Ferenc Múzeum Évkönyve: Monumenta Archeologica 1.] Szeged.

Beckwith, Ch. I. 2009. *Empires of the Silk Road. A History of Central Eurasia from the Bronze Age to the Present*. Princeton.

Berta, Á. 2004. *Szavaimat jól halljátok... A türk és ujgur rovásírásos emlékek kritikai kiadása*. Szeged.

Berta, Á. &Róna-Tas, A. 2011. *West Old Turkic. Turkic Loanwords in Hungarian I-II*. [Turkologica 84.] Wiesbaden.

Blockley, R. C. 1981-1983. *The Fragmentary Classicising Historians of Later Roman Empire: Eunapius, Olympiodorus, Priscus and Malchus. Vol. 1-2*. Liverpool.

Bóna, I. 1993. *A hunok és nagykirályaik*. Budapest.

Erdélyi, I. & Németh, P. 1969. A Várpalota-gimnáziumi avar temető. *A Veszprém Megyei Múzeumok Közleményei* 8, 167-198.

Ferincz, I. (trans.) & Balogh, L. & Kovács, Sz. (eds.) 2015. *Régmúlt idők elbeszélése. A Kijevi Rusz első krónikája*. [Magyar Őstörténeti Könyvtár 30.] Budapest.

Fritzsche, W. 1978. Zur Geschichte des Saunabades. *Sauna-Archiv* 1, 3-8.

Garam, É. 2001. *Funde byzantinischer Herkunft in der Awarenzeit vom Ende des 6. bis zum Ende des 7. Jahrhunderts*. [Monumenta Avarorum Archaeologica 5.] Budapest.

Gyóni, M. 1943. *A magyar nyelv görög feljegyzéses szórványemlékei*. Budapest.

Györffy, Gy. (ed.) 1986. *A magyarok elődeiről és a honfoglalásról. Kortársak és krónikások híradásai*. Budapest.

Humphrey, C. & Sneath, D. 1999. *The End of Nomadism? Society,*

State and Environment in Inner Asia. Durham.

Istvánovits, E. & Kulcsár, V. 1993. Tükrök a császárkori és a kora népvándorlás kori barbár népeknél a Kárpát-medencében. – Die Spiegel der kaiser- und frühvölkerwanderungszeitlichen Barbarenvölker im Karpatenbecken. *A Herman Ottó Múzeum Évkönyve* 30-31/2, 9-58.

Keller, L. 2001. Qïpčaq, kuman, kun. Megjegyzések a polovecek önelnevezéséhez. In: Felföldi, Sz. & Sinkovics, B. (eds.) 2010. *Nomád népvándorlások, magyar honfoglalás*. [Magyar Őstörténeti Könyvtár 20.] Budapest: 138-147.

King, H. A. 2017. *Scent from the Garden of Paradise: Musk and the Medieval Islamic World*. Leiden & Boston.

Kiss, A. 1989-1990. V-VI. századi Kárpát-medencei uralkodók – régész szemmel. – – Die Herrscher des Karpatenbeckens im 5./6. Jahrhundert aus archäologischer Sicht. *Agria. Az Egri Múzeum Évkönyve – Annales Musei Agriensis* 25-26, 201-220.

Kmoskó, M. 1997. *Mohamedán írók a steppe népeiről. Földrajzi irodalom. I/1*. [Magyar Őstörténeti Könyvtár 10.] Budapest.

Kovács, Sz. 2010. Ekinči ibn Qočkar, a qūnok és a polovecek. In: Almási, T. &Révész, É. & Szabados, Gy.(eds.) 2010. *„Fons, skepsis, lex." Ünnepi tanulmányok a 70 esztendő Makk Ferenc tiszteletére*. Szeged: 235-245.

Kradin, N. N. 2002. Nomadism, Evolution and World-Systems: Pastoral Societies in Theories of Historical Development. *Journal of World System Research* 8, 369-388.

Kristó, Gy. & Olajos, T. & H. Tóth, I. & Zimonyi, I. (eds.) 1995. *A honfoglalás korának írott forrásai*. [Szegedi Középkortörténeti Könyvtár 7.] Szeged.

Kiby, U. 1995. *Bäder und Badekultur in Orient und Okzident. Antike bis Spätbarock*. Köln.

Kovács, Sz. 2014. *A kunok története a mongol hódításig*. [Magyar Őstörténeti Könyvtár 29.] Budapest.

Ligeti, L. (trans.) 1962. *A mongolok titkos története*. Budapest.

Lőrinczy, G. & Straub, P. 2003. Újabb adatok az avar kori szűrőkanalak értékeléséhez I. *A Móra Ferenc Múzeum Évkönyve – Studia Archaeologica* 9, 171-187.

Maenchen-Helfen, O. 1973. *The World of the Huns: Studies in Their History and Culture*. Berkeley & Los Angeles & London.

Martindale, J. R. 1980. *Prosopography of the Late Roman Empire. Vol. 2. A.D. 395-527*. Cambridge.

McDonell, R. 2016. *The Civilization of Perpetual Movement: Nomads in the Modern World*. London.

Moravcsik, Gy. (ed. and trans.) 1988. *Az Árpád-kor magyar történet bizánci forrásai. – Fontes Byzantini historiae Hungaricae aevo ducum et regum ex stirpe Árpád descendetium*. Budapest.

Moyer, A. C. 2012. *Deep Reflection: An Archaeological Analysis of Mirrors in Iron Age Eurasia*. Minneapolis.

Muraközi, Gy. (trans.) 2000. Hérodotosz: *A görög–perzsa háború*. [Sapientia Humana.] Budapest.

Nechaeva, E. 2011. The "Runaway" Avars and Late Antique Diplomacy. In: Mathisen, R. W. & Shanzer, D. (eds.) 2011. *Romans,*

Barbarians, and the Transformation of the Roman World. Cultural Interaction and the Creation of Identity in Late Antiquity. Farnham.

Németh, Gy.: Egy magyar jövevényszó Bizáncban a X. században. *Magyar Nyelvőr* 89, 231-234.

Olajos, T. (trans. and ed.) 2012. Theophülaktosz Szimokattész: *Világtörténelem*. [Magyar Őstörténeti Könyvtár 26.] Budapest.

Pálóczi Horváth, A. 1996. Nomád népek a kelet-európai steppén és a középkori Magyarországon. In: Havassy, P. (ed.) 1996. *Zúduló sasok. Új honfoglalók – besenyők, kunok, jászok – a középkori Alföldön és Mezőföldön*. [Gyulai Katalógusok 2.] Gyula: 7-36.

Pritsak, O. 1982. The Hunnic Language of the Attila Clan. *Harvard Ukrainian Studies* 6, 428-476.

Rachewiltz, I. de 2006. *The Secret History of the Mongols: A Mongolian Epic Chronicle of the Thirteenth Century. Vol. 1-2*. Leiden & Boston.

Révész, L. 1998. Szempontok a honfoglalás kori leletanyag időrendjének meghatározásához a keleti párhuzamok alapján. *A Móra Ferenc Múzeum Évkönyve – Studia Archaeologica* 4, 523-532.

Rolle, R. 1989. *The World of the Scythians*. Berkeley & Los Angeles.

Simon, R. (trans. and ed.) 2007. Ibn Fadlán: *Beszámoló a volgai bolgárok földjére tett utazásról*. Budapest.

Szádeczky-Kardoss, S. 1998. *Az avar történelem forrásai 557-től 806-ig*. [Magyar Őstörténet Könyvtár 12.] Budapest.

Szentpéteri, J. 2009. A Barbaricumból Pannoniába (Germán katonai segédnépek a korai Avar Kaganátus központjában). In: Somogyvári, Á. &

V. Székely, Gy. (eds.) 2009. *„In terra quondam Avarorum..." Ünnepi tanulmányok H. Tóth Elvira 80. születésnapjára*. [Archeologica Cumanica 2.] Kecskemét: 235-252.

Thompson, E. A. 2003. *A hunok*. Szeged.

Tomka, P. 1971. A Győr, Téglavető-dűlői avar temető belső csoportjai. *Arrabona – A győri múzeum évkönyve* 13, 55-97.

Wirth I. 2011. *Fürdőkultúra*. Budapest.

Zimonyi, I. 2005. *Muszlim források a honfoglalás előtti magyarokról. A Ğayhānī-hagyomány magyar fejezete*. [Magyar Őstörténeti Könyvtár 22.] Budapest.

游牧人的投射技艺

〔匈〕卡塔林·平特-纳吉（Katalin Pintér-Nagy）撰

传世文献往往强调轻骑兵在游牧民技艺中的重要性。最初由希罗多德所提炼的技艺（譬如骑马射击的技巧），在后世的文献中也有提到，被应用于中世纪出现的游牧民族身上。当时史家所采用的有关游牧民族技艺的叙事程式，长期以来被现代学者所接受和强化。尽管游牧战争技艺中轻骑兵的使用是占主流的，但是在当时观察家的眼中却是个新事物。因此，它是被文献所强化了的。此外，在分析了文献资料和考古材料，并对图像资料细致观察之后，我们可以说，除了轻骑兵之外，重骑兵、步兵和攻城术也被使用着。（Sinor 1981; Golden 2002; Zaseckaja 1994: 39; Keller 2004: 50; Nagy 2005: 135-148; Nagy 2010: 71-83; Pintér-Nagy 2017a）

学界已经从考古学的角度，考察并评估了游牧民族的装备。在本文中，笔者拟分析两种武器，分别是套索和弹弓，主要是从文献资料中探究。需要说明的是，研究者对它们在游牧民技艺中的作用，探讨得相对不够。

套索

最早详细讨论套索这个题目的是朱拉·莫拉夫西克（Gyula

Moravcsik）。他从浩如烟海的希腊语和拉丁语史料中辑出涉及中世纪早期游牧民使用套索的文献。这位拜占庭学家得出结论，使用套索的做法在公元 2—6 世纪东欧游牧民族中传播开来。根据他的说法，文献中没有提到晚期游牧民使用套索。继朱拉·莫拉夫西克的工作之后，卡塔林·柯哈勒米（Katalin Kőhalmi 1972: 92）、丹尼斯·塞诺（Denis Sinor 1981: 141-142）① 和彼得·高登（Peter Golden 2002: 151）研究了与游牧民战争技巧相关的工具。

套索可以被视为一项传统的游牧工具，主要用于骑马放牧大型动物。同时，套索在游牧民战争技艺中的作用，也有很好的研究。在这种情况下，套索用于抓取敌人。抓来的俘虏要么用于索要赎金，要么当奴隶卖掉。（Róna-Tas 1961: 81; Moravcsik 1967: 276-280; Kőhalmi 1972: 82; Sinor 1981: 141; Golden 2002: 151）希罗多德（VII. 85. cf. Muraközi 2000a: 485）是首位承认套索具有武器功能的史家。他提到一个游牧民族萨迦提伊人（Sagartian），他们属于波斯人，使用一种网式套索。从文献中我们也了解到，这件工具在帕提亚人的生活中也扮演着重要的角色。帕提亚人的军队内也有一支单独的套索部队。（*Suda 942*）文献还提到，居住在南俄草原的萨尔马提亚人的战争技巧中，也有使用套索。（PausaniasI. 21, 5; Pomponius Mela I. 114）约瑟夫斯·弗拉维奥在一场与阿兰人相关的具体战事的叙事中，提到了套索。② 托名海杰西普斯（Pseudo Hegesippus V. 50）的史家——他使用了约瑟夫斯·弗拉维奥的书，提到阿兰人很善于投套索，这也是他们作战的一个特色。除了希腊和拉丁史料之外，叙利亚语文献中也提

① 丹尼斯·塞诺（Sinor 1981: 142）也提到了柏朗嘉宾的一段引文，或许与蒙古人使用套索有关。他指出，蒙古人用于牵引战争机器的绳索也可用作套索。（Plano Carpini VI. 4. cf. Györffy 1965: 79; Sinor 1981: 142）

② 史家在叙述阿兰人进攻亚美尼亚的战役中，提到阿兰人向亚美尼亚国王提瑞达特（Tiridates）投掷套索，并且差点就要抓到他了。不过，提瑞达特用他的剑砍断了绳子，跑掉了。（Josephus Flavius VII. 7. cf. Révay 1999: 518）

到了匈人使用套索的情况。索卓门诺斯（Sozomenos）在他的教会史书中记录了匈人使用套索的个案。[①] 还有其他的历史文献提到匈人把套索当作武器使用，例如阿米安努斯·马赛林努斯和叙利亚语文献，以及托名卡利斯西尼斯（Pseudo-Kallisthenes, 264），托名埃弗拉伊姆（Pseudo-Ephraem, 189 [6]）和“柱上”约书亚（Joshua the Stylite, 63）。（Kmoskó 2004: 77, 85, 121）

匈帝国衰亡之后，大约公元6世纪上半叶，文献中提到南俄草原的游牧民把套索当作一种武器来使用。例如，约翰·马拉拉斯（Malalas XVIII. 21. cf. Jeffreys et al. 1986: 254）提到，在企图抓获三名罗马将领的过程中他们使用了套索。文献中没有提到6世纪以后游牧民仍使用这种工具。再次出现则是在《蒙古秘史》和马穆鲁克时代的文献中。[②] 将套索作为武器使用的做法，可能被与游牧民相邻的定居人群学习了，我们在奥林匹多罗斯（Olympiodoros）和约翰·马拉拉斯的文献中能找到佐证。[③] 我们在两部拜占庭兵书中发现，拜占庭士兵也有使用套索的例子，分别是莫里斯（Maurikios）的《战略》（*Strategikon* I. 2. 7）和“智者”列奥（Leo the Wise）的《战术》（*Taktika* V. 3; VI. 10）。

史家们用不同的术语来描述游牧民的套索，其中有些术语可以

---

① 索卓门诺斯记载了一则与此相关的逸事。托米斯（Tomis）和小斯基泰（Scythia Minor）的主教塞奥蒂莫斯，他用馈赠和慷慨制服了“野兽般的”匈人。但是，其中一名匈人设了个圈套，他在跟主教谈话的时候，依偎在他的盾牌上，他试图用一根套索投掷向主教并抓住他。不过，他的胳膊僵硬了，不能动，直到塞奥蒂莫斯祈求上帝挪走那“无形的镣铐”。（Sozomenos VII. 26, 8; Moravcsik 1967: 278）

② 在《蒙古秘史》中，我们可以在其中一个关于铁木真被一根套索和套杆追捕的段落中找到相关记载。（SHM 91）马穆鲁克时代的文献提到，蒙古人为了把重骑兵从他们的马鞍上摺倒，也会使用套索。（Waterson 2007: 166）

③ 从奥林匹多罗斯的书中（18. fc. Blockley 1983: 183），萨卢斯（Sarus）是被哥特国王阿道夫（Ataulf）在公元412年用套索抓获的。奥林匹多罗斯用 σοκκος 来描述这个器具。（Olympiodoros 18）根据约翰·马拉拉斯的说法（XIV. 23. cf. Jeffreys et al. 1986: 199），大约在公元435年，哥特人阿里奥宾多思（Areobindos）用套索把他的敌人从马上摔了下来。

用来概括此项工具的构造和形态。就希罗多德所谓的“萨迦提伊人”而言，史家只是用了简单的希腊语单词 σειρά，意思是“套索”。[①] 在《苏达辞书》（*Suda*）中，也是用 σειρά 来描述帕提亚人的套索。保萨尼亚斯（Pausanias I. 21, 5）也是用了这个词来讲萨尔马提亚人的套索（Györkösy–Kapitánffy–Tegyey 1990: 952），我们还发现庞波尼乌斯·梅拉（Pomponius Mela I. 114; Finály 1884: 1109）也用这个词来描述绳子和结（*lagueus*）。阿兰人使用的套索被约瑟夫斯·弗拉维奥称为 βρόχος（VII. 4），这个词有诸多义项：“绳子、带结的绳子、套索和网。”（Györkösy–Kapitánffy–Tegyey 1990: 196; Liddel et al. 1958: 331）使用了约瑟夫斯·弗拉维奥著作的托名海杰西普斯（V. 50），使用了 *laqueus*“打了个简单结的绳子”这个词，来源于庞波尼乌斯·梅拉。在提及匈人军队投掷套索的文献中，可以在阿米安努斯·马赛林努斯的书（XXXI. 2, 9-10）中找到 *lacinia*，意思是“带子”。[②]（Glare 2000: 994）在索卓门诺斯的作品中（VII. 26, 8），套索有两个词，分别是 βρόχος 和 σχοινίον。当然，σχοινίον 的意思是“带、绳”，用来指代“套索”。（Györkösy–Kapitánffy–Tegyey 1990: 1046; Liddel et al. 1958: 1747）而 βρόχος 这个词既可以指绳子，打结的绳子、套索或网。（Györkösy–Kapitánffy–Tegyey 1990: 196; Liddel et al. 1958: 331）在此个案中，关于同一事件（即试图截获主教塞奥蒂莫斯［Theotimos］，却没有成功），这位教会史家用了不同的术语来指代同一件武器。（Sozomenos VII. 26, 8）叙利亚史家所用来指代“套索”的术语 *prwyē*，很可能本义是“带子”。（Kmoskó 2004: 77, 85, 121）

文献中提到的套索大致可以分成三类。我们可以识别出其中一种用皮革制成的套索，在末端是一张网，这是萨迦提伊人所使用的套

① 这个术语指代一种简易的末端有绳子的套索（Györkösy–Kapitánffy–Tegyey 1990: 952），但是史家也简单地描述了用皮革制作的套索，末端是一张网。（Herodotus VII. 85）

② 这个术语在其他游牧民的套索相关记载中找不到。

索。这种套索是希罗多德所提到的（VII. 85），他描述了萨迦提伊人如何接近敌人，向他们投掷带有网格的套索，然后把套住的敌人或马匹拖过来。我们还注意到有一种套索棍，它的主体是一根棍子，大约有两米长，棍子上搭载了松绳子。人们可以将一端固定在V字形的叉子上，绳子猛甩出去，或者用叉子的尖端去戳敌人。这种套索出现在蒙古人当中。（《蒙古秘史》91）[①] 然而，绝大多数文献中的记载都倾向于指出，有一种套索在末端有个简单的结。就东欧游牧民的情况而言，例如萨尔马提亚人、阿兰人和匈人，大概也是这种套索。史家通常会使用希腊语 βρόχος、σχοινίον、σειρά 或拉丁语 *laqueus* 来指代“套索”。也有部分史家提到了如何使用套索。从保萨尼亚斯的叙述中可知，萨尔马提亚人先接近敌人，向敌人投掷套索，然而调转马头，开始朝反方向奔跑，于是就把敌人摔倒在地了。（Pausanias I. 21, 5. Trans. Muraközy 2000b: 34）类似的叙述，在《苏达辞书》中关于帕提亚人的记载中也可以找到。帕提亚人在接近敌人之后，向他们投掷套索，然后将敌人拖住带走。从史料中我们可以清楚地知道，作为骑马时用于军事用途的套索，也可用于放牧牲畜。（图1、图2）[②]

---

① 关于安在套杆上的套索，其使用还有民族学的维度，它似乎主要是用于畜养牲畜，为了捕获大型动物。把一个套索安在棍子上，就很容易将绳子套在动物的脖子上了。（Szabadfalvi 1981: 386）这件工具的长短，差不多是一人的高度。在棍子末端有一根绳子系在上面，绳子的另一端是一根滑动的绳子，可以上下滑动。骑士用右手握着棍子，或者放在腋下。（Róna-Tas 1961: 81）

② 在索卓门诺斯关于匈人史料的章节中，曼辰-海尔芬（Maenchen-Helfen）提出游牧人有可能在步兵战术中使用套索。索卓门诺斯写到（VII. 6, 8），一名匈人在与托米斯的主教塞奥蒂莫斯交谈时，站在他的盾牌旁边，试图用套索抓住这位神职人员。考虑到这位匈人在实施针对塞奥蒂莫斯的行动之前是依靠在他的盾牌上的，曼辰-海尔芬认为那位“野蛮人”是试图徒手抓住主教塞奥蒂莫斯。（Maenchen-Helfen 1997: 184）不过，尼科诺罗夫（V. Nikonorov）却认为此说不成立。根据他的观点，不能完全确定这位匈人在实施行动前究竟是站在地上，还是骑在马上。（Nikonorov 2010: 269）确实，索卓门诺斯的书只是提到，匈人在向主教塞奥蒂莫斯投掷套索之前是依靠在他的盾牌上与主教交谈，但是到底是站在地上，还是骑在马上，并没有说明。需要强调的是，这一事件并非发生在战场上。

图 1　骑兵使用套索图景一

图 2　骑兵使用套索图景二

很明显，把套索作为游牧民武器的文献，主要是公元2—6世纪史家的作品。然而，从6世纪到蒙古时代，我们几乎没有相关的记载。即便如此，我们也不能断言，从6世纪起到蒙古时代游牧民就不再使用套索了。一方面，需要强调的是，套索不仅被当作武器使用，对于牧民来说它也是一种重要的放牧工具。因此，举例来说，如果阿瓦尔人或征服者匈牙利人没有使用套索来畜养牲口，那几乎是不可能的。另一方面，它也是用来抓捕犯人的重要工具。以阿瓦尔人为例，史料提及他们从斯拉夫人那里拖走了奴隶，也从拜占庭的疆域内抓获了逃犯。（Szádeczky-Kardoss 1998: 21, 219-220; Pohl 1988: 40; Szádeczky-Kardoss 1994: 207; Szádeczky-Kardoss 1996: 21）晚期的史料中有关于匈牙利人、佩切涅格人和库曼尼亚人奴隶贸易的记录。据此我们可以推测，这些人群不仅用套索来放牧，也用来抓获敌人。（HKÍF 1995: 34, 38, 45; Polgár 2006: 99-112; Kovács 2014: 60）与此主题相关的文献中，有两部史料值得一提。

在这一阶段内（即公元7—13世纪），套索作为拜占庭军队的武器装备，在两部兵书中提到，分别是莫里斯的《战略》和“智者”列奥的《战术》。莫里斯（Maorikios I. 2. 7）在一个章节中提到了套索，而“智者”列奥在两处提到了它。（Leo the Wise V. 3; VI. 10）在上述三处，两部史料都使用了相同的术语，即λωρόσοκκον。[①] 这个

① 莫里斯提到，在拜占庭骑兵的盔甲和装备中，这项工具是马鞍的配件。根据莫里斯的说法——这位拜占庭皇帝本人是一名军事专家，拜占庭军队的马鞍配有两件铁制马镫、一件套索、一副镣铐和一只能装下够一名拜占庭士兵三到四天口粮的袋子。（Maurikios I. 2. 7. cf. Dennis–Gamillscheg 1981: 81）“智者”列奥关于套索的两个章节中的一个章节，完全是从莫里斯那里抄来的。那个章节列举了拜占庭骑兵马鞍的配件。（Leo the Wise VI. 10. cf. Dennis 2010: 87）在另一个章节中，“智者”列奥在一般意义上描述了拜占庭军队的装备和其他事物，其中提到了套索和大马鞍袋子（内有燧石和火绒），还有弹弓和镣铐。（Leo the Wise V. 3. cf. Dennis 2010: 77）

术语可以认为是独一无二的，因为在其他涉及套索的文献中都找不到。该术语是一个合成词，由 λωρος 和 σοκκον 构成。与 λωρος 对应的拉丁语是 *lorum*，意思是“带子”。（Liddel et al. 1958: 106）另一个单词 σοκκον 有两层含义，在史料中一般是指“口袋”（Blockley 1983: 216），但在古典时期和中世纪史家的作品中还有另一层“套索”的含义。（Liddel et al. 1958, 1620）① 因此，拜占庭兵书中的 λωρόσοκκον 究竟该如何翻译，就拿不准了，但将之理解成“有绳带的套索”也大致不错。② 因此，就这段历史时期的游牧民而言，史料中没有直接提到套索，但是两位兵书学者却提到了在拜占庭帝国套索作为军事设备使用的情况。需要注意的是，莫里斯兵书中涉及套索的这一叙述的来源问题。这段叙述在罗列装备和武器时，紧接着套索之后就是铁制马镫。本文不拟深入探讨套索的起源问题，但是关于马镫的起源，学界已有不少说法。萨姆·查的斯基-卡尔多斯（Samu Szádeczky-Kardoss）认为，尽管《战略》的作者莫里斯（他熟悉战略）在这段提及马镫的章节中，没有特意指出拜占庭人曾经从阿瓦尔人那里得到此项工具，但是这一点还是可以从上下文中领悟到的。在涉及拜占庭军队中铁制马镫的使用时，莫里斯建议模仿阿瓦尔武士的兵器，虽然他在这个语境中没有特地指出来。在谈到马镫的这一段落的前后，阿瓦尔人被明确地点名了，在骑乘装备和骑兵铠甲方面被树立为拜占庭军人的榜样。③ 不过，最近学界盛行的观点是认为马镫在欧洲的传播主

① 需要补充的是，σοκκον 这个术语的使用，在奥林匹多罗斯的书中也可以找到。他叙述了哥特国王阿道夫的部分装备。（Olympiodoros 18）

② 由于 σοκκον 有两层涵义，所以在各个现代版本中 λωρόσοκκον 一词的翻译并不清晰。在罗马尼亚语译本和德语译本中，意思是“配有带子的皮袋”（Mihăescu 1970: 53, 397; Dennis 1981: 81）在《战略》和《战术》的英译本中，意思是“配有带子的套索”。（Dennis 1984: 13; Dennis 2010: 77, 87）

③ 萨姆·查的斯基-卡尔多斯强调，莫里斯的记载与考古资料相吻合。也就是说，马镫在欧洲的首次出现，与阿瓦尔人有关。（Szádeczky-Kardoss 1983: 323-324）

要归功于拜占庭人而非阿瓦尔人。该观点的论据是，莫里斯没有明确指出拜占庭军队是从阿瓦尔人那里学习如何使用马镫的。这位拜占庭皇帝——莫里斯在其他地方都对武器的来源有清楚的交代，唯独没有提到马镫的来源。根据弗里登（U. Freeden）的研究，与其他的工具或武器相似，[①]就马镫而言，可以说它在拜占庭的使用情况是很清楚的。[②]还有一种可能性被提了出来，拜占庭可能是通过丝绸之路的贸易而熟悉了马镫这一工具的。不过，这个说法尚待检验。[③]无论如何，萨姆·查的斯基-卡尔多斯的文献学解释，即拜占庭的马镫来源于阿瓦尔人的说法是相对比较可信的。于是，尽管只是推测，但套索也是拜占庭人从阿瓦尔人那里习得的可能性也就被提出来了。虽然史家在阿瓦尔人的装备条目下没有特意提到套索，但是根据上文针对马镫的论证，这条史料也可以［间接］论证阿瓦尔人在他们的战术中是使用套索的。

弹弓

学术界对于游牧军队中弹弓的使用，几乎还没有关注。这主要是由于涉及游牧民弹弓的史料比较匮乏。[④]我们有两条非常具有争议且含混不清的关于阿瓦尔人弹弓的文献（Theodóros Synkellos XIX 305, 37-306, 12; Plótinos Thessalonikeos 9-12.），还有一条关于匈牙利人的史料（Gerhard 12）。

---

① 例如，三棱箭镞和芦苇叶状的矛。（Freeden 1995: 622, 624）

② Freeden 1995: 622, 624.

③ Csiky 2013: 77; Csiky 2015: 391-399.

④ 虽然传世文献没有提到斯基泰人使用弹弓，但是考古资料却表明这些游牧民也使用该工具。斯基泰墓葬内包含被研究者鉴定为投掷的石块，就是用弹弓射击的。（Meljukova 1964: 68; Scholtz 2015: 125-139）

弹弓的使用，早先在罗马帝国时期的军队中流行开来，并在后期的中世纪拜占庭军队和西欧也有使用。（Hahn 1963: 87; Coulston 2002: 13）由于弹弓的构造简单，主要是普通人使用的工具。[①] 弹弓本身很容易制作，但是它的使用却是看上去很简单，实际上很难，因为精准的射击需要高超的技艺。[②] 在文献中，弹弓主要是作为轻骑兵的装备出现。此外，它也出现在轻装甲兵的装备中，以及攻城中使用。（Hahn 1963: 87; Kolias 1988: 257-258; Anonymus 13, 32, 32, 35-37. cf. Dennis 1985: 41, 99, 100, 109; Nikephoros Ouranos 4, 65. cf. McGeer 1995: 91, 159, 209）

早期阿瓦尔军队中使用弹弓的情况，可以在当时和后世的史料中找到记载，涉及的分别是拜占庭莫里斯皇帝时期阿瓦尔人的使用，以及在围攻塞萨洛尼基（Plótinos Thessalonikeos 9-12. cf. Szádeczky-Kardoss 1998: 119）和君士坦丁堡（Theodóros Synkellos XIX. 305, 37-306, 12. cf. Szádeczky-Kardoss 1998: 187）过程中的使用。

史料中出现的术语 σφενδόνη（对应于拉丁语 *funda*），指代的是一种比较简易的弹弓。这种武器由两根带子组成，用一块较粗的皮系上，这块皮里面包裹着投掷物。投掷者把投掷物放置在弹弓内，之后举过头顶拉抻一次或多次，然后松开带子，就把东西投掷出去了。（Kolias 1988: 255-256）[③]

---

① 用麦吉尔（E. McGeer）的话说，这是穷人的武器。（McGeer 1995: 209）

② 维吉提乌斯（Vegetius）也强调了这项武器在早期的用途。根据他的说法，弹弓使用非常简单，也很方便携带，对于石材资源丰富的地方尤其如此。（Vegetius I. 17. cf. Várady 1963: 766）

③ 除了这种简易类型之外，还有两种类型，但是它们没有出现在涉及游牧民族武器的语境中。其中一种是棍棒弹弓（*fustibalus*），没有投掷的绳子，用一根 1 尺长的带钩子的棍子代替。（Kolias 1988: 255）还有一种包裹式弹弓（*mattiobarbulus*），用铅弹固定在一根带子上，然后像锤子一般投出去。这种武器能造成非常致命的伤害。（Vegetius I. 17. cf. Várady 1963: 766）

在西奥多罗斯·辛克洛斯（Teodóros Synkellos XIX. 305, 37-306, 12）书中出现的 βολαι χεράδων 的具体含义尚不清楚，它可能是指某种投石器。（Kolias 1988）①

除了阿瓦尔人以外，我们从格尔哈德的书中（Gerhard 12. cf. HKÍF 235）可以发现，匈牙利人也使用弹弓。一份当时的史料提到，在围攻奥古斯堡（Augsburg）的时候，有箭头和石头飞进了城内。除了常见的表示“石头”的词汇外，书中还使用了 *lapideus*（Gerhard 12）这个词来指代投掷的石头。（Glare 2000: 1001）用来投掷这些石头的，要么是弹弓，要么是投石器。虽然史家在该段落中（Gerhard 12）提到了“攻城装备”（拉丁语 *instrumentum*），但是可以推测，他们在攻城中也使用了弹弓和投石器。

在野战中，投掷部队的作用是打破敌方的统一战线。史料中强调，在投掷物面前，马匹会变得惊慌失措，于是，敌方的军令就得不到很好的执行。（Anonymus 13, 32, 35-37. cf. Dennis 1985, 41, 99, 100, 109）因此，他们在游牧军队中与轻装甲射手的职能是重合的。或许，这就是为什么投掷在游牧军队中没有得到广泛应用。

结论

在本文中，笔者基于文献资料考察了两种类型的武器（分别是套索和弹弓），以及他们在游牧人战略中的意义。其中，套索可以视为

① 卡尔达拉斯（G. Kardaras）认为，从史料中不能判断阿瓦尔人是否使用了这种类型的武器。（Kardaras 2018: 158-159）正如笔者早就提到的，关于游牧民使用弹弓的文献非常有限、可疑、含混。不过，不能排除游牧民在军队中使用弹弓的可能性。（例如在斯基泰人遗址中找到了弹射石头的证据）

是一种传统的游牧工具。根据文献记载，作为一项作战技能，投掷套索在公元2—6世纪的东欧游牧民族（例如萨尔马提亚人、阿兰人和匈人）中广泛使用，不过，这项工具在文献资料中隐没了，直到蒙古时代才再次浮现。当然，不是说从6世纪起直到蒙古时代，游牧人就不再使用套索了。我们可以推测，这些游牧民不仅在放牧牲畜的时候使用套索，而且在抓获逃犯时也会使用。在这段时期内，似乎套索的使用在拜占庭的军队中也传播了开来，因为莫里斯和“智者”列奥都在书中提到了。与套索不同，史料中关于弹弓的记载很少，大概只有两三处。它的具体用途，仅凭现有的史料，尚不能完全弄清楚。

（陈浩 译）

参考文献

原始史料

Ammianus Marcellinus. *Ammiani Marcellini. Rerum gestarum libri qui supersunt* II. Bibliotheca Scriptorum Graecorum et Romanorum Teubneriana. Seyfarth (ed.) Wolfgang. Leipzig: Teubner 1978.

Ammianus Marcellinus. Róma története. Trans. Szepesy, Gyula. Budapest: Európa 1993.

Anonymus. The Anonymus Byzantine Treatise on Strategy. In: *Three Byzantine Military Treatises.* Corpus Fontium Historiae Byzantinae 25. Dennis, Georgius T. (trans.) Washington: Dumbarton Oaks Research Library and Collection 1985: 1-136.

Gerhard. *Catalogus fontium Historiae Hungaricae* III. Gombos, F. Albin. (Collegit, revocavit etc.) Budapestini: Szent István Akadémia 1937-

1938: 2615-2617.

Glossar B. *Glossar zur frühmittelalterlichen Geschichte im östlichen Europa*. Ferluga, Jadran; Hellmann, Manfred; Ludat, Herbert and Zernack, Klaus (Hrsg.) Serie B. Griechische Namen bis 1025. Bd. I. Wiesbaden: Steiner 1988.

Herodotus. *Herodoti. Historiae* V-IX. Bibliotheca Scriptorum Graecorum et Romanorum Teubneriana. Rosén, Haiim B. (ed.) Leipzig: Teubner 1997.

Hérodotosz. A görög–perzsa háború. Muraközi Gyula (trans.) Budapest: Osiris 2000.

Josephus Flavius. *Josephusin Nine Volumes. The Jewish War* 3. Thackeray, H. ST. J. (trans.) London: Heinemann Harvard 1961.

Josephus Flavius. A zsidó háború. Révay József (trans.) Budapest: Talentum 2004.[6]

Josue Stylita. Kivonatok szír krónikákból. In: *Szír írók a steppe népeiről*. Magyar Őstörténeti Könyvtár 20. Kmoskó Mihály (trans.) Szerk. Felföldi Szabolcs Budapest: Balassi Kiadó 2004: 103-122.

Leo the Wise. *The Taktika of Leo VI*. Corpus Fontium Historiae Byzantinae 49. Dennis Georgius T. (trans.) Dumbarton–Washington: Dumbarton Oaks 2010.

Malalas. *Ioannis Malalae. Chronographia*. Corpus Fontium Historiae Byzantinae 35. Thurn, Ioannes (rec.) Berlin: De Gruyter 2000.

The Chronicle of John Malalas. Byzantina Australiensia 4. Jeffreys, Elizabeth; Jeffreys, Michael and Scott, Roger (trans.) Melborne: Brill 1986.

Maurikios. *Mauricii Strategicon – Das Strategicon des Maurikios*.

Corpus Fontium Historiae Byzantinae 17. Dennis, Georgius T. (Ed.) Germanice vertitGamillscheg, Ernestus T., Vindobonae: Verlag der Österreichischen Akademie der Wissenschaften 1981.

Nikephoros Ouranos. *Sowing the Dragon's Teeth. Byzantine Warfare in the Tenth Century.* McGeer, Eric (ed.) Washington: Dumbarton Oaks 1995.

Olympiodoros. Olympiodorus. In: *The Fragmentary Classicising Historians of the Later Roman Empire. Eunapius, Olympiodorus, Priscus and Malchus. II.* Classical and Medieval texts, Papers and Monographs 10. Blockley, R. C. (trans.) Liverpool: Cairns 1983: 152-221.

Pausanias. *Pausaniae Graeciae descriptio* I. Bibliotheca Scriptorum Graecorum et Romanorum Teubneriana. Rocha-Pereira, Maria Helena (ed.) Leipzig: Teubner 1973.

Pauszaniasz. Görögország leírása. Muraközi Gyula (trans.)Budapest: Pallas Stúdió Attraktor Kft 2000.

Plano Carpini útijelentése 1247-ből. In: *Napkelet felfedezése. Julianus, Plano Carpini és Rubruk útijelentései.* Györffy György (trans.) Budapest: Gondolat Kiadó 1965: 57-108.

Plótinos Thessalonikeus. *Glossar B* I: 139-140.

Pomponius Mela. *Pomponius Mela. Chorographia.* Studia Graeca et Latina Gothoburgensia 28. Ranstrand, Gunnar (ed.) Göteborg: Acta Universitatis Gothoburgensis 1971.

Pseudo-Ephraem. A szír Nagy Sándor legenda. In: *Szír írók a steppe népeiről.* Magyar Őstörténeti Könyvtár 20. Kmoskó Mihály (trans.), Felföldi Szabolcs (ed.) Budapest: Balassi Kiadó 2004: 82-84.

Pseudo Hegesippius. *Hegesippi, qui dicitur Historiae*. Corpus scriptorum ecclesiasticorum Latinorum 61. Ussani, Vincente (Ed.) New York: Johnson 1960.[2]

Pseudo-Kallisthenes. A szír Nagy Sándor legenda. In: *Szír írók a steppe népeiről*. Magyar Őstörténeti Könyvtár 20. Kmoskó Mihály (trans.), Felföldi Szabolcs (ed.) Budapest: Balassi Kiadó 2004: 72-96.

SHM. *The Secret History of the Mongols* A Mongolian Epic Chronicle of the Thirteenth Century I-II. Rachewiltz, Igor. (trans.) Leiden–Boston: Brill 2006.

Sozomenos. *Sozomenus. Kirchengeschichte*. Bidez, Joseph (Hrsg.) Berlin: Akademia Verlag 1960.

Suda. *Suidae Lexicon* I-V. Lexicographi Graeci 1. Adler, Ada (ed.) Stuttgart: Stutgardiae Teubner 1967-1971.

Theodóros Synkellos. *Glossar B*. I: 55-68.

Vegetius. Flavius Vegetius Renatus. A hadtudomány fogalma. In: *A hadművészet ókori klasszikusai*. Várady László (trans.), Hahn István (ed.). Budapest: Zrínyi Kiadó 1963: 751-864.

研究文献

Blockley, R. C. 1983. *The Fragmentary Classicising Historians of the Later Roman Empire. Eunapius, Olympiodorus, Priscus and Malchus*. II. Classical and Medieval texts, Papers and Monographs 10. Liverpool: Cairns.

Coulston, Jon 2002. Arms and Armour of the Late Roman Army. In: *A Companion to Medieval Arms and Armour*. Nicolle, David (Ed.)

Woodbridge: Boydell Press: 3-24.

Csiky Gergely 2013. Az avar közelharci fegyverek története. Funkcionális megközelítés. *Dolgozatok az Erdélyi Múzeum Érem- és Régiségtárából* (Új sorozat) 6-7/16-17: 71-92.

Csiky Gergely 2015. *Avar-Age Polearms and Edged Weapons – Classification, Typology, Chronology and Technology*. East Central and Eastern Europe in the Middle Ages, 450-1450. 32. Leiden–Boston: Brill.

Dennis, Georgius T. 1981. *Mauricii Strategicon – Das Strategicon des Maurikios*. Corpus Fontium Historiae Byzantinae 17. Germanice vertit Gamillscheg, Ernestus T., Vindobonae: Verlag der Österreichischen Akademie der Wissenschaften.

Dennis, Georgius T. (trans.) 1984. *Maurice's Strategikon. Handbook of Byzantine Military Strategy*. Philadelphia 1984: University of Pennsylvania Press.

Dennis, Georgius T. (trans.) 2010. *The Taktika of Leo VI.* Corpus Fontium Historiae Byzantinae 49. Dumbarton–Washington: Dumbarton Oaks.

Finaly Henrik 1884. *A latin nyelv szótára a kútfőkből*. A legjobb és legújabb szakirodalomra támaszkodva. Budapest: Franklin.

Freeden, Uta 1995. Awarische Funde in Süddeutschland? *Jahrbuch des Römisch-Germanischen Zentralmuseums* 38 (1991): 593-627.

Glare, P. G. (ed.) 2000. *Oxford Latin Dictionary*. Oxford: Clarendon Press Oxford University Press.

Golden, Peter B. 2002. War and Warfare in the Pre-Činggisid Western Steppes of Eurasia. In: *Warfare in Inner Asian History*. Cosmo, Nicola Di.

(ed.) Leiden–Boston: Brill: 105-171.

Györkösy Alajos; Kapitánffy István and Tegyey Imre 1990. *Ógörög–magyar szótár.* Budapest: Akadémia Kiadó.

Hahn István 1963. Az ókori hadművészet fejlődésének áttekintése. In: *A hadművészet ókori klasszikusai.* Hahn István (ed.) Budapest: Zrínyi Kiadó: 11-128.

HKÍF *A honfoglalás korának írott forrásai.* Szegedi Középko-rtörténeti Könyvtár 7. Kristó Gyula (ed.) Szeged: Szegedi Középkorász Műhely 1995.

Kardaras, Georgios 2018. *Byzantium and the Avars, 6th-9th c. A. D.* East Central and Eastern Europe in the Middle Ages, 450-1450. 51. Leiden–Boston: Brill.

Keller László 2004. Türk harcos és fegyverei az írott források tükrében. In: *Fegyveres nomádok, nomád fegyverek.* III. Szegedi Steppetörténeti Konferencia Szeged, 2002. szeptember 9-10. Magyar Őstörténeti Könyvtár 21. Balogh László; Keller László (ed.) Budapest: Balassi Kiadó: 45-52.

Komoskó Mihály 2004. *Szír írók a steppe népeiről.* Magyar Őstörténeti Könyvtár 20. Felföldi Szabolcs (ed.) Budapest: Balassi Kiadó: 82-84.

Kolias, Taxiarchis 1988. *Byzantinische Waffen.* Wien: Verlag der Österreichischen Akad. der Wissenschaften.

U. Kőhalmi Katalin 1972. *A steppék nomádja, lóháton, fegyverben.* Kőrösi Csoma Kiskönyvtár 12. Budapest: Akadémia Kiadó.

Kovács Szilvia 2014. *A kunok története a mongol hódításig.* Magyar

Őstörténeti Könyvtár 29. Budapest: Balassi Kiadó.

Liddel, Henry George; Scott, Robert; Jones, Stuart Henry and McKenzie, Roderick (ed.) 1958. *A Greek–English lexicon*. Cambridge.

Maenchen-Helfen, Otto John 1997. *Die Welt der Hunnen.Herkunft, Geschichte, Religion, Gesellschaft, Kriegführung, Kunst, Sprache*. Wiesbaden.

McGeer, Eric (ed.) 1995. *Sowing the Dragon's teeth. Byzantine Warfare in the Tenth Century*. Washington: Dumbarton Oaks 1995.

Meljukova/Мелюкова, Анна Ивановна 1964. *Вооружение скифов*. Мосва: Издательство Наука.

Mihăescu, Haralambie (ed.) 1970. *Mauricius. Arta Militară*. Scriptores Byzantini 6. Bucureşti: Editura Academiei Republicii Socialiste România.

Moravcsik Gyula 1967. A húnok taktikájához. *Kőrösi Csoma Kiskönyvtár* 1 (1921-1925): 276-280.

Nagy, Katalin 2005. Notes on the Arms of Avar Heavy Cavalry. *Acta Orientalia Academiae Scientiarum Hungaricae* 58/2: 135-148.

Nagy Katalin 2010. Az avar hadsereg ostromtechnikája a Bizánci Birodalom ellenében. *AUSZ Acta Historica* 128: 71-83.

Nikonorov, Valery P. 2012. „Like a Certain Tornado of Peoples". Warfare of the European Huns in the Light of Graeco-Latin Literary Tradition. *Anabasis. Studia Classica et Orientalia* 1: 264-291.

Pintér-Nagy Katalin 2017a. *A hunok és az avarok fegyverzete, harcmodora az írott források alapján*. Magyar Őstörténeti Könyvtár 31. Budapest: Balassi Kiadó.

Pintér-Nagy Katalin 2017b. A pányva és a parittya szerepe a középkori nomád népek harcmodorában. In: *Középkortörténeti tanulmányok 9. A IX. Medievisztikai PhD-konferencia (Szeged, 2015. június 17-19.) előadásai.* Szanka Brigitta; Szolnoki Zoltán and Juhász Péter (ed.) Szeged: Szegedi Középkorász Műhely: 75-88.

Pohl, Walter 1988. *Die Awaren. Ein Steppenvolk in Mitteleuropa 567-822 n. Chr.* München: Beck.

Polgár Szabolcs 2006. *Kelet-Európa és a nemzetközi kereskedelem a 8-10. században.* Doktori értekezés. Kézirat. Szeged.

Róna-Tas András 1961. *Nomádok nyomában etnográfus szemmel.* Világjárók 21. Budapest: Gondolat Kiadó.

Scholtz, Róber 2015. „... A legszolgaibb fegyver mind között"-Adatok a szkíta kori Alföld-csoport parittya használatához. In: *Res Militares Antiquae II.A II. ókori hadtörténeti és fegyvertörténeti konferencia tanulmányai.* Szeged, 2014. április 11-12. Horti Gábor. (ed.) Szeged: JATE Press: 125-139.

Sinor, Denis 1981. The Inner Asian Wariors. *Journal of the American Oriental Society* 101: 133-144.

Szabadfalvi József 1981. Rudaspányva. In: *Magyar néprajzi lexikon* IV. Ortutay Gyula (chief ed.) Bodrogi Tibor; Diószegi Vilmos; Fél Edit; Gunda Béla; Kósa László; Martin György; Ortutay Gyula; Pócs Éva; Rajeczky Benjamin; Tálasi István and Vincze István (ed.) Budapest: Akadémia Kiadó: 386.

Szádeczky-Kardoss, Samu 1994. The Avars. In: *The Cambridge History of Early Inner Asia.* Sinor, Denis (ed.) Cambridge-New York-

Oakleigh: Cambridge University Press: 206-228.

Szádeczky-Kardoss Samu 1996. Az avarok története Európában. In: *Árpád előtt és után. Tanulmányok a magyarság és hazája korai történetéről.* Kristó Gyula and Makk Ferenc (ed.) Szeged: Somogyi Könyvtár: 21-30.

Szádeczky-Kardoss Samu 1998. *Az avar történelem forrásai 557-től 806-ig*. Magyar Őstörténeti Könyvtár 12. Budapest: Balassi Kiadó.

Waterson, James 2007. *The Knights of Islam. The Wars of the Mamluks*. London: Greenhill MBI.

Zaseckaja/Засецкая, ИринаПетровна 1994. *Культура кочевников южнорусских степей в гуннскую эпоху (конец IV-V. вв.)*. Санкт-Петербург: Эллипс Лтд.

图片来源

图 1、图 2: http://warfare.ga/Turk/Turkmen-Haz2152.htm?i=2

13—14 世纪欧亚大陆上的蒙古旗纛*

马晓林 撰

在游牧民族建立的政权中，旗纛（突厥-蒙古语 tuq/tuγ）是最高统治者的象征。[①] 蒙古帝国是世界历史上游牧帝国的巅峰，皇家旗纛是其最高权力的象征。近期有学者发表文章，对现代鄂尔多斯地区祭祀的黑纛及其元朝起源做出了有益的探讨。[②] 仍需注意的是，蒙古人在 13 世纪席卷欧亚大陆，建立起四大汗国，地理范围空前绝后。蒙古旗纛从草原传播到中亚、波斯、南俄，形制也发生了演变。本文拟搜罗东西方传世文献与图像材料，考察蒙古帝国旗纛的形制演变及其背后的多元文化因素。

一、成吉思汗旗纛的建立与内涵

突厥-蒙古语中的 tuq/tuγ，是上古游牧民族从汉语“纛”借来的

---

* 本文是国家社科基金青年项目“元代国家祭祀研究”（15CZS023）的阶段性成果。

① 陈晓伟：《传承与嬗变之间——关于北方游牧民族的“纛”》，《寻根》2009 年第 1 期。陈晓伟、石艳军：《〈契丹国志〉一则史料刍议——兼论契丹之旗鼓》，《东北史地》2010 年第 2 期。

② 莫久愚：《“哈日苏勒德”考辨》，《内蒙古民族大学学报（社会科学版）》2016 年第 1 期。

词汇。[①]随着突厥–蒙古语系游牧民族的迁徙，这个词进入了其他语言，如藏文作 thug，波斯文作 tūq、tūgh、ṭūq、ṭūgh 等。游牧民族所用的纛，传统上用牦牛尾、马尾制成。尾的数目从一到九不等，地位越高，数目越多。[②]在《元朝秘史》中，tuq（音译：秃黑）意译为旄纛。[③]“旄”，乃形容其尾之形。旄纛之神称为“苏勒迭儿”（sülder；今作 sülde，译为苏勒德、苏力德），《秘史》第 63 节、201 节分别旁译为吉兆、威灵，[④]是部族权力的象征，具有统领部族、抵御外敌之威力。[⑤]《元朝秘史》记载，成吉思汗之父也速该死后，其所属的百姓们打算迁走，成吉思汗母亲诃额伦亲自上马举着旄纛，才劝阻住了一部分百姓。[⑥]1206 年成吉思汗登基，建立九斿白旄纛（yesün költü čaqa'an tuq）[⑦]，又称九游白旗，[⑧]标志着大蒙古国的诞生。法国国家图书馆藏《史集》15 世纪初抄本有一幅表现成吉思汗登基的细密画插图（BNF254，f.44b），右上绘有六条白尾。学者认为，尽管只绘出六尾，但世人皆知这个场合中为九尾白纛。[⑨]也就是说，波斯画家并未拘泥于完全写实。

---

① Berthold Laufer, *Sino-Iranica; Chinese Contributions to the History of Civilization in Ancient Iran*, Chicago, 1919, pp. 564-565.

② Paul Pelliot, *Notes on Marco Polo*, vol. 2, Paris, 1963, pp. 860-861. Gerhard Doerfer, *Turkische und Mongolische Elemente im Neupersischen*, II, Wiesbaden, 1965, pp. 618-622.

③ 阿尔达扎布：《新译集注〈蒙古秘史〉》，内蒙古大学出版社 2005 年版，第 611、652 页。

④ 阿尔达扎布：《新译集注〈蒙古秘史〉》，第 109 页。

⑤ T. D. Skrynnikova, “Sülde - The Basic Idea of the Chinggis-Khan Cult”, in *Acta Orientalia Academiae Scientiarum Hungaricae*, 47, 1992/1993, pp. 51-59.

⑥ 阿尔达扎布：《新译集注〈蒙古秘史〉》，第 123—124 页。举着旄纛，蒙古语 tuqlaǰu，旁译作“莫头拿着”。莫头为英头之讹，即缨头。额尔登泰、乌云达赉、阿萨拉图：《〈蒙古秘史〉词汇选释》，内蒙古人民出版社 1980 年版，第 264—265 页。

⑦ 阿尔达扎布：《新译集注〈蒙古秘史〉》，第 386—387 页。

⑧ 《元史》卷一《太祖纪》，中华书局 1976 年版，第 13 页。

⑨ 窪田顺平编，小野浩、杉山正明、宫纪子著：《ユーラシア中央域の歴史構図 ——13—15 世紀の東西》，京都：総合地球環境学研究所イリプロジェクト，2010 年，第 xxv 页。

图1 成吉思汗即位图

在建立九斿白纛之前，成吉思汗还有其他旗纛。《元朝秘史》第170节载，1203年哈阑真沙陀之战时，成吉思汗麾下最善战的兀鲁兀惕、忙忽惕二部“有黑色和花色的旄纛”。[①] 今鄂尔多斯成吉思汗陵每年祭祀的白、黑、花三大苏力德[②]，应该就是从《元朝秘史》所载的白纛、黑纛、花纛演变而来的。

① 阿尔达扎布：《新译集注〈蒙古秘史〉》，第309页。

② 赛因吉日嘎拉著，赵文工译：《蒙古族祭祀》，内蒙古大学出版社2008年版，第177—234页。Elisabetta Chiodo, “The Black Standard (qara sülde) of Činggis Qaγan in Baruun Xüree”, in *Ural-Altaische Jahrbücher*, 15, 1997/1998, pp. 250-254. Elisabetta Chiodo, “The White Standard of Chinggis Khaan (čaγan *tug*) of the Čaqar Mongols of Üüsin Banner”, in *Ural-Altaische Jahrbücher* 16, 1999/2000, pp. 232-244.

自上古以来，祭祀旗纛就是出征时必备的仪式，游牧民族和中原王朝皆然。[①]《宋史·礼志》载："军前大旗曰牙，师出必祭，谓之祃。"[②]蒙古人出征祭纛，采取的是涂油、洒马湩二种仪式。如蔑儿乞部首领脱黑台出征时涂油祭纛。[③]札木合、成吉思汗出征时，则分别洒祭了自己的旗纛。[④]

在军民一体的草原上，统领军队便是统领百姓。因此，在蒙古帝国，祭祀旗纛不仅是出征仪式，还象征着统治权。元宪宗蒙哥汗七年（1257）六月，"谒太祖行宫，祭旗鼓"[⑤]，同时还有祭天活动。[⑥]祭天彰显汗权天授，祭祀太祖成吉思汗旗纛则宣示着汗统的承续。元世祖忽必烈为藩王时，受命统领漠南。元人记载："世祖皇帝在潜藩，建牙纛、庐帐于滦河之上，始作城郭宫室。"[⑦]此即元上都开平城之始。牙纛的建立，宣示了忽必烈的漠南统治权。

二、蒙古旗纛的各种形制

纛的形制，最突出的特点是尾。细察史料，纛可能还有其他特征。1221 年出使蒙古的南宋使臣赵珙记载：

---

① 邵鸿：《祃祭考》，台湾《历史月刊》2002 年第 7 期。

② 《宋史》卷 121《礼志二十四·军礼·祃祭》，中华书局 1977 年版，第 2829 页。

③ 〔波斯〕拉施特著，余大钧、周建奇译：《史集》第 1 卷第 2 分册，商务印书馆 1985 年版，第 50 页。

④ Igor de Rachewiltz, *The Secret History of The Mongols*, Vol. 1, pp. 115, 416. 阿尔达扎布：《新译集注〈蒙古秘史〉》第 106、193 节，第 185、354 页。

⑤ 《元史》卷 3《宪宗纪》，第 50 页。柯劭忞认为此条与忽必烈的 1252、1258 年的两次祃牙是"蒙古军礼之仅见者"。《新元史》卷 90《礼志十·祃牙祭旗鼓》，中国书店 1988 年版，第 422 页中栏。

⑥ 《元史》卷 72《祭祀志一·郊祀上》，第 1781 页。

⑦ 虞集：《上都留守贺惠愍公庙碑》，《道园学古录》卷 13，四部丛刊本。

成吉思之仪卫，建大纯白旗以为识认，外此并无他旌幢。……今国王止建一白旗，九尾，中有黑月，出师则张之。[①]

国王，指成吉思汗麾下大将木华黎。史载，丁丑年（1217）八月，成吉思汗诏封木华黎为太师、国王、都行省承制行事，经略华北，赐大驾所建九斿大旗，仍谕诸将曰："木华黎建此旗以出号令，如朕亲临也。"[②]1206 年成吉思汗登基时建九斿白旗，为汗权的象征。1217 年任命木华黎经略华北，赐九斿大旗，是为了体现"如朕亲临"的权力。但如果成吉思汗与木华黎同时拥有完全相同的旗纛，那么岂非一国二主？所以，这两个旗纛是有不同之处的。不同点就在于木华黎的九斿白旗上有黑月图案。

从起源上讲，纛的基本作用是作为统帅的标识，以便在战争中指挥部众。《黑鞑事略》云："每大酋头项各有一旗，只一面而已。"[③]也就是说，每位蒙古统帅、诸王皆有自己的旗纛。从东西方史料所见，旗纛形制各异，兹举数例。

元世祖攻南宋时，任命伯颜、阿朮为两大统帅。至元十二年（1275）十一月攻常州时，"伯颜叱帐前军先登，竖赤旗城上，诸军见而大呼曰：'丞相登矣。'师毕登"。[④]至元十三年六月淮南战场的一场战役中，"（千户）伯颜察儿来援，所将皆阿朮牙下精兵，旗帜画双赤月。众军望其尘，连呼曰：'丞相来矣！'宋军识其旗，皆遁"。[⑤]可

① 王国维：《蒙鞑备录笺注》，《王国维遗书》第 13 册，商务印书馆 1940 年版，第 16 a 叶。
② 《元史》卷一一九《木华黎传》，第 2932 页。
③ 许全胜：《黑鞑事略校注》，兰州大学出版社 2014 年版，第 132 页。
④ 《元史》卷 127《伯颜传》，第 3107 页。
⑤ 《元史》卷 128《阿朮传》，第 3123 页。另一个简略的记载，见《元史》卷 9《世祖纪六》，第 183 页。此资料承业师南开大学王晓欣教授提示，谨致谢忱。

见，攻宋两大统帅伯颜的旗帜为赤旗，阿术的旗帜有双赤月图案。

1222年，由哲别、速不台率领的蒙古军第一次入侵外高加索地区。据亚美尼亚史料记载，亚美尼亚、谷儿只（今译格鲁吉亚）人中传言蒙古人是基督徒，拥有一个可移动的帐幕式教堂和一个灵应的十字架。因此亚美尼亚人、谷儿只人未做防范，甚至有人前去迎接，结果遭到屠戮。[①] 谷儿只治安官伊凡内（GeorgianConstab-le Ivané）称，蒙古军前锋高举十字架。[②] 学者指出，这有可能是蒙古军假扮基督徒，使信仰基督教的亚美尼亚人、谷儿只人放松警惕。[③] 但也不能排除另一种可能，即哲别、速不台军的旗纛呈现出类似十字的造型。

马可·波罗（也作“马可波罗”）记载，东北叛王“乃颜为一受洗之基督教徒，旗帜之上以十字架为徽志”[④]。前辈学者已证实乃颜为基督徒一事的可靠性。[⑤] 乃颜旗帜上的十字图案应当亦非虚言。

《世界征服者史》记载花剌子模算端发动突袭时，“带领一些挑选出来的骑士轻装行军，像蒙古军那样打着白布旗帜”[⑥]。这反证了蒙古军中旗纛的样式。

---

① Kirakos Ganjakets‘i, *History of the Armenians*, Erevan: Academy of Sciences Press, 1961, p. 202. Robert Bedrosian trans., *Kirakos Ganjakets‘i's History of the Armenians*, New York, 1986, p. 166.

② C. Rodenberg ed., *Monumenta Germaniae Historica. Epistolae saeculi XIII e regestis pontifcum Romanorum selectae*, Berlin, 1883-1894, vol. I, p. 179 (no. 252).

③ Peter Jackson, *TheMongols and the West*, Harlow: Pearson Longman, 2005, p. 49. Bayarsaikhan Dashdongdog, *TheMongols and the Armenians(1220-1335)*, Leiden Boston: Brill, 2011, pp. 49-50.

④ 冯承钧译：《马可波罗行纪》，上海书店出版社2001年版，第299页。A. C. Moule & Paul Pelliot, *Marco Polo the Description of the World,* Vol.1, London: G. Routledge & sons, 1938, p. 199.

⑤ 姚大力：《乃颜之乱杂考》，《元史及北方民族史研究集刊》第7期，1983年。李治安：《马可波罗所记乃颜之乱考释》，《元史论丛》第8辑，2001年；收入《元代政治制度研究》，人民出版社2003年版，第520页。

⑥ 〔波斯〕志费尼著，何高济译：《世界征服者史》，内蒙古人民出版社1981年版，第496页。

关于成吉思汗的继承者的旗纛，史料记载很少。耶律楚材1233年所作《扈从冬狩》诗中有“天皇冬狩如行兵，白旄一麾长围成”句①，表明窝阔台合罕的纛也是白色的，但很难说窝阔台继承了成吉思汗的九斿白纛。成吉思汗去世后，史料中再也没有提及九斿白纛。大蒙古国是一个分封制游牧帝国。成吉思汗的遗产并非全部为窝阔台继承。成吉思汗遗孀主持着四大斡耳朵，拥有独立的经济和军事权力，驻牧于兴王之地斡难怯绿连。九斿白纛很有可能继续留在那里。

三、元朝的皂纛与日月图案

忽必烈建国号大元，将蒙古帝国的中心从漠北迁至华北。政治中心、文化倾向都发生了变化，旗纛也不同于成吉思汗。元朝纛的形制，《元史·舆服志·仪仗》载：“皂纛，国语读如秃。建缨于素漆竿。凡行幸，则先驱建纛，夹以马鼓。居则置纛于月华门西之隅室。”②皂纛，即黑纛。元人张昱《辇下曲》之一即咏皂纛，诗云：“月华门里西角屋，六纛幽藏神所居。大驾起行先戒路，鼓钲次第出储胥。”③“储胥”指皇宫。“六纛”可能是指皂纛的尾的数目，也可能是借用既有汉语词汇的一种文学性表达。在汉族王朝皇帝仪仗中的皂纛，有六纛、十二纛之别，然而是列于仪仗两旁，并非先驱，也不与马鼓并行。游牧民族的旄纛往往采取奇数。因此这里的“六纛”并非实指。《秘史》记载，怯薛的一个职责是保管旄纛、战鼓、钩、枪、器皿。④元代有蒙古人名秃赤、秃忽赤（Tuqči），意为旗手、掌管旗帜

① 耶律楚材：《湛然居士文集》卷10，中华书局1986年版，第214页。
② 《元史》卷79《舆服志二·仪仗》，第1957页。另参同卷“马鼓”条，第1974页。
③ 张昱：《张光弼诗集》卷3，四部丛刊本，第12b页。
④ 阿尔达扎布：《新译集注〈蒙古秘史〉》，第430、511页。

的人，但不知怯薛中是否有此职位。入元以后，旄纛应该仍由怯薛掌管。皂纛与马鼓作为仪仗队的先驱，这是元朝宫廷礼仪中独有的蒙古文化色彩。纛成为大汗行幸的先驱，导引着大汗的车驾，宣示着大汗的威严和权力。台北故宫博物院藏有元朝宫廷画师刘贯道至元十七年（1280）所绘《元世祖出猎图》，右下部绘一骑士，手执一长矛状物，矛头之下为黑缨。此当即《元史》所记之皂纛。此人当为怯薛侍卫。然而《元史》所记与皂纛同行之马鼓，却不见于画上。因此这幅画中的皂纛应该是一种简化了的图像。

图 2.1 元世祖出猎图

图 2.2 元世祖出猎图局部（执皂纛骑士）

元朝旗纛的另一个特点是日月图案。意大利地理学家剌木学（G. B. Ramusio，1485—1557 年）编订的《马可·波罗行纪》，记载忽必烈与乃颜作战时，有一条独家材料：

忽必烈在大木楼之上，其中布满弩手与射手，其上升起有日、月图案的皇家旗帜。楼由披着坚硬熟皮的四头大象运载，其上覆盖着毛皮与金锦布匹。[1]

这条材料不见于《马可·波罗行纪》其他抄本，当为剌木学抄自某种今日已佚的古抄本。[2] 忽必烈乘象舆一事见于很多史料，[3] 大木楼（castel grande di legno）应该就是一种大型象舆。大木楼上升起的皇家旗帜（real badiera），应该就是大汗忽必烈的旗纛。《元史·舆服志》记载元朝皇帝仪仗中有日旗、月旗，与星宿旗、岳渎旗、天王旗、灵兽旗等并列出现[4]，这来自中原宫廷传统。而马可·波罗所记元朝皇家旗帜上的日、月图案，更可能来自草原传统。在蒙古人的信仰中，日、月是重要的崇拜对象。[5] 而且日、月与草原统治者的权力有着密切的联系，表现在三个方面。

第一，日、月是天的代表。天是蒙古人信仰的最高神，但并无形象。日、月作为天空中最大的两个天体，适可为之代表。《元朝秘史》第 103 节记载，成吉思汗年轻时为蔑儿乞人所追，逃入不儿罕哈勒敦山中得免。成吉思汗下山，说了一番话，大意是每日向不儿罕山祭祀，子子孙孙铭记不忘。说罢，成吉思汗向山祝祷，面向太阳，把腰带挂在颈上，把帽子托在手里，以手捶胸，面对太阳跪拜了九次，

---

① Giovanni Battista Ramusio, *Secondo volume delle navigationi et viaggi*, Libro Secondo, Cap. 1, Venezia: Giunti, 1583, p. 20. 笔者译为汉文。部分译文参考冯承钧译《马可波罗行纪》，第 296 页；高田英樹訳：《世界の記 ——〈東方見聞錄〉對校譯》，名古屋大学出版会 2013 年版，第 180 页；A. C. Moule & Paul Pelliot, *Marco Polo, the Description of the World,* Vol. 1, p. 197.

② 高田英樹訳：《世界の記 ——〈東方見聞錄〉對校譯》，第 750 页。

③ 参见王頲：《马可波罗所记大汗乘象补释》，《元史论丛》第 8 辑，江西教育出版社 2001 年版。

④ 《元史》卷 79《舆服志二·仪仗》，第 1967、1979 页。

⑤ 余大钧译：《普兰·嘉儿宾行记》，内蒙古大学出版社 2009 年版，第 24、27 页。〔英〕道森编，吕浦译：《出使蒙古记》，中国社会科学出版社 1982 年版，第 11、12 页。

洒奠而祝祷。[①]这里，成吉思汗感激祝祷的对象是不儿罕山，而他面向太阳跪拜，是为了表明这一番话是对上天的誓言，太阳代表了天的方向。

第二，日、月象征天命。《元朝秘史》第21节记载，成吉思汗十世祖母阿阑豁阿说："每夜，一个黄色的神人，沿着房的天窗、门额透光而入，抚摩我的腹部，那光透入我的腹中。那神人随着日、月之光，如黄犬般伏行而出。你们怎么可以轻率地乱发议论？这样看起来，由那神人所出的儿子分明是上天的儿子。"[②]第62节，也速该带着年少的铁木真前去特薛禅家求亲，特薛禅说："也速该亲家，我昨夜做了一个梦，梦见白海青抓着日、月飞来，落在我手上。我把这个梦对人说：日、月是仰望所见的，如今这海青抓来落在我的手上；这白（海青）落下，是何吉兆？也速该亲家，如今见你领着儿子而来，正应了我的梦。我做了个好梦。这是什么梦？是你们乞牙惕氏人的守护神来告的梦。"[③]《元朝秘史》中有很多内容出自蒙古史家的创作与加工。[④]阿阑豁阿、特薛禅口中的日、月之兆，可以说都是有意识地在宣扬天命所归。

第三，日、月象征汗权。《元朝秘史》第189节记载，乃蛮部塔阳汗想要进攻成吉思汗，他说："天上有日、月两个照耀着，地上怎么可以有两个大汗呢？"[⑤]这句话也许可以理解为，天上的日、月象征着地上的大汗。这种观念在草原民族中非常古老。《汉书》记载匈奴

① 余大钧译注：《元朝秘史》，河北人民出版社2001年版，第56页。
② 余大钧译注：《元朝秘史》，第26页。
③ 余大钧译注：《元朝秘史》，第30页。
④ 余大钧：《〈元朝秘史〉成书年代考》，《中国史研究》1982年第1期。Christopher P. Atwood, "Six Pre-Chinggisid Genealogies in Mongol Empire", in *Archivum Eurasiae Medii Aevi* 19, 2012, pp. 5-57.
⑤ 余大钧译注：《元朝秘史》，第140页。

统治者的称号为“天地所生、日月所置匈奴大单于”[①]。新疆小洪那海发现的突厥第一汗国泥利可汗（587—604 年在位）石像，其王冠正中便是日月造型。[②] 辽太宗耶律德光天显五年（930），以大圣皇帝（阿保机）、皇后宴寝之所号日月宫，因建日月碑。[③] 在辽天祚帝与金朝的战争中，“金兵望日月旗，知天祚在其下”[④]，可知日月旗是辽朝皇帝专用的标识。辽朝明令禁止士庶服用日月纹饰。[⑤] 元朝也一再禁止民间织造“日月、龙凤花样”。[⑥] 马致远（1250—1321）杂剧《泰华山陈抟高卧》第三折，描写陈抟进入宫廷见驾，“见这玉阶前松摆龙蛇影，金殿上风吹日月旗”[⑦]，其原型也有可能是元朝宫廷的情况。

史载，壬子年（1252）八月，蒙哥汗祭天于日月山。据研究，日月山当在怯绿连河上游，具体而言有两种可能，一种可能是不儿罕哈勒敦山，另一种可能是今拖诺山（тооно уул）。[⑧] 但是，它们与日月山都没有对音、对义的关系。实际上，在蒙古语中，蒙古高原上从未出现过一座日月山。[⑨] 日月山可能就是以日月指代大汗而得名。

综上可证，元朝旗纛的日月图案，源于北方草原的政治文化传统。日月图案是皇帝专用，是统治者的象征，这种观念在游牧民族政

---

① 《汉书》卷 94 上《匈奴传》，中华书局 1964 年版，第 3760 页。
② 最新图片，见赵海燕：《新疆昭苏县小洪那海草原石人再考》，《文博》2016 年第 2 期。
③ 《辽史》卷 3《太宗上》，中华书局 2016 年版，第 32 页。
④ 《辽史》卷 114《逆臣下・萧特烈传》，第 1517 页。
⑤ 《辽史》卷 23《道宗纪三》，第 281 页。
⑥ 陈高华、张帆、刘晓、党宝海点校：《元典章》卷 58《工部一・禁织龙凤段疋》《禁军民段疋服色等第》，第 1962、1965—1967 页。
⑦ 徐沁君校点：《新校元刊古今杂剧三十种》，中华书局 1980 年版，第 201 页。
⑧ 马晓林：《蒙元时代日月山地望考》，《中国历史地理论丛》2014 年第 4 期。石坚军、王社教：《元代漠北日月山地望新考》，《中国历史地理论丛》2016 年第 4 期。
⑨ 史料中有纳兰赤剌温（Naran čila'un），义为日岩。屠寄认为即日月山。但有日无月，恐难勘同。《元史》卷 2《太宗纪》，第 32 页。屠寄：《蒙兀儿史记》卷 6《蒙格汗本纪》，上海古籍出版社、上海书店 1989 年版，第 72 页上栏。

权中一脉相承。

四、蒙古四大汗国的旗纛

1260年以后，蒙古帝国分裂为四大汗国，各汗国应该都有自己独特的纛。可惜存世资料很少，弥足珍贵的是1375年绘制于西班牙的《加泰罗尼亚地图》(*Catalan Atlas*)和西班牙语史料《列国知见录》(*El libro del conoscimiento de todos los reinos*)。

《加泰罗尼亚地图》是历史上最早的世界地图之一，图中将每个城市描绘成一个城堡，每个城堡上升起一面旗帜，以标识其政治从属。《列国知见录》一书，托名一位佚名方济各会僧侣，述其周游列国的行程见闻。这位僧侣的真实性值得怀疑，但书中的资料皆有所依据，当是根据当时欧洲人所掌握的东方资料编纂而成。《列国知见录》所记地理信息与《加泰罗尼亚地图》颇多契合。马尔哈姆1912年整理英译《列国知见录》，认为其成书于1350—1360年间[①]，门井由佳(Yuka Kadoi)据此认为《加泰罗尼亚地图》引用了《列国知见录》。[②]但是，最近学者发现，《列国知见录》中提到教皇居于阿维尼翁(Avignon)，而事实上教皇迁居该城是在1378年，所以《列国知见录》必成书于1378年以后。又鉴于1402年便已见他书征引，因此其成书年代应为1378—1402年之间。[③]总之，《列国知见录》比绘制

---

① Clement Markham trans. & ed., *Book of the Knowledge of All the Kingdoms, Lands, and Lordships that Art in the World, and the Arms and Devices of Each Land and Lordship, or of the Kings and Lords who Possess Them*, London: Hakluyt Society, 1912, pp. viii-ix.

② Yuka Kadoi, “On the Temurid Flag”, in Markus Ritter and Lorenz Korn ed., *Beiträge zur Islamischen Kunst und Archälogie*, Wiesbaden, 2010, p. 148.

③ Nancy F. Marino, *El libro del conoscimiento de todos los reinos (The book of knowledge of all kingdoms)*, Tempe, Arizona: Arizona Center for Medieval and Renaissance Studies, 1999, p. xxxviii.

于1375年《加泰罗尼亚地图》晚出，不可能是后者的绘图依据。但由于《加泰罗尼亚地图》体裁所限，保存的文字信息不如《列国知见录》详细。因此，二者相互参照，可以勘定蒙古三大汗国的旗帜。也就是位于里海以北的金帐汗国、位于中亚的察合台汗国，以及位于波斯的伊利汗国。

关于金帐汗国，《列国知见录》记载："……至萨莱大城，月即别（Uxbeco）在此加冕为鞑靼人的皇帝。……萨莱的皇帝的标识，是一有朱红色符号的白旗。"① 《加泰罗尼亚地图》绘出此白旗（图3.1），旗上的红色符号，与出土钱币上发现的金帐汗国建立者拔都汗家族徽记（tamgha）（图3.2）② 极为相似。因此，金帐汗国的旗纛很可能是一个带有朱红色汗室徽记的白旗。

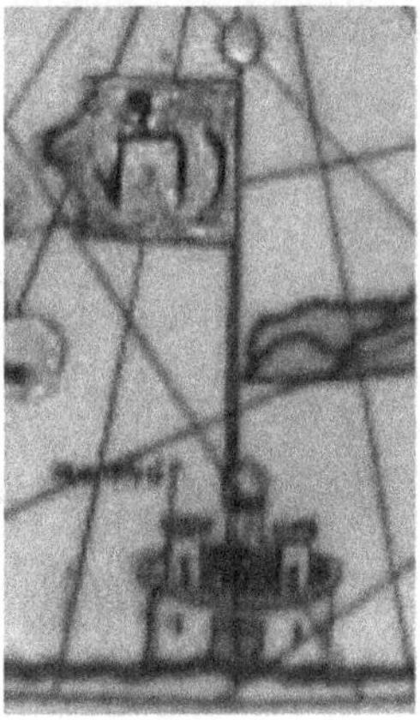

图3.1 金帐汗国旗帜

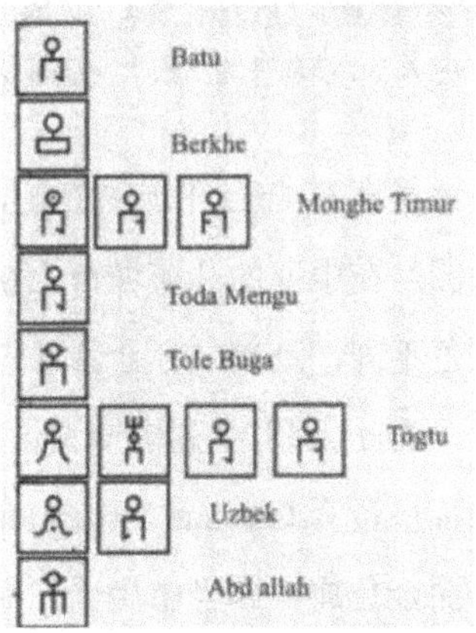

图3.2 拔都家族徽记

① Nancy F. Marino, *El libro del conoscimiento de todos los reinos*, pp. 102-103. Clement Markham trans. & ed.,*Book of the Knowledge of All the Kingdoms*, pl. 79.

② Nyama, *The Coins of Mongol Empire and Clan Tamgha of Khans (VIII-XVI)*, Ulaanbaatar, 2005, p. 83.

关于伊利汗国，《列国知见录》记载：“波斯皇帝的标识，是当中有一朱红色方块的金色旗”。[①]《加泰罗尼亚地图》中绘出此旗（图4.1）。在1375年，伊利汗国（1256—1335年）已经灭亡，其疆域四分五裂。在地图上，伊朗西部、波斯湾沿岸、中亚十三个城市皆用此旗帜，其疆域只能是指伊利汗国。可见西班牙的制图学家仍然沿用了伊利汗国时期的地理信息。

图4.1 伊利汗国旗帜

图4.2 察合台汗国旗帜

图4.3 帖木儿帝国旗帜

关于察合台汗国的旗帜，《列国知见录》阙载。但《加泰罗尼亚地图》在中亚的几座城市上绘出了与伊利汗国类似式样的旗帜，只是颜色不同，是当中有金色方块的白旗（图4.2）。

至于元朝，《列国知见录》记载：“我抵达中国（Catayo），……他们称皇帝为Gosnian Imperator Morroy、大汗、东方之主。他的标识是一面金色旗，旗当中坐一白衣皇帝，头戴皇冠，一手持突厥弓，一手持金苹果。”[②]但《加泰罗尼亚地图》中国部分所绘旗帜却并非如此，而是与中亚北部以及印度北部的旗帜相同。这个旗帜上有呈倒品字形排

① Nancy F. Marino, *El libro del conoscimiento de todos los reinos*, pp. 90-91, pl. XCV. Clement Markham trans. & ed., *Book of the Knowledge of All the Kingdoms*, pp. 52-53, pl. 17, 80.

② Nancy F. Marino, *El libro del conoscimiento de todos los reinos*, pp. 76-77, pl. XCI. Clement Markham trans. & ed.,*Book of the Knowledge of All the Kingdoms*, pl. 76.

列的三个未封口的圆圈（图 4.3），据门井由佳考证，当为跛子帖木儿（1336—1405 年）的标识。[①] 这些表明，14 世纪后期的欧洲人对中国的认知是模糊而遥远的，帖木儿帝国已经是他们东方知识的极限了。对于中国皇帝的旗帜，欧洲人只能通过想象来描绘，或者直接按帖木儿的样式绘制。

总结蒙古四大汗国的旗纛，元朝的样式来自蒙古传统，金帐汗国的样式来自统治者徽记，而伊利汗国、察合台汗国的样式从何而来，是值得讨论的。早在古波斯，伊朗便有旗帜传统。[②] 到中世纪，伊朗、突厥、伊斯兰风格已经相互交融。而 13 世纪蒙古人的到来，又增加了旗帜形制的多样性。[③] 蒙古汗国旗帜上的金色、白色，对于蒙古人而言分别代表皇室、高贵。

图 5 旭烈兀出征

① Yuka Kadoi, “On the Temurid Flag”, pp. 149-153.

② A. Shapur Shahbazi, “Derafš”, in *Encyclopædia Iranica*, Vol. VII, Fasc. 3, pp. 312-315.

③ J. Calmard and J. W. Allan, “ʿalam Va ʿalāmat”, in *Encyclopædia Iranica,* Vol. I, Fasc. 8, pp. 785-791. Phyllis Ackerman, “Standards, Banners and Badges,” in Arthur Upham Pope and Phyllis Ackerman eds., *Survey of Persian Artfrom Prehistoric Times to the Present* VI, 1939, pp. 2766-2782. A. Shapur Shahbazi, “Flags i. Of Persia,” in *Encyclopædia Iranica*, Vol. X/1, pp. 12-27. Yuka Kadoi, “Flags”, in *The Encyclopaedia of Islam*, 3rd edition, Leiden: Brill, 2014, pp. 119-123.

门井由佳表示，伊利汗国、察合台汗国旗帜的样式来源仍不能确定。[①] 但我们在法国国家图书馆藏《史集》抄本插图中似乎可以找到根据。一方面，在表现伊利汗国开国君主旭烈兀出征的插图中（图5）（Bibliothèque nationale de France, Supplément persan 1113, fol. 177, 187），我们可以清楚地看到队伍最前面的骑士标举旭烈兀的纛。同样的红色纛，亦见于表现1258—1259年围攻阿尔达比勒战役的插图中（Supplément persan 1113, fol. 187），纛的形制是标准的蒙古式旄纛，而颜色是朱红色的。这朱红色的纛应该是旭烈兀的个人标识，也是伊利汗国旗帜中央朱红色的直接来源。另一方面，值得考虑的是伊利汗伞盖的颜色。伞盖也是统治者权威的象征。蒙古帝国怯薛侍卫中一个很重要的职位就是速古儿赤（蒙古语，意为管伞的人）。插图中绘有旭烈兀的伞盖，主体为红色，边缘为金黄色。相同的伞盖，见于表现其他伊利汗的绘画中。这与西班牙地图和文献中所载的伊利汗国旗帜形制是一以贯之的。

五、结论

蒙古帝国的旗纛，发源于草原，传承着古代游牧民族的政治文化传统。旗纛的形制多种多样，最主要的一个特点是有尾，其次是不同的颜色和图案。成吉思汗时已有九斿白纛、黑纛、花纛。蒙古帝国的诸王将领各有自己独特的旗纛，见于史料的形制有黑月、双赤月、赤旗、十字、白纛等。

成吉思汗建国时树立的九斿白纛，大概没有传给继任的大汗，而

① Yuka Kadoi, “On the Temurid Flag”, p. 153.

是随着四大斡耳朵永驻于成吉思汗出生、成长与长眠之地斡难怯绿连。这一地域是蒙古帝国的仪式中心。从忽必烈开始，元朝的纛为皂纛（黑纛）。元朝旗纛的另一特点是日、月图案，日、月象征天命与汗权。元朝皇家旗纛上的日、月图案，虽仅见于《马可·波罗行纪》剌木学本（R 本）记载，但不乏旁证。日、月象征天命与汗权，是草原帝国一脉相承的政治文化传统。

随着蒙古帝国的扩张，各大汗国皆受到当地文化影响，面临着文化碰撞与融和问题。波斯史书《史集》记伊利汗国初期的旭烈兀汗、阿八哈汗时用纛（tuq）一词指代君主，到合赞汗时期改用阿拉伯语词汇“吉祥的王旗”（rayat-i humayun）[①]，暗示着蒙古旗纛已与波斯伊斯兰文化相融和。同时，《史集》巴黎抄本中表现 1304 年合赞汗葬礼的插图（Bibliothèque nationale de France, Supplément persan 1113, fol. 245v），送葬队伍中有一名骑士举着黑纛，这是蒙古文化的存留。14 世纪西班牙文献与地图中反映的蒙古四大汗国旗纛，正是蒙古文化与当地文化融合之后的结果。旗帜形制可能有了变化，但仍然保留了蒙古人所崇尚的颜色、徽记或图案。

① 〔波斯〕拉施特主编，余大钧、周建奇译：《史集》第 3 卷，第 30、148、245 页。

为何鲁布鲁克没有提及蒙古的军事？*

〔匈〕西尔维亚·科瓦奇（Szilvia Kovács）撰

方济各会士鲁布鲁克（William of Rubruck）出于传教的目的，在1253—1255年间穿梭于蒙古帝国境内，并且在大汗蒙哥（1251—1259年在位）的斡耳朵所在地哈拉和林逗留了六个多月。他在进呈给法王路易九世（1226—1270年在位）的长信中，写下了他一路的观察。鲁布鲁克的行纪非常直接和直白，是13世纪最重要的有关蒙古帝国的史料之一。[①]他的行纪在诸多方面与比他时代稍早的另一位著名旅行家柏朗嘉宾（Plano Carpini）的行纪有所不同，后者的文字准确而有洞察力，但是略显乏味。[②]方济各会士柏朗嘉宾在1245—1247年作为教皇的使节，在蒙古帝国境内旅行，并且拜访了贵由汗（1246—1248年在位）的汗廷。二者之间最大的差异在于，柏朗嘉宾叙述了蒙古的战事，但鲁布鲁克却对此未加措意[③]，而是将注意力集中在地理和文化的细节上面。[④]

鲁布鲁克的行纪中包含了大量关于欧亚草原的有趣和有用的知

---

* 匈牙利塞格德大学；MTA-ELTE-SZTE 丝绸之路研究小组。

① Wyngaert 1929: 164-332; Dawson 1955: 89-220; Györffy 1986: 201-380; Jackson and Morgan 1990: 59-278.

② Wyngaert 1929: 27-130; Dawson 1955: 3-72; Györffy 1986: 91-183.

③ 本文所说的“军事”，不仅指战事，而且也包括蒙古人使用的武器和战略。

④ 关于鲁布鲁克感兴趣的领域，参考 Jackson 1994: 55-60。

识，却唯独对蒙古的战事只字未提，无论是军事战术、武器，还是其他方面。在行纪中涉及战事的章节内，他认为蒙古的军队虚弱、畏怯，几乎没有什么武器。例如，他写道："如果鞑靼们听说了伟大的教士——即教皇，要向他们发动十字军，他们估计都要吓得屁滚尿流了。"① 在另一处，他下断语，匈人要比蒙古人更可怕，因为前者曾经抵达法国，甚至埃及都要向他们纳贡。② 不过，他可能忘了，匈人的中心在方位上要在蒙古帝国的西面几百英里。③ 鲁布鲁克认为，蒙古人的征服行为可以用他们的狡诈而非战术来解释："蒙古人从来都没有凭实力征服过任何国家，而是凭诡计。"④

令人意外的是，他提到，他第一次有机会接触到蒙古人的武器，是在他返程的路上。在高加索群山的山脚下，与他在一起的蒙古人有义务护送他，避免让他受列斯基人（Lezgins）的袭击。⑤ 鲁布鲁克说，他乐于见到这一幕，因为他一直期望有机会观察那些武装好的蒙古人，此前从未见过他们的武器。⑥ 不过，令他失望的是，他见到的二十个人当中只有两个人有甲胄，而且是"他们从阿兰那里抢来的"，

① Wyngaert 1929: 195; Jackson and Morgan 1990: 107; cf. Dawson 1955: 113; Györffy 1986: 231-2. 关于法兰克人（即拉丁语基督教世界）对蒙古人的恐惧，在其他西方文献中也有出现，例如柏朗嘉宾的行纪中。（Wyngaert 1929: 93; Dawson 1955: 44; Györffy 1986: 145）

② Wyngaert 1929: 219; Jackson and Morgan 1990: 139; cf. Dawson 1955: 131; Györffy 1986: 259-260.

③ Jackson 1990: 92.

④ Wyngaert 1929: 290; Jackson and Morgan 1990: 227; cf. Dawson 1955: 187-8; Györffy 1986: 336. 与鲁布鲁克的记载相反，根据塞诺（Sinor 1977: 240）的说法："蒙古战术的精髓在于对军事行动进行非常谨慎的预谋，核心是蒙古将领都要严格遵守的一份作战计划。"关于蒙古人在花剌子模和东欧作战的战术分析，参考 May 2015a。

⑤ 关于居住在达吉斯坦东南部以及在语言上属于东北高加索语的人群，参考 Wixman 1986: 729-30。

⑥ 这些战士很可能是属于派往阿兰国家的戍边部队"探马赤"（蒙古语：*tammachi*），在《蒙古秘史》中也有所提及。（Allsen 1987-91: 32）"掳掠了阿速惕、薛速惕、孛剌儿、蛮·客儿蛮·乞瓦等城百姓，使他们归降了，设置了答鲁合臣、探马赤后回师了。"（SH § 274; de Rachewiltz 2006: 205-6）关于"探马"和"探马赤"，参考 de Rachewiltz 2006: 1002-3; May 2016: 43-4。

阿兰人是优秀的武士。他的结论是“蒙古人除了箭套、弓和皮衣之外，就没啥武器了”[①]，他继续“我见过他们穿着来自波斯的铁铠甲和头盔[②]，我也见过有两个蒙古人在蒙哥汗面前穿着由几片硬邦邦皮革制成的外套，非常不合身和笨拙”。[③]这段简短的记载，已经是鲁布鲁克行纪中关于蒙古军事的最长篇幅了。

不过，鲁布鲁克行纪的其他一些章节，被现代史学家解释成与蒙古的军事相关。例如，他提到蒙古人“食物中的一大部分是通过追逐来获得的”，还有蒙古人的狩猎（*jerge* 或 *nerge*）[④]：“当他们准备狩猎野兽时，他们会有大量的人聚集起来，把野兽出没的地方围起来，慢

---

① Wyngaert 1929: 318; Györffy 1986: 367. 参考“弓箭和皮毛”（Jackson and Morgan 1990: 239）以及“弓箭和皮革”（Dawson 1955: 210），但是拉丁语史料说的是“pharetras et arcus et pelliceas”（Wyngaert 1929: 318）。史料说明了蒙古人基本上依靠骑马射箭术，他们的主要武器是弓。（May 2015, 12）关于箭套对于蒙古人的重要性，参考 Pintér-Nagy 2017: 30。不过，多数当时的史料都记载蒙古士兵全副武装。柏朗嘉宾注意到，一名蒙古武士身上戴着“两三张弓，或者至少其中有一张是比较好的，还有满满三大筒箭，以及用于牵引的一把斧头和绳索”。地位较高的武士们拥有黑貂、装甲的马匹、护腿、头盔和胸甲。（Wyngaert 1929: 77; Dawson 1955: 33）根据曼森·史密斯的说法，这里的“牵引”实际上指的是“射击”，因为绳索是用于牵引投石机的。（Masson Smith 2000: 52）绳索也可以用于套索。关于套索，参考 Pintér-Nagy 2017: 35-7, 95-6。

② 这一信息可以与蒙古语词汇 *begder*“胸甲”（来源于波斯语 *bagtar*“锁子甲”）相参照。（Allsen 2002: 265）

③ Wyngaert 1929: 317-8; Jackson and Morgan 1990: 259-60; cf. Dawson 1955: 210-1; Györffy 1986: 367. 与鲁布鲁克不同，柏朗嘉宾详细描述了用皮革指称的铠甲（*lorica*）：“他们用牛皮条或者其他动物的皮，大概巴掌大宽，然后用沥青把三到四张粘在一起，并用皮条或线将其扎紧。在最上面一层皮，他们把线扎在边上，接下来的一层皮，把线扎在中间，以此类推。于是，当它们弯曲的时候，下面的皮革会盖在上面的皮革表面，于是身上就有两到三层厚的皮革保护了。……锁子甲由四块构成。其中一块从大腿伸到脖子，但是会适合人的身型，在胸部会窄些，从手臂以下会弯曲一些；在后面，围在后腰部分，是另一块，从脖子往下，与第一块合起来把整个人包起来。这两块，即身前和背后的两块，用搭扣固定在两块铁板上，分别搭在两只肩膀上，在两只手臂上也各有一块从肩膀到手的铁板，在底部是开着的，在两条腿上也各有两块。所有这些零件，都是用搭扣固定在一起的。”（Wyngaert 1929: 78; Dawson 1955: 33-4; Györffy 1986: 130-1）

④ 关于 *jerge/nerge* 在狩猎中的情况，参考 Allsen 2006: 26-8, 44；在战争中的情况，参考 Allsen 2006: 216；在操练中的作用，参见 May 2015: 8, 18; Pintér-Nagy 2017: 43-4, 105。

慢地靠近，直到把野兽围在一个小圈子内，然后他们开始向野兽射箭。”① 猎物（*nerge*）不仅是蒙古人的食物来源，而且对于纪律严明的蒙古军人的训练来说，也是至关重要的。② 基于围猎的准备工作和后勤保障，也可以用于实战。③ 鲁布鲁克可能没有亲自看到过这样的狩猎场面，或者他的线人没有叙述这类作战的意义。

鲁布鲁克在多处提到蒙古人的军事堡垒。其中有一次，在描述蒙古贵族的葬礼时，他写道：“在他们埋葬贵族的地方，总是有一个守陵人的营房。”④ 在另一处，他提到当某人生病时，蒙古人会在营房周围布置守卫，卫士不允许任何人越过“雷池”。⑤ 为了保证做到这一点，这些卫士必须都要武装起来。

鲁布鲁克多次觐见了金帐汗国的拔都汗（约 1255—1256 年去世），他的儿子撒里答（1255—1256 年继位）和大汗蒙哥，因此他没有提到他们的扈从（蒙古语 *nöker* 或 *nökör*，复数 *nököd*，汉译“伴当”）或侍卫（蒙古语 *keshik*, *keshig*, kesig，复数 *keshikten*, *keshigten*），显得很奇怪。⑥ 这些汗一定都有自己的扈从或侍卫，但是鲁布鲁克只

---

① Wyngaert 1929: 181; Jackson and Morgan 1990: 85; cf. Dawson 1955: 100-1; Györffy 1985: 216.

② 柏朗嘉宾提到，“这些人……对于他们自己的主人的忠诚要超过对世界上的其他任何人”。（Wyngaert 1929: 45; Dawson 1955: 14; Györffy 1986: 107–8）

③ 关于蒙古人在军事战术中使用 *jerge/nerge* 的情况，参考 Juvaini, tr. Boyle 1997: 554, 583, 585, 627。

④ Wyngaert 1929: 186; Jackson and Morgan 1990: 95; cf. Dawson 1955: 105; Györffy 1986: 222.

⑤ “Quando etiam aliquis de magnis curiis infirmatur, ponunt custodes longe circa curiam, qui infra terminos illos neminem permittunt transire” (Wyngaert 1929: 187; Jackson and Morgan 1990: 96; cf. Dawson 1955: 106; Györffy 1986: 223). 柏朗嘉宾没有提到病人营房的守卫。(Wyngaert 1929: 43; Dawson 1955: 12; Györffy 1986: 103)

⑥ 在游牧帝国内，统治者的侍卫是非常重要的机构，兼具政治和军事的功能。（Pintér-Nagy 2017, 65–6, 129）关于成吉思汗统治时期蒙古的 *keshig* 的组建（1204 年）和重组（1206 年）及其功能，参考 SH § 191-2; Ligeti 1962: 78-9, 166; de Rachewiltz 2006: 113-4, 691-3; SH § 224-9; Ligeti 1962: 102-5, 166; de Rachewiltz 2006: 152-8, 818-31；在窝阔台汗统治时期的情况，参考 SH § 278; Ligeti 1962: 134-6; de Rachewiltz 2006: 209-13。关于蒙古各汗国内的 *keshig* 的情况，参考 Hsiao 1978: 34-8; Melville 2006: 135-64; May 2016: 37-43。

提到了拔都的随从。[①]尽管柏朗嘉宾写道："拔都的生活很奢华，有守门人和任何其他帝王所拥有的官员"，但是鲁布鲁克没有提到撒里答或拔都的侍卫。[②]此外，鲁布鲁克不仅没有提到撒里答或拔都的侍卫，而且也没有提到在他觐见他们的时候，他们采取过任何防范的措施。

在关于他抵达大汗蒙哥斡耳朵的记载中，鲁布鲁克多次提到大汗的侍卫，当然他称他们为"守门人"（拉丁语 *hostiarii*, *ianitores*，蒙古语 *e'ütenchi/e'üdechin*）。这些侍卫仔细地搜查每一个进入大汗营房的人。[③]我们可以从中读到针对传教士的四次防备。第一次，当方济各会士首次出现在蒙哥汗的面前时，守门人搜查他们的腿、胸和臂，看他们是否藏了刀。守门人让方济各会士的翻译摘掉腰带，将其与刀一并放在营房外面。[④]第二次，1254 年 1 月，蒙哥拜访了景教的教堂，方济各会士再一次在守门人搜身之后方被允许进入，为的是确认他们身上没有带刀。[⑤]第三次，2 月 7 日，他们在被搜身以确认没有佩刀之后，方能进入蒙哥汗的营房。[⑥]第四次，一名逗留在蒙哥斡耳朵的亚美尼亚

---

① "Ego vidi Baatu pluries equitantem cum turba sua, et omnes patresfamilias equitant cum eo. Secundum estimationem meam non erant quingenti viri" (Wyngaert 1929: 217; Jackson and Morgan 1990: 136; cf. Dawson 1955: 130; Györffy 1986: 258). "我经常见到拔都在外面与他的随从一起骑马——几乎每个大家族的头领都会陪同。根据我的估计，他们不到五百人。"（Jackson and Morgan 1990: 136）似乎他的随从都是伴当（*nököd*）。从伴当（蒙古部落首领的扈从）演变为侍卫（*keshig*）。（Hsiao 1978: 34-5）

② Wyngaert 1929: 110; Dawson 1955: 57; Györffy 1986: 162.

③ 柏朗嘉宾说，他们在进入贵由汗的营房前也被搜身了，防止他们佩刀。（Wyngaert 1929: 120; Dawson 1955: 63-4; Györffy 1986: 171）前往金帐汗国的马穆鲁克使臣提到，他们禁止带匕首或其他的武器进入别儿哥汗的营房。（Moufazzal ibn Abil-Fazaïl, ed. Blochet 1982: 458-9; Jackson and Morgan 1990: 177）

④ Wyngaert 1929: 248-9; Jackson and Morgan 1990: 177; cf. Dawson 1955: 153; Györffy 1986: 289-90.

⑤ Wyngaert 1929: 259; Jackson and Morgan 1990: 190; cf. Dawson 1955: 162; Györffy 1986: 302.

⑥ Wyngaert 1929: 261; Jackson and Morgan 1990: 192; cf. Dawson 1955: 164; Györffy 1986: 304.

僧侣，与大汗的侍卫发生了口角，所以在方济各会士和这位僧侣得以进入蒙哥的住所之前，“僧侣被羞辱性地搜身，几乎到要让他脱靴的程度了……”。[①]在严斋期来临之际，鲁布鲁克也提到了侍卫，“汗廷内的守门人注意到每天成群结队的人聚集在教堂内，而教堂位于汗廷的边界内，于是他们派遣一名守门人去跟僧侣讲，他们不能让这么多的人进入到汗廷重地”。[②]

关于守门人、侍卫和他们的武器，鲁布鲁克没有提供足够的信息，尽管大汗的斡耳朵内必定是重兵把守，因为蒙哥“听说四百名经过了乔装打扮的阿萨辛人（Assassins）已经上路了，为的是暗杀掉大汗”。[③]这些阿萨辛人之所以要暗杀大汗蒙哥，是为了报仇，因为大汗派他的兄弟旭烈兀去征讨他们的领土。[④]

必须指出的是，在方济各会士逗留蒙哥汗廷的六个月中，针对他们的安检级别明显有所提高，蒙古人前后共核实了他们的身份八次。例如，蒙哥斡耳朵内一位匈牙利仆人，认出了方济各会士（即方济各会组织），为此他还被内务大臣布勒盖（Bulgai）传唤了。[⑤]第二次，蒙古人遇到方济各会士——他们当中有尼西亚皇帝约翰三世（John III Doukas Vaatatzes，1222—1255 年在位）的使臣，核实了他们的身份。[⑥]

---

① Wyngaert 1929: 272; Jackson and Morgan 1990: 205; cf. Dawson 1955: 172-3; Györffy 1986: 316.

② Wyngaert 1929: 272; Jackson and Morgan 1990: 205; cf. Dawson 1955: 172; Györffy 1986: 315-6.

③ Wyngaert 1929: 286; Jackson and Morgan 1990: 222; cf. Dawson 1955: 184; Györffy 1986: 331-2.

④ 旭烈兀在 1253 年征讨了哈里发和阿萨辛人。关于旭烈兀的征讨，参考 Masson Smith 2006: 111-34。

⑤ Wyngaert 1929: 245; Jackson and Morgan 1990: 173; cf. Dawson 1955: 150; Györffy 1986: 285-6.

⑥ Wyngaert 1929: 247; Jackson and Morgan 1990: 175; cf. Dawson 1955: 152; Györffy 1986: 287-8.

甚至，蒙哥汗斡耳朵内的景教教士都对方济各会士就《圣经》的问题做了盘问，因为这群方济各会士没有蓄须，看上去像是佛教僧侣。①

即便鲁布鲁克住在蒙哥汗廷附近好几个月，也多次进入汗廷，但是他没有留下关于大汗是如何防卫的详细记载。他没有提到关于侍卫或他们的武器的详细信息。

与此形成鲜明对比的是，柏朗嘉宾为我们留下了关于大汗贵由的营帐是如何受保护的较为详细的记载："汗廷周边有两道大门，其中的一道门只有皇帝本人才有资格进入，即便门是开着的，在那里也没有守卫，因为没有人敢走那道门。所有获得允许的人，通过另一道门进入，那里有执刀佩剑的卫士把守着。如果有任何人胆敢越过雷池半步，抓住就要受到鞭笞，如果逃跑，那就受到射击，只不过箭并没有镞。"② 柏朗嘉宾也注意到，大汗及其他王子的守夜卫士，都佩戴着用柳条或树枝做成的盾牌。③

除了上文中提到的章节，还要提到那些在旅途中保护方济各会士的人。蒙古人一般把鲁布鲁克视为使臣，虽然他从头到尾都排斥这一标签，并强调他的目的是传教。有时候，方济各会士只有一名或两名扈从，但是他们去拜访拔都和蒙哥的时候，却是跟随大型使团前往的。他们或许会在一路上的驿站（蒙古语 *jam*，突厥语 *yam*）中遇到其他的团体，方济各会士的向导和保卫驿站的人一定都是有武器的。然而，这些机遇都没有促使鲁布鲁克为我们留下任何关于蒙古武器的记载。而在这方面，柏朗嘉宾再次为我们提供了充分的材料，甚至提

① Wyngaert 1929: 248; Jackson and Morgan 1990: 176; cf. Dawson 1955: 152-3; Györffy 1986: 288-9. 有意思的是，从鲁布鲁克的报告中可以看出，反间谍行为不仅仅是士兵们的任务。

② Wyngaert 1929: 117; Dawson 1955: 61; Györffy 1986: 168.

③ Wyngaert 1929: 80; Dawson 1955: 35; Györffy 1986: 10-1.

到了女士都佩带武器。①

似乎鲁布鲁克低估了蒙古的军队和武器，因为他没有仔细观察，甚至对军事题材没有兴趣。如果我们把他的行纪与柏朗嘉宾的行纪作一番对比，这一点就显而易见了。

柏朗嘉宾用了整整两章来讨论这个主题。首先，在标题为“关于战争、军队的结构和武器，关于战争的韬略和部队的集结，对战俘的残酷性，对堡寨的包围和对于投降者的背信弃义”的第六章中，柏朗嘉宾描述了蒙古人战争、武装、战术、攻城术的细节，还提到了其他与战争相关的信息。②在标题为“怎样同鞑靼人作战，他们的意图是什么？他们的武器和部队组织，如何对付他们的韬略、堡寨和城市的防御工事，如何处置战俘”的第八章中，柏朗嘉宾提出了如何与蒙古人作战的建议。换句话说，这些章节中包含了如何抵抗蒙古人入侵的手段。③在上述两章中，柏朗嘉宾清楚地表明了，他本人不仅对军事感兴趣，而且很擅长这个主题。

除了个人兴趣之外，还有别的原因。首先，柏朗嘉宾 1245 年作为教皇英诺森四世的使节开启旅程时，蒙古人早在三年之前就已经能离开匈牙利王国的领土了。西方的拉丁语世界生活在对“鞑靼”再度来袭的恐惧之中。其次，教皇可能担心他的对手——神圣罗马帝国腓特烈二世（Frederick II，1220—1250 年在位），可能会与蒙古人联手。在当时的欧洲有谣言称，腓特烈二世已经与鞑靼人达成了一项秘密协议来颠覆基督教信仰，这给教廷带来了深度的焦虑。这则流言

① Wyngaert 1929: 50; Győrffy 1986: 112.“我们甚至见到女性佩戴箭套和弓。”参考 Dawson 1955: 18，他译成了“佩戴弓和箭”。

② Wyngaert 1929: 76-84; Dawson 1955: 32-38; Győrffy 1986: 129-37.

③ Wyngaert 1929: 93-101; Dawson 1955: 43-50; Győrffy 1986: 144-53.

甚至还记录在了马修·帕里斯的纪事本末内，时间是1241年，并在1247年重复了一次，那时距离1245年腓特烈二世被第一次里昂会议开出教籍已经过了两年。[1] 最后，柏朗嘉宾是被特别派出去搜集关于蒙古人情报的。[2]

当八年之后鲁布鲁克开始他的旅程的时候，政治形势已经发生了微妙的变化。1248年12月，蒙古将领野里知吉带的使臣拜访了路易九世在塞浦路斯的营房之后，在欧洲有谣言称蒙古的统治者已经皈依了基督教。[3] 这则谣言让欧洲陷入了极度的乐观之中。然而，当龙汝模（Andreas of Longjumeau）率领的使节团拜访了贵由汗的遗孀（斡兀立·海迷失，1249—1251年摄政）之后，蒙古人没有放弃他们征服世界的野心，甚至已经昭然若揭了。1252年，关于撒里答皈依基督教的谣言在圣地肆意传播，路易九世可能从中看到了在蒙古人当中发展基督教根据地的新可能性。即便鲁布鲁克的使命不是外交方面的，在行纪的开端他还是提到，他把在蒙古帝国的所见所闻悉数写信寄给了路易九世。我们不知道，他是否有刺探情报的倾向。如果有，很可能是涉及蒙古人和法王路易九世之间的结盟，为的是对付穆斯林。

鲁布鲁克的行纪中没有关于蒙古军事的记载，可以作如下解释。首先，鲁布鲁克本人对军事不感兴趣，即便他号称对学习蒙古武器很有“热心”。相反，他的兴趣在于蒙古帝国的日常生活、宗教和文化诸方面。

其次，鲁布鲁克意识到蒙古的军事是建立在马背上的，但是作为一名典型的西方人，他没有把蒙古人传统的家伙式儿、弓、箭，以及

---

① Luard 1877: 119-20, 635.

② Ruotsala 2001: 49; Jackson 2005: 90-1.

③ 这位蒙古将领的基督徒使节不仅报告说，他们的主人是基督徒，而且提到贵由汗也受洗了。（Pertz 1851: 790; Jackson 2005: 99）

他们的主要武器当作一项致命的军事威胁。① 他写道，蒙古人“除了箭套、弓和皮衣之外，就没啥武器了”。他认为，他所见到的皮革盔甲是不合身的，也是不适宜的。根据罗伯特·赖德（Robert W. Reid）的观点，“蒙古人在 13 世纪与外国军队作战取胜的关键，不在于他们武器的精良”。② 不过，蒙古人与其他游牧民一样，也可以从别处引进武器或者自己制作。他们最精良的武器，即弓，是自己造的。③ 绝大多数蒙古人可以承担得起皮革盔甲，它的重量也适合于骑马。④

最后，鲁布鲁克以为，最好的装备仅限于锁子甲和铁制的头盔。因为他很少见到蒙古骑兵有这身装备，大多数都只是佩戴弓箭，或者短剑⑤，因此，他对于蒙古的装备、战术和军事实力嗤之以鼻。⑥ 他没有亲眼见到蒙古军队的操练⑦，对于蒙古人如何准备一场战斗也毫无概念。⑧ 他自己并没有意识到，他的线人也没有告诉他，蒙古人取胜的关键因素是军纪和指挥。⑨ 尽管他很少涉及军事主题，但凡是他提到的蒙

① 与此相反，柏朗嘉宾承认蒙古武器的质量和效率，可以与当时欧洲的武器相媲美。

② Reid 1992: 85.

③ “人们制作弓箭……”（Wyngaert 1929: 184; Jackson and Morgan 1990: 91; Dawson 1955: 103; Györffy 1986: 219）

④ Masson Smith 2000: 54-5, 57.

⑤ 《蒙古秘史》很少提到剑或矛。（Reid 1992: 88）

⑥ 关于蒙古的军队及其装备、技巧和战术，参考 Martin 1943; May 2015; May 2016。

⑦ 比较柏朗嘉宾的记载：“他们狩猎并训练射击，因为他们无论年龄大小都是优秀的弓箭手，他们的小孩从两三岁起就开始学骑马，并且能够驾驭和骑乘马匹，他们会按照年龄被授予相应的箭头，学习如何射击……”（Wyngaert 1929: 50; Dawson 1955: 18; Györffy 1986: 112）关于蒙古人的操练，参考 May 2015: 7-11，可以将之与匈人和阿瓦尔人的操练相比较。（Pintér-Nagy 2017: 43-4, 105）

⑧ 蒙古人会在忽里台仔细商讨准备重大的战役，在决定执行下一场战争时，将领们必须要在场。（May 2015a: 33）关于蒙古人在入侵欧洲之前所做的准备，参考 Rashīd al-Dīn, tr. Boyle, 1971: 54-5; Rashīd al-Dīn, tr. Thackston 1999: 324；关于在入侵伊斯兰国家、哈里发，以及中国西域之前的准备，参考 Rashīd al-Dīn, tr. Boyle 1971: 222-3; Rashīd al-Dīn, tr. Thackston 1999: 413；关于在由蒙哥汗率领的讨伐南宋之前的准备，参考（Rashīd al-Dīn, tr. Boyle 1971: 224-5; Rashīd al-Dīn, tr. Thackston 1999: 414）。

⑨ 参考柏朗嘉宾的相关记载。（Wyngaert 1929: 77; Dawson 1955: 33; Györffy 1986: 129-30）对于军纪是蒙古人打仗胜利的关键，参考 May 2015: 8-10。

古人如何筹备一场战争的内容，一般都是准确的。

鲁布鲁克只钦羡蒙古人的耐力，例如他说道："我可以负责任地告诉你，如果我们的农民——更不消说国王或骑士了，只要能像鞑靼那样居无定所、风餐露宿，那么他们也能征服整个世界。"①

（陈浩 译）

参考文献

'Alā-ad-Dīn 'Aṭā Malik Juvaini. 1997. *Genghis Khan: The History of the World Conqueror.* Translated from the text of Mizra Muhammad Qazvini by John A. Boyle, with a new introduction and bibliography by David O. Morgan. Manchester: Manchester University Press – Unesco Publishing.

Allsen, Thomas T. 1987-1991. "Mongols and North Caucasia." *Archivum Eurasiase Medii Aevi*, VII (1987-1991) 5-40.

Allsen Thomas T. 2002. "The Circulation of Military Technology in the Mongolian Empire." In *Warfare in Inner Asian History, 500-1800,* edited by Nicola Di Cosmo, 265-294. Leiden, Boston, Köln: Brill.

Allsen, Thomas T. 2006. *The Royal Hunt in Eurasian History.* Philadelphia: University of Pennsylvania Press.

Dawson, Christopher. 1955. *The Mongol Mission. Narratives and Letters of the Franciscan Missionaries in Mongolia and China in the thirteenth and fourteenth centuries.* Translated by a Nun of Stanbrook

① Wyngaert 1929: 331; Jackson 1990: 278; cf. Dawson 1955: 220; Györffy 1986: 380.

Abbey. Ed. and with an Introduction by Christopher Dawson. London, New York: Sheed and Ward.

de Rachewiltz, Igor. 2006. *The Secret History of the Mongols.* A Mongolian Epic Chronicle of the Thirteenth Century. Translated with a Historical and Philological Commentary by Igor de Rachewiltz. Vol. I-II. Leiden, Boston: Brill.

Györffy, György. 1986. *Julianus barát és Napkelet fölfedezése.* Válogatta, a bevezető tanulmányt és a jegyzeteket írta Györffy György. Fordította Györffy György és Gy. Ruitz Izabella. Budapest: Szépirodalmi Könyvkiadó.

Hsiao, Ch'i-ch'ing. 1978. *The military establishment of the Yuan dynasty.* (Harvard East Asia Monographs, 77.) Cambridge: Council on East Asian Studies Harvard University.

Jackson, Peter and Morgan, David 1990. *The mission of friar William of Rubruck. His journey to the court of the Great Khan Möngke 1253-1255.* Translated by Peter Jackson. Introduction, notes and appendices by Peter Jackson with David Morgan. London: Hakluyt Society.

Jackson, Peter. 2005. *The Mongols and the West, 1221-1410.* London–New York: Routledge.

Ligeti, Lajos. 1962. *A mongolok titkos története.* Budapest: Gondolat.

Luard, Henry Richards. 1877: *Matthaei Parisiensis, Monachi Sancti Albani, Chronica Majora.* Ed. by H. R. Luard. Vol. IV. A. D. 1240 to A.D. 1247. London–Cambridge–Edinburg–Dublin: LONGMAN & Co.

Martin, H. Desmond. 1943. "The Mongol Army." *Journal of the Royal Asiatic Society* 75/1-2: 46-85.

Masson Smith, John Jr. 2000. "The Nomads' Armament: Home-made Weapons." In *Religion, Customary Law, and Nomadic Technology*, edited by Michael Gervers and Wayne Schlepp. (Toronto Studies in Central and Inner Asia 4.) 51-61. Toronto: Toronto Joint Centre for Asia Pacific Studies.

Masson Smith, John Jr. 2006. "Hülegü Moves West: High Living and Heartbreak on the Road to Baghdad." In *Beyond the legacy of Genghis Khan,* edited by Linda Komaroff, 111-134. Leiden and Boston: Brill.

May, Timothy. 2015. "Mongol warfare in the pre-dissolution period." *Golden Horde Review* 2: 6-20.

May, Timothy. 2015a. "The Mongol Art of War and the Tsunami strategy." *Золотоордынскаяцивилизация. GoldenHordeCivilization.* 8: 31-37.

May, Timothy. 2016. *The Mongol Art of War. Chinggis Khan and the Mongol Military System.* Barnsley: South Yorkshire Pen & Sword Military. (e-book)

Melville, Charles. 2006. "The *Keshig* in Iran: The Survival of the Royal Mongol Household." In *Beyond the legacy of Genghis Khan,* edited by Linda Komaroff, 135-164. Leiden and Boston: Brill.

Moufazzal ibn Abil-Fazaïl. 1982. *Histoire des Sultans Mamelouks.* Texte arabe publié et traduit en Français par E[dgar] Blochet. (Patrologia Orientalis 12.) Turnhout: Brepols.

Pertz, Georgius Heinricus (ed.) 1851. *Monumenta Germaniae Historica. Scriptores.* Vol. IX. Hannoverae: Impensis Bibliopolii Aulici Hahniani.

Pintér-Nagy, Katalin. 2017. *A hunok és az avarok fegyverzete, harcmodora az írott források alapján.* (Magyar Őstörténeti Könyvtár 30.) Budapest: Balassi Kiadó.

Rashīd al-Dīn, Faḍlallāh Abū al-Khayr. 1971. *The Successors of Genghis Khan.* Translated from the Persian by John A. Boyle. New York, London: Columbia University Press.

Rashiduddin Fazlullah. 1999. *Jami 'u't-tawarikh. Compendium of Chronicles. A History of the Mongols.* Translated by Wheeler M. Thackston. Vol II. [Cambridge]: Harvard University, Department of Near Eastern Languages and Civilizations.

Reid, Robert W. 1992. "Mongolian Weaponry in 'The Secret History of the Mongols'." *Mongolian Studies* 15: 85-95.

Ruotsala, Antii. 2001.*Europeans and Mongols in the middle of the thirteenth century: encountering the other.* Helsinki: The Finnish Academy of Science and Letters.

Sinor, Denis. 1977. "On Mongol Strategy." In *Inner Asia and Its Contacts with Medieval Europe*, edited by Denis Sinor, 238-129. London: London Variorum Reprints.

Wixman, R[onald]. 1986. "Lezg h." In *The Encyclopaedia of Islam,* Vol. V. Khe–Mahi. Edited by Bosworth, C. E. & van Donzel, E. & Lewis, B. & Pellat, Ch. New Edition. 729-730. Leiden: E. J. Brill.

Wyngaert, Anastaas van den (ed.) 1929. *Sinica Franciscana. Itinera et relationes fratrum minorum saeculi XIII et XIV.* Vol. I. Ad Claras Aquas: Collegium S. Bonaventurae.

中世纪欧亚游牧民族与定居民族贸易的特点

〔匈〕萨博尔茨·波尔加尔（Szabolcs J. Polgár）撰

本文的重要性在于，它研究了8—10世纪（这是东欧贸易史上的一个全盛时期）东欧贸易的作用和地位。也就是说，笔者是从东欧的视角来看待这个问题的。[①] 本项研究的目标，是欧亚草原游牧民族与定居近邻之间的商品贸易和交换。笔者关注的重点，是草原帝国（即大规模的游牧联盟）与中世纪大国（例如中国、萨珊波斯，以及后期的哈里发和东罗马帝国）之间交流的特征。[②] 笔者划分出五个地理区域，并将它们进行了相互比较。这五个区域分别为：（1）中国中原地区与中国西部和西北边缘地带，再加上蒙古、阿尔泰和东北；（2）伊朗与中亚（哈萨克斯坦大草原，与河中地和呼罗珊附近）；（3）伊朗（西北部）与高加索；（4）东罗马帝国与黑海北部的东欧草原；（5）东罗马帝国与喀尔巴阡盆地。

我们［在它们之间］能发现哪些相似和不同呢？在这些联系中，是否存在某种普遍性的规律，抑或每个地区都有着不同的模式？

---

① 本文节选自拙作《东欧和国际贸易（公元750—1000年）——以文献资料为中心》（*Kelet-Európa kereskedelmi kapcsolatai* (kb. 750-kb. 1000)）中的一章，巴拉西出版社（Balassi Kiadó），2019年，布达佩斯。

② 伊斯特凡·泽蒙内从游牧民族在处理与定居社会关系中实施的“帝国主义”战略的角度，比较研究了从中国到中欧草原的不同社会。（Zimonyi 2016: 125-129）

我们研究的出发点，是欧亚游牧民族与其定居邻国之间的不对称关系——哈扎诺夫（Anatoliy Khazanov）在他奠基性的著作（Khazanov 1994）中详细分析过。早在哈扎诺夫的书问世之前，罗纳-塔什（An-dras Rona-Tas）（Rona-Tas 1983）和埃塞迪（Ildiko Ecsedy）（Ecsedy 1999, Ecsedy 1999a）也研究过。在欧亚草原，这种不对称关系在东部地区，也就是内陆亚洲，表现得尤为明显——游牧生计方式在那里占主导地位。一般来说，游牧经济是不复杂的、不平衡的，且需要定居地区的经济［来补充］。这一点对于游牧部落的精英阶层（与普通民众相对）来说，尤其如此。游牧民族有两种选项：（1）扩张，即占领拥有复杂经济体的疆域；（2）与定居邻国保持不断的交流关系。或许，我们还可以提出第三种选项，即在农业地区定居下来，成为定居人口。

中国中原王朝与游牧民族的交往关系，首先是从中原王朝的角度而为人所知的。关于中原王朝与游牧民族的关系，学者们一般认为既有贸易，也有战争。[①] 当货物和贡品的交换双向进行时（但主要流向了游牧民族），中国的北方和西北边境便处于和平状态。在这种状态下，中原王朝不受游牧民族的威胁。在中国历史上的分裂时期，确实如此。

［在中原王朝与游牧民族的关系中，］游牧民族往往是掌握主动的。游牧民族可以时不时地建立部落联盟或帝国。根据巴菲尔德（Thomas Barfield）的说法，与中原王朝相邻的强大游牧帝国，都是在中国大一统的时代出现的。（Barfield 1996: 5-9）巴菲尔德解释了一个“强大中国”和一个“强大游牧帝国”共存的现象，是因为中国统一时比分裂时拥有更多的资源，可以更轻易地把商品转给游牧民

① Jagchid & Symons 1989: 23, 186-187; Ecsedy 1968; Mackerras 1969; Mackerras 2004.

族。[①] 按照巴菲尔德的思路，游牧帝国建立于中国大一统的时代，可以持续很长时间。

从外部来看，这些游牧帝国是非常统一的，但是从内部来看，我们看到了两面性：在帝国层面有中央集权和等级制，在部落层面又有自治的一面。一方面，某个部落凌驾于其他部落之上，并将自己的部落成员置于臣服的部落之上；另一方面，后者通常保留着原初的地位，他们的部落首领具有一定的独立性。由于在这种制度安排下部落贵族可以从统治部落那里获得财产分配，所以是值得留在联盟内的。（Zimonyi 2016: 126）与中原王朝相邻的草原帝国，大致有两种不同的战略：（1）"外围边疆战略"（Barfield 1996: 49-51; Dobrovits 2005: 18）；（2）占领中国的一部分疆域，建立一个新的王朝。第一种战略是出现在漠北（例如匈奴、柔然、突厥等）的草原政权所惯用的办法，第二种战略是建立在东北（契丹、女真）等帝国所惯用的办法。在 13 世纪，蒙古人把两种策略都尝试了。

在本文中，笔者重点讨论第一种策略，因为它代表了游牧民族与中原王朝长期以来双边关系的一种典型模式。这种关系是逐步发展的。首先，中原与游牧民族之间有双向的货物交易，后者偶尔为了获得更多的礼物而向中原王朝施加压力；后来是政治联姻；最后是在边境地区开放市场，进行常规性贸易，但是因为中原王朝的政策［变化］，这些互市都不是永久性的。游牧民族想要的礼物和货物，通常

① 巴菲尔德的理论，并非所有人都接受。例如迈克尔·德鲁普（Michael Drompp）指出，巴菲尔德的理论是片面的，它只关注了其中的一个方面，并不适用于所有历史时期（对于汉朝-匈奴时期确实是适用的）。我们还需要考虑到其他方面，例如长距离贸易的作用。（Drompp 2005）关于长距离贸易在游牧帝国的兴起过程中所起的作用，参见 Kradin 2005: 152。

比中国政府送给他们的更多。[①] 对于中原王朝的皇帝来说，来自游牧民族的礼物，只是某种朝贡，所以并不意味着中原王朝一定要礼尚往来。

生活在中原王朝附近的游牧民族，加入了另一套交流体系：丝绸之路。他们卖掉一部分从中原王朝获得的货物（在突厥汗国和后突厥汗国时期，他们与作为中间商的粟特人合作）。突厥人在西方的联系，一直延伸到了君士坦丁堡，后来的回鹘人虽然没有那么长程的联系，但是中原王朝的货物还是不断地出口到西方。总之，针对中原王朝的“外围边疆战略”，很长时间以来一直是成功的。其结果，差不多就是常态性的贸易往来，以及间歇性的战争。[游牧民族的] 施压可以奏效，是因为中原王朝与游牧民族有很长一段的陆地边界，而帝国的中心和繁荣地区都在游牧军队的打击范围之内。在匈奴时期，战争特别频繁。

我们要讨论的第二个区域，是伊朗与中亚的草原地带。由于我们几乎没有古代和中世纪早期形成的文献资料，所以我们 [这方面] 的知识是不完整的（关于民族历史的史料是有的，缺乏的是关于贸易往来的史料）。[②] 在这一地区，不存在一个连续性游牧帝国的传统，也不像位于中国中原附近的漠北和东北那样始终是游牧帝国的地理中心。在这片草原上，有些历史时期不存在帝国，或者只有短命的帝国，或许只是某帝国（例如西突厥帝国）的一个组成部分。此外，我们还可以谈谈嚈哒帝国。伊朗诸帝国的政治中心都是远离中亚草原的，被群山隔开。萨珊波斯帝国的皇帝们在他们帝国的北部边境建造了城墙和堡垒，从高加索一直到梅尔夫（Merv）绿洲。（Harmatta 2002: 65-69）

① 在匈奴时期，礼物的交换是为人所知的。（Di Cosmo 2004: 284-285）

② 关于古代伊朗、萨珊和游牧民族，参见 Czeglédy 1983: 41-43, 55-62, 77-84。

这些地区的游牧民族首先接触到的，是伊朗文明的北部边缘。他们与粟特人和花剌子模人交往，并与他们发展和平贸易。但是，也有发生战争的时期。例如，嚈哒人和突厥人联手对抗萨珊帝国，后者先后向嚈哒和突厥进贡。突厥人却支援萨珊波斯摧毁了嚈哒帝国。[①]但是，这一时期的游牧帝国比那些在中国附近的草原帝国要更加脆弱，而且由于"外围边疆战略"，游牧民族对伊朗帝国（包括伊斯兰早期）的中心和内陆地区所产生的威胁，也不像游牧民族对中原王朝的威胁那样严峻和持久。

阿拉伯征服中亚之后，中亚进入了一个新的时期。阿拉伯人遭遇了欧亚草原上的游牧民族。双方的对峙持续了很长时间。充满敌意的游牧者形象在穆斯林文献中保存了下来。在亚库特·鲁米（Yāqut al-Rūmī）（13 世纪）的作品中有一段关于中亚游牧民族（所谓的"突厥人"）的文字。根据鲁米的说法，哈里发希沙姆（Hisham，公元 724—743 年在位）向北方游牧民族派遣了一名使者，想让他们皈依伊斯兰教。游牧民族的国王拒绝了哈里发的要求，因为［定居］经济、文化和城市生活对于游牧民族来说都是陌生的。[②]不过，后来情况发生了变化。在公元 9—10 世纪，穆斯林商人经常拜访游牧民族。据伊本·法德兰的记载，生活在花剌子模北方的乌古斯人与穆斯林商人有一种特殊的联系。[③]13 世纪，蒙古人的入侵彻底扭转了这一局面：伊朗被一个游牧帝国征服了。

---

① 关于嚈哒、阿瓦尔的迁徙和萨珊王朝，参见 Vásáry 1993: 70-71。

② Yāqūt, *Lexicon*, ed. Wüstenfeld 1866, I: 839. 匈牙利语译本参见 Kmoskó 2007: 29。亚库特的资料来源于公元 9 世纪的哈马丹尼（al-Hamadanī）和伊本·胡尔达兹比赫（Ibn Khurdādzbeh）。

③ Ibn Fadlan, *Risala*, transl. Frye 2005: 35. 关于 9—10 世纪穆斯林与中亚游牧民族之间的贸易，参见 Mokrynin 1973。

本文要讨论的第三个区域是高加索，更具体地说，是外高加索和高加索的北方草原。尽管高加索是一个天然屏障，但是外高加索地区并没有完全摆脱北方游牧民族的威胁。高加索山口里的关隘由波斯人把持。即便建造了城墙和堡垒，游牧民族（从斯基泰到哈扎尔）仍然能够越过边界，入侵外高加索（亚美尼亚、米底亚等）。他们的入侵，往往都是在与外高加索当地的王国结盟下完成的。①

在伊本·米思卡瓦希（Ibn Miskawaihī）的历史著作《民族的经历》中，有一段关于游牧与定居关系的精彩描述。这段关于北方游牧民族的文字，是基于阿拉伯征服以前记录下来的萨珊波斯国王库思老的生平。大约在公元540年，高加索西北部拉兹克（Lazike）②附近的游牧人（原文作“突厥人”）致信库思老索要财物，因为他们需要商品和食物，并威胁他，如果不满足这一要求，就会攻击他的帝国。此外，他们还要求他接纳游牧部队进入萨珊帝国。库思老访问了高加索地区，在边境地区安置了2000名游牧民，并派遣一名穆护（Magi）（祆教的祭司）向他们传播波斯宗教。不过，对于我们来说，最重要的信息是，库思老在边境地区开辟了市场，使得游牧民族可以交易商品。（Grignaschi 1966: 19-20）这段记录中包含了上文在述及游牧民族与中原王朝的关系时提到的所有要素：来自游牧民族的索求和威胁；萨珊国王的妥协以换取和平。这种游牧与定居的关系，在阿拉伯征服后发生了变化。

与中亚相似，高加索地区在8世纪上半叶战争频仍。737年以后战争结束了，阿拉伯人与哈扎尔人之间逐渐和解的阶段开启了。约758年，在哈里发曼苏尔（al-Mansur）的提议下，亚美尼亚的阿拉伯

---

① Mako 2010: 50-52.

② 拉兹克一般都处于拜占庭的统治下，但在6世纪受到萨珊波斯的控制。

人总督雅兹迪·苏拉米（Yazīd al-Sulamī）与哈扎尔可汗的女儿联姻。穆斯林史家伊本·阿塔姆·库非（Ibn A'tham al-Kūfī）提到了曼苏尔写给雅兹迪的一封信："除非与哈扎尔人和亲，否则亚美尼亚不能继续存在和繁荣下去。因此，我的意见是，为了国家能够繁荣，必须要和亲。否则，我怕哈扎尔人会危及你和你的官员们的身家性命。他们想什么时候来就什么时候来，且会取得胜利。"① 边境地区的安全，对阿拉伯人来说是非常重要的。在和平的阿拉伯-哈扎尔关系基础上，哈里发与东欧发展了贸易关系。

我们要谈的下一个区域是东欧草原。这里也只是出现了少数的游牧帝国。匈人和阿瓦尔帝国的形成始于这里，但终于喀尔巴阡地区。此外，不里阿耳、哈扎尔和金帐汗国都属于东欧。② 不里阿耳最初是一个东欧游牧帝国，但是很短命。此后，哈扎尔人的帝国维持了大约350年，金帐汗国又维持了250年。除了上文提到的高加索地区外，毗邻草原的帝国还有东罗马。以上三个东欧游牧帝国中，没有一个真正与东罗马人发生过激烈的战争。他们在很长的一段时间内，都没有使用武力或威胁。

不里阿耳的首领库夫拉特（Kuvrat，译按：又作库布拉托斯［Kubratos］）是拜占庭皇帝希拉克略的盟友，且哈扎尔汗国与东罗马帝国有政治联姻。不过，就所谓的"非帝国式"游牧部落或邦联而言，情况大体类似。斯基泰人与希腊人进行和平贸易，晚期的史料记载了关于游牧民族与定居人群之间的贸易。有时候，东欧游牧民族会攻击罗马帝国的巴尔干行省，例如公元5世纪和6世纪的"原不里阿

① Al-Kūfī, *Book of conquests*, Noonan 1984: 202（根据 Károly Czeglédy 的翻译）；Buniyatov 1981: 62。

② 关于中世纪早期欧亚西部的民族史和政治史，参见 Golden 1992; Vásáry 1993。

耳人”，但他们同时又是罗马人的盟友（例如在对抗哥特人之际）。

东欧游牧民族略显被动，首先可以用他们的地理位置来解释：君士坦丁堡远离黑海北部海岸，黑海本身就是一个天然屏障。只有跨过多瑙河下游和巴尔干半岛，才能经由陆路到达君士坦丁堡（罗马相对处于更安全的区域，故当帝国的中心转移至君士坦丁堡时，受到游牧民族袭击的风险便有所增加了）。库特里格尔人在公元559年从黑海地区（黑海北部海岸）来到达君士坦丁堡，但这次征讨无疾而终。另一个例子是阿瓦尔人。公元565年，皇帝查士丁二世停止向阿瓦尔人送礼物，后者并没有威胁或索求。很可能是因为阿瓦尔人的可汗巴颜不想冒险与帝国进行一场没有把握的战争；相反，他从法兰克人那里榨取了财物。[①] 不过，在这里，我们可以把来自突厥人的威胁考虑在内，[正是突厥的威胁] 迫使阿瓦尔人集中兵力。

游牧民族略显被动的第二个原因，可能与经济的复杂程度有关。虽然游牧民族在草原上过着游牧的生活，但是他们那些生活在森林草原地带的邻近定居人群，为他们供应了粮食、蔬菜和水果。

他们略显被动的第三个原因，可能与黑海北部沿岸的希腊人有关。希腊人乐于跟游牧民族交换商品。自公元前7—前6世纪起，希腊人开始与东欧人接触，并与之交换货物。主要的交易市场位于黑海北部地区几条大河（德涅斯特河、南布格河、第聂伯河和顿河）的入海口，以及克里米亚半岛。在萨珊王朝和罗马帝国统治期间，情况并没有发生变化。游牧民族把货物运到希腊人的城镇是很常见的，这一

① Menander protector, Fragm. 8, ed. Blockley 1985: 93-97; Corippus, *In laudem Iustini*, Ioannes Ephesinus, *Historia ecclesiastica*: Szádeczky-Kardoss 1986: 65-66; Szádeczky-Kardoss 1990: 207.

点可以从斯特拉波以及晚期的约翰·马拉拉斯的记载中看到。[①] 商人们从黑海南部地区来到这些市场。游牧民族扮演了森林地带与黑海地区之间毛皮贸易的中间商角色。[②] 伏尔加地区与高加索和中亚都有贸易关系。来自东方（伊朗、粟特等地）的白银和来自中亚的艺术装饰传入当地，并促成了一种本土风格的形成。[③] 中亚（丝绸之路）和地中海东部一样，与所有地方都有联系，也就是说，东欧的贸易区不是孤立的，而是“世界贸易”体系的一部分。东罗马的外交政策，也试图围绕自己的利益来主导这一贸易，所以往往是通过馈赠来换取与游牧民族的和平共处。

我们最后要讨论的区域是喀尔巴阡盆地。喀尔巴阡盆地于公元5世纪被匈人征服，567年或568年被阿瓦尔人征服，9世纪末被匈牙利人征服。所有上述人群的特点是，都采用“外围边疆战略”。匈人和阿瓦尔人强迫东罗马帝国进贡白银和黄金。匈牙利人在东罗马帝国境内劫掠货物并俘虏人质，但是他们把注意力转向了西方，并占领了法兰克和意大利王国。匈牙利人之所以能够成功征讨东罗马帝国，一个重要的原因是他们的地理位置：东罗马帝国的北方（包括君士坦丁堡）是一片容易靠近的领土，因为有很长一段的内陆边境线。东罗马帝国的防线无法阻止游牧民族的入侵。因此，黑海以北东欧草原上的游牧帝国，没有喀尔巴阡盆地的游牧帝国那么具有威胁性。如果在这里形成一个强大的游牧部落联盟，就很容易对东罗马帝国构成威胁。

在罗马帝国时期（公元1—4世纪），喀尔巴阡盆地的东部处于萨

---

① Strabon, Geographica, XI, 2. ed. Lasserre 1975, 44, 48. Malalas, *Chronographia*, ed. Thurn 2000: 499.

② Iordanes, *Getica*, 37, ed. Skržinskaya 1960, 136.

③ Frye 1972; Noonan 2000；关于艺术和装饰，参考 Fodor 2008: 127-150。

尔马提亚部落的统治之下，他们与罗马人发展了贸易往来。匈人部落联盟（420—430 年）占领该地区之后，情况发生了变化。匈人开始对罗马帝国使用“外围边疆战略”。由于匈人的强大，罗马人被迫向他们进贡 ——从 423—435 年，每年都有 350 磅的黄金从罗马帝国运来。435 年，罗马皇帝西奥多修斯（Theodosius）和匈人国王布列达（Bleda）达成协议，罗马人要支付比先前多一倍的贡品（即 700 磅）。罗马人承诺，不会与匈人的对手结盟，每个罗马俘虏的赎金增加到 8 个苏勒德斯（Solidi，译按：罗马的金币）。此外，罗马人还允许［匈人］进入边境市场。

伊斯特凡·泽蒙内认为，罗马与匈人的条约，堪比汉朝与匈奴的条约。两者的不同之处在于，罗马人没有与匈人的王室和亲。（Zimonyi 2016: 127-128）到了公元 5 世纪 40 年代，罗马人［支付］的贡税增加到了 2100 磅。在这 10 年当中，匈人共得到了 13000 磅的黄金。（Bóna 1991:47,55,58,60）在前后 27 年的时间内，大约有 8 吨的黄金从罗马帝国运到了匈人的宫廷。不过，匈人帝国是短命王朝，此后东罗马帝国未再受游牧民族的侵扰，直至 6 世纪中叶为止。

阿瓦尔人于 568 年征服了喀尔巴阡盆地，并于 580 年开启了一场与东罗马帝国的消耗战。阿瓦尔人成功地迫使罗马人支付贡税。从 573—585 年，每年进贡 8 万苏勒德斯；从 585—598 年每年进贡 10 万苏勒德斯；从 598 年起，阿瓦尔每年获得 12 万苏勒德斯。东罗马支付的贡税，最高达到了每年 20 万苏勒德斯，那是在 623 年。626 年阿瓦尔人战败后，罗马人支付的金额就减少了。到了 8 世纪，文献中甚至都不提每年向阿瓦尔人进贡赋税了。根据伊斯特凡·博纳（István Bóna）的说法，罗马人进贡阿瓦尔人的贡税总额大约是 450 万苏勒德斯，相当于 27 吨黄金（差不多平均每年 400 公斤，考虑到硬币的贬值，实际上大约只有350公斤）。（Bóna 1987: 324; Zimonyi 2016: 128; Zimonyi 2014: 188-189）除了这笔钱之外，还要加上战利品和（换俘虏用的）赎金，黄金的总额达到了600万苏勒德斯。（Pohl 1990: 92）这个数目要比［罗马人］向匈人进贡的黄金多。

阿瓦尔人的战略［物资］和军事组织［开销］，在长达半个世纪的时间内，基本上是靠来自君士坦丁堡的贡税支撑的。文献中没有关于［阿瓦尔人］与东罗马人边境互市和货物交换的记载。但是，阿瓦尔人与罗马人之间可能存在某种形式的交流，例如“千花”玻璃珠、金属椅子和金属器皿的出土，表明了双方交流的可能性，或许它们是统治精英之间的礼物交换。（Vida 2016: 95）我们要考虑到，阿瓦尔经济是一个复杂的系统，喀尔巴阡盆地具有良好的生态和气候条件，东罗马的贡赋对于阿瓦尔的精英维持他们“游牧帝国”［的运作］至关重要。

第三个征服喀尔巴阡盆地的游牧部落联盟，是原马扎尔人（原匈牙利人）（大约在公元895—900年间）。他们沿袭了阿瓦尔人的策略，威胁他们的邻居，要么进贡，要么就等着侵略和劫掠。就匈牙利人而言，究竟他们从西方得到了多少白银，学界有不同的说法。大体而言，在前后40年的时间内，他们可能一共获得了7—150吨的白银。（Kovacs 2011: 14-18, 211; Zimonyi 2014: 190）

综上所述，我们可以得出以下结论：

（1）在欧亚草原的不同区域，游牧部落联盟的精英们所使用的策略大体是相似的：他们试图从邻近的定居帝国获取商品和礼物。这是联盟得以维持的根基。在欧亚草原东部，这种策略之所以必要，是因为游牧经济的不平衡；在欧亚草原西部，倒不是因为经济上的压力，例如在东欧和喀尔巴阡盆地都有复杂的经济体，此策略所发挥的重要作用，只是［施展］游牧精英的政治雄心。

（2）在本文分析的不同区域内，是存在差异的。例如，在毗邻中国中原王朝的地方，强制性贸易是一大特色，在那里孕育了诸多伟大的草原帝国，且统治了相当长的一段时间。

（3）位于欧亚草原另一端的喀尔巴阡盆地，处于类似的境况，但只是在匈人统治时期、阿瓦尔人统治时期和匈牙利人统治时期（后者在 10 世纪末结束）存在过［强制性贸易］。

（4）在毗邻伊朗的中亚草原上，强制贸易的战略并不突出，而且那里只存在过少数几个大型草原帝国。北高加索地区，与中亚的情况相似。

（5）在黑海北部区域，和平贸易和礼物交换［的模式］占据主导地位，而且这里并没有一个长期存在帝国的传统。和平贸易的主导地位是西部欧亚大陆长途贸易网络出现的前提。长途贸易网络的出现是在外部影响下开启的。东欧草原上的哈扎尔帝国，轻松高效地加入了这一贸易体系。

（夏婷婷 译　陈浩 校）

参考文献

Barfield, Th. (1996). *The Perilous Frontier. Nomadic Empires and China*. Blackwell, Cambridge (Mass.) – Oxford.

Blockley, R. C. (1985). (Intr., text, transl., comm.) *The History of Menander the Guardsman*. Liverpool.

Bóna, I. (1987). A népvándorláskor és a korai középkor története Magyarországon [The migration period and the early Middle Ages in

Hungary]. In: *Magyarország története tízkötetben* [History of Hungary in Ten Volumes] I/1. Főszerk. Székely Gy. Szerk. Bartha A. Akadémiai Kiadó, Budapest: 265-373.

Bóna, I. (1991). *Das Hunnenreich*. Corvina, Budapest.

Buniyatov, Z. M. (1981). *Abu Muhammad ibn A'sam al-Kufi: Kniga zavoevanij (izvlečenija po istorii Azerbajdžana)*. Ilm, Baku.

Czeglédy, K. (1983). From East to West. The Age of Nomadic Migrations in Eurasia. (transl. P. B. Golden). *AEMA* 3: 25-125.

Di Cosmo, N. (2004). *Ancient China and its Enemies. The Rise of Nomadic Power in East Asian History*. Cambridge University Press.

Dobrovits, M. (2005). „Nemzethalál" vagy kereskedelmi érdek? Az Ïduq Ötüken yïš (Szent Ötükän erdő) az orchoni feliratokon [Divine Command or Commercial Interest. The Ïduq Ötükän yïš 'Sacred Ötükän Forest' in the Orchon Inscriptions]. *Acta Universitatis Szegediensis. Acta Historica* CXXI: 15-22.

Drompp, M. (2005) Imperial State Formation in Inner Asia: The Early Turkic Empires (6th-9th Centuries). *AOH* 58/1: 100-111.

Ecsedy, I. [H.] (1968). Trade-and-war relations between the Turks and China in the second half of the 6th century. *AOH* 21: 131-180.

Ecsedy, I. (1999). A nomád társadalmak gazdasági és társadalmi szerkezetéről [On the economic and social structure of the nomadic societies]. In: Ecsedy, I. *A kínai történelem rejtelmei* [Secrets of the Chinese history]. Eötvös Kiadó, Budapest: 175-200.

Ecsedy, I. (1999a). A nomád gazdaság és társadalom problémái a történelemben és a kutatásban [Problems of the nomadic economy and society in the history and the historiography]. In: Ecsedy, I. *A kínai történelem rejtelmei.* Eötvös Kiadó, Budapest: 207-219.

Fodor, I. (2008). Prémkereskedelem, művészet, hitvilág [Pelzhandel, Kunst, Glaubenwelt]. In: Tradicionális kereskedelem és migráció az Alföldön. Szerk. (red.) Novák L. *Az Arany JánosMúzeum Közleményei* (*Acta Musei de János Arany Nominati*) XI. Nagykőrös: 127-192.

Frye, R. N. (1972). Byzantine and Sassanian Trade Relations with Northeastern Russia. *Dumbarton Oaks Papers* 26: 263-269.

Frye, R. N. (2005). (transl., comm.) *Ibn Fadlan's Journey to Russia.* A Tenth-Century Traveller from Baghdad to the Volga River. Princeton.

Golden, P. B. (1992). *An Introduction to the History of the Turkic peoples. Ethnogenesis and State-Formation in Medieval and Early Modern Eurasia.* Harrasowitz, Wiesbaden.

Grignaschi, M. (1966). Quelques spécimens de la littérature sassanide conservés dans les bibliothèques d'Istanbul. *Journal Asiatique* 254/1: 1-142.

Harmatta, J. (2002). The Wall of Alexander the Great and the *Limes sasanicus*. In: Harmatta, J. *Selected Writings. West and East in the Unity of the Ancient World.* Eds. Havas, L. & Tegyei, I. Kossuth Egyetemi Kiadó, Debrecen: 64-73. (First publication: *Bulletin of the Asia Institute* 10 [1996]: 79-84.)

Jagchid, S. & Symons, Van J. (1989). *Peace, War and Trade Along the Great Wall. Nomadic-Chinese Interaction through Two Millennia.* Bloomington – Indianapolis.

Khazanov, A. (1994). *Nomads and the Outside World.* Transl. J.

Crookenden. Forew. E. Gellner. Madison. The University Press.

Kmoskó, M. (2007). *Mohamedán írók a steppe népeiről* [Muslim authors about the peoples of the Eurasian steppe]. Földrajzi irodalom I/3. szerk. Zimonyi I. Magyar Őstörténeti Könyvtár 23. Balassi Kiadó, Budapest.

Kovács, L. (2011). *A magyar kalandozások zsákmányáról* [Über die Beute der ungarischen Streifzüge]. Hadtörténeti Intézet és Múzeum Könyvtára, Budapest.

Kradin, N. (2005). From Tribal Confederation to Empire: The Evolution of the Rouran Society. *AOH* 58/2: 149-169.

Lasserre, F. (1975). (ed.) *Strabon: Géographie*. T. VIII (Livre XI.). Paris.

Mackerras, C. (1969). Sino-Uighur Diplomatic and Trade Contacts (744 to 840). *CentralAsiatic Journal* 13/3: 215-240.

Mackerras, C. (2004). Relation between Uighurs and Tang China (744-840). www.journals.manas.edu.kg/mjtc/oldarchives/2004/11_772_2041-1-PB-pdf (2016. 06. 12.)

Mako, G. (2010). The Possible Reașons for the Arab-Khazar Wars. *AEMA* 17: 45-57.

Mokrynin, V. P. (1973) Torgovye svjazi Kirgizstana (6-10 vv.). In: *Arabo-persidskie istočnikio tjurkskih narodah*. Otv. red. O. Karaev. Ilim, Frunze: 99-122.

Noonan, Th. S. (1984). Why Dirhams first reached Russia: The Role of Arab-Khazar Relations in the Development of the Earliest Islamic Trade with Eastern Europe. *AEMA* 4: 151-281.

Noonan, Th. S. (2000). The Fur Road and the Silk Road: The Relations between Central Asia and Northern Russia in the Early Middle Ages. In: *Kontakte zwischen Iran, Byzanz und der Steppe im 6.-7. Jahrhundert*. Hrsg. Cs. Bálint. Budapest – Napoli – Roma 2000: 285-301.

Pohl, W. (1990). Historische Überlegungen zum awarisch-byzantinisch Austausch. *A Wosinsky Mór Múzeum Évkönyve* 15: 91-96.

Róna-Tas, A. (1983). A nomád életforma genezeséhez [Contribution to the Question of Genesis of the Nomadism]. In: Tőkei, F. (szerk.): *Nomád társadalmak és államalakulatok* [Nomad societies and Nomadic states]. Akadémiai Kiadó, Budapest: 51-66.

Skržinskaya, E. Č. (1960) (text, per., vstup., komment.). *Iordan: O proishoždenii i dejanijah getov* (*Getica*). Moskva.

Szádeczky-Kardoss, S. (1986). *Avarica. Über die Awarengeschichte und ihre Quellen. Mit Beiträgen von Therese Olajos*. Opuscula Byzantina 8. Szeged.

Szádeczky-Kardoss, S. (1990). Tha Avars. In: *The Cambridge History of Early Inner Asia*. Ed. D. Sinor. Cambridge: 206-228.

Thurn, J. (2000). (rec.) *Ioannis Malalae chronographia*. CFHB Berolini et Novi Eboraci.

Vásáry, I. (1993). *Geschichte des frühen Innerasiens*. Verlag Schäfer, Herne.

Vida, T. (2016). *Késő antik fémedények a Kárpát-medencében. Gazdagság és hatalom a népvándorlás korában* [Late Antique metal vessels in the Carpathian basin. Wealth and power in the Dark Ages]. Hereditas Archaeologica Hungariae I. Archaeolingua – MTA BTK Régészeti Intézet,

Budapest.

Wüstenfeld, F. (ed.) (1866). *Jacut's geographisches Wörterbuch*. I. Leipzig.

Zimonyi, I. (2014). *A magyarság korai történetének sarokpontjai. Elméletek az újabb irodalom tükrében* [Key Issues of the Early Hungarian History. Theories in the Light of Recent Literature]. Magyar Őstörténeti Könyvtár 28. Balassi Kiadó, Budapest.

Zimonyi, I. (2016). *Muslim Sources on the Magyars in the Second Half of the 9th Century. The Magyar Chapter of the Jayhānī Tradition*. Brill, Leiden.

缩略语

AEMA: *Archivum Eurasiae Medii Aevi*

AOH: *Acta Orientalia Academiae Scientiarum Hungaricae*

索　引

阿巴斯基人（Abasgi）172
阿保机 457
阿波罗（Apollo）127
阿博尼（Abony）52
阿布尔·哈齐（全称“阿布尔·哈齐·把阿秃儿汗”Abu'l-Ġāzī Bahādur Khan）314、316、378、379、382—384
阿布洛阿格斯（Abroagos）127
阿达尔纳斯一世（Adarnase I）172
阿德底斯姆（Ad Decimum）177
阿德尔古敦巴德斯（Aderg-udunbades）172
阿的勒河（Athil/Ätil，即伏尔加河）250、322
阿尔巴尼亚人（Albanians）155
阿尔博因（Alboin）174
阿尔达比勒（Ardabil）462
阿尔达加斯特（Ardagast）178
阿尔玛斯蒂卡（Armastica）302
阿尔齐波利斯（Archaeopolis）169、172
阿尔斯拉斯（Arsilas）158
阿尔泰（Altay）26、478
阿尔坦德（Ártánd）56
阿尔提亚斯（Althias）162
阿弗尼克（Avnik）309、312
阿嘎塞阿斯（Agathias）170、414
阿戈（Ago）174
阿古恩图姆（Aguntum）177
阿哈尔特斯赫（Akhaltsikhe）310、312
阿赫拉罕（Aghlaaghan）312
阿吉鲁尔夫（Agilulfus）174
阿羯田山 159
阿卡（Acre）356—358、360、367
阿克里巴（Aqlība）329
阿克萨拉（Axara）302
阿克萨清真寺（al-Aqsa mosque）355
阿奎莱亚（Aquileia）57
阿奎勒亚姆（Aquilleam）302
阿拉米语（Aramaic）406
阿拉提乌斯（Aratius）160
阿兰尼塞（Alani Scite）288
阿兰人（Alans）51、113—115、121、160、172、288、289、311、428、430、431、438、466
阿阑豁阿 456
阿劳（Aarau）338
阿勒曼尼人（Alamanni）154、176、177
阿勒颇（Aleppo）253、366
阿里奥宾多思（Areobindos）429
阿里马斯皮人（Arimaspi）114、285
阿里颇德斯塞（Allipodes Scite）288
阿里斯塔克（Aristarchus）297
阿里亚人（Arians）301
阿林加汗（Alinja Khan）381
阿鲁浑（Arγun）262
阿伦察（Alınca）309
阿马尔菲（Amalfi）354
阿马尔家族（Amali）137
阿玛琮（Amazon）136
阿米安努斯·马赛林努斯（Ammianus Marcellinus）27、182、184、185、429、430
阿姆河（Amu Darya）114、299—303
阿那盖乌斯（Anagaeus）155
阿纳克西梅内斯（Anaximenes）126
阿南卡斯特斯（Anancastes）160
阿尼安努斯（Anianus）162

阿帕（Appa）175
阿普利亚（Apulia）356
阿普利亚的罗杰（Roger of Apulia）183
阿普鲁托斯（Apollutos）127
阿普斯齐 1（Apsich 1）157、169
阿普斯齐 2（Apsich 2）157、164、165
阿契美尼德（Achaemenid）5
阿萨辛人（Assassins）469
阿塞拜疆（Azerbaijan）309、376、377
阿桑德（Asander）119
阿朮 451、452
阿斯拔都思 1（Asbadus 1）163
阿斯坎（Ascan）153、154、167
阿斯科尔（Ascel）160
阿斯库姆（Ascum）156
阿斯普格斯（Aspurgos）127
阿斯普古斯（Aspurgus）121
阿斯提亚河（Astias River）299、300
阿塔巴尼斯 2（Artabanes 2）154、173、177
阿塔拉里库斯（Atalarichus）171
阿塔那斯乌斯 10（Athanasius 10）160、161
阿塔斯雷思 1（Artasires 1）163、172
阿坦阿里都斯（Attanaridus）297
阿陶尔夫（Athaulf）138
阿提拉（Attila）67、68、150、417、418
阿瓦尔库斯（Avaricus）171
阿瓦尔（Avars）14、65、66、113、150、156—158、160—178、180、181、184、191、195、237、246、414、418、419、433—437、482—489
阿希奥库斯（Alciocus）156、178
阿伊奥（Aio）174、175
阿奕干（Aigan）153、163、165、167
阿音札鲁特（Ayn Jālūt）366、367
阿缁（Āz）221
埃布斯托夫地图（Ebstorf map）284、287、289、290、291
埃尔德内博尔德（Lkh. Erde-nebold）94、99、183
埃尔民祖尔（Elminzur）154
埃尔明吉鲁斯（Elmingirus）154
埃尔皮迪乌斯 1（Elpidius 1）161、167
埃尔祖鲁姆（Erzurum）309
埃及（Egypt）131、132、136、286、358、367、377、465
埃姆兰（Emren）313
埃皮达姆努斯（Epidamnus）173
埃皮芬尼亚 2（Epiphania 2）160
埃塞迪（Ildiko Ecsedy）12、479
埃塞俄比亚人（Ethiopians）286
埃斯科曼努斯（Aeschmanus）153、167
埃提库斯·伊斯特尔（Aethicus Ister）284、285、289
艾（Ay）388
艾奥达斯（Iaudas）162
艾德尔马斯（Edermas）168
艾尔德瓦尔都斯（Eldevaldus）297
艾克塔尔（Ectal）159
艾利弗雷达斯（Eiliphredas）157、164
艾路里翁（Erurion）300、302
艾米丽亚（Aemilia）338
艾米纳科斯（Eminakes）117
艾诺赤塞（Enochi Scite）288
艾戎（Eroon）300、301、303
艾塞东尼斯-斯基泰（Ess-edones Scythe）301
艾斯迪斯-斯基特翁（Esidis Scithon）300、301
艾坦阿里特（Aithanarit）297
艾特尔库祖河（Etelköz River）244、246
艾因哈德（Einhard）334—338、340
爱德华·萨义德（Edward Said）38
安布罗斯（Ambrose）187、188
安达卢西亚（Andalusia）250
安德里亚斯 23（Andreas 23）160
安德鲁二世（Andrew II）357、364
安德罗诺沃（Andronovo）15
安基阿卢斯（Anchialus）167、418
安科纳（Ancona）154、166、177
安拉 312、381、382、384—386、388、389、421
安纳托利亚（Anatolia）309、366、375、377
安琪利诺·杜尔塞尔特（Angelino Dulcert）290
安斯穆特（Ansimuth）163
安斯侬（Ansinon）178
安特人（Antae）166、169、178

安特斯特利亚斯（Anthesterias）125
安条克（Antioch）358
盎格鲁-撒克逊 278、283、284
奥比亚（Olbia）112、116—118、120、123、125、126
奥登林山（Odenwald）338
奥尔伯（Ol'beg）419
奥尔达塞西-基斯大堤（Ordacsehi-Kistöltés）60
奥尔达塞西-塞热福尔德（Ordacsehi-Csereföld）61
奥尔罕·沙夷克·哥克亚伊（Orhan Şaik Gökyay）313
奥尔特河（River Olt）364
奥嘎那斯（Organas）156
奥古斯堡（Augsburg）437
奥古斯丁（Augustine）184
奥古斯特（Augustae）418
奥林匹多罗斯（Olympiodoros）429
奥罗修斯（全名保卢斯·奥罗修斯，Paulus Orosius）188、278、279、282、283、286
奥涅格西奥（Onegesio）417、418
奥普斯蒂斯 2（Opsites 2）173
奥其尔（A. Ochir）94、99、102
奥斯曼帝国 13、375
奥斯塔（Aosta）337
奥斯提亚尼河（Austiani）299、300
奥索尼乌斯（Ausonius）51
奥特米什·哈吉（Ötemiš Haji）382
奥提奥斯-斯基泰（Otios Cythae）300
奥特朗托罗（Hydruntum/Otranto）173
奥斡斯人（Aorsi，见“奄蔡”）113
巴科普斯塔（Bakodpuszta）68
巴巴·图克勒斯（Baba Tükles）383
巴巴斯（Babas）166
巴杜阿留斯 1（Baduarius 1）164、166
巴尔巴图斯 1（Barbatus 1）163、165
巴尔达（Barda）318
巴尔干（Balkan）164、165、167、252、484、485
巴尔喀什湖（Lake Balkhash）395
巴尔马赫（Balmach）156
巴伐利亚人（Bavarians）156、175—178、281
巴赫拉姆 2（Bahram 2）172
巴克里（al-Bakrī）243、244
巴克特里亚（Bactria）300、302
巴拉斯（Balas）153、155、167
巴莱斯马纳斯（Baresmanas）154、172
巴勒莫（Palermo）318
巴里黑（al-Balkhī）249、250、253、254
巴利亚尼（Bariani）300
巴林（Balin）327
巴鲁赫（Baruch）327、328
巴姆瑟·贝莱克（Bamsi Beyrek）309
巴纳特（Banat）56
巴塞尔（Basel）295
巴什基尔（Bashkir）244、245、250、414
巴什基尔特（Bāshghird/ Bāshqird）253
巴斯吉尔特（Basjirt）249、250、252、253
巴托尔德（V. V. Barthold）313、314
巴托洛迈乌斯·安格利库斯（Bartholomaeus Anglicus）280
巴辛堡（Basin）309
巴颜（Baian/Bayan）157、161、162、170、171、175、177、178、419、485
巴彦诺尔（Bayannuur）75、76、82—86、88
巴彦-乌恩德（Bayan-Under）35
巴音迪尔汗（Bayindir Khan）313、314
拔都汗（Batu Khan）192、459、467、468、470
白布尔特（Bayburt）309
白吉尔（Bekil）313
白鸟库吉（Shiratori Kurakichi）30、238
白山 159
柏朗嘉宾（Plano Carpini）464、468、470—472
拜扎凯纳（Byzacena）153、165
拜占庭 3、24、138、141、159、160、162、176、191、246、249、252、253、308、377、386、414、417、418、419、428、429、433—436、438、483、484
班迪乌克（Bandyuk）419
班固 26
包姚（Baja）53
薄葬 52
保加利亚 157、178

保卢斯 19（Paulus 19）161
保萨尼亚斯（Pausanias）430、431
鲍勃·冯·奥斯特纳（Poppo von Osterna）360、361
鲍乐尔（Gy. Pauler）245
《北虏考》258
《北虏译语》257—261、263—267
北齐 236
北庭 77、233—235
北魏 228
贝尔格莱德（Belgrade）168
贝加尔湖（Lake Baikal）26、239
贝拉鲁斯（Belalus）302
贝拉四世（Béla IV）359、362—365
贝里斯（V. M. Beilis）328
贝利萨留（Belisarius）153—155、162—167、172、173、177
贝内文托（Beneventum）174、175
贝图斯（Bettus）176
本都国王（the Pontic king）119
本土化 8
比奥玛苏斯（Biomassus）121
比萨鲁姆（Pisaurum）154、173
比萨特（Bisat）312
边疆 7、26、95、167、243、244、323、480—482、486、487
边缘 5、7、15、34、59、218、229、231、462、478、482
别儿哥汗（Berke Khan）363、382、383
别拉亚河（Belaia River）244、246
别失八里（Béş Balık）233、235
波杜什金（A. N. Podushkin）39
波尔谢杰·提朶尼墓葬（Bolšije Tigani Cemetery）248
波利比乌斯（Polybius）132
波罗的海 246、329、356、360、366、367
波罗维茨（Polovtsy）113、318、322—324、326—330、419
波斯 3、5、57、126、153—160、163、165—167、169、170、172、173、205、218、230、399、403、428、447、448、459—461、463、466、478、481—483
波塔洛夫（S. G. Botalov）39
波伊廷格古地图（Tabula Peutingeriana）297、299、303
玻里斯提尼斯（Borysthenes）112、116、120、123、125
伯阿（Boa）152、156
伯查努斯（Bochanus）159
伯查斯（Bochas）153、163、167、172
伯克文科（N. A. Bokovenko）38
伯诺苏斯（Bonosus 1）163
伯希和（Paul Pelliot）228、266、378
伯颜 451、452
博克拉波拉斯（Boocolabras）158
博洛（Boroo）35
博努斯 4（Bonus 4）167、171
博努斯 5（Bonus 5）166、167、171
博斯普鲁斯（Bosporus，位于克里米亚东海岸，又称“辛梅里安人的博斯普鲁斯”，非伊斯坦布尔的博斯普鲁斯海峡）117、119—125、127、155、159、163、166
博索 2（Boso 2）176
博韦的樊尚（Vincent of Bea-uvais）280
卜萨思（Busas）163
补洞沟墓地 37
不儿罕山 455、456
不来梅（Bremen）356
不里阿耳（Bulgars/Bulghars）113、156、164、166、168—171、173、175、178、181、243—245、248、249、252、253、321、323、364、420、484
不列颠（Britain）138、140—144、147、179、297
布达佩斯（Budapest）53
布尔岑兰（Burzenland）357、364
布尔干省（Bulgan）75、93、106
布尔塔斯人（Burtas）245、252
布基尼奇（D. D. Bukinich）94
布拉赫（Blach）156
布拉索夫（Brasov）357
布莱恩·米勒（Bryan Miller）34
布勒盖（Bulgai）469
布里加尔（Bulgar）177
布里亚特（Buryatia）34、265、266
布列达（Bleda）152、487

布伦希尔德（Brunichildis）176、177
布民可汗（Bumin Kağan，即汉文史料中的“土门可汗”）237、238
布斯塔·高卢鲁姆（Busta Gallorum）173
珀尔图姆（Portum）302
蔡格莱蒂（K. Czeglédy）244、245
蔡马库斯 3（Zemarchus 3）158—162、171、174
查干岗（Tsagaan denj）104、105
查拉札尔（Chalazar）153、164
查里亚斯（Charias）163
查士丁二世（Justin II）151、158、165、485
查士丁尼一世（Justinian I）139、152、155、157、160、163、165、167、168、170
查特宗（Chatzon）178
察合台汗国 233、459、460—462
察拉姆（Tsaram）37
长安 77、81、83、84、229
长城 26、34、163
长生天 347、351
长头族 135、136
超现实主义 17
车鼻施可汗 80
车里雅宾斯克（Chelyabinsk）5
成吉思汗 38、263、266、389、447—451、453、455、456、462、463、467
《出埃及记》397、398、403
初人 208、211、389
楚宾（Čobīn）172
《创世纪》194、397
达布拉格扎斯（Dabragezas）154
达尔达尼亚（Dardania）157、169
达尔马提乌斯（Dalmatius）163
达尔马提亚（Dalmatia）157、168、178、364
达嘎里斯（Dagaris）163
达干（Tarkan）159、230
达戈贝特 2（Dagobert 2）156、175、176
达吉斯坦（Daghestan）395
达拉（Dara）153、154、170、172
达洛托（Dalorto）290
达米安努斯 3（Damianus 3）164
达尼埃尔-亨利·巴柔（Daniel-Henri Pageaux）182
达契亚（Dacia）145、282、283
达头可汗 159
达斡尔语 266
达乌仁提乌斯（Daurentius）178
达欣其楞县（Dashinchilen）93
鞑靼 113、188—190、194、238、261、290、459、465、471、474
打耳班（Derbent）246
大不里士（Tabriz）377
大明尊 213—215
大木楼（castel grande di legno）454、455
大千户 267
大圣伯纳德山口（Great St Bernard Pass）337
大宛 115
大夏 302
大兴安岭 26
大匈牙利（Magna Hungaria）246、248
带钩饰牌 39
弹弓 427、435—438
德尔比瑟（Derbicce）301
德尔比瑟翁（Derbiceon）308、301
德尔凡努斯（Dervanus）178
德莱木（Dolomitae）166
德累斯顿（Dresden）308
德列斯图（Dyrestui）36
德罗克顿（Drocton）168、177
德罗克图弗斯 1（Droctulfus 1）177
德涅斯特河（Dniester River）112、113、246、485
德韦斯（D. DeWeese）387、389
地中 250、277、357、358、486
等级观念 4
迪奥·克里索斯托姆（Dio Chrysostom）116、120、125
迪林尼泰人（Dilimnitae）172
迪西纽斯（Decinius）145
迪兹梅尔德（Dizmerd）310
递进手法 30
第比利斯（Diflis）159、172、173
第聂伯河（Dnieper River）112、246、247、322、323、326—330、485
第一次里昂公会议 362、366
蒂萨多布（Tiszadob）56

蒂萨河（Tisza）53、68、247、418
东部裕固语 265
东方主义（Orientalism）38
东哥特（Ostrogoth）137、139、160、167、176
东汉 26、37、233
东胡 29—31、34、241
东霍布苏古尔（East Höbsugul）32
东亚 227、229—232
东伊朗语（Eastern Iranian）291、397
动物纹饰 17、18、124
都灵纳尔斯（Durlig Nars）37
都仁尼（Dureny）35
独眼族 114
杜罗斯特罗姆（Durostorum）157
杜斯多纳（Deusdona）335、336
顿河（Don River）113、119、246、248、277、284、322、323、485
多罗修斯 2（Dorotheus 2）162、168
多瑙河（Donau River）50、51、53、58、59、67、111、161、163—170、176、178、184、185、243、246、252、279、289、322、364、395、485
朵颜卫 267
鄂毕河（Ob River）395
鄂尔多斯 258、447、449
鄂尔浑碑铭 345—348、415
鄂尔浑河（Orkhon River）76、77、94
二十四长 33
法尔纳格斯（Farnagos）127
法尔桑泽斯（Pharsanzes）127
法赫雷丁·柯兹奥卢（Fahrettin Kırzıoğlu）313
法兰克 156、157、175—178、334、336—340、357、358、366、485、486
法纳戈里亚（Phanagoria）112、113
法希斯（Phasis）154
范晔 26、40
梵蒂冈 281、283、287、295
方济各会士（Franciscan）464、468—470
非人化（dehumanization）186、189、192—195
非洲 160、164、165、167、177、277、286、296、319
菲尔科维奇藏品（Firkowicz Collection）394
菲拉（Fīra）326、327
菲勒穆特（Philemuth）177
腓立比库斯 3（Philippicus 3）157、168、169
腓尼基（Phoenicia）164
腓特烈二世（Frederick II）471、472
费米拉孔（Viminacium）418
封禅 80、81、88
弗拉（Vyr'）327
弗拉达赫（Vldach）154、173、177
弗拉米尼亚（Flaminia）338
弗兰茨·斯塔布（Franz Staab）297
弗雷辛的主教奥托（Otto of Freising）194
弗里阿里斯 2（Vliaris 2）177
弗里登（U. Freeden）435
弗里姆特（Vlimuth）166
弗留利（Friuli）174、175
弗鲁姆卢里（Forumlulii）175
弗伦翁（Frunon）302
弗塞沃洛·塔斯肯（Vsevolod Taskin）26
弗斯蒂巴都斯（Vsdibadus）177
伏尔加河（Volga River）243—245、247—249、252、253、321—323、395、420
佛教 86、99、349、470
福余卫 264
甘巴特（L. Ganbaatar）100
嘎热亚斯（Garreas）302
盖利摩（Gelimer）177
盖伦（Galen）132、133
盖塔人（Getae）169
甘加（Ganja）310
高昌 81、233、234、387
高加索（Caucasus）15、39、111、155、172、173、246、303、304、309、452、465、478、481、483、484、486、489
高丽 80、229、237、240、265、266
戈迪拉斯 1（Godilas 1）168
《戈尔奥卢》（*Göroğlu*）316
戈尔吉皮亚（Gorgippia）112
哥格（Gog）188、250、289、290
哥萨克人（Cossacks）396
哥特人（Goths）6、51、57、111、138—140、143、145—147、153—155、160、167、172、176、177、188、485

哥提亚（Gothia）282、283
格奥基乌斯 45（Georgius 45）168
格奥基乌斯 48（Georgius 48）161
格奥基乌斯 8（Georgius 8）161
格巴门都斯（Gebamundus）177
格尔莫德（Gol Mod）37
格哈德·冯·马勒堡（Gerhard von Malberg）360
格拉卡斯（Gerakas）121
格拉诺（J. G. Granö）94
格拉卫特（Gravete）302
格里芬（griffon）284、285
格里努斯河（Grinus River）299、300
格鲁吉亚（Georgia）159、172、246、309、452
格罗姆（Glom）152、156
格罗尼塞（Geloni Scite）288
格派佩里斯（Gepaiperis）127
格皮德人（Gepids）58、59、157、176、177
格如德（Grod）152
根特宗（Gentzon）168
功能主义 7
古巴泽斯（Gubazes）172
古布尔古都（Gubulgudu）154、166、177
古迪拉斯 2（Gudilas 2）153、164
古都因 1（Guduin 1）163、168
古斯塔夫·帕尔泰（Gustav Parthey）295
古兹（Ghuzz）249、376
谷阿多夫（Guadov）35
谷儿只治安官伊凡内（Geor-gian Constable Ivané）452
骨咄禄 232
光明分子 210
贵霜帝国（Kushan State/Empire）13
贵由汗 464、470、472
郭虔瓘 234
《国王字典》（*Sartaul*）265
哈尔布哈古城（Khar Bukh Balgas）93—95、99、102—105
哈尔布哈河 99—101
哈尔马顿（Harmaton）161
哈卡斯（Khakas）26、316
哈拉和林（Qaraqorum/Kara-korum）464
哈阑真沙陀之战 449
哈里发帝国（Arab Caliphate）311、478、484
哈玛（Hamah）358
哈努因河（Khanuin-Gol）32
哈萨克（Kazakh）5、14、39、380、478
哈扎尔（Khazar）113、150、158—160、172、173、188、245—248、252、321、322、396、483、484、489
哈扎尔海（Khazar sea）249、250
哈扎尔里亚（Khazaria）324
哈扎诺夫（Anatoliy Khazanov）13、479
哈兹尔兹人（Hutsuls）396
海德堡地图（Heidelberg map）285、286
海因里希·吉伯特（Heinrich Kiepert）296
汉高祖 29
汉武帝 26、27
诃额伦 448
合赞汗（Ghazan Khan）463
荷诺里·奥古斯托铎南西斯（Honorius Augustodunensis）280
赫尔梅齐奥尼斯（Hermec-hiones）160
赫尔门岗（Khermen denj）104、105
赫尔米兹斯（Hermitzis）157
赫尔莫那萨（Hermonassa）112
赫里福德地图（Hereford map）282、284、285、287、289—291
赫鲁利（Heruls）176、177
赫罗狄安努斯 2（Herodianus 2）161
《黑鞑事略》451
黑番子 266
黑海（Black Sea）5、15、111—117、121、126、164、243、244、246、247、249、252、297、309、322、324—326、407、478、485、486、489
黑河（Black River）300
黑龙江 240、264
黑帽 328
亨利二世（Henry II）360、361
恒宁（H. W. Henning）207、208
红海（Red Sea）277
后杭爱省（Arkhangai Aimag）34
呼韩邪 26
呼罗珊（Khorasan）247、376、478

呼神（Call）211、212
忽必烈 450、453—455、463
忽里台 473
胡努斯（Hunus）335
花剌子模（Khwarazm）264、358、365、366、376、378、379、395、452、482
《华夷译语》257、259—268
黄番子 266
黄河 77、229—231、239
回鹘 13、75、78—80、86、226、232、233、260、262、265、347、375—378、382、385、387、389、481
回回 258、264、265
浑尼塞（Huni Scite）288
混合经济 6、14
霍多尔干（Hodolgan）154、165
霍尔木兹四世（Hormisdas IV）172
霍尔萨曼提斯（Chorsamantis）153、167
霍洛托娃-辛乃科（J. Hol-otova-Szinek）34
基督教 6、137、178、182—184、186—190、192、194、277、278、282、286、289、292、319、328、349、350、354—357、361、362、452、471、472
基辅（Kiev）246、327、328、395、407、419
基拉（Kīra）324、325、327
基马克（Kimeks）250、252
基什孔多罗茨玛-苏巴萨（Kiskundorozsma-Subasa）65
基思·菲茨帕特里克-马修斯（Keith J. Fitzpatrick-Matthews）297
基坦（Kytan）419
基提（Chittim）406
基谢廖夫（S. V. Kiselev）94
吉尔吉斯（Kirgiz/Kyrgyz）5
吉木萨尔 233
吉苏尔福斯 2（Gisulfus 2）174、175
吉兹赫拉尔（Jizighlar）312
祭司 8、402、483
加布布拉（Gabbula）154
加尔迪兹（Gardīzī）243、244、414
加里巴尔都斯 2（Garibaldus 2）177
加里皮德斯塞（Callipides）288
加里斯特拉图斯（Callistratus）163
加利西亚（Galicia）395
加沙之战（Battle of Gaza）366
《加泰罗尼亚地图》（*Catalan Atlas*）290、458—460
迦楼罗（Garuda）86
贾柏莱（Jabala）357
贾斯扎格（Jászság）53
贾伊罕尼（al-Jayhānī）243—245、249、250、252—254
捷尔吉·卡拉（Görgy Kara）93、94
捷克语 402
捷尼舍夫（E. R. Tenishev）315
金徽州（金微州）87（79、84）
金器 52、53、67、82、84、86、88、398
金帐汗国（Golden Horde）13、365、394、395、407、459、461、467、484
景观考古学（Landscape Ar-chaeology）93、96
净风（Living spirit）208、211、213、216、218
九姓 229、232、376
军事修士会（Military-religious orders）354、356、358、359、361、366、367
君德马尔（Gundemar）177
君权 11
君士坦丁堡（Constantinople）57、137、152、155—157、159—163、165、167、168、170、172、174、176、179、246、250、253、326、436、481、485、486、488
君士坦丁七世（Constaninie VII Porphyrogenitus）24、191、245、416、417
君提吉斯·巴扎（Gunthigis Baza）137
喀尔巴阡盆地（Carpathian Basin）50、57、65、245、249、252、254、357、358、478、486—489
喀尔喀方言 263、265
喀喇汗（Qara Khan）381、382
喀里多尼亚人（Caledonians）142、143
喀瓦德一世（Cavades I）152
卡杜斯人（Cadusian）302
卡杜斯翁（Cadusion）300、302
卡尔·莱希儿（Karl Reichl）383
卡尔达拉斯（G. Kardaras）437
卡尔梅克（Kalmuk）5、7、14、314
卡尔斯（Kars）312

卡尔松纳（Karsūna）326
卡尔西顿（Chalcedon）172
卡夫山（Mount Kaf）310、316
卡柯（Cacco）174、175
卡拉巴赫（Qarabakh）313
卡拉卡尔帕克（Kara Kalpak）314
卡拉派（Karaite）395、401、403、405—407
卡拉伊姆语（Karaim languge）395、400、401、407
卡里尼科斯 10（Callinicus 10）163
卡利尼古姆（Callinicum）153、154
卡利斯特拉托斯（Callistratos）116
卡马河（Kama River）246、248
卡米亚（Camia）302
卡尼夫（Kanev）328
卡萨格斯（Kasagos）127
卡斯柯诺思（Kaskenos）127
卡斯提鲁姆（Castillum）302
卡斯图斯（Castus）163、167
卡斯托里乌斯（Castorius）296
卡塔孔巴（Katakomba）15
卡塔林·柯哈勒米（Katalin Kőhalmi）428
卡特里派教徒（Cathars）288
卡西奥多卢斯（Cassiodorus）138—140、148
卡西乌斯·迪奥（Cassius Dio）141
卡西亚（Cassia）338
卡赞贝克（Kazan-bek）312
凯尔特人（Celts）24、114、286
康第齐（Candich）157
康噶尔（Kanger）247、248
康居 114、115
康拉德·冯·图林根（Konrad von Thüringen）360
康拉德·米勒（Konrad Miller）296
康里霍加（Kanlı-koja）311
康门提奥罗斯 1（Comentiolus 1）166、167、169、178
康普萨（Compsa）153
康斯坦蒂阿努斯 2（Constan-tianus 2）167
康斯坦蒂奥鲁斯（Constantiolus）168
康斯坦丁努斯 3（Constantinus 3）153
康图拉里（Kan-Turalı）311
柯恒儒（J. Klaproth）266
科尔沁部 264
科罗多贝尔图斯（Crodobertus）177
科洛曼（Coloman）362
科米塔斯 5（Comitas 5）161、162
科内利乌斯（Cornelius）141
科诺诺夫（A. N. Kononov）313、314
科齐（Coch）157
克尔捷米纳尔（Kelteminar）15
克拉德（L. Krader）8
克劳迪娅·施特劳斯（Claudia Strass）183
克劳森（G. Clauson）313
克雷莫纳（Cremona）191
克里米亚（Crimea）112、113、117、152、166、168、247、287、322、323、395、396
克利福德·格尔茨（Clifford Geertz）181
克罗地亚人（Croatian）178
克普查克（Kipchak）395、396、398
克森尼索（Chersonesos）112、119、326
克斯马斯 20（Cosmas 20）161
克斯马斯·尹迪科普勒乌斯特思（Cosmas Indicopleustes）286
刻赤（Kerch）112、117、119、325
寇伊（Koui）328
库班河（Kuban River）246、323、396
库布拉托斯（Kubratos）156、484
库尔奥巴（Kul'-Oba）119
库尔干（kurgan）5、15、94、119、124
库尔斯（Curs）155、170
库夫拉特（Kuvrat）484
库柯（Kök）389
库库泰尼-特利波耶（Cucuteni-Tripolye）15
库拉河（Cyrus river/Kura River）303
库曼（Cuman）184、290、318、321—324、326—330、357、418
库曼尼亚（Cumania）318、321—330、433
《库曼语汇》（*Codex Cumanicus*）395
库莫奚 236
库姆兰（Qumran）406
库纳克索兰（Cunaxolan）158、159
库尼门都斯（Cunimundus）176
库尼蒙（Cunimon）157
库齐纳斯（Cutzinas）153
库思老（Chosroes/Khosrow）158、166、172、

483
库特里格尔（Kutrigur）155、157、160、167、176、485
库提拉斯（Cutilas）163、172
库提兹斯（Cutilzis）156
库亚维亚（Kuyavia）359
昆（Kün）388
拉比派（Rabbanite）395、403—407
拉布河（Arrabo/Rába River）58
拉朵尔杜斯（Radoaldus）174、175
拉尔剌（Lalla）302
拉佛比埃战役（Battle of La Forbie）366
拉格那里斯（Ragnaris）153、173
拉齐察（Lazica）154、156、157、165、166、169、172
拉什（Rashi）404
拉施特（Rashīd al-Din）379、382
拉特雷格（Ratleig）335、336
拉特纳（D. Lateiner）132
拉提博尔（Ratibor）419
拉铁摩尔（O. Lattimore）7
拉韦纳（Ravenna）295—304
拉兹克（Lazike）483
拉兹人（Lazi）172
剌木学（G. B. Ramusio）454、455、463
莱格尼察（Legnica）359、360、363
莱维茨基（T. Lewicki）328
莱维迪亚（Levedia）246、247
老普林尼（Pliny the Elder）291
雷巴科夫（B. A. Rybakov）323
雷金巴尔德（Reginbald）335
雷思库珀里斯（Rhescuporis）127
黎巴嫩 164
黎凡特 354、357—359、365、366
李盖提（Louis Ligeti）93
李家套子墓地 37
李维（Livius）141
里波尔地图（Ripoll map）281
里海（Caspian Sea）15、114、166、246、247、249、250、277、278、283、289、298—303、395、459
里米尼金玺诏书（Golden Bull of Rimini）358
历法 27
立陶宛（Lithuania）395、407
利格尼茨（Liegnitz）359
利彭尼萨（Liponissa）302
《利未记》194、397、399—402、404、405
梁赞（Ryazan）395
辽河 26
《列国知见录》（*El libro del conoscimiento de todos los reinos*）458—460
列斯基人（Lezgins）465
列瓦那的亚贝图斯（Beatus of Liebana）281
灵州 77、79
刘贯道 454
琉特琴 377
柳德普朗德（Liudprand）191、192
龙汝模（Andreas of Longjumeau）472
卢茨克（Lutsk）395
《卢龙塞略》258—268
鲁布鲁克（William of Rubruck）464—474
鲁菲努斯 1（Rufinus 1）165
鲁克斯（全名让·保罗·鲁克斯，Jean-Paul Roux）345—347、351
鲁塞尼亚（Ruthenia）397、407
鲁斯蒂库斯 4（Rusticus 4）169
鲁西亚诺（Rusciane）153、164
路易九世（Louis IX）359、464、472
伦巴第人（Lombards）59、157、174、176
伦巴拉德斯·德·卡罗诺（Rembaldus de Carono）363
罗巴希塞（Robasci Scite）288
罗贝罗斯（Lobelos）178
罗伯特·赖德（Robert W. Reid）473
罗德波利斯（Rhodopolis）154
罗德岛（Island of Rhodes）363
罗格里乌斯（Rogerius）363
罗杰二世（Roger II）319
罗曼努斯 4（Romanus 4）170
罗米尔达（Romilda）175
罗姆（Rūm）243、244、249、250、252
罗纳-塔什（András Róna-Tas）94、261、479
罗萨（Leutharis）154、173、177
罗斯（Rus/Rūs）252、321—323、325、327—330、419、420
罗西河（Ros' River）327、328

罗伊梅塔克斯（Rhoimetalkes）127
洛阳 229
吕贝克（Lübeck）356
吕向 230
马达汉（C. G. Mannerheim）266
马达拉斯-哈尔莫克（Madaras-Halmok）53、54、56
马德-蒂萨略克文化（Mád-Tiszalök horizon）61
马的驯化 4
马镫 4、14、434、435
马尔迪亚内（Mardiane）300
马尔迪亚努姆（Mardianum）300
马尔蒂努斯 2（Martinus 2）169
马尔蒂努斯 3（Martinus 3）169
马尔丁（Mardin）310
马尔古斯河（Margus River）299
马尔吉阿纳河（Margiana River）299
马尔科米卢斯（Marcomirus）297
马尔提罗波利斯（Martyropolis）170
马可·波罗（Marco Polo）452、454、455、463
马克森提乌斯 2（Maxentius 2）165、166
马克斯·韦伯（Max Weber）182
马克西米努斯 2（Maximinus 2）165
马夸特（J. Marquart）238
马里提斯河（Maritis River）299
马里图斯河（Maritus River）299
马穆鲁克（Mamluk）358、367、377、429
马涅亚克（Maniach）162、174
马萨革泰（Massagete）167、290
马塞勒斯 2（Marcellus 2）162
马塞勒斯 5（Marcellus 5）168
马特拉哈（Maṭrakhā）325—327
马特里卡（Mātrīqā）325
马特卢卡（Maṭlūqa）325
马提尼安努斯 1（Martinianus 1）154、165
马卫集（al-Marwazī）243
马修·帕里斯（Mathew Paris）192、194、290、472
马扎儿台（Maǰartai）260
马扎尔（Magyar）181、184、195、243—254、261、414、488
马致远 457
玛各（Magog）188、250、282、289、290
玛丽安·祖姆施林格（Marianne Zumschlinge）296
玛利亚 12（Maria 12）171
迈俄提斯湖（Lake Maeotis）112、119、289
迈俄提斯沼泽（Maeotis Swamp）146、279、282
蛮族 50、52、57、59、120—124、127、135、143、145、181、187、192、195、226、284
曼辰-海尔芬（全名奥托·曼辰—海尔芬，O. Maenchen-Helfen）50、51、181、187
曼齐克特（Manzikert）377
曼苏尔（al-Mansur）483、484
忙忽惕 449
冒顿 25、26、28—31、33
梅尔夫（Merv）481
梅尔梅若伊斯（Mermeroes）169、172
梅扎梅鲁斯（Mezamerus）178
美索不达米亚（Mesopotamia）5、167
门都斯（Mundus）169
门井由佳（Yuka Kadoi）458、461、462
蒙哥汗 450、457、466、468—470
蒙古包 97、106
蒙古国家遗产保护中心 106
《蒙古黄金史》259、260、263—267
《蒙古秘史》259、260、262、264—267、347、415、429、431
蒙古人 5、97、113、181、184、188、190、192—195、261、268、348、354、357—367、385、415、431、447、450、452、453、455、461、463、465—467、469—474、480、482
蒙兀汗 382
弥楠窦 1（Menander 1）171
米底亚（Media）57、289、299、483
米海伊·罗斯托夫瑟夫（Michail Rostovtseff）124
米尼亚耶夫（S. S. Minyaev）37
米诺尔斯基（V. Minorsky）244
米特里达梯六世（Mithridates Eupator）119
米歇尔施塔特（Michelstadt）335、338
《密西拿·拿细耳》403

《密西拿·瘟疫书》403
蔑儿乞人 455
《民数记》396、400、402—404、406
民族志 7、193、319、321、323
摩尔人（Moors）153、162、165
摩尼教（Manichaeism）205、207、212、213、220
《摩西五经》394、401、402、407
《磨延啜碑》376
魔鬼 189、209、210、222、288
莫顿（N. E. Morton）360
莫里茨·平德尔（Moritz Pinder）295
莫里斯（Maurice）155、161、162、169、176、191、429、433—436、438
莫切雷希斯（Mocheresis）172
靺鞨 80、236—241
默啜 229、231、232、234、235
默西亚（Moesia）145、155—157、164、166—168、170
缪勒（F. W. K. Müller）207
木华黎 451
木俑 82、84、86
慕斯塔孔（Mystacon）168、177
穆尔加布河（Murghab River）299、303
穆戈尔（Mugel）152、163、164、166
穆护（Magi）483
穆克利人（Mucri）237
穆拉德二世（Murad II）377
穆尼实卡（Mūnīshqa）328
穆斯林 244、248—253、258、264、265、308、348、349、355—357、361、366、376、381—386、388、421、472、482、484
穆索修斯（Musocius）168、177、178
穆希战役（Battle of Muhi）359、362、363
纳毕（Nābī）326、328
纳博讷（全称 Gallia Narbon-ensis，译作纳博讷高卢）177
纳迪姆（al-Nadīm）250
纳尔西斯 1（Narses 1）153、155、156、173、177
纳尔西斯 4（Narses 4）161、163
纳霍拉干（Nachoragan）169、172
纳吉卡洛-伊帕利公园（Nagykálló-Ipari park）52
纳鲁斯（Nārūs）326、327
纳赛尔·伊本·阿赫马德（Naṣr ibn Aḥmad）250
纳希切万（Nakhichevan）309
纳伊（Nāy）328
纳扎雷斯（Nazares 1）165
乃蛮 415、456
南布格河（Southern Bug River）112、485
南宋 262、450、451
南匈奴 37
曩加思 262、268
内陆亚洲 25、75、93、113、180、227、231、257、264、375、376、414、479
内田吟风（Uchida Ginpu）238
嫩江 240
尼格里努姆河（Nigrinum River）300、301
尼格里努斯河（Nigrinus River）299、300
尼科米底亚（Nicomedia）57
尼科尼亚（Nikonion）112
尼罗河（Nile）277、286
尼姆法伊翁（Nymphaeum）112
尼热吉哈札-奥罗斯（Nyí-regyháza-Oros）65
尼热吉哈札-费尔索斯玛（Nyíregyháza-Felsősima）54、55、65
尼热吉哈札-罗兹雷佐罗（Nyíregyháza-Rozsrétszőlő）52、61、62
尼西比斯（Nisibis）160
泥利可汗 457
纽里塞（Neuri）288
农产品 26、115
弩失（Nūshī）326—328
诺夫哥罗德（Novgorod）407
诺盖（Nogay）314
诺里库姆（Noricum）177
诺索夫（Nosov）328
诺亚（Noah）277、282、382、389
诺因乌拉（Noyon Uul）37
女真 259、260、262、265、387、480
欧迪修斯 2（Eutychius 2）161
欧弗迪亚克-约尔默斯（Ófőldeák-Ürmös）52
欧墨路斯（Eumelus）121
欧诺古里斯（Onoguris）169

欧斯塔修斯 1（Eustathius 1）170
帕德林（A. Paderin）94
彼得·高登（Peter B. Golden）428
帕尔萨美尼亚（Persarmenia）173
帕库里乌斯（Pacurius）153、173
帕普斯（Pappus）163、165
帕斯卡利斯二世（Paschalis II）355
帕特里修斯 6（Patricius 6）171
帕提亚（Parthia）13、205、299、303、428、430、431
帕维亚（Pavia）337、338
派瑞萨德斯（Pairysades）119、121、122
派维·库斯曼宁（Päivi Kuosmanen）184
潘诺尼亚（Pannonia）50、51、57、58、157、164、173—175、289、417
潘帕斯草原（pampas）5
潘提卡彭（Panticapaeum）112、121、122、125
庞波尼乌斯·梅拉（Pomponius Mela）138、430
庞蒂克（Pontic）121
庞塞·德·奥蓬（Ponce d'Aubon）359
佩拉加斯图思（Peiragastus）178
佩利（Kh. Perlee）94
佩列亚斯拉夫（Pereiaslavl'）326—329
佩鲁西亚（Perusia）154
佩切涅格（Pechenegs）113、243—245、247—249、252、253、433
佩特鲁斯 55（Petrus 55）157、169、178
皮苏斯（Pēsus）219、222
毗伽可汗 85、231、232、235、237
平权观念 4
仆固乙突 75、76、79—88
普尔发克斯（Purfakes）127
普尔加斯（Porgas）178
普里斯库斯（Priscus）417
普里斯库斯 6（Priscus 6）157、161、165
普里坦尼斯（Prytanis）121
普列滕娃（S. A. Pletenva）326
普林尼（Pliny）182、281、291
普鲁登修斯（Prudentius）187
普图伊（Poetovio/Ptuj）58
龟兹 80
齐尼裕夫（Qīniyuw）326、328
奇维达莱德尔夫留利（Cividale del Friuli）175
旗纛 447、449—455、457—459、461—463
契丹 93—95、101—105、226、229—232、236、238、240、260、480
虔诚者路易（Louis the Pious）335、336
乔里亚特（Choliatae）160
且渠 33
切都斯比奥斯（Chedosbios）127
切尔尼亚霍夫（Chernyakhov）57、58
切佩图克斯（Čepetux）158
怯绿连河 457
青铜时代 3、17、32、94、240
轻骑兵 427、436
清托尔盖（Chin tolgoi）103、105、106
琼格拉德（Csongrád）56
酋邦 3、4、10—12、16
裘尔槃·塔尔罕（Č'orpan T'arxan）159
曲漫山 229
麹昭 81
权力分享 9
阙特勤 85、228—230、235、237、376
日耳曼 60、111、114、138、142、145、176、185、291、334、340、356
日耳曼尼亚（Germania）279、283
日耳曼努斯 4（Germanus 4）164
日内瓦（Geneva）337、338
柔然 226、227、480
撒贝诺斯（Sabeinos）127
撒拉弗（Ṣalāw）326、329
撒拉人（Salar）316
撒剌（Sala/Zala）59
撒里答（Sartaq）467、468、472
萨尔马特（Sauromate）290、291
萨尔马提亚（Sarmatian）5、14、50—53、55—58、67、113、121、123—126、136、290、291、397、428、430、431、438
萨尔维阿努斯（Salvianus）157、170
萨夫库诺夫（E. V. Savkunov）94
萨哈克·马米孔尼安（Sahak Mamikonian）173
萨迦-斯基泰（Sagae Scythae）300、301
萨迦提伊人（Sagartian）428、430、431
萨卡利巴（Ṣaqāliba）250

祆教 483
鲜卑 34、227、228
咸海（Aral Sea）115、246、301
小波兰（Lesser Poland）359
小千户 267
小斯基泰（Scythia Minor）429
小斯托查斯（Stotzas iunior）164
小亚细亚（Asia Minor）308、309
谢伊姆河（Seim River）327
辛吉度努姆（Singidunum）168、170
辛梅里安（Cimmerian）5、112—114、117、121
辛尼翁（Sinnion）153、155、167
辛努不里（Sinūbulī）328
辛塔什塔（Sintašta）4
新疆 83、223、457
新进化论学派（the neo-evo-lutionist）3
歆姆斯之役（Battle of Homs）367
匈帝国 150、170、429
匈卡尔人（Hunkar）253
匈奴 24—29、31—39、94、192、226、227、233、241、346、348、456、457、480、481、487
匈人（Hun）13、14、27、28、38、39、50—52、57—59、61、63、65—68、113、139、146、147、150、152—158、160、162—173、175—177、180、181、184、185、187、188、195、417、418、429—431、438、465、484、486—489
匈牙利大平原（Great Hungarian Plain）50、51、53、56、57、59、67、58、418
须弥山（Mount Sumeru）216、218
旭烈兀 367、461—463、469
叙利亚人米海尔（Michael Syrus）151、349、350、387
选民（Elects）205、211、212
薛延陀 78、79
血缘 8—10、12
雅德林采夫（N. M. Jadrincev）94
鸭绿江 236
雅尔塔（Yalta）322、326
雅利斯卡娅文化（Arysskaya culture）39
雅利塔（Jālīṭa）322、326
雅兹迪·苏拉米（Yazīd al-Sulamī）484
雅兹吉奥卢·阿里（Yazıjıoġ-lu ‘Ali）377、379
亚伯拉罕·克雷斯克斯（Abraham Cresques）290
亚琛（Aachen）334、336、337、338、339
亚德里亚堡（Adrianople）168、177
亚库特（Yāqūt）253
亚库特·鲁米（Yāqut al-Rūmī）482
亚拉里克（Alaric）138
亚拉尼亚（Alania）282、283、288
亚里士多德（Aristotle）27、132、136、137
亚历山大 1（Alexander 1）160
亚历山大 11（Alexander 11）162、178
亚历山大大帝（Alexander the Great）5、27、188、289
亚美尼亚（Armenia）155、159、166、168、170、172、173、289、312、452、468、483、484
亚绍尔绍森特哲尔吉（Jásza-lsószentgyörgy）53、56、68
亚实基伦（Ascalon）357
亚速海（Azov Sea）117、119、120、247、327、330
亚洲 25、28、38、75、87、93、113、116、120、133、134—136、180、182、227、231、238、257、264、277、280—282、286、290、296、375、276、414、479
亚兹格斯人（Jazyges）113
岩画 17、18、241
颜那亚（Jamnaja）15
奄蔡 113、114
燕然都护府 77、79
扬特拉河（Iatrus）170
杨·杜古斯（Jan Długosz）363
仰韶文化 15
窑址 100、101
药杀水 299
耶和华 396、398、401、403、405、406
耶路撒冷 354—356、358、364、366
耶律楚材 453
耶律德光 457
耶稣 210、389
野里知吉带 472

野蛮人 24、27、35、38、115、116、119、120、135、173、187、291、292、418
叶步·哈坎（Jebu Xak'an）159、172
叶护可汗 158、159
嚈哒（Hephthalite）158、172、481
一夫多妻制 8
一夫一妻制 8
一神论 345、346、351
伊本·阿塔姆·库非（Ibn A'tham al-Kūfī）484
伊本·达瓦达里（Ibn ad Dawādarī）377
伊本·法德兰（Ibn Fadlān）253、414、420、421、482
伊本·豪卡勒（Ibn Ḥaw-qal）249—251、253
伊本·鲁斯塔（Ibn Rusta）243、244
伊本·米思卡瓦希（Ibn Mis-kawaihī）483
伊德里西（al-Idrīsī）318—330
伊尔杜安（Hilduin）335
伊尔卡尼亚（Yrcania）298
伊拉克 367、376
伊朗 125、166、205、376、460、461、478、481、482、486、489
伊朗语（Iranian）3、5、57、113、114、124、126、127、205、291、397
伊里莫瓦帕德（Ilmovaya Pad）37
伊力格尔（Iliger）156
伊利第吉萨（Ildigisal）175
伊利汗国 13、459—463
伊利里亚（Illyria）153、156、157、163、164、167—171
伊宁提马伊奥斯（Ininthimaios）127
伊萨克斯 1（Isaaces 1）173
伊赛顿人（Issedones）114、287
伊斯兰教 310、316、349、376、381—383、385、390、420、482
伊斯塔赫里（al-Iṣṭakhrī）249、253
伊斯坦布尔 309、406
伊斯特凡·埃尔德利伊（István Erdélyi）94
伊斯特凡·博纳（István Bóna）487
伊特拉（Itlar）419
伊特鲁里亚（Etruria）153、154
伊提奥-斯提翁（Ytio Sithon）300
伊沃尔加（Ivolga）36、37
伊西多尔（Isidore of Seville）278—288、296
伊西斯（Issis）300、301
医院骑士团（Hospitallers）354—358、361—366
依附 3、8
以弗所的约翰（Joannes Ephesus）150
挹娄 236、238
意大利 153—155、163—167、170、173、174、177、183、250、295、334、336—338、354、356、454、486
印度洋 277
应神（Answer）211、212
应许之地（the Promised Land）146
英诺森四世（Innocent IV）362、471
尤里塞（Euri Scite）288
尤利安（Julian）248
尤利乌斯·凯撒（Julius Cesar）24
尤斯蒂尼阿努斯 3（Iustinianus 3）164、168
尤斯蒂努斯 1（Iustinus 1）164、166
尤斯蒂努斯 4（Iustinus 4）154、157、160、164、167、168
尤斯蒂努斯 5（Iustinus 5）165
犹太教 349
犹太人 193、290、394、395、406、407
犹太-突厥语（Judeo-Turkic）394—396、401、407
于都斤 77、230
《宇宙志》（*Cosmographia*）284、285、289、290、295—299、302、303
聿尔都兹（Yultuz）389
裕固人 316
原始印欧人（Proto-Indo-Europeans）5
约安尼斯 7（Ioannes 7）164
约安尼斯 25（Ioannes 25）171
约安尼斯 35（Ioannes 35）164
约安尼斯 46（Ioannes 46）153、164、173
约安尼斯 88（Ioannes 88）160
约安尼斯 64（Ioannes 64）164
约安尼斯 91（Ioannes 91）164
约安尼斯 101（Ioannes 101）168、177
约安尼斯 259（Ioannes 259）167、171
约安尼斯 260（Ioannes 260）171
约布巴吉-居里-福尔德克（Jobbágyi-Gyúri-földek）61